Heinz Dieter Kittsteiner

Die Stabilisierungsmoderne

Deutschland und Europa 1618–1715

Carl Hanser Verlag

Das vom Verfasser fertiggestellte Manuskript
wurde von Hortense von Heppe und
Alexander Lahl für den Druck eingerichtet.

2 3 4 5   14 13 12 11 10

ISBN: 978-3-446-23580-9
© Carl Hanser Verlag München 2010
Satz: Fotosatz Reinhard Amann, Aichstetten
Druck und Bindung: CPI – Ebner & Spiegel, Ulm
Printed in Germany

Inhalt

Das Ende der Hexenverfolgungen und das neue Weltbild

Neue Religionen und neue Philosophien

Europa in der Welt und Deutschland in Europa

Anhang

Einleitung
von Jürgen Kaube

1

Vor uns liegt das ungewöhnliche Werk eines ungewöhnlichen Forschers. Heinz Dieter Kittsteiner hat es nicht vollenden können. Auf sechs Bände war seine »Deutsche Geschichte« angelegt, nach dem Abschluss des vorliegenden ersten Bandes ist der Autor am 18. Juli 2008, völlig unerwartet im Alter von fünfundsechzig Jahren und mitten in der Arbeit, gestorben. Um den Verlust zu ermessen, den dieser plötzliche Tod des nachdenklichsten Historikers seiner Generation bedeutet, genügt die Lektüre dessen, was von ihm verwirklicht werden konnte. Es ist der Auftakt zu einer deutschen Geschichte, wie sie so noch nie geschrieben wurde: als Geschichte der lebenswirklichen Bedeutung von Weltbildern, als Geschichte praktischer und technischer Intelligenz, wissenschaftlicher Erkenntnis und moralischer Unterweisung, als Geschichte der Versuche von Eliten, dem Volk seine Zwecke zu lehren, und nicht zuletzt als Geschichte von Stufen und Schichten der Moderne.

Am Anfang dieser Stufen und Schichten steht der Dreißigjährige Krieg, und alles beginnt im »Europa der Angst« nach 1618 mit dem Versuch, politische Stabilität, Affektkontrolle und intellektuelle Gewissheit in einer Zeit gesellschaftlicher Dauerkrisen und maßloser Gewalttätigkeit zu gewinnen. Heinrich Heine hat die Deutschen einst als die Nation beschrieben, die am stärksten von der Konfessionsspaltung geprägt wurde, und Kittsteiner liefert eine ausführliche Begründung dafür, wie recht Heine hatte. An die Deutung der politischen Religions-

9

kriege und ihrer Hegung schließt sich die Epochenerfahrung einer dynamisierten, von offensiven Aufklärungen und Wohlstandsgewinnen bestimmten Weltgeschichte an, die bald schon industriekapitalistisch am historischen Zeitpfeil entlang auf den Gleisen des Fortschritts zu fahren schien, bis schließlich am Ende des 19. Jahrhunderts zunächst der intellektuelle und bald darauf der politische Widerstand gegen die moderne Zivilisation als »heroische Moderne« sich in rauschhafter Zeiterfahrung Bahn bricht und einen zweiten Dreißigjährigen Krieg auslöst.

Die Bilanz dieses Stufengangs: Im Verlauf der Moderne hat das Gute wie das Böse zugenommen, die Macht wie die Ohnmacht, das Wissen wie die, fast möchte man sagen: wissentliche Verblendung – und also kann diese Epoche in solchen Dimensionen nicht mit anderen verglichen werden. Man muss sie deshalb, daran zweifelt keine Zeile dieses Werkes, mit sich selbst vergleichen, mit ihren eigenen Diagnosen, Erwartungen und Versprechen, aber auch mit ihren Untergangsphantasien und Zerstörungsgelüsten. Kittsteiners »Deutsche Geschichte« war als eine solche Chronik der historischen Erwartungen und dessen geplant, was Erwartungen in der Geschichte ausrichten können. Fast möchte man seiner Darstellung entnehmen, dass die Deutschen von jeher eine besonders erwartungsvolle Kultur pflegten und insofern ein Musterbeispiel für die enttäuschungsreichen Stufen und Schichten der Moderne sind.

Stufen und Schichten – in diesen beiden Metaphern und in ihrem Unterschied steckt die Konzeption des Werkes.* Denn das war für Kittsteiner am Fall der deutschen Geschichte zu zeigen: wie Geschichte fortschreitet, evoluiert und zugleich keines der Probleme früherer Stufen loswird, so dass ihre Epochen wie ihre Fort- und Rückschritte sich mehr überlagern als einander ablösen. Nicht zuletzt liegt darin die Bedingung unserer Möglichkeit, jenen Landsknecht im Dreißigjährigen Krieg zu verstehen, mit dem diese Geschichte einsetzt, und all die an-

---

* Die beiden Aufsatzbände Heinz Dieter Kittsteiners, »Wir werden gelebt. Formprobleme der Moderne«, Hamburg 2006, sowie »Out of Control. Über die Unverfügbarkeit des historischen Prozesses«, Hamburg 2004, enthalten die theoretischen Grundlagen seiner Geschichtsschreibung.

deren uns in ihren Lebensproblemen zugleich nahen wie fernen Figuren, an deren Daseinsentwürfen, Konflikten, Argumenten und Karrieren Kittsteiner exemplarisch verdeutlicht, was die jeweilige Zeit in dem, was wir im Rückblick als deutsche Lande ansprechen, ausmachte. Womit eine zweite Besonderheit dieser deutschen Geschichte schon festgehalten wäre. Der französische Wissenschaftshistoriker Gaston Bachelard hat einmal von wirklicher Forschung »homogene Neugier« gefordert. Damit meinte er eine Haltung zu den Objekten, die sie nicht nach ihrer Auffälligkeit, ihrer Prominenz in der Erfahrung oder ihrer Außeralltäglichkeit auswählt, sondern danach, ob an ihnen die Probleme studiert werden können, die sich das wissenschaftliche Denken stellt. Bachelard dachte an eine Disziplin wie Chemie, die zur Wissenschaft erst wurde, als sie sich dem Bann der kostbaren Materialien und der wundersamen Naturerscheinungen der Anschauungswelt entzog, um nicht das farbige Feuer, sondern den farblosen Sauerstoff zu analysieren.

Auf den folgenden Seiten ist ein Beispiel dafür zu lesen, was homogene Neugier für die Geschichtsschreibung heißen kann. Die Protagonisten dieses Werkes, das vom Dreißigjährigen Krieg bis zum Jahr 1715 reicht, sind: ein Söldner, konfessionelle Konflikte um Kirchenordnungen, die Juristen und Theologen der Hexenprozesse und ihrer Abschaffung, eine Reihe von Astronomen, einige pietistische Sektengründer, der Philosoph Leibniz, die Produktionsrhythmen der Landwirtschaft und beginnenden Industrie, der seinerzeitige Islam, der Spanische Erbfolgekrieg, das Handelskapital sowie das Ballett am Hof des Sonnenkönigs. Diese knappe Aufzählung reicht aus, um zu zeigen, dass Heinz Dieter Kittsteiners Form der Geschichtsschreibung sich an keine der niedlichen, mit viel Eifer an ihren Grenzen bewachten Unterscheidungen von Sozial- und Kulturgeschichte, Mikro- und Makrogeschichte, Ereignis- und Strukturgeschichte hält. Weshalb auch sollte der Aufschrei einer vermeintlichen Hexe unter der Folter von vornherein weniger wichtig oder wichtiger sein als die Erfindung eines optischen Apparats, der Ausgang einer Schlacht? Weshalb sollte ein Kirchenlied als historisches Dokument uninteressanter oder interessanter sein als ein neues philosophisches Argument, eine Handelsstatistik, ein Berufsregister oder eine Landnahme in der Südsee? Wie nur wenige Mitglieder seiner

Zunft macht Kittsteiner die Entscheidung darüber, was für ihn exemplarisch ist, ganz von seinem begrifflich durchgearbeiteten Verständnis davon abhängig, worum es in der betreffenden Epoche geht.

Und weil ihn Fragen beschäftigen, die nicht akademischer Natur sind, nimmt auch seine Geschichtserzählung keine Rücksicht auf die Konventionen historischer Schulen. Nicht nur hielt Kittsteiner zeitlebens Abstand zur Folklore eines Faches, dessen Erfahrung und Kenntnis er bewunderte, über dessen theoretische Grundlagen für Grundsatz- und Begriffskonflikte er aber, mindestens insgeheim, hat lachen müssen. Er wollte auch kein Buch schreiben, über das sich in erster Linie andere Historiker freuen oder ärgern sollten. Aus Vorlesungen an der Universität Viadrina in Frankfurt an der Oder hervorgegangen, wo Kittsteiner seit 1993 »Vergleichende Europäische Geschichte der Neuzeit« lehrte, galt der Entwurf vielmehr einer deutschen Geschichte für aufgeschlossene Bürger. Kittsteiner selbst hatte etwas von jenen Aufklärern des 18. Jahrhunderts, die noch mit Lesern rechneten, die außerhalb der Wissenschaft leben.

Nur missionarische Einstellungen bewegten ihn nicht. Wir sehen uns einer vom gefühlten Zwang zur Parteinahme freien Darstellung gegenüber. Kittsteiner drückt niemandem die Daumen, keiner Schicht, keiner Staatsform und keiner Marschrichtung der Deutschen auf Haupt- und Sonderpfaden der Weltgeschichte. Und schon gar nicht, anders als die meisten Großhistoriker, drückt er sie seiner eigenen Generation. Für die Vorstellung mancher Intellektueller, von der Geschichte erwartet worden zu sein, hatte er nur milde Ironie übrig, ganz gleich, ob es sich nun um das Selbstbewusstsein seiner eigenen, »roten« Anfänge um 1968 handelte oder um das Leistungspathos der Generation davor, die ja ebenfalls meinte, die deutsche Geschichte habe auf sie gewartet, um endlich zum Vernünftigen hin aufgeräumt zu werden. Das Wort »Geschichtspolitik« notierte Kittsteiner mit Befremden, das damit einhergehende Bestreben, durch Geschichtsschreibung eine andere Sache als die der Erkenntnis voranzutreiben, dürfte ihm der Sache nach unfreiwillig komisch, der Einstellung nach unredlich vorgekommen sein. Diese Distanz war aber das gerade Gegenteil von Teilnahmslosigkeit. »Das Gesicht werden wir verziehen: die Geschichte ist schmerzhaft genug«, schreibt er in seinem Vorwort, was zu seinem Imperativ passt,

in all den Überlagerungen des Geschichtsverlaufs durch erwartungs-
starke Ideologien, also Opferpläne, auf die Kosten dieser Pläne und
diejenigen hinzuweisen, denen sie auferlegt wurden. Was es heiße, ein
Lebewesen zu sein, das mit seiner nicht machbaren Geschichte zurecht-
kommen müsse, war früh die zentrale Frage dieses Historikers.

2

Der Plan zu seinem Werk sah, über den vorliegenden Band hinaus, so
aus: Ein zweiter Halbband sollte die Zeit von 1715 bis 1780 unter dem
Titel »Bewegung vor dem Sturm« darstellen. Das Inhaltsverzeichnis
hätte sich so gelesen:

Kittsteiners resümierender Rückblick auf die »Stabilisierungsmoderne«
sollte vier Abschnitte haben:

Für den zweiten Band dann, überschrieben »Die Fortschrittsmoderne«,
war diese Gliederung vorgesehen:

Und der Rückblick auf die Bewegungsmoderne als der eigentlich tragenden Epoche auch für alles Weitere wäre in drei Abschnitten erfolgt:

Der dritte Band schließlich sollte »Die Heroische Moderne« überschrieben und so gegliedert sein:

Erster Halbband
Gegen den Strom 1880–1916

I. Nietzsche, der Philosoph der »heroischen Moderne«
II. Der alltägliche Imperialismus und die Arbeiterbewegung
III. Nervöses Heldentum in Kunst und Kultur
IV. 1914. In Europa gehn die Lichter aus

Zweiter Halbband
Die letzten Tage der Menschheit 1916–1945

I. 1916. Vor Verdun und an der Somme
II. Versailles oder »Der Untergang des Abendlandes«
III. Freund und Feind: Die Virulenz des Antisemitismus
IV. Helden von links: Georg Lukács und die KPD
V. Die Entgrenzung der Entfremdung: Der § 27 aus Heideggers »Sein und Zeit«
VI. Das Jahr 1933: Gottfried Benn und Martin Heidegger im »Schicksalsrausch«
VII. Adolf Hitler: »Wer ein Volk retten will, muß heroisch denken«
VIII. Am Ende des zweiten »Dreißigjährigen Krieges«

Der Rückblick auf die *Heroische Moderne* hatte, der Konzeption letzter Hand zufolge, zwei Punkte:

1. Die »Heroische Moderne« als zivilisationskritische Überlagerung der »Bewegungsmoderne«
2. Die ungelösten Probleme der »Stabilisierung«: Die Hinterlassenschaft der »Heroischen Moderne«

Abgeschlossen werden sollte das Werk mit einem Essay über die »Globalisierungsmoderne«, also ganz ausdrücklich jenseits einer »Deutschen Geschichte«. Man darf annehmen, dass dieser Essay Motive von Kittsteiners Überlegungen zum Weltmarkt und seinen unfriedlichen Wirkungen enthalten hätte (s. »Weltgeist, Weltmarkt, Weltgericht«). Denn in allen seinen Beschreibungen der modernen Geschichte ist er zuletzt stets auf das Kriterium der Friedensfähigkeit gesellschaftlicher Ordnungen zurückgekommen und damit auf das Pensum, das sich die europäischen Diplomaten, Administratoren und Intellektuellen der »Stabilisierungsmoderne« gestellt hatten.

3

So viel zum Werk und zum Torso, der vor uns liegt. Wer aber nun war der wunderliche Autor von beidem? Am zitierten Inhaltsverzeichnis des ganzen Werkes fällt auf, wie stark sich die deutsche Geschichte hier, zumindest in den Kapitelüberschriften, als Geschichte von Intellektuellen und Ideen darstellt. Doch war der Verfasser alles andere als ein Idealist, für den die Geistesarbeiter aller Länder den Motor der Geschichte antreiben. Das Gegenteil ist der Fall. Heinz Dieter Kittsteiner war der materialistische Geschichtsphilosoph unter den deutschen Historikern seiner Jahre. Er hatte Philosophie studiert und – ein Student von 1968 – vor allem bei Jacob Taubes in Berlin gehört, mithin in der denkbar heterodoxesten Zone des damaligen Seminarmarxismus. Was das hieß, zeigt die Tatsache, dass er 38 Jahre alt war, als er seine Dissertation zur »Rekonstruktion des historischen Materialismus« vorlegte, die kurz darauf unter dem Titel »Naturabsicht und unsichtbare Hand. Zur Kritik des geschichtsphilosophischen Denkens« publiziert wurde. Es hieß jahrelange Auseinandersetzung mit den Werken der klassischen Philosophie, der marxistischen und nichtmarxistischen Geschichtsschreibung sowie mit den geisteswissenschaftlichen Theoriedebatten nach 1945. Kittsteiners intellektuelle Physiognomie war die eines Gelehrten der staubfreien Zone, dem im Seminar von Taubes freilich mehr und mehr die Rolle des kühlen Verstandes gegenüber geschichtsphilosophischen Thesen zukam.

Das Ergebnis seines langen Studiums war an der Person beispiellose Bildung, in der Sache aber, dass Geschichtsphilosophie als Einheit von Gesellschaftsanalyse – also dessen, was sich in der Geschichte zuträgt – und Revolutionserwartung – also dessen, worauf Geschichte angeblich zulaufe – als ein gescheitertes Vorhaben der europäischen Aufklärung zu betrachten sei. Weder die Theorien der bürgerlichen noch die der sozialistischen Revolution begreifen für ihn die Moderne zureichend. Die Erfahrung fortschreitender Weltbemächtigung und Selbstbehauptung, dass Menschen alles Mögliche machen können, findet an der Gesellschaft und ihrer Geschichte eine Grenze. Dass die Blitze nicht von Gott kommen, sondern aus der atmosphärischen Elektrizität, bringt ihre Folgen in den Gestaltungsbereich von Leuten, die Blitzableiter konstruieren. Aber die Märkte, auf denen der Stahl für die Blitzableiter gehandelt wird, und die Entstehung des Versicherungswesens, die Folgen der Industrialisierung für die Landwirtschaft und die Transformationen der Religion unter den Bedingungen technischer Weltbilder, das alles ist das Ergebnis von nichtintendierten Folgen jenes menschlichen Handelns. Die Geschichte ist kein planloses Auf und Ab mehr, sondern ergibt sich aus einer Unzahl von Plänen, organisiertem Handeln, Einsatz von Techniken, rationalen Einstellungen und wirtschaftlichen Kalkülen. Doch ein gestaltungsmächtiges Subjekt der Geschichte, heiße es nun »der Fortschritt«, »List der Vernunft«, »Weltgeist« oder »Proletariat«, existiert nicht.

Darüber wurde Kittsteiner zum Historiker. In Philosophie promoviert, habilitierte er sich in Bielefeld bei Reinhart Koselleck, dem großen Lexikographen des politisch-sozialen Vokabulars der deutschen Ideengeschichte, mit einer 1991 veröffentlichten Arbeit über »Die Entstehung des modernen Gewissens«. In diese Geschichte des Über-Ich – nach Marx stand also der zweite große Stichwortgeber von 1968 zur Historisierung an – ging die Beschäftigung mit den Thesen der amerikanischen Historiker Benjamin Nelson und Edmund Leites ein, die Moderne sei intellektuell nicht dem Geist der Skepsis, sondern dem einer angestrengten Suche nach Gewissheit entsprungen. Und es beschäftigte Kittsteiner, welche konkreten historischen Erfahrungen der aufklärerischen Erwartung zugrunde lagen, rationale Lebensführung bestehe in ständiger Selbstprüfung anhand von Gesetzen.

Dass jede Geschichte vom »Erfahrungsraum« und vom »Erwartungshorizont« der von ihr Betroffenen bestimmt ist, übernahm Kittsteiner dabei von Koselleck. Dieser jedoch hatte in seinen Studien seit »Kritik und Krise« die aufklärerische Überforderung des empirisch vorfindlichen Lebens im Vertrauen auf »die Geschichte« und »den Fortschritt« als Resultat intellektuell-utopischen Übermuts und ideologischer Abstraktionslaune dargestellt. Demgegenüber hält Kittsteiner daran fest, dass den geschichtsphilosophischen Erwartungen, auch wenn sie überschießend und unerfüllbar waren, tatsächliche historische Prozesse entsprachen. Wo Koselleck eine zunehmende Differenz von Erfahrung und Erwartung konstatiert, sieht Kittsteiner einen Kategorienfehler: Für ihn gibt es keine historische Erfahrung, die nicht von Erwartungen durchdrungen ist. In die »Geschichtsphilosophie« von der Aufklärung über Hegel bis Marx ist, so gesehen, weniger intellektuelle Hybris eingegangen als die Erfahrung einer durch die Erwartungshorizonte von Industrie und Kapital, Wissenschaft und Technik geprägten Welt; eine Erfahrung, der sich bis heute niemand verschließen kann.

Insofern stand für Kittsteiner die Möglichkeit, Geschichtsphilosophie zugunsten der Reihung von einzelnen Geschichten oder des Gangs ins Archiv aufzugeben, dem denkenden Historiker gar nicht zu Gebote. »Geschichtsphilosophie nach der Geschichtsphilosophie« war die paradoxe Formel, die er darum für sein Unternehmen wählte. Man werde die Fragen nicht los, wenn man ihre unzureichende Beantwortung in Grund und Boden kritisiert habe, beschied er einen Historismus, der es mit dem Nacherzählen lokaler Ereignisse getan findet. Man komme, schrieb er, ohne Begriffe für das »Ganze« der Geschichte nicht aus. Denn dieses Ganze war für ihn eben keine idealistische Idee, sondern die Tatsache einer Gesellschaft, die nur noch im Singular existiert, als weltgeschichtlich bedingte und über Weltmärkte, Weltreligionen und Weltbilder, Kolonialismus und transnationale Wissenschaft vermittelte Objektivität. Die ganze Probe auf den Ertrag dieser philosophischen Forschung und auf die Tragfähigkeit ihrer Grundbegriffe kann nun nicht mehr gemacht werden. Doch die Stichprobe spricht für mehr als nur für sich selbst. Kittsteiner ging seinen Weg in der Geschichtswissenschaft nicht allein, aber es waren nur Bücher und Argumente, keine Schülerschaften oder gar Forschungsverbünde, die ihn begleitet haben.* Das vorliegende Werk bietet Anlass zur Frage, wie es insgesamt um eine Disziplin stünde, die Probleme wie die hier aufgeworfenen nicht für die ihren hielte.

4

Und schon haben wir uns wieder von der Person abgewendet und in einem Argument verloren, gerechtfertigt vielleicht am ehesten dadurch, dass ihm das sogar recht gewesen wäre. Zum Schluss sei trotzdem eine Erinnerung erlaubt. Heinz Dieter Kittsteiner war der erste lebendige Wissenschaftler, den ich kennenlernte. Als in Darmstadt, 1981 müsste es gewesen sein, eine große Tagung zum Werk Georg Büchners stattfand, trug Kittsteiner dort die Argumente eines Aufsatzes vor, den er gemeinsam mit dem Germanisten Helmut Lethen über den »Woyzeck« verfasst hatte. Für den Darmstädter Abiturienten, der Büchner über die Maßen verehrte, war der Besuch der Tagung ein merkwürdiges Erlebnis, weil sie, wie fast alle Tagungen über Schriftsteller, die Institutionalisierung von Verehrung zeigte. Inmitten ihrer akademischen Rituale, die für den hierin völlig ahnungslosen Schüler faszinierend waren, inmitten also der im voraus geplanten Kontroversen zwischen strengen Philologen, historisch gewordenen Materialisten, christlichen Büchner-Exegeten und genauso kuriosen Theaterwissenschaftlern, die durch Jacques Lacan das Licht gesehen hatten, inmit-

---

* »Gedruckt ohne Unterstützung der Deutschen Forschungsgemeinschaft« schrieb Kittsteiner später auf das Vorsatzblatt seiner ebenso gelehrten wie witzigen Preußen-Studie »Das Komma von Sans, Souci. Ein Forschungsbericht mit Fußnoten« (Heidelberg 2001) – nicht um sich zu beschweren, sondern um seinen Abstand zur Welt angeblich leistungsbezogener Mittelzuweisung auszudrücken, in der die Nichtmitgliedschaft in einem »Netzwerk« für die meisten fast unvorstellbar geworden ist.

ten dieses Jahrmarkts der Paradigmen gab es einen Beitrag, der sich dem allen entzog und darüber irgendwie zu spotten schien. Ich meine, die ironische Stimme noch im Ohr zu haben, mit der Kittsteiner damals die Funktionalisierung der ohnmächtigen Kreatur Woyzeck durch Abendlandwirtschaftler, französische Unterdrückungshistoriker oder Marxisten aller Länder ebenso freundlich wie vernichtend und mit dem Achselzucken dessen kritisierte, der sowieso nicht glaubt, dass sich Phrasen bewähren.

Jener Beitrag über die Indifferenz gegenüber geschichtsphilosophischen Erwartungen bei Büchner* war damals, zusammen mit dem Ton, in dem er vorgetragen wurde, geeignet, die Entscheidung für einen Studienort mit auszulösen. Der Text ist für mich ein Kondensat dessen geblieben, was Heinz Dieter Kittsteiner bewegte. Derselbe Büchner, der in »Dantons Tod« der Geschichtsphilosophie und ihren Folgen ins Auge geschaut hat, schreibt kurz darauf das Drama der von keiner moralischpädagogischen Projektion mehr erreichbaren Figur des Soldaten Woyzeck. Das scheint mir die intellektuelle Möglichkeit, die auch Kittsteiner zu ergreifen suchte: uns von einer Geschichte zu erzählen, unserer Geschichte, die alle angeht, ohne das historische Gleichnis jener zu vergessen, die sie trotzdem nichts anging. Es liegt eine große Ungerechtigkeit, um nicht zu sagen: nichts als die Dummheit des Todes darin, dass das Werk, das diese Möglichkeit hätte exemplarisch verwirklichen können, nun als Fragment stehenbleibt. Doch es wäre unsererseits, angesichts der Lebendigkeit dieses Fragments, undankbar, in ihm nur die Andeutung einer großen Intention zu erkennen. Heinz Dieter Kittsteiner hat ein Modell dafür geliefert, was historisch möglich ist, wenn man Philosophie so ernst nimmt, dass man ihren Fragen nicht durch Philosophie, sondern durch Forschung nachzugehen versucht. Vor allem aber hat er ein Buch hinterlassen, das auf die Frage, was es heißt, sich in der Geschichte zu orientieren, eine jedermann zugängliche Antwort gibt.

---

* »Ich-Losigkeit, Entbürgerlichung und Zeiterfahrung. Über die Gleichgültigkeit zur Geschichte in Büchners Woyzeck«, Georg Büchner Jahrbuch 3 (1983), S. 240–269.

Vorwort

Wer nicht von dreitausend Jahren
Sich weiß Rechenschaft zu geben,
Bleib im Dunkeln unerfahren,
Mag von Tag zu Tage leben.
Goethe, Westöstlicher Divan
Buch des Unmuts

Das Vorhaben, sich an einer Deutschen Geschichte vom 17. Jahrhundert bis in die Gegenwart zu versuchen, ist allmählich entstanden; zu einer solchen Unternehmung kann man sich nicht von heute auf morgen entschließen. Am Anfang stand die angenehme Aufgabe, an der Europa-Universität Viadrina in Frankfurt (Oder) seit 1993 über Semester hinweg eine Einführungsvorlesung über »Vergleichende europäische Geschichte der Neuzeit« zu halten. Daraus wurde allmählich eine »Deutsche Geschichte in den Stufen der Moderne«.

Damals begann ich, unter kulturgeschichtlichem und geschichtsphilosophischem Aspekt über eine Epochengliederung der Neuzeit nachzudenken. Ich spreche lieber von Moderne oder, besser, von »Modernen« im Plural. Und nach zehn Jahren des Experimentierens in der Einheit von Forschung und Lehre hatte ich ein Konzept entwickelt, das ich die »Stufen der Moderne« nannte und 2003 veröffentlichte.[1] Diese Stufenfolge der Modernen ist diesem Werk zugrunde gelegt. Ich unterscheide zwischen einer »Stabilisierungsmoderne«, einer »Fortschrittsmoderne«[2] und einer »Heroischen Moderne«. Zugrunde gelegt heißt so viel als: Dieser Entwurf steht immer im Hintergrund. In den Vordergrund tritt er nur ab und zu, denn ich habe die Erfahrung gemacht, dass es eines ist, ein Modell aufzustellen, und ein anderes, am Leitfaden die-

23

ser Theorie wirklich Geschichte zu schreiben. Im Gedränge des Erzählens versinkt so mancher schöne Begriff.

Wer mit einem solchen Dreischritt zu Werke geht, wird drei Bände »Deutscher Geschichte« zu bewältigen haben. Dann ist der Zeitraum zwischen dem ersten »Dreißigjährigen Krieg« (1618–1648) und dem zweiten »Dreißigjährigen Krieg« (1914–1945) in einen Zusammenhang gebracht. Doch schon der erste Band schwoll bedenklich an, und dabei kam dem Autor zum Bewusstsein, dass er kein Romancier ist, der einen Spannungsbogen über so lange Strecken hinweg aufrechterhalten kann. Um meinen begrenzten schriftstellerischen Fähigkeiten Genüge zu tun, habe ich die drei ursprünglich veranschlagten Bände in Halbbände aufgespalten. Das ist handlicher, sowohl für den Schreiber als auch den Leser und nicht zuletzt für den Verleger. Der Gesamtüberblick sieht nun vorläufig so aus:

Erster Band: Die Stabilisierungsmoderne
Die Ordnung Europas
I,1. Krieg und Frieden 1618–1715.
I,2. Bewegung vor dem Sturm 1715–1781.

Zweiter Band: Die Fortschrittsmoderne
Europa im Zenit
II,1. Die gebändigte Revolution 1780–1831.
II,2. Das unbändige Kapital 1830–1883.

Dritter Band: Die Heroische Moderne
Europas Niedergang
III,1. Gegen den Strom 1880–1916.
III,2. Die letzten Tage der Menschheit 1916–1945.

Um zu dieser Einteilung vorab wenigstens etwas zu sagen. Es wird auffallen, dass die »Deutsche Geschichte« ohne Umstände in eine europäische Geschichte eingebettet ist. Das geht gar nicht anders, und es ist auch nie anders gegangen. Zugleich ist diese europäische Geschichte wieder ein Teil der globalen Geschichte, auch schon von Anbeginn, deutlich sichtbar aber spätestens seit 1500. Dennoch bleibt das Buch eine deutsche Geschichte, weil Deutschland der Ort ist, an dem dieses Welttheater durchgespielt werden soll. In den ersten beiden Bänden erfahren die Deutschen ihre Geschichte zu großen Teilen als etwas, was ihnen geschieht; erst in der »heroischen Moderne« schwingen sie sich selbst zum welthistorischen Akteur auf, nicht zu ihrem Besten und dem ihrer Nachbarn. Die Subgeschichte Europas ist in den Untertiteln markiert: Sie führt von der Ordnung im 17. und 18. Jahrhundert zum Aufstieg und Zenit im 19. Jahrhundert und zum Niedergang im 20. Jahrhundert. Die Deutschen der Gegenwart stehen immer noch beklommen vor ihrer Geschichte; am liebsten reagieren sie darauf mit Geschichtslosigkeit. Wird sie ihnen als ihr Schicksal zum Bewusstsein gebracht, können sie daraus vielleicht etwas lernen.

Zuerst ging es um die *Stabilisierung* einer chaotischen Zeit. Das gelang in gewissen Grenzen: An die Stelle konfessionell angeheizter Kriege um die Dominanz einer universalen Vormacht trat der rational kalkulierte Kampf im Rahmen eines europäischen Gleichgewichts. Mit der Bändigung der friedensunfähigen Konfessionen entstand eine verinnerlichte Religiosität, und die Philosophie begann den Theologen den Platz streitig zu machen. Vehemente Kritik an der Hexenverfolgung setzte sich allmählich durch, und schließlich verschwand die Angst vor den Dämonen im Vertrauen auf eine neue Kosmologie, in der sie keinen Platz mehr hatten. Die Expansion der Osmanen wurde seit dem Ende des 17. Jahrhunderts zum Stehen gebracht. Europa hatte sich eine wenn auch prekäre und immer neu auszubalancierende Ordnung gegeben. Diese Ordnung gerät im 18. Jahrhundert in Bewegung; mit Preußen erscheint ein neuer Machtfaktor im Nordosten Deutschlands. Dann sollen Staat und Gesellschaft schrittweise verbessert werden. Die Europäer treten die Flucht nach vorn an. Die Welt zu vervollkommnen scheint der Auftrag Gottes zu sein, und die Aufklärer bemühen sich, diesen Anspruch zu erfüllen. Der Siebenjährige Krieg erschüttert Deutschland und die Mitte Europas; doch eine seiner Wurzeln liegt in der Auseinandersetzung zwischen England und Frankreich um den Einfluss in Indien und die Vorherrschaft in Nordamerika und Kanada. Vordergründig – und so sehen es die Deutschen zumeist und zunächst immer noch – ist er ein Krieg um das europäische Gleichgewicht und die Behauptung Preußens als einer letztlich zu klein geratenen »Großmacht«; hintergründig zieht er den europäischen Kontinent in die Bewegung einer von ihm selbst mit induzierten globalen Geschichte.

Die Franzosen haben sich in der Neuen Welt übernommen; die Folge ist eine Revolution im Inneren. Doch was dann mit dieser Französischen Revolution und der von England ausgehenden industriellen Revolution wirklich kommt, diese Sturmzeit einer *Fortschrittsmoderne*, konnte kein Aufklärer voraussehen. Zuerst ist die Beschleunigung der historischen Zeit nur ein theoretischer Entwurf, doch dann koppelt sich Europa tatsächlich von den anderen Weltkulturen ab und beginnt, den Weltmarkt mit einer Mischung aus Kapitalismus, militärischer Gewalt und »Zivilisation« zu dominieren. Die politische Revolution kann gebändigt werden, die Revolution des Kapitals nicht. Sein welthistorischer Durchbruch zum vorwärtstreibenden Faktor ist die eigentliche Revolution des 19. Jahrhunderts; die sogenannten »Revolutionen«, kulminierend zunächst in den Ereignissen von 1848, sind nur die Reaktionen darauf. Europa hat seinen Zenit erreicht. Der einstmals relativ bescheidene Kontinent ist nun reich geworden und feiert sich in der Serie der großen Weltausstellungen. Dieser rastlose Prozess der Kapitalverwertung ist eine Veränderung, mit der die bisherige Geschichte nicht gerechnet hatte. Die Sozialisten hoffen, dass die Kapitalverwertung in einer immanenten Dialektik auf ein sinnvolles Ziel hinausführt; am Ende des Kapitalismus soll eine neue Gesellschaftsordnung stehen. Karl Marx denkt so, aber in seiner Weise auch Richard Wagner. Der so international sich gebärdende Sozialismus hat zugleich eine sehr deutsche Variante, die erstarkt, je mehr das »Proletariat« zum integrierten Teil des kapitalistischen Systems wird. Der Aufstieg und die Erfolge der Arbeiterbewegung müssen heute als immanenter Bestandteil europäischer Dominanz auf dem Weltmarkt betrachtet werden.

Im Grunde leben wir immer noch in dieser *Fortschrittsmoderne* und haben seit dem 19. Jahrhundert auch in keiner anderen gelebt. Sie bleibt die dynamische Grundlage unserer Welt. Die *Heroische Moderne*, die in Deutschland seit 1880 eine ihrer reinsten Ausprägungen erfahren hat, ist im strikten Sinne keine eigenständige Formation der Geschichte; sie ist eine zivilisationskritische Reaktion auf die *Fortschrittsmoderne* und bleibt ihr in der kapitalistischen Fundierung zugleich immer verhaftet. Doch der Ton wird schärfer; der historische

Prozess scheint dem *Leben* feindlich zu sein; um ihn dennoch zu bändigen, muss man sich ihm mit übermenschlichen Kräften entgegenstemmen. Was Nietzsche und andere nur denken, wird der nachfolgenden Generation zum blutigen Ernst. Deutschland soll *modernisiert* werden, aber so, dass die Moderne sich zugleich *verdeutscht.* Dann kommt der Große Krieg als zentrales Symbol der *Heroischen Moderne.* Daher ist die Zäsur der beiden letzten Halbbände in der Erfahrung der Materialschlachten 1916 vor Verdun und an der Somme angesetzt. Hier beginnt wirklich das 20. Jahrhundert, dessen Zweiter Weltkrieg aus deutscher Sicht noch einmal eine Revision des Ersten erzwingen will. Am Ende dieses zweiten »Dreißigjährigen Krieges« von 1914 bis 1945 hat Europa sich aus der großen Weltgeschichte herausgemordet und herausgebombt. Nun übernehmen andere Weltmächte die Führung. Zunächst waren es die USA und die Sowjetunion; heute streben neue Kontinente empor, die zugleich die Heimat sehr alter Kulturen sind. Europa blickt eher verstört auf diese Entwicklungen zu einer multizentrischen Globalisierung, die unter der Oberfläche der westlichen Hegemonie indes bereits bestanden hatte.[3]

Das ist in dürren Worten die Geschichte Deutschlands und Europas in den »Stufen der Moderne«. Aber damit ist sie noch nicht erzählt. Kein Geringerer als Hegel hat auf dieses Problem aufmerksam gemacht. Wenn wir sagen: »Alexander hat das Persische Reich besiegt«, so ist darin etwas Großes ausgedrückt, das aber dennoch fahl bleibt, weil das individuelle Dasein nicht mit einbezogen ist. Erst die poetische Vorstellung weiß die Fülle der realen Erscheinungen mit dem inneren Wesen zu einem Ganzen zu verarbeiten.[4] *Inneres Wesen?* Was ist das innere Wesen der Geschichte? Als der Kulturhistoriker Jacob Burckhardt sich von G. W. F. Hegels Geschichtsphilosophie und ihrem allumfassenden »Weltgeist« abgrenzt, schreibt er, in die Zwecke der ewigen Weisheit sei er nun einmal nicht eingeweiht: »Unser Ausgangspunkt ist der vom einzigen bleibenden und für uns möglichen Zentrum, vom duldenden, strebenden und handelnden Menschen, wie er ist und immer war und sein wird.«[5]

Das soll auch unser Ausgangspunkt werden; daher bilden, wo immer es geht, Lebensläufe und Bruchstücke von Biographien den Leitfaden, an dem die Geschichte sich fortspinnt. Wir wollen wissen, wie wirkliche Menschen gelebt haben, wie sie es mit den Anforderungen ihrer Zeit aufgenommen haben. Das betrifft die alltägliche Ereignisgeschichte und die duldenden, strebenden und handelnden Menschen in ihr. Doch andererseits behält auch Hegel recht – und Jacob Burckhardt wusste das: Die Geschichte besteht nicht aus einer Aneinanderreihung von *Geschichten*, sondern jenseits des Aktions- und Leidensraumes der Handelnden entsteht überhaupt erst »die Geschichte«, ein Prozess, der von keinem der Akteure so gewollt worden ist, wie er sich dann zugetragen hat. *Die Geschichte* entsteht unbewusst, und zugleich ist sie der machthabende Hintergrund, vor dem das begrenzte Leben der Menschen sich abspult. Wir sind Gefangene unserer Zeit; sie teilt uns zu, was wir erleben durften oder erfahren mussten, aber auch, was uns erspart geblieben ist. Jede Generation lebt angekettet an ihre Epoche.

Hegel hat einmal gesagt, eine große Gestalt, die auf ihrem Wege einherschreite, zertrete manche unschuldige Blume und überhaupt seien die Zeiten des Glücks die leeren Blätter in der Geschichte. Wenn große Gestalten in der Geschichte auftreten, ist man in der Tat geneigt, sie zu Geschäftsführern des Weltgeistes[6] zu erheben. Sie haben die Geschichte an einem bestimmten Punkt vorangetrieben, sie haben das verwirklicht, was an der Zeit war. Aber es gibt auch die Klopfzeichen von Menschen – und das ist die Mehrzahl –, die in ihrer Zeit nur so mitstolpern, Übel anrichten oder zu Opfern werden, kleine Leute, von den Ereignissen zerrieben oder nur mit knapper Mühe davongekommen. Auch ihr Leben ist ein historisches Gleichnis. Bis auch sie im Abgrund der Zeit verschwinden, aus dem wieder neue Generationen aufsteigen, denen ein ähnliches Schicksal beschieden sein wird. Wer über Jahrhunderte dahinerzählt, gewinnt ein Bewusstsein für den Tod – einfach durch die Erfahrung, dass die Menschen, von denen er zu Beginn eines Bandes berichtet, an seinem Ende verschwunden sind.

Wenn wir von einem Weltprozess sprechen, so ist auch das an Hegel angelehnt, allerdings in einem Sinn, der sich erst in den drei Bänden entfaltet. Zum voraus nur so viel: Wir sind mit dem französischen Philosophen Paul Ricœur der Auffassung, dass wir nicht mehr *wie* Hegel, sondern nur noch *nach* Hegel denken können. Wir sehen zwar einen Geschichtsprozess, doch dieser Prozess hat keinen Sinn und kein Ziel; er stürzt nur in jeweils neue »Ordnungen« zusammen. Die selbstgewisse »Vernunft« in der Geschichte ist uns abhandengekommen und stößt uns eher ab »wie der missratene Trick eines auftrumpfenden Zauberkünstlers«.[7] Wir sind bescheidener geworden und halten uns nicht an einen *Weltgeist,* sehr wohl aber an einen *Weltmarkt,* der uns in seinem blind-dynamischen Wesen als der eigentliche Hintergrund-Akteur des Geschehens gilt.[8] Da es keinen Sinn hat, ihn zu bejahen oder zu verneinen, weil er das schlechthin Ganze umgreift, hat dieses Verfahren zumindest den Vorzug, dass wir den bloß partiellen politischen Wertsetzungen als Grundlage unserer Geschichtsschreibung entkommen. Denn mit ihr wird unvermeidbar der gegenwärtige gesellschaftliche Zustand in die Geschichte hineingetragen und je nach politischer Einstellung zur moralischen Norm erhoben. Daher löst eine moralisierende Zurechtmachung der Geschichte die andere ab. Nun ist es aber in der Geschichte niemals moralisch zugegangen, und Hegel belustigt sich über Historiographen, die aus ihrer »dröselnden Erzählerei« von Zeit zu Zeit aufwachen, um den Begebenheiten und Individuen mit moralischem Einhauen in die Flanke zu fallen.[9] Reflexionen dieser Art sollen vermieden werden; durchaus unvermeidlich aber ist eine leise Ironie des Erzähltons – selbst da, wo es schwerfällt –, denn sie allein ist der Grundstruktur einer nicht machbaren Geschichte angemessen.

Die historischen Urteile über die deutsche Geschichte – gerade des 20. Jahrhunderts – stehen ohnehin fest; aber eben weil *bekannt,* sind sie darum noch lange nicht *erkannt.* Politisch-moralische Werte sind eine Letztbegründung für die Politik, Politik ist aber nicht identisch mit Geschichte. Um deutlich zu werden: Politik ist etwas für Politiker. Geschichtsschreibung ist etwas für Historiker. Ihr eigentlicher Gegenstand ist dasjenige, was sich hinter dem Rücken der politischen Klassen aus deren Aktionen ergibt. Beide Berufsstände haben nichts miteinander gemeinsam, wenngleich es immer wieder Historiker gibt, die sich als Politiker mit Fußnoten verstehen. Sie stellen sich an die Seite einer politischen Meinung und streben danach, mit ihrer Geschichtsschreibung *Geschichtspolitik* zu betreiben, wenn es ganz schlimm kommt, sogar Parteipolitik. Unter dem verlockenden Titel einer »Erinnerungskultur« hat sich diese Art Geschichtsschreibung als Geschichtspolitik in den beiden letzten Jahrzehnten breitgemacht.[10] Wir werden ihr mit Skepsis begegnen. Wie weit die *Geschichte überhaupt* dem »Verstehen« zugänglich sein mag, ist für sich selbst schon ein weites Feld.[11] Wer sie aber auf bestimmte Werthaltungen reduziert, verfehlt sie von vornherein. Im 19. Jahrhundert hat der kleindeutsch-borussisch-antisemitische Historiker Heinrich v. Treitschke seinem größeren Kollegen Leopold v. Ranke *blutleere Objektivität* vorgeworfen; man wisse gar nicht, auf welcher Seite das Herz des Erzählers eigentlich schlage. Bei Treitschke wusste man es nur zu gut. Man verglich Ranke mit den Sphinxen aus dem zweiten Teil von Goethes »Faust«:

»Sitzen vor den Pyramiden,
Zu der Völker Hochgericht;
Ueberschwemmung, Krieg und Frieden –
Und verziehen kein Gesicht.«[12]

Das Gesicht werden wir verziehen; die Geschichte ist schmerzhaft genug. »Den Schrei der Angst vernehmend, empfinden wir die Angst des Schreienden.« Das wusste schon Johann Gustav Droysen.[13] Und Objektivität im strikten Sinn ist in ihr auch nicht zu haben; das kann man bei Max Weber nachlesen. Dennoch werden wir auf einen ungeheuerlichen Satz Rankes, der auf seine Weise Hegel gar nicht so fern stand, zu gegebener Zeit zurückkommen: »Die Idee von der Erziehung des Menschengeschlechtes hat allerdings etwas Wahres an sich, aber vor Gott erscheinen alle Generationen der Menschheit gleichberechtigt, und so muß auch der Historiker die Sache ansehen.«[14] Abgesehen von dem nicht einlösbaren Erkenntnisanspruch, erscheint der Satz Rankes ganz passabel, solange man vom 17. und 18. Jahrhundert mit ihren schon weit entfernten politischen Wertsetzungen erzählt; brisant wird er erst, wenn wir uns dem 20. Jahrhundert annähern.

Was nun jene *dröselnde Erzählerei* betrifft, von der Hegel spricht, so hat der Autor versucht, sich von ihr so weit entfernt zu halten, wie es ihm möglich war. Grundsätzlich gilt: Es gibt zu viel akademische Geschichtsschreibung *von* Historikern *für* Historiker. Da ist man unter sich und pflegt seine diversen Forschungsstände. Wenn die Fachleute aber nicht für ein breiteres Publikum einen größeren Zusammenhang umreißen können oder wollen, müssen sie sich nicht wundern, wenn andere diesen Part übernehmen. Tritt dann einer jener *schrecklichen*

Vereinfacher auf, so zanken sie, zum Teil zurecht, dass gerade ihr Gebiet falsch oder schief dargestellt, wenn nicht in seiner Bedeutung gar vernachlässigt werde. Gleichwohl ist jeder Vereinfacher ihnen Dank schuldig, und diesen Dank hat er in seinen Fußnoten abzustatten. Es kommt dem Unterfangen sicherlich zugute, dass in Deutschland, zunächst noch verteilt auf zwei Staaten und zwei Geschichtskulturen, dann seit 1989 »zusammengewachsen«, ungeachtet aller akademischen und politischen Kontroversen, ein gewisser Grundkonsens entstanden ist. Auf dieser Basis hat sich die Forschung nach allen Richtungen hin ausgedehnt. Sie hat zugleich dazu geführt, dass wir über immer geringere Zeiträume immer mehr wissen. Soll ab und zu eine Synthese gewagt werden, so kann sie nicht in einer Zusammenführung *aller* Forschungsstände bestehen; dafür gibt es die bewährten Grundrisse und Handbücher. Ein Werk wie dieses kann nur versuchen, möglichst prägnante symbolische Ereignisse zu konstruieren, und es wird dieses Verfahren geschichtsphilosophisch begründen müssen.

Von Zeit zu Zeit, das hatte auch Jacob Burckhardt eingeräumt, sähe man dieses Zwitterwesen »Geschichtsphilosophie« ganz gern. Er sprach, um die Unmöglichkeit dieser Verbindung zu betonen, von einem *Kentauren*, dem man dennoch Dank schulde, wenn er Schneisen in den Wald breche, in dem man sonst den »Wald« vor lauter Bäumen nicht mehr sähe. Zwischen Gelehrsamkeit als Selbstzweck und der Popularisation unter Preisgabe der Wissenschaft muss das Buch hindurch wie weiland Odysseus zwischen *Scylla* und *Charybdis*. Da weiß man nicht, was schlimmer ist: mit dem heiseren Bellen des sechshälsigen Ungeheuers mitzukläffen oder sich der ewig schlürfenden und strudelnden Charybdis hinzugeben – sicherlich ein frühes Symbol der Medienwelt. Heinrich Heine gibt uns für die Durchschiffung dieses Engpasses einen guten Rat: Er sagt irgendwo, er wolle sein Wissen nicht zurückhalten, sondern das wenige, was er gelernt habe, redlich mit den Leuten teilen. So wollen wir es auch halten. Denn die Leser sind ein Teil des Buches. Der Autor hat nur eine Geschichte erzählt, die er an die Lesewelt zurückgibt. Und erst dann wird daraus ein gemeinsames Werk von Leser und Autor.

Wer nicht von dreitausend Jahren / sich weiß Rechenschaft zu geben ... Herr von Goethe mutet uns einiges zu. Doch er hat recht, denn

Athen und Jerusalem, Griechenland und Israel gehören mit zur europäischen und deutschen Geschichte, ja sie sind sogar ihr geistesgeschichtlich tragender Grund. Deshalb muss eine solche Geschichte nicht bei Adam und Eva anfangen. Es reichen schon dreihundert Jahre – und man wird erkennen: dahinter stehen immer jene dreitausend Jahre. In den sechs Bänden werden wir genügend Zeit und Raum haben, sie allmählich ans Licht zu ziehen. Das Werk möchte eine gebildete Vorstellung von der deutschen Geschichte geben und hofft, dass es seine Leser findet. Diese Bildung ist in der Allgegenwart der Unbildung[15] nicht ganz unnütz; man wird sie wieder gebrauchen können in einer Zeit, in der sich Deutschland und Europa Mächten gegenübersehen, die nicht vergessen haben, wer sie sind, und die sehr genau wissen, was *ihre* Geschichte und Kultur ist.

Noch einige Lesehinweise: Ab und zu wird der Fluss der Erzählung unterbrochen; dann muss Grundwissen nachgereicht werden. Das geschieht im ersten Halbband durch weiter ausholende Rückgriffe in die europäische Geschichte, auch im Vergleich mit anderen Kulturen. Die drei großen christlichen Konfessionen bekommen einen *Exkurs*, ebenso der Islam; in späteren Bänden der Konfuzianismus, der Buddhismus und schließlich das Judentum, so dass die Weltreligionen in ihrem Einfluss auf die europäische Kultur mitbehandelt werden, und zwar dann, wenn sozusagen ihr Stichwort im Fortgang der deutschen Geschichte fällt. Auch für einige Entwicklungen in Philosophie und Kunst sind solche Zusammenfassungen vorgesehen. Die Wandlungen des Christentums sind ohnehin permanenter Gegenstand einer Kulturgeschichte; zu einem eigenen Exkurs bringt es das »Christentum« als solches – jenseits des Streits der Konfessionen – aber erst im Augenblick der Gefahr, im 19. und frühen 20. Jahrhundert. Als *Beilagen* sind in allen Bänden zeitgenössische Gedichte abgedruckt; sie werden, sofern sie nicht Teil des Textes sind, nicht eigens interpretiert. Sie geben Gestimmtheiten wieder, die für sich selbst stehen und gleichwohl auf ihre Zeit bezogen sind. Bisweilen sind auch kurze Prosatexte oder Theaterszenen ausgewählt. Die Bebilderung ist vergleichsweise sparsam, aber möglichst eng an den Gang der Handlung angelehnt. Bilder sind da eingesetzt, wo sie wirklich gebraucht werden. Das historische Bildgedächtnis ist heute medial aufgearbeitet; vieles kann als bekannt gelten. Wo aber Detailinformationen notwendig sind – etwa im ersten Band beim Abschnitt über die neue Kosmologie des 17. Jahrhunderts –, häufen sich auch die Abbildungen.

Am Ende jedes Bandes, der einen Schritt in der Abfolge der »Stufen der Moderne« beschließt, wird eine kurze Zusammenfassung stehen. Also ein Rückblick auf die *Stabilisierungsmoderne*, die *Fortschrittsmoderne* und die *Heroische Moderne*. Die Epochenbegriffe, die sich während der Erzählung bedeckt gehalten haben, treten dann hervor. Der Autor hat im Laufe seines Studiums und seiner Lehrtätigkeit mit einiger Mühe gelernt, dass man Geschichte nicht »auf den Begriff« bringen kann. Das historische Leben quillt zwischen den Begriffen hindurch. Und dennoch braucht man Begriffe, um in Abwandlung Kants zu sagen: Geschichte ohne Begriffe ist blind – Begriffe ohne Geschichte(n) sind leer. Eine so begriffene Geschichte kann und soll zum Nachdenken anregen. Daher wird es in den Rückblicken auch Ausblicke auf die Gegenwart geben. *Historia Magistra Vitae*; die Geschichte als Lehrmeisterin des Lebens. Sie galt einstmals als die große Beispielsammlung, um ohne Schaden klug zu werden. Hegel glaubte zu wissen, dass der Begriff immer zu spät komme. »Wenn die Philosophie ihr Grau in Grau malt, dann ist eine Gestalt des Lebens alt geworden, und in Grau in Grau läßt sie sich nicht verjüngen, sondern nur erkennen; die Eule der Minerva beginnt erst mit der einbrechenden Dämmerung ihren Flug.«[16] Sind Deutschland und Europa Grau in Grau geworden und kann man erst jetzt ihre Geschichte schreiben – aber auch verstehend begreifen? Jacob Burckhardt, der an den Satz von der Lehrmeisterin des Lebens ebenfalls nicht mehr glaubte, wollte aus der Geschichte nicht klüger werden für ein andermal, sondern weise für immer. Lassen wir den Weisen ihre Weisheit, stürzen uns in das Getümmel *und wandeln mit bedächt'ger Schnelle/ Vom Himmel durch die Welt zur Hölle.*

Berlin, den 2. Juli 2008

33

Am Ende eines langen Krieges

»Seit dem Anfang des Religionskriegs in Deutschland bis zum Münsterischen Frieden ist in der politischen Welt Europens kaum etwas Großes und Merkwürdiges geschehen, woran die Reformation nicht den vornehmsten Anteil gehabt hätte. Alle Weltbegebenheiten, welche sich in diesem Zeitraum ereignen, schließen sich an die Glaubensverbesserung an, wo sie nicht ursprünglich daraus herflossen, und jeder noch so große und noch so kleine Staat hat mehr oder weniger, mittelbarer oder unmittelbarer, den Einfluß derselben empfunden.«

Friedrich Schiller: Geschichte des Dreißigjährigen Krieges

»›Oh Bub, lauf weg, sonst werden dich die Reuter mitnehmen, guck daß du davonkommst, du siehest wohl, wie es so übel‹: mehrers konnte sie nicht sagen.«

Hans Jakob Christoffel Grimmelshausen:
Der abenteuerliche Simplicissimus

I. Der Krieg

1. Das Tagebuch eines Söldners

»Dessen 1648 gars den 16 nouember Ist das freudenfest, wegen des friedes gehalten worden, von den burgern, Als wan es ostern, oder pfinsten gewessen were (?), In beiden kirchen .3. prediegt gehalten worden, der tegs Ist gewessen, aus dem 1 buch moses, aus de .8. cabp, wie noa, nach der sindtflut, aus den kasten, Ist gegangen, vndt dem herren, einen (einen) altar gebauwet, vndt von allen, Reinen vieh, brandt offer geoffert [...].«

1. Mos. 8, v. 20 ist dem Hörer der Predigt zu Memmingen gut im Gedächtnis geblieben, denn dort steht geschrieben: »Noah aber bauet dem HERRN einen Altar/ vnd nam von allerley reinem Gevogel/ vnd opffert Brandopffer auff dem Altar.« So heißt es in der alten Bibelübersetzung des D. Martin Luther, und die hat man dort verlesen, denn die Stadt Memmingen in Schwaben ist bis auf das Kloster »ganz lutherisch«. Der lange Krieg wird mit der Sintflut verglichen. Die Überlebenden kommen wie Noah aus ihrer Arche herausgekrochen; der Prediger erklärt der Gemeinde den Sinn der Gegenwart nach Beispielen aus der biblischen Geschichte. Eigentlich, so lässt der Tagebuchschreiber durchblicken, scheint ihm das große Friedensfest voreilig zu sein. Er traut den feierlichen Erklärungen nicht. Oder will er ihnen nicht trauen? Denn was soll nun aus ihm werden? Ein Jahr noch bleibt sein Regiment in Memmingen stehen, dann wird es aufgelöst und der Söldner am 25. September 1649 abgedankt. »Ich für meine Person bekam 3 Monate Sold, des Monats 13 Gulden.« So lautet eine seiner letzten

Eintragungen. Dass eine Periode nicht nur seines Lebens, sondern auch der deutschen Geschichte zu Ende geht, ist ihm bewusst. Denn mit seiner Abdankung bricht auch sein Tagebuch ab. Für wen hat er geschrieben? Für sich selbst oder für seinen Sohn – oder wollte er Zeugnis ablegen für spätere Zeiten? Für uns?

Das Tagebuch, was sich der Schreiber nie hätte träumen lassen, ist in die Preußische Staatsbibliothek geraten. In einem Handschriftenverzeichnis von 1826 ist es schon einmal erwähnt; doch blieb es liegen, bis es dann 1993 herausgegeben wurde. Diese Ausgabe ist »zweisprachig«, denn der Mann schreibt mit Gänsekiel in sein selbstgebundenes Oktavheft, wie ihm der Schnabel gewachsen ist. Unsere Anfangszeilen geben davon einen Eindruck; dieses Kauderwelsch musste erst in heutiges Deutsch übertragen werden. Mit einer gewissen Wahrscheinlichkeit heißt der Chronist Peter Hagendorf. Das könnte aus dem Kirchenbuch des evangelisch-lutherischen Pfarramtes in Pappenheim zu schließen sein, denn dort wird er als Vater einer am 26. Oktober 1645 geborenen Tochter »Anna Marget« aufgeführt. Der Name des Kindes stimmt in etwa, die Namen der Taufpaten und der Ehefrau stimmen gänzlich mit den Eintragungen im Tagebuch überein.[17] Woher Hagendorf stammt, ist nicht mit Sicherheit zu sagen. Als 1631 die Stadt Magdeburg erstürmt, geplündert und verwüstet wird – er selbst ist daran beteiligt –, schreibt er in sein Buch: »Ist mir doch von Herzen leid gewesen, daß die Stadt so schrecklich gebrannt hat, wegen der schönen Stadt und weil es meines Vaterlandes ist.« War die Gegend um Magdeburg sein »Vaterland«? Andererseits ist er weit gewandert und auch in Italien gewesen. Betrachtet er deshalb Deutschland als sein Vaterland? Denn er notiert auf seinen Reisen sofort, wenn er den deutschen Sprachraum verlässt oder wieder in ihn zurückkehrt.

Dass er in Magdeburg trüben Gedanken nachhängt, ist verständlich. Denn nachdem er »mit stürmender Hand« heil in die Stadt gelangt war, ist er am Neustädter Tor von mehreren Kugeln getroffen worden: »Das ist meine Beute gewesen«, trägt er missmutig ein. Eine Kugel ging in den Bauch, eine andere durch die Achseln. Der Feldscher bindet ihm die Hände auf den Rücken, setzt einen Meißel an und holt das Blei heraus. Er bleibt verbunden in seiner Hütte liegen. An seiner Stelle geht nun sein Weib plündern. Die Stadt brennt aber so heftig, dass viele

Soldaten, die darin »mausen« wollen, in den Flammen und unter den einstürzenden Häusern umgekommen sind. Er sagt »mausen« und nicht etwa »stehlen«; der juristische Begriff wird bewusst vermieden. Doch Gott hat seine Frau behütet. Sie rettet sich ohne Blessuren wieder heraus und hat sogar ein altes Weiblein als Kriegsgefangene mitgebracht, die ihr beim Tragen helfen musste. Sie hat Bettzeug eingesackt, das behält das Ehepaar. Eine große Kanne von 4 Maß Wein, silberne Gürtel und einige Kleider werden später in Halberstadt für 12 Taler an Hehler verkauft. Schließlich klingt der Tag doch noch versöhnlich aus. Die Gefährten aus dem Regiment besuchen den Verletzten und geben ihm von ihrer Beute ab. Jeder – so vermerkt das Tagebuch anerkennend – hat ihm etwas geschenkt, einen Taler oder einen halben.[18] Nach Halberstadt ist Hagendorf mit einem Verwundetentransport gelangt; dort werden die Söldner auf Dörfer verteilt und können sich auskurieren. Dankbar trägt er ein, dass er an einen guten Wirt geraten sei, der ihm nicht Rindfleisch, sondern Kalbfleisch, Tauben, Hühner und Vögel vorgesetzt habe. Ob er wohl dafür bezahlt hat? Oder hat sein Wirt es ihm »gütlich« geben müssen, d. h. ohne allzu deutliche Androhung von Gewalt? Während er hier wieder zu Kräften kommt, stirbt sein Töchterlein Elisabeth. »Gott verleihe ihr eine fröhliche Auferstehung. + 3.« Er vermerkt alle seine gestorbenen Kinder mit einem + und der dazugehörigen laufenden Zahl. Und immer setzt er den Satz hinzu: »Gott verleihe ihr (ihm) eine fröhliche Auferstehung.« Nach sieben Wochen werden die Ausgeheilten wieder zum Regiment zurückbeordert, denn nun müssen sie den Schweden entgegenziehen.

Das ist die Welt, in die Peter Hagendorf hineingeraten ist. Seine Aufzeichnungen beginnen im Jahre 1625, als er vom Bodensee durch die Schweiz über Chur und den Splügenpass nach Chiavenna wandert. Der Reisende verkauft hier seinen Mantel für 3 Taler und ersteht dafür ein nützliches Buch »halb welsch, halb deutsch«: Er kauft sich ein deutsch-italienisches Wörterbuch, wahrscheinlich das »Dictionarium Teutsch-Italiänisch und Italiänisch-Teutsch« des Levinus Hulsius von 1618.[19] Norditalien kann er nicht genug rühmen; er beschreibt den Weinbau, die Maulbeerbäume, Pomeranzen, Feigen und Zitronen, Limonen, Mandeln – und dass beim Reisanbau die Felder unter Wasser gesetzt werden, so als wären es Teiche. Eine Vorliebe hat er für technische Dinge; Wassermühlen werden immer besonders hervorgehoben. Um zu Geld zu kommen, hat er sich von den Venezianern anwerben lassen. Was sich zunächst wie eine Bildungsreise kreuz und quer durch die Poebene anlässt – zu Mantua zeigt man ihm ein Denkmal, das angeblich den alten Waffenmeister Hildebrand aus der Zeit der Völkerwanderung darstellt, wie er mit seinem Sohn auf der Heide gefochten hat –, das verwandelt sich dann doch in einen Feldzug, denn nun geht es ins Veltlin. Peter Hagendorf weiß auch, warum: »Da ist *der spanische König* unser Feind gewesen.« Die Alpenpässe des Veltlin waren ein Zankapfel von strategischem Interesse zwischen Frankreich, Spanien und Venedig. Angeblich werden sie vom Grafen Pappenheim mit einer mörderischen Kanonade am Berninapass empfangen und müssen sich aus ihren Stellungen bis auf Tirano zurückziehen. Ob der Bericht Hagendorfs in allen Einzelheiten so stimmt, ist schwer auszumachen. Tatsächlich gibt es im November 1624 einen Rückzug auf Tirano, allerdings von spanisch-päpstlichen Truppen, die von einem französisch-schweizerischen Heer, das über den Berninapass vordringt, zurückgeworfen werden. In diese Kämpfe haben die Venezianer mit ihren Geschützen eingegriffen, und dabei wird wohl unser Söldner gewesen sein. Im Februar 1625 ergibt sich das von Spaniern besetzte Chiavenna. Nur die Felsenfeste Riva am Mezzolasee bleibt päpstlich. Das berichtet Hagendorf genauer: »Dann sind wir bei Riva gelegen, das selbige Schloß haben wir wollen einnehmen. Es *hat sich der Papst da rein gelegt* und ist frisch traktiert worden.«[20] Hagendorfs italienisches Abenteuer ist aber noch nicht beendet; zusammen mit einem Kameraden aus Halle lässt er sich wieder anwerben und liegt zwölf Monate bei Parma, in jenem trefflichen Lande, wo die Parmesan-Käse gemacht werden. Dort haben sie einen Lautenmacher kennengelernt, einen »guten Deutschen«, denn er hat ihnen »manchen guten Trunk« bezahlt. Außerdem hatte er Arbeit für sie, so dass sie neben ihrem Wachdienst »hübsch Geld« verdient haben.

Schließlich machen sich die beiden auf den Rückweg über Bellinzona und den Gotthard. Dort liegt Schnee im Winter wie im Sommer, und es ist »grausam kalt«. Oben auf dem Berg ist ein Wirtshaus, da gibt man den Bedürftigen ein Stück Brot und eine halbe Maß Wein, damit sie weiterkönnen. »Denn sobald sich einer auf diesen Berg setzen tut, ist er alsbald des Todes.« Hagendorf will sagen: Wer im Schnee nicht mehr fortkommt und sich erschöpft niederlässt, endet steif gefroren in der Kapelle neben dem Wirtshaus. Er und Christian Kresse sind gegen Mittag angekommen und haben gegessen, was man ihnen vorgesetzt hat. Das war noch im Sonnenschein. Doch dann sind sie beim Abstieg in ein Unwetter geraten, bis hinab zur Teufelsbrücke. »Wenn einer einmal fällt, so ist er hin, und wenn er tausend Menschen wert wäre. So habe ich meinen Kamerad verloren, weiß auch nicht, wo er hingekommen ist.« Von Andermatt bricht er nach Altdorf auf, von dort fährt er zu Schiff über den Vierwaldstätter See. Historisch interessiert notiert er: »Hier ist die Kapelle noch zu sehen, wo *Wilhelm Tell* ist rausgesprungen, wo die Schweizer ihre Freiheit von her haben.«[21] Er ist nun ganz abgerissen und bettelt sich nach Deutschland durch, eigentlich will er neue Schuhe kaufen, aber der Wein ist in Schaffhausen so gut, da ist er in ein Wirtshaus gegangen und hat das Geld vertrunken. »Habe die Schuhe mit Weiden gebunden und bin gelaufen bis nach Ulm an der Donau.« Hier lässt er sich am 3. April 1627 beim Pappenheimschen Regiment als Gefreiter anwerben. Endlich gibt es wieder zu essen und zu saufen, »daß es gut heißt«. Jetzt aber gerät er in die Mühlen jener großen Auseinandersetzung, die sich seit dem Böhmisch-Pfälzischen Krieg langsam über Europa zusammenbraut.

2. Der Ausbruch des Dreißigjährigen Krieges

Der »Krieg der Kriege« lässt sich aus deutscher Sicht in vier Etappen gliedern. Er beginnt mit dem *Böhmisch-Pfälzischen Krieg* von 1618–1623, dem Aufstand der böhmischen Stände gegen ihren Habsburger Landesherrn. Sie wählen den Kurfürsten von der Pfalz zum König, doch der wird im Auftrag des Kaisers vertrieben, nicht nur aus Böhmen, sondern auch aus seinen Erblanden. Friedrich V. geht ins Exil nach Holland, denn mit niederländischem Geld wird der *Niedersächsisch-Dänische Krieg* von 1625 bis 1629 organisiert. Die europäischen Protestanten setzen zunächst auf den Dänenkönig, der als Herzog von Holstein auch zum niedersächsischen Reichskreis gehört. Doch gegen die Heere Wallensteins ist er machtlos und muss im Frieden von Lübeck resignieren. Nun ist die kaiserliche Macht bis zur Ostsee ausgedehnt, und Wallenstein ernennt sich zum General des Baltischen Meeres. Das ruft die schwedische Gegenküste auf den Plan. Mit der Landung und dem Siegeszug Gustav Adolfs beginnt 1630 der *Schwedische Krieg.* Doch nach dem frühen Tod des »Löwen aus Mitternacht« suchen die evangelischen Reichsstände einen Ausgleich mit dem Kaiser und schließen 1635 den Prager Frieden. Doch der ist das Papier nicht wert, auf dem er geschrieben steht, denn die so bestätigte Macht des Kaisers wird nun Frankreich zu groß. Jetzt schließen sich das katholische Frankreich und das protestantische Schweden gegen das Haus Habsburg zusammen. Dieser *Schwedisch-Französische Krieg* zieht sich *etwas hin* – um es mit Bertolt Brecht zu sagen[22] – von 1635 bis 1648. Es ist die schlimme Endphase des Krieges, dreizehn Jahre, in denen das Heilige Römische Reich Deutscher Nation gründlich verwüstet wird.

Österreich, Spanien, Schweden, Frankreich, daneben noch Holland, das sind die Hauptkontrahenten; sie kämpfen aber keineswegs nur auf deutschem Boden. Unser Söldner war an einem Vorgeplänkel in Norditalien beteiligt, das sich erst 1627 bis 1631 zu einem erbitterten Kampf um die mitteleuropäische Stellung Spaniens auswächst. Spanien steht aber auch mit den holländischen Generalstaaten im Krieg, der sich mit den Anfangsjahren des pfälzisch-böhmischen Konflikts überschneidet. Nimmt man alle Regionalkonflikte hinzu, so kommt man auf etwa 13 einzelne Kriege mit 10 Friedensschlüssen. War den Zeitgenossen bewusst, dass sie sich im »Dreißigjährigen Krieg« befanden? Zu Beginn natürlich nicht, doch je länger diese Abfolge von Kriegen dauerte, desto mehr zog er sich zu einem einzigen Ereignis zusammen, das alle gegenwärtigen und aus der Antike bekannten Dimensionen sprengte. Denn mit der Antike verglich man sich ebenso wie mit der biblischen Geschichte. 27 Jahre lang hatte der Peloponnesische Krieg zwischen Sparta und Athen gedauert; schon Thukydides hatte ihn wegen seiner Größe und Länge hervorgehoben.[23] Nun war auch diese Zahl überschritten.[24] Ein zeitgenössischer Gymnasiallehrer und Humanist hatte die schlimmen Erfahrungen der Deutschen mit diesem Krieg in einem kompletten Zyklus vom Kreislauf des Lebens zusammengefasst:

Die Zeit bis 1617/18: »Germania florens et vivida« –
blühend und lebendig
Von 1618 bis 1628: »Germania decrescens et morbida« –
im Niedergang und krank
Von 1628 bis 1638: »Germania emarcescens et squalida« –
verwelkt und verwüstet
Von 1638 bis 1648: »Germania agonizans et moribunda« –
im Todeskampf
Seit 1648: »Germania renascens et pullulans« –
wiedergeboren und neu wieder aufblühend.[25]

Die Kriegshandlungen beginnen mit den Ansprüchen des Hauses Habsburg in den Niederlanden und in Böhmen. Die Habsburger sind seit dem Erlöschen der Hohenstaufen – nach dem bedeutenden Zwischenspiel der Luxemburger – seit 1438 Kaiser des Abendlandes auf der Grundlage des deutschen Wahlkönigtums, ausgeübt von den sieben Kurfürsten. Das waren die Erzbischöfe von Köln, Mainz und Trier, die weltlichen Herren der Pfalzgraf bei Rhein, der Herzog von Sachsen, der Markgraf von Brandenburg und, nach einigem Zögern in der Anerkennung, der König von Böhmen.[26] 1519 hatte sich Karl V. mit finanzieller Unterstützung der Fugger die Kaiserkrone gesichert; er begründete eine Dynastie mit universalem Anspruch. Allerdings überlagerten sich hier bereits eine alte und eine neue Vorstellung von einem Universalreich. Das eine steht im Horizont des geistigen Erbes Europas, das andere schon im Zeichen der beginnenden Globalisierung. Nach der alttestamentarischen Tradition des Buches Daniel (Daniel 2, v. 31–49) konnte es nur vier Weltmonarchien geben: als die letzte galt das Römische Reich. Durch die »Translatio Imperii«, die Übertragung des Imperiums seit Karl dem Großen und den Ottonen, war dieser Anspruch auf die deutschen Kaiser übergegangen.[27] Daher rührt die offizielle Bezeichnung »Heiliges Römisches Reich Deutscher Nation«, das immerhin bis 1806 überdauert hat. In diesem Zeitraum waren die deutschen Könige die Anwärter auf die Kaiserkrone des Abendlandes. Als vom Papst gekrönte Schutzherren der Kirche standen die Kaiser zumindest nominell an der Spitze aller anderen Könige. Das war der Gedanke einer europäischen Universalmonarchie auch noch im späten Mittelalter; und als der erste der lu-

1 Weltkarte im Doppeladler. Kupferstich von Georg Braun, Köln 1574

xemburgischen Kaiser, Heinrich VII., in Italien erschien, wurde er von Dante jubelnd begrüßt, denn Alighieri konnte sich den Frieden des Erdkreises nur im Rahmen einer Universalmonarchie vorstellen.[28]

Mit dem Ausgriff auf die Neue Welt in Mittel- und Südamerika und durch die Handelsverbindungen und Niederlassungen im Fernen Osten strebten allerdings die Habsburger etwas Neues an, eine globale Weltmonarchie, das Reich, *in dem die Sonne nicht untergeht*. Karl V. hatte bei seiner Wahl das deutsche Kaisertum als Grundlage dieses neuen Typus einer Globalmonarchie betrachtet.[29]

Die Welt unter den Fittichen des Hauses Habsburg stammt aus dem Jahre 1574 und zeigt den Globus als aufgeblättertes, dreigeteiltes Brustschild des kaiserlichen Doppeladlers. Seine Herrschaft reicht von

Mexiko bis Cathay (China), deren Landspitzen sich zu berühren schei-
nen. Die Herrschaft steht im Einklang mit den Planeten – am oberen
Bildrand erscheinen Saturn, Jupiter und Mars, auf der unteren Hälfte
Luna (als weibliche Figur), Merkur und die Sonne (Sol, als männliche
Figur). Die kaiserliche Herrschaft gilt zugleich als Erfüllung ihres Am-
tes zur Durchsetzung des göttlichen Heilsplanes.

Die »Casa d'Austria« trieb diesen Anspruch als Familienunter-
nehmen voran; die Devise mit den fünf Vokalen A-E-I-O-U ließ sich
deuten als »Austriae Est Imperare Orbi Universo« oder in der deutschen Fassung: »Alles Erdreich ist Österreich untertan.« Karl V. schien
auf seinem Wege unaufhaltsam voranzukommen. Das Gemälde Tizians
zeigt ihn 1547 als Sieger in der Schlacht bei Mühlberg, als Triumphator
über die im schwachen Schmalkaldener Bund zusammengeschlossenen
Protestanten. Der visionäre Ausblick auf ein katholisches Friedensreich
schien nahe herbeigekommen. Doch die protestantischen Reichsstände
erstarkten wieder, und der Kaiser musste schließlich dem Augsburger
Religionsfrieden von 1555 zustimmen, in dem die Bikonfessionalität
des Reiches festgeschrieben wurde.[30] Gegen Ende seines Lebens resi-
gnierte Karl V., setzte seinen Bruder Ferdinand I. als Kaiser des Reiches
und Philipp II. als seinen Nachfolger in Spanien ein. Er selbst zog sich
in ein Kloster in der Estremadura zurück; dort führte er in seinen letzten Jahren bis 1558 das Leben eines Eremiten.

Ferdinand, in den deutschen Machtverhältnissen erfahrener als
sein Bruder, hatte schon zuvor dieser Augsburger Ausbalancierung der
Konfessionen zugestimmt. Er begründete von den österreichischen
Stammlanden her die deutsche Linie der Habsburger. Philipp II. ver-
focht von Spanien aus mit den scheinbar unerschöpflichen Edelmetall-
quellen Südamerikas die katholische Vorherrschaft über Westeuropa
und die Neue Welt. Allerdings musste er bereits Niederlagen gegen die
aufsteigenden Seemächte Holland und England hinnehmen. Der Untergang der »Großen Armada« von 1588, die den englischen Rivalen
ausschalten sollte, traf den universalistischen Anspruch hart, und mit
den eigenen abtrünnigen Provinzen in den nördlichen Niederlanden
wurde man auf die Dauer nicht fertig. 1609 hatten die rebellischen Provinzen einen Waffenstillstand erzwungen, der 1621 auslief, pünktlich
zum Beginn des kommenden großen Krieges. Wer sind diese »General-

staaten«, die der spanischen Linie des Hauses Habsburg so viel zu schaffen machen? Schon ihre Selbstbezeichnung ist Programm. Betrachtet man den Dreißigjährigen Krieg als »Staatengründungskrieg«, dann kann die staatliche Geburt des modernen Europa nach dem Anteil beurteilt werden, den entweder die Stände oder die königliche Zentralgewalt in diesem Prozess spielten.

Vergleicht man unter diesem Aspekt die Niederlande und Böhmen, so haben wir es zum einen mit einer gelungenen, zum andern mit einer gescheiterten Rebellion der Stände zu tun.

»Nach der alteuropäischen Doppelstruktur von Herrschaft regierte der Landesherr bis hinauf zum König und Kaiser mit Rat und Hilfe der Stände, zumeist den politisch privilegierten Vertretern des begüterten Adels, des Klerus und der Städte, die als Repräsentanten des Landes und korporative Mitträger der Herrschaft galten.«[31] Dieses dualistische Konsenssystem war immer konfliktträchtig gewesen. Obsiegten die Stände, zwangen sie dem Landesherrn ihren Willen in einem Kompromiss auf; setzte sich der König durch, unterwarfen sich die Stände und wurden zumeist in Gnaden mit Vergeben und Vergessen ihrer Unbotmäßigkeit als Untertanen wieder angenommen. Verschärften sich diese politischen Konflikte durch konfessionelle Spaltungen, dann allerdings konnte eine Situation entstehen wie in den Spanischen Niederlanden. Sie waren das kompakteste und erfolgreichste Gewerbegebiet Europas mit über 200 Städten und einem erheblichen Steueraufkommen für die spanische Krone. Antwerpen war im 16. Jahrhundert der zentrale Welthandelsplatz, wurde aber in den Niedergang der spanischen Herrschaft hineingerissen und verlor seine Führung an Amsterdam, in das protestantische und jüdische Kaufleute auswanderten.[32] Die südlichen Provinzen, das heutige Belgien, waren katholisch; die nördlichen, das heutige Holland, wurden zunächst lutherisch, später seit 1563 calvinistisch. Seit 1543 war auch der nördliche Teil an das Haus Habsburg gefallen; anders als Karl V. verschärfte sein Sohn Philipp II. aber die Hispanisierungstendenzen. Er duldete weder politische noch religiöse Freiheiten. Die Verfolgungen und auch die Hinrichtungen von protestantischen Ketzern strebten um 1560 einem Höhepunkt zu.[33]

Der symbolische Gehalt dieses Konfliktes tritt in den Umständen der Hinrichtung des Grafen Egmont kurz und prägnant zutage. Die

Grafen Egmont und Horn, beides Repräsentanten des hohen Landadels und zugleich Generalstatthalter, die dem vereinigten Landtag der Provinzen vorstanden, waren der Begünstigung einer Adelsverschwörung angeklagt. Der spanische Sonderbevollmächtigte, der »eiserne Herzog« Alba, unterwarf die Niederlande in einer Militärexpedition und stellte beide Grafen 1567/68 in Brüssel vor Gericht. Als der Reitergeneral Egmont zum Tode verurteilt wurde und nicht die Begnadigung erlangte, die er angesichts seiner Verdienste für die spanische Krone erhofft hatte, weigerte er sich bei seiner Hinrichtung, das übliche Zeremoniell einzuhalten. Sein Mitverurteilter Graf Horn verhielt sich untadelig, so wie man es erwarten konnte: Er zog seinen Hut, wünschte den Spaniern einen guten Tag und erklärte vom Schafott herab, es sei ihm leid, seinem König nicht besser gedient zu haben, und bat Majestät um Verzeihung. Egmont tut nichts dergleichen. Trotz mehrfacher indirekter Aufforderung durch den Scharfrichter, sich nicht zu übereilen, er wolle ihm Zeit geben – was nichts anderes hieß, als dass man eine entsprechende Erklärung auch von ihm erwartete –, kann sich Egmont zu dieser Schuldanerkennung nicht durchringen. Er, der trotz prinzipieller Loyalität zu Spanien die Rechte der Stände gewahrt wissen wollte, weigert sich, eine neue Rechtsgrundlage anzuerkennen.[34] Diese Verweigerung wurde seither zur Haltung der protestantischen Provinzen; insofern sagt Goethes »Egmont« zurecht am Ende des letzten Aktes: »Ich sterbe für die Freiheit, für die ich lebte und focht, und der ich mich jetzt leidend opfre.« Zuvor hatte er – NB: in Goethes Drama – den Herzog Alba davon zu überzeugen versucht, dass nur Bürger, denen ihre alten Rechte garantiert bleiben, auch loyale Untertanen des Königs sein werden.[35]

Es fragt sich, welchen Königs. Denn es ging in dem niederländischen Freiheitskampf um die ständische und städtische Kompetenz gegen einen spanisch-habsburgischen König, der nicht gewillt war, ein »Herrscher von Ketzern« zu werden.[36] So wählten sich die Stände nach dem Zerwürfnis mit Spanien einen neuen König, Wilhelm von Oranien. Mit ihm nahmen sie den Kampf gegen Herzog Alba auf, und je länger dieser Kampf dauerte, desto gewisser wurden die »Generalstaaten« als völkerrechtliches Subjekt anerkannt. Ein Ständeverband, der sich so lange erfolgreich gegen eine Weltmacht und ihre brutale Soldateska[37] zur Wehr setzt, musste ein *Staat* sein. »De Staten generael vande gheunierrede Nederlanden« – das ist der treffende Name des aus einer Rebellion der Stände hervorgegangenen Staates; die Begriffe »Stand« und »Staat« liegen noch nahe beieinander.[38] 1579 schlossen sich die sieben nördlichen Provinzen unter der Führung der Provinz Holland – daher der Name des neuen Staatengebildes – in der »Utrechter Union« zusammen und erklärten 1581 ihre Unabhängigkeit von den spanischen »Tyrannen und Rechtsbrechern«. Allerdings dauerte es einige Zeit, bis sich der neue Ständestaat stabilisierte.[39] Mit Moritz von Oranien (1567–1625) fand man einen genialen Reorganisator des Heereswesens, der, an antike römische Militärtraditionen anknüpfend, die Kommandosprache und die Marschtechniken des alten Roms übernahm. Mit dem Philosophen und Staatsrechtler Justus Lipsius trat ihm ein Theoretiker zur Seite, der die stoische »constantia« und »disciplina« als Kern aller Tugenden feierte.[40] Die Truppen wurden regelmäßig besoldet, auch außerhalb der eigentlichen Feldzüge. Die Ruhezeiten wurden für körperliche Ertüchtigung und für das Exerzieren nach Kommando benutzt. Nicht bei den damaligen Großmächten, sondern in dem rebellierenden ständischen Staatswesen muss die Grundlage für die späteren »stehenden Heere« gesucht werden.[41] Neustoizismus und oranische Heeresreform gingen im 16. Jahrhundert ein Bündnis ein, das im 17. und 18. Jahrhundert auf Preußen ausstrahlen sollte, denn unter dem »Großen Kurfürsten« und seiner niederländischen Gemahlin wurden die oranischen Tugenden in die Mark Brandenburg verpflanzt.[42] Die »Generalstaaten« jedenfalls traten gut gerüstet in die letzte Phase ihres Freiheitskampfes ein, der von 1621 bis 1648 zum Bestandteil des Dreißigjährigen Krieges wurde. Dieser erfolgreichen ständischen Rebellion in den Niederlanden ist auch die englische Entwicklung vergleichbar, in der ebenfalls ein Ständeheer den Kampf mit dem Königtum aufnahm und in der sich über den Umweg einer Militärdiktatur schließlich seit 1688 ein modernisierter Ständestaat mit repräsentativer monarchischer Spitze entwickelte.

Das eklatante Gegenstück zum niederländischen Entwicklungsweg ist die gescheiterte Erhebung der böhmischen Stände; schon die Zeitgenossen haben diese Parallele gesehen.

In den Wirren des »Bruderzwists im Hause Habsburg« suchten

die Stände ihr Steuerbewilligungsrecht und ihre Kirchengewalt zu verteidigen und auszubauen. Das war aus österreichisch-katholischer Sicht im Lande des Reformators Johannes Hus und der kriegerischen Hussiten ein heikler Punkt, denn 1575 hatten sich die böhmischen Stände zur »Confessio Bohemica« zusammengeschlossen. Der Habsburger Rudolf II. war ein schwieriger Charakter, ein unermüdlicher Mäzen und Kunstsammler, ein gelehrter Astronom und Gönner Johann Keplers. Zugleich aber auch ein Kaiser mit imperialem Anspruch, dem indes in seiner langen Regierungszeit von 1576 bis 1612 die meisten seiner Pläne misslungen waren.[43] Man setzte seinen Neffen Ferdinand als Regenten ein, der in den Ländern der böhmischen Krone die Stände unterdrückte. Sein Bruder Matthias, Kaiser von 1612–1619, versuchte den unberechenbar gewordenen Rudolf von der Herrschaft zu verdrängen; der aber sicherte sich Böhmen durch den Majestätsbrief von 1609, der den Ständen die Religionsfreiheit garantierte. Matthias überbot ihn, indem er sich die Nachfolge in Böhmen durch die Anerkennung der freien Königswahl erkaufte. Über die Ausdeutung dieser Freiheiten kam es zum Streit. Denn die böhmischen Stände legten ihre Rechte extensiv aus und betrachteten sich – wie in Polen – als Träger einer Wahlmonarchie. Darüber kam es am 26. Mai 1618 zum »Prager Fenstersturz«, den Matthäus Merian in einem Kupferstich für alle künftigen Schul- und Geschichtsbücher festgehalten hat. Den beiden habsburgischen Statthaltern Martinitz und Slavata und ihrem Sekretär Fabricius passierte nichts, sie landeten trotz eines Sturzes aus 15 Metern Höhe weich auf einem Abfallhaufen, was auf die Funktion von Fenstern auch zur Entsorgung von Hausmüll schließen lässt. Die katholische Bildpropaganda versäumte es indes nicht, daraus eine Rettungstat der Gottesmutter persönlich zu machen.[44]

Sie waren noch einmal davongekommen – nicht aber die Geschichte Europas. Denn bald darauf schlossen sich die Stände zur »Confoederatio Bohemica« zusammen und erklärten die Prager Wenzelskrone zur freien Wahlkrone. Wer sollte böhmischer König werden? Der Habsburger Ferdinand II. kam nicht in Frage. Der Kurfürst Johann Georg von Sachsen ließ durchblicken, dass ihm die Sache nicht geheuer sei und dass er die Wahl nicht annehmen würde. Ein Prätendent aus Savoyen war zu weit weg. Bethlen Gábor, der Fürst von Siebenbürgen-Un-

2 Prager Fenstersturz 1618 von Matthäus Merian

garn, erschien zu illegitim. So blieb nur der calvinistische Kurfürst von der Pfalz, Friedrich V. Damit hatte der böhmische Staatengründungsprozess eine Dimension erreicht, die das Reich und Europa betraf. Denn mit dieser Wahl wurde am 26. August 1619 gerade jener Habsburger vom böhmischen Thron verdrängt, der doch selbst zwei Tage später in Frankfurt am Main zum Kaiser gewählt wurde. Der Pfälzer Kurfürst kam nach Prag und ließ sich krönen; von Gottes und der Stände Gnaden, wie eine zeitgenössische Gedenkmünze festhielt. Seine Herrlichkeit auf dem Hradschin dauerte zwar etwas länger als nur einen Winter, wie der Spottname »Winterkönig« besagt, aber in der Schlacht am Weißen Berg zerstob am 8. November 1620 seine Herrschaft ohne große Gegenwehr vor den Truppen Maximilians von Bayern.

3 Die Rettung der aus dem Fenster geworfenen Katholiken
durch die Mutter Gottes. Anonymes Gemälde

Über Prag und die böhmischen Stände ging ein Blutgericht hernieder, das ganz Europa an die gestrenge Herrschaft des Statthalters
Alba in Brüssel und die Hinrichtung der Grafen Egmont und Horn er-
innerte. 27 Personen wurden abgeurteilt, teils geköpft, teils gehängt,
teils nachträglich symbolisch verstümmelt und entehrend zur Schau

gestellt. Dem Rektor aber der Universität Prag, dem Universalgelehrten Johannes Jessenius, dem Mann des Wortes, wurde noch bei leben-
digem Leibe die Zunge herausgeschnitten. Die Vertreter der Stände,
hoher, niederer Adel und Bürger, waren angeklagt des Majestätsverbre-
chens. Das Prinzip der neuzeitlichen Staatengründung auf Grundlage
der ständischen Machtentfaltung war mit frühen Formen des Absolutismus kollidiert.[45] An diesem Konflikt entzündete sich die deutsche
Ur-Katastrophe: der Dreißigjährige Krieg.

3. Im Schwedischen Krieg

Wir haben unseren Söldner verlassen, als er sich guter Dinge 1627 beim
Pappenheimschen Regiment in Ulm anwerben lässt. Was er zur Zeit
des *Böhmisch-Pfälzischen Krieges* getrieben hat, darüber gibt sein Tagebuch keine Auskunft; vielleicht hatte er sich aus dem Staube gemacht
und ist nach Italien gezogen, als der *Niederdeutsch-Dänische Krieg*
1625 heftigere Formen annahm. Geht man davon aus, dass er zur Zeit
seines Aufenthalts in der Lombardei etwa Mitte zwanzig war, dann
wird er um 1600 herum geboren sein. Nun ist er wieder zurück und
wird auf kaiserlicher Seite Mittäter und Zeuge des Geschehens. Zuvor
aber hat er sich noch mit der »ehrentugendsamen Anna Stadlerin von
Traunstein aus dem Bayernland« verheiratet. Wo immer er nun Städte
belagert, vor Wolfenbüttel, vor Stade, schließlich 1629 vor Stralsund –
sein Weib ist immer mit dabei. Die beiden bilden »ein effektives Beute-
und Produktionspaar«; ganz so, wie auch ein Handwerksmeister mit
seiner Frau gemeinsam wirtschaftete.[46]

Ihre zahlreichen Kinder allerdings haben in dieser rauhen Umgebung nur geringe Überlebenschancen. Seine Frau kommt mit einem
Sohn nieder, der alsbald stirbt. »Gott gebe ihm eine fröhliche Auferstehung. + 1.« Sie kommt mit einer Tochter nieder. »Ist auch gestorben,
während ich weg gewesen bin. + 2. Gott verleihe ihr eine fröhliche
Auferstehung.« Von Stralsund marschieren sie in das wilde, aber mit
nahrhaftem Vieh aller Art gesegnete Land der Kaschuben an der Swine-

4 Plündernder Söldner mit Frau. Fliegendes Blatt aus dem 17. Jahrhundert unter dem Titel: Allgemeiner Bauren Vatter Unsers Wieder die Unbarmhertzige Sollthaten

mündung: »Hier haben wir kein Rindfleisch mehr wollen essen, sondern es haben müssen Gänse, Enten oder Hühner sein. Wo wir über Nacht gelegen sind, hat der Wirt müssen einem jedweden einen halben Taler geben, aber im Guten, weil wir mit ihm zufrieden sind gewesen und haben ihm sein Vieh in Frieden gelassen.« Er vergisst nicht anzumerken, dass vor allem die Offiziere sich mit Kühen, Pferden und Schafen »wohl versehen« hätten. 1629 schlagen sie ihr Hauptquartier bei Wiesbaden auf. Sein Weib kommt mit einer Tochter nieder. Dieses Kind stirbt nicht sofort; es ist jene kleine Elisabeth, die erst 1631 im Halberstädter Quartier das Zeitliche segnet. »Gott verleihe ihr eine fröhliche Auferstehung. + 3.«

Im Winter 1630 waren sie in Lippstadt, dann ziehen sie nach Paderborn weiter. »In Lippstadt gibt es gutes altes Bier und auch böse Leute. Ich habe ihrer 7 verbrennen sehen. Darunter ist sogar ein schönes Mädelein gewesen von 18 Jahren, aber sie ist doch verbrannt worden.« *Böse Leute.* Der Tagebuchschreiber nimmt ihre Existenz als selbstverständlich hin. Bei diesen Hexenprozessen in Lippstadt wurden zwischen Juni und September 1630 insgesamt 29 Personen verbrannt; bei der ersten Verurteilung wurden fünf hingerichtet. Ob es die »sieben« sind, von denen Peter Hagendorf berichtet, und ob ein 18-jähriges Mädchen dabei war, das wollen wir dahingestellt sein lassen. Vielleicht hat er es hinzuerfunden, oder sein Gedächtnis hat ihm einen Streich gespielt. Es mag auch sein, dass er nur davon gehört hat, als er schon in Paderborn war. In der Prozessführung zeigen Katholiken und Protestanten im Rat der Stadt große Einmütigkeit. Gemeinsam bekämpfen sie die Verschworenen des Satans in ihrer Mitte. Denn noch herrscht die Auffassung, dass, wenn die Obrigkeit durch die Finger sieht und lau ist, Gott dann die ganze Stadt und die Region strafen wird. Die Jesuiten in Lippstadt allerdings stehen den Prozessen reserviert gegenüber. Unter ihnen ist einer, der vorübergehend 1630/31 im benachbarten Paderborn tätig war,[47] Friedrich von Spee, der eben zu dieser Zeit hier an seiner Schrift gegen die Hexenverfolgung, an der »Cautio Criminalis«, schreibt.[48] Der Landsknecht, der die Hexenverbrennung kommentarlos notiert – nur jenes »schöne Mädelein« ist ihm ein Bedauern wert[49] –, und einer der großen Gegner der Prozesse: In Paderborn überschneiden sich für kurze Zeit ihre Lebenswege. Der Söldner zieht nun im Frühjahr 1631 auf Magdeburg zu, wo er beim Sturm auf die Stadt am 20. Mai frühmorgens um 9 Uhr seine Kugeln in den Leib geschossen bekommt.

Diese beiden Kugeln haben in der Welt der großen Politik eine lange Vorgeschichte.

Die Vorgeschichte ist der Siegeszug der kaiserlichen Generäle Tilly und Wallenstein im *Dänisch-Niedersächsischen* Krieg. Albrecht v. Wallenstein (1583–1634) entstammte trotz adeliger Herkunft bescheidenen Verhältnissen, war aber durch Land- und Finanzspekulationen nach der Niederwerfung der böhmischen Stände reich geworden, nicht zuletzt durch die Heirat mit einer begüterten jungen Witwe. Er wurde zum Herzog von Friedland erhoben und hatte in Böhmen einen eigenen industriell-militärischen Komplex aufgebaut. Hier wurde alles produziert, was eine Armee brauchte: Waffen, Munition, Schanzzeug,

Kleidung und Schuhwerk.[50] Wallenstein war zum Katholizismus übergetreten – eigentlich aber glaubte er an die Gunst der Sterne und an die Horoskope des Astronomen Johannes Kepler[51] – und stellte dem Kaiser im pfälzischen und dänischen Krieg sein Heer zur Verfügung. Das ist typisch für die Struktur dieses Krieges. Er ist noch nicht im späteren Sinne »verstaatlicht«, sondern der Kaiser betreibt sozusagen eine Form des feudalen *leasings*: er mietet sich eine Armee samt Feldherrn. Die Armee betreibt den Krieg und lebt von ihm. Der Krieg ernährt den Krieg. Es ist diese Form der Kriegsökonomie, unter der vor allem die Zivilbevölkerung zu leiden hat. Der Sold der Landsknechte wird zunächst durch die Kriegskasse finanziert, die aber wird durch Kontributionen in den eroberten Gebieten aufgefrischt. Bleibt der Sold aus, sind die Soldaten von ihren Verpflichtungen entbunden; desto eher plündern sie und machen Beute auf eigene Faust. Dabei geraten sie schnell außer Kontrolle – und je länger der Krieg dauert, desto unkontrollierbarer werden sie.[52] Die Heere des Dreißigjährigen Krieges hinterlassen eine Spur der Verwüstung in den Gebieten, die das Unglück haben, von ihnen durchzogen zu werden. Das Wort »Verheerung« hat so seinen schlimmen Sinn.

Auf diese Weise kämpfen sich die Armeen der katholischen Liga gegen den Dänenkönig Christian IV. über Norddeutschland bis hinauf nach Jütland durch. Als Christian 1629 in Lübeck Frieden schließen muss, scheint die Stunde der katholischen Partei gekommen. Ferdinand II. erlässt ein »Restitutionsedikt« ohne Beteiligung der Reichsstände. Es verbot das calvinistische Bekenntnis und forderte die Rückgabe aller geistlichen Gebiete, die nach 1552 in lutherischen Besitz gekommen waren. Gestützt auf den Anspruch, alle strittigen Punkte des Augsburger Religionsfriedens von 1555 kraft kaiserlicher Autorität – also eben im katholischen Sinne – auslegen zu können, war das eine Umwälzung, die faktisch mit der Rückführung des »Heiligen Römischen Reiches« unter die religiöse Botmäßigkeit Roms enden musste. Wenige Monate später übertrug der Kaiser die Territorien der wegen ihrer Unterstützung für Christian IV. geächteten Herzöge von Mecklenburg seinem großen Kondottiere Wallenstein und machte ihn per Dekret zum Reichsfürsten. Auf Gegenliebe bei den auf ihre Freiheiten bedachten Reichsständen und vor allem den Kurfürsten traf er damit nicht; sie be argwöhnten den Emporkömmling, und da nun der Protestantismus vorerst zurückgeschlagen war, überwog die ständische Solidarität. Denn nicht nur der Kaiser suchte seine Stellung zu stärken; auch Wallenstein wurde nachgesagt, er strebe eine Militärdiktatur an und wolle Deutschland nach dem Vorbilde Frankreichs und Spaniens zu einer Einheitsmonarchie umformen. Auf dem Kurfürstentag zu Regensburg wurde der Kaiser im August 1630 gezwungen, sich von seinem Generalissimus zu trennen; der zog sich verbittert auf seine böhmischen Güter zurück. Das Restitutionsedikt aber schwelte weiter und rief eine neue Großmacht auf den Plan. Im Juli 1630 landete ein schwedisches Bauernheer von 13 000 Kriegern mit Pferden und Kanonen auf der Insel Usedom.

Wallenstein war kurzfristig zum General des baltischen, ja selbst des ozeanischen Meeres ernannt worden. Geostrategisch hatte das einen tiefen Sinn. Der dänische König war von Holland aus für die protestantische Sache finanziert; aus der Sicht der Generalstaaten war er eine Schachfigur im niederländischen Freiheitskampf. Denn die Holländer beherrschten den Seehandel zwischen der Nord- und der Ostsee.[53] Eine habsburgische Kontrolle des Sunds zwischen Dänemark und Schweden, der engen Durchfahrtsstraße zwischen beiden Meeren, hätte die holländische Seegeltung empfindlich getroffen. Aber auch für Schweden war der Titel Wallensteins eine offene Provokation. Doch von einer Umsetzung dieser Ansprüche war Habsburg weit entfernt, denn der Sieg der katholischen Partei an der Ostseeküste war gar nicht vollständig. Die Festung Stralsund wurde von See aus von Dänemark und Schweden unterstützt; die Kaiserlichen konnten sie nicht einnehmen. Peter Hagendorf ist dabei gewesen und schreibt in sein Tagebuch: »Im Jahr 1629 hat Oberstleutnant *Gonzaga*, Fürst von Mantua, 2000 Mann genommen von dem Regiment, denn das Regiment ist 3500 Mann stark gewesen, und ist nach Pommern gezogen, und haben uns gelagert vor Stralsund. Aber sie hätten uns bald den Weg gewiesen, wenn wir noch einen Tag wären geblieben. Die Bagage ist im Quartier verblieben.«[54] Das klingt nicht gut, das sieht nach überstürztem Abbruch der Belagerung aus. Und nun greifen 1630 die Schweden selbst in den Krieg ein. Wir verfolgen ihren Zug durch Brandenburg in der Gegenüberstellung des Schicksals zweier Städte: Frankfurt an der Oder und Magdeburg. Warum gerade Frankfurt (Oder)? Nun, weil ich dort

Professor bin. Die Geschichte dieser Stadt im Dreißigjährigen Krieg kann aber auch für viele andere stehen.

Frankfurt, eine nicht unbedeutende Hansestadt[55] an der »Salzstraße« von Westen nach Osten, zugleich ein Stapelplatz an der Nord-Süd-Verbindung durch die Schifffahrt auf der Oder, war lutherisch geworden und hielt daran auch fest, als der Kurfürst Johann Sigismund Ende 1613 zum Unwillen der lutherischen Stände Brandenburgs zum Calvinismus übertrat. Die anfänglichen Querelen zwischen Lutheranern und Calvinisten trugen dazu bei, dass man hierzulande mit Schadenfreude auf die Geschichte des »Winterkönigs« in Prag reagierte, war er doch Reformierter und eben kein Lutheraner. Der Krieg war weit weg, und man fühlte sich sicher, ließ aber zur Vorsicht die Stadttore verstärken. Die Bürgerwachen mussten auf kurfürstliche Anordnung eingezogen werden, es wurden Soldaten in die Stadt verlegt. Im *Dänisch-Niedersächsischen Krieg* war Kurbrandenburg neutral, das nützte aber wenig, denn die Truppen der protestantischen Union des Ernst von Mansfeld wurden am 25. April 1626 an der Dessauer Brücke von Wallenstein geschlagen und zogen sich nun über Brandenburg in Richtung Schlesien zurück. Der Durchzug des Heereswurmes mit Mann und Tross und Wagen durch die Stadt Frankfurt zum Lebuser Tor hinein und über die Oderbrücke wieder hinaus dauerte fünf Tage; dabei kam es zu Gewalttätigkeiten und Plünderungen. Nun waren die »Protestanten« fort. Der Sieger Wallenstein selber kam erst im November 1627 mit einem kleinen Gefolge von 400 Personen nach Frankfurt, üblicherweise zählte sein Hofstaat etwa 900 Mann und 1000 Pferde. Er lebte, wie sein Biograph Golo Mann an einer Stelle sagt, den Krieg hindurch wie auf einer »goldenen Wolke«. Unter Wallenstein gab es hier keine Plünderungen, doch um die Kriegskosten aufzubringen, sollten die Frankfurter Bürger 6000 Taler monatlich zahlen. Da diese Summe nicht verfügbar war, mussten Anleihen in Schlesien aufgenommen werden, selbst das »vergult silber« aus der Kirche Sankt Marien wurde verkauft. Der Handel war fast ganz zum Erliegen gekommen; die Inflation auf dem Umweg über die Münzverschlechterung der »Kipper- und Wipperzeit« hatte auch die alte Hansestadt erreicht. Was aber schlimmer war: durch den Ausgang des dänischen Krieges war die Stadt nun in der Hand der kaiserlichen Truppen, so dass sie zum Vormarschziel der Schweden nach ihrer Invasion wurde. Im Januar 1631 kam der neue Oberbefehlshaber Tilly mit vier Regimentern. Der für Plünderungen berüchtigte General verschonte die Stadt zwar; es mussten aber neue Kontributionen aufgebracht werden. Am 5. Februar rückt Tilly nach Magdeburg ab, um sich dort mit den Pappenheimern zu vereinigen, bei denen sich unser Tagebuchschreiber befindet.

In Frankfurt bleiben 9000 Mann zurück. Sie erwarten die Schweden, die am 1. April Quartier in Lebus beziehen. Während die Kaiserlichen noch an den Schanzen graben, begeht ihr Stadtkommandant einen folgenschweren Fehler: Er lässt die nicht zum Verteidigungssystem gehörenden Vorstädte niederbrennen. Der Rauch nimmt jedoch den Verteidigern die Sicht, so dass die Schweden bis an die Stadtmauern vordringen können und sich dort festsetzen. Am Palmsonntag 1631 greifen sie an und erstürmen gegen 14 Uhr das Gubener, etwas später auch das Lebuser Tor. Die Kaiserlichen leisten keinen Widerstand mehr, sondern suchen ihr Heil in wilder Flucht über die Oderbrücke. In das Gedränge am Zugang zur Brücke hauen, stechen und schießen die Schweden hinein, die zunächst kein Pardon geben, weil kurz zuvor eine schwedische Besatzung in Neubrandenburg von den Truppen der katholischen Liga bis auf den letzten Mann niedergemacht worden war. Die Schweden verloren 300 Leute, von den Kaiserlichen wurden an die 2000 hingemetzelt. Fremdes Kriegsvolk lag tot auf den Straßen herum.

Doch dann geschieht etwas, das die Frankfurter Bürger wirklich schockiert: Der lutherische Schwedenkönig gibt die Stadt – die sich in katholischer Feindeshand befunden hatte und sozusagen gegen ihren Willen verteidigt worden war – für drei Stunden zur Plünderung frei. Das Plündern dauert aber in Wirklichkeit zwölf Stunden, bis wieder einigermaßen Ruhe und Ordnung herrschen. Man riss den Bürgern die Kleidung vom Leibe und ermordete den, der nicht gleich Geld und Wertsachen herausrückte. Sogar die Bücher der Professoren der »Universitas Viadrina« – Frankfurt war seit 1506 Universitätsstadt – wurden geraubt. Als der gelehrte Christoph Pelargus sich darüber bei Gustav Adolf beschwerte, bekam er zur Antwort, dies sei die gerechte Strafe Gottes, weil er eine falsche Lehre verbreite. Denn Pelargus war Calvinist. Die Schweden erbeuteten alles in allem reichlich, weil ihnen die von Tilly in scheinbarer Sicherheit zurückgelassene Kriegskasse von 300 000 Gulden in

5 Belagerung der Stadt Frankfurt (Oder) durch die Schweden 1631.
Kupferstich von Matthäus Merian

die Hände fiel, dazu Pulver, Blei und Eisenkugeln und sogar die Kanonen, die der unglückliche Friedrich V. 1620 in der Schlacht am Weißen Berg in Prag verloren hatte. So waren diese Kanonen zuerst calvinistisch, dann wurden sie katholisch, und nun traten sie zum Luthertum über.

Am 29. April verlässt Gustav Adolf Frankfurt an der Oder in Richtung Magdeburg; eine Besatzung bleibt zurück. Doch das Schlimmste des Jahres 1631 kommt für die Stadt erst noch. Eine Pestepidemie rafft 4000 Menschen dahin.[56] Hilfe für Magdeburg können die – den deutschen Protestanten viel zu zögerlichen – Schweden nicht mehr bringen; am 20. Mai[57] erobern Peter Hagendorf und seinesgleichen von den Regimentern Tilly und Pappenheim die Stadt »mit stürmender Hand« und brennen sie nieder. Die Belagerungsarbeiten waren verlustreich gewesen. Schanze um Schanze musste gestürmt werden, Laufgräben wurden angelegt, um näher an die Mauern heranzukommen, es hat »viel Leute gekostet«.[58] Den Söldnern scheint es nur gerecht, wenn sie nach diesen Mühen nun etwas »mausen« dürfen. Hagendorf schreibt aus der Sicht des Kriegsvolks und erwähnt nur, dass viele Soldaten beim Plündern in den brennenden Häusern umgekommen sind. Die Leiden der Zivilbevölkerung übergeht er. Der Augenzeugenbericht des Jesuiten Gaspard Wiltheim aus Luxemburg sieht anders aus. Er beklagt, dass angesichts ausstehender Zahlungen die Söldner auf die Befehle ihrer Kommandeure nicht mehr hörten:

> »Vom Markt begab ich mich in die nahe Johanniskirche. Unterwegs mahnte ich die mir begegnenden Soldaten, die Frauenehre zu achten, wie Tilly befohlen, und vom Morden abzustehen. Leider waren aber schon die Straßen mit Leichen getöteter und der Kleider beraubter Menschen wie gepflastert. Keine Rücksicht wurde auf die Frauenehre genommen. Vor der Peterskirche lag ein Haufen geschändeter und getöteter Frauen. Mit Hundegier stürzten sich unsere siegreichen Landsknechte öffentlich auf die Frauen der Besiegten. Durch diese Geilheit wurden unsere Siegerheere zu besiegten Banden. Sie wandelten all die vorherigen Triumphe in ständige Niederlagen. Nicht nur der gemeine Landsknecht hatte sich ja mit solcher Schmach befleckt, sondern sogar die Obersten. Nicht genug mit dem leidenschaftlichen Ausbruch eines einzigen Tages, sie haben dann auch noch Geschändete geraubt und zu ihrem Verderben lange mit sich herumgeschleppt.«[59]

Der jesuitische Glaubensstreiter erhofft den Triumph *seines* Gottes; er muss einsehen, dass die real existierenden Kämpfer für seine Sache aus anderem Holze geschnitzt sind. Die Eroberung Magdeburgs 1631 ist der vorläufige Wendepunkt des Krieges. Das Schicksal der Stadt selbst wurde in eschatologischer Perspektive gesehen, die politisch funktionalisiert werden konnte. Die protestantische »Feste Burg« war nun zwar zerstört, doch diese Zerstörung wiederum galt als Opfer für die protestantische Sache.[60]

Magdeburg stirbt als »Exemplum Exemplorum«[61] schnell und aufsehenerregend. Über seine Einäscherung, bei der etwa 20 000 Menschen den Tod gefunden haben, gibt es ungefähr 300 Flugschriften.[62] Sie sind – je nach konfessioneller Ausrichtung – schmähend oder trau-

Eroberung Magdeburg . 1631. P. 1809.

6 Die Eroberung Magdeburgs 1631
Kupferstich 17./18. Jahrhundert

ernd. Die katholische Propaganda feiert die Verwüstung der Stadt und die massenhaften Vergewaltigungen als »Magdeburger Hochzeit«, in der die unbotmäßig-hochfahrende *Magdeburger Jungfrau* im Wappen der Stadt dem rechtmäßigen Eroberer zugeführt wird. Unverhohlen drückt Graf Pappenheim seine Genugtuung aus:

»Die Hoffart Magdeburg ist, Gott sey ewig gelobt, gedempft und ihre Jungfrawschafft hinwech. Wir habens mit stürmendter Handt gestern umb 9 Uhr vormittags erobert, uber die 4. Stundt gefochten. [...] Alß nun die Grausambheit der Soldatesca schon aufgehört, hat der gerechte Zohrn und Straff Gottes erst angefangen, seind viel Feür uffgegangen zu etlichen Minnen, so sie gemacht hatten. Die haben ihnner weniger Stundten diese schöne Stadt mit all ihrer grossen Reichthumb in die Asche gelegt. Waß sich nun an Menschen in die Keller und auf die Boden versteckht, das ist alles verbronnen. Ich halt, es seyen uber 20 000 Seellen darüber gegangen, und es ist gewiß seit der Zerstorung Jerusalem khein greilicher Werckh und Straff Gottes gesehen worden. Alle unßere Soldaten seindt reich worden.«[63]

Die evangelische Gegenpropaganda wiederum beschimpft den kaiserlichen Feldherrn Tilly als »Gottlosen Bulenknecht«, als »rasend-alten Hund«[64] und sah in seiner vernichtenden Niederlage bei Breitenfeld vor den Toren Leipzigs, nur wenige Monate später am 17. September, das göttliche Zeichen dafür, dass der »Hochzeiter« Tilly sich mit der Magdeburger Braut übernommen hatte.[65] Magdeburg hat noch lange am Wiederaufbau zu tragen, ringt um seine Unabhängigkeit, kommt aber schließlich 1680 an Brandenburg. Die Stadt wird zur Festung ausgebaut, und nun kann die Magdeburger Jungfrau unter dem Schutz des Preußischen Adlers – wie ein Huldigungsbuch von 1702 zeigt – *sicher ruhen*.[66]

Frankfurt an der Oder stirbt kaum beachtet und langsam und ist erst am Ende des Krieges ganz ruiniert. Wir hatten die Stadt verlassen, als eine schwedische Besatzung eingezogen war. Da die Schweden den Kurfürsten Georg Wilhelm zu einem Bündnis gezwungen hatten, führten sie sich als Verbündete manierlicher als sonst üblich auf. Die Stadt konnte verschnaufen und wuchs sogar um 50 Neubürger an. 1633 bekamen sie eine brandenburgische Besatzung; doch gegen Ende des Jahres rückten erneut die Kaiserlichen an. Die Frankfurter galten nun als »Verräter« und mussten 45 000 Taler Kriegssteuer aufbringen. Die Stadtväter baten darum, in Raten zahlen zu dürfen. Die katholische Besatzung richtete sich bei freier Kost und Logis in den Bürgerhäusern ein; die Soldaten hausten so schlimm, dass viele Einwohner nach Küstrin flüchteten. Nun schaltete sich der schwache Kurfürst auf seinem Territorium etwas energischer in die Kampfhandlungen ein, vereinigte

7 Die Magdeburger Jungfrauen von Eduard Steinbrück
Öl auf Leinwand 1852/1866

sich bei Müncheberg mit einem schwedischen Heer unter General Bannér und begann die Belagerung. Die Kaiserlichen wehrten sich heftig,
mussten aber Frankfurt aufgeben und erhielten freien Abzug. Nun
kamen wieder die Schweden und forderten Kontributionen, doch die
Stadtväter konnten kaum noch zahlen, da nichts übrig sei »als bloße
Armut«. Des ewigen Wechsels war es noch nicht genug.

Auf der großen politischen Bühne wurden mit dem Sieg der habsburgischen Truppen bei Nördlingen am 6. September 1634 Verhandlungen eingeleitet; der Kaiser band im Prager Frieden von 1635 Kursachsen
und Kurbrandenburg wieder an sich. Das bedeutete für Frankfurt an
der Oder, dass nun erneut kaiserliche Truppen in die Stadt einzogen;
später kam der ehemals wallensteinische Kapitän Nacci. Der Kurfürst
hatte die Schanzanlagen einreißen lassen; Nacci bestand darauf, sie

wieder aufzubauen. Diese Heimsuchung endete mit dem 9. November 1636, als wieder ein schwedisches Heer vor den Mauern erschien. Die Kaiserlichen gaben kampflos auf und zogen ab. Die Frankfurter Bürgerschaft versuchte vergeblich, eine Einquartierung Wrangels zu verhindern. Nach den üblichen Plünderungen in der Umgebung verlassen die Schweden 1636 das Gebiet; das Heer des Generals Bannér zieht – Gott sei Dank! – knapp an der Stadt vorbei; dafür gibt es wieder einen Ausbruch der Pest. Nebenbei brandschatzt die Besatzung des nahe gelegenen Beeskow Stadt und Land. Im Mai 1639 zieht wieder eine brandenburgische Besatzung ein. Doch die bleibt nicht lange, denn am 8. August des gleichen Jahres sind die Schweden wieder da. Sie marschieren weiter nach Stettin; nun ist wieder eine kleine brandenburgische Wachmannschaft in der Stadt. Die wird im Februar 1640 von den Schweden überrumpelt; sie geben die Stadt erst 1644 wieder auf. Die Söldner ziehen in der Kurmark hin und her; nicht nur Pommerland, sondern auch das östliche Brandenburg ist *abgebrannt*. Die letzte größere schwedische Einquartierung ist 1647. »Haben gestohlen und genommen, geschlachtet und getötet, was an Vieh angetroffen«, sagt ein zeitgenössischer Bericht.

Summa summarum: In Frankfurt an der Oder lebten vor dem Krieg etwa 12000 oder 13000 Einwohner. Nach einer Erhebung des Jahres 1653 waren es noch 2366. Sie hatten kaum noch Einkommen und Vermögen und waren zahlungsunfähig. Der größte Teil der Stadt war unbewohnbar geworden. Die vielen Soldaten hatten die zerstörten Gebäude als Abtritt benutzt, was neben dem ewigen Gestank auch Seuchengefahr mit sich brachte. Auf den Straßen lagen Müll und Mist; der Rat der Stadt debattiert noch 1649, wie er beseitigt werden könnte. Doch nicht genug damit: Die im Krieg aufgenommenen Schulden müssen getilgt werden, und die Eintreiber gingen hart vor. Nur die Forderungen der Schweden kamen zu einem raschen Ende, weil die Königin Christine auf eine Begleichung verzichtete. Insgesamt brauchte die Stadt etwa 100 Jahre, um die Folgen des großen Krieges zu verwinden; ihre Stellung als die zentrale brandenburgische Handelsmetropole an der Oder aber war dahin.[67] Vor dem Krieg war Frankfurt größer gewesen als Berlin; nach dem Krieg war es nur noch eine Provinzstadt.[68]

Tränen des Vaterlandes, anno 1636

Wir sind doch nunmehr ganz, ja mehr denn ganz verheeret.
Der frechen Völker Schar, die rasende Posaun,
Das vom Blut fette Schwert, die donnernde Kartaun
Hat allen Schweiß und Fleiß und Vorrat aufgezehret.

Die Türme stehn in Glut, die Kirch ist umgekehret,
Das Rathaus liegt im Graus, die Starken sind zerhaun,
Die Jungfern sind geschändt, und wo wir hin nur schaun,
Ist Feuer, Pest und Tod, der Herz und Geist durchfähret.

Hier durch die Schanz und Stadt rinnt allzeit frisches Blut.
Dreimal sind schon sechs Jahr, als unser Ströme Flut
Von Leichen fast verstopft, sich langsam fortgedrungen.

Doch schweig ich noch von dem, was ärger als der Tod,
Was grimmer denn die Pest und Glut und Hungersnot:
Daß auch der Seelenschatz so vielen abgezwungen.

Andreas Gryphius (1616–1664)

4. Schweden als Großmacht und der französische Krieg

Wenn von Österreich, Frankreich und Spanien die Rede ist, wird kaum jemand daran zweifeln, dass sie im 17. Jahrhundert Großmächte waren. Aber Schweden? War es ein übertriebenes Sicherheitsdenken, das auf schmalen Ressourcen einen gewaltigen militärischen Komplex aufbaute? War es Expansionsdrang oder einfach nur die Schwäche der Nachbarn, die ein schwedisches Großreich ermöglichten? Nach günstigen Schätzungen gab es zu Beginn des 17. Jahrhunderts etwa eine Million Schweden – verschwindend wenig im Vergleich zu den etwa 20 Millionen Franzosen.[69] Auch die Wirtschaftskraft war eher bescheiden, trotz einiger *Hightech*unternehmen in den mittelschwedischen Kupfer- und Eisenerzminen, die aber mit holländischem Kapital und von ausländischen Fachleuten betrieben wurden.[70] Zu Beginn des Krieges hatten die holländischen und französischen Geldgeber zur Schwächung des Hauses Habsburg ja zunächst auch auf den Dänenkönig gesetzt. Dänemark hatte seinerseits mit den Schweden am Ende des 16. und zu Beginn des 17. Jahrhunderts im Krieg gelegen, denn Südschweden war noch dänisch; diese Situation erklärt, warum die beiden lutherischen Königreiche nicht gemeinsam, sondern erst nacheinander in den Großen Krieg eingriffen, trotz begrenzter Zusammenarbeit beim Entsatz der Festung Stralsund.

Es gibt vier legitimierende Traditionslinien, die zumindest verständlich machen, unter welchen Gesichtspunkten ein nordeuropäisches Großreich denkbar erschien. Da waren zunächst die Bestrebungen zur *Einigung der drei Kronen* von Dänemark, Norwegen und Schweden, die am Ende des 14. Jahrhunderts schon einmal in der Kalmarer Union zusammengeschlossen waren. Vor allem zwischen Dänemark und Schweden wurde diese Konkurrenz ausgetragen; ein Streit, dessen Ausgang sich mit der Erhebung Mittelschwedens gegen die Dänen zugunsten der Wasa-Könige zu verschieben begann. Der Niedergang Christians IV. zu Beginn des Dreißigjährigen Krieges besiegelte diesen Prozess. Dann gab es *dynastische Verbindungen mit Polen*. Polen hatte in seinem »goldenen Zeitalter« unter den Jagiellonen ganz Osteuropa vom Baltikum bis zur Ukraine vereinigt; als das Haus 1572

8 Caspar David Friedrich: Die Lebensstufen (Bildausschnitt)
Öl auf Leinwand, um 1834

ausstarb, bewarben sich Habsburg, Frankreich und Russland in vielerlei Thronwirren um die Nachfolge. Doch anstatt einer Vereinigung
mit Polen begann 1600–1626 ein langwieriger schwedisch-polnischer
Konflikt um Livland.[71] Die dritte Traditionslinie war der Kampf um das
Erbe der untergehenden Hanse als Ostseemacht. Gustav Adolf setzte
diesen Gedanken in die Tat um, eroberte von Finnland aus Estland,
drängte Russland zurück und rollte die Ostseeküste bis Stralsund auf;
im letzteren Fall so nachhaltig, dass die 1628 gegen die Truppen der Liga
gehaltene Festung zweihundert Jahre lang im schwedischen Besitz
blieb und nach wechselvoller Geschichte erst 1815 an Preußen kam.
Was nicht heißt, dass die neue Herrschaft nun beglückt gefeiert wurde;
die verklärte Erinnerung an die »Schwedenzeit« blieb noch lange lebendig.[72]

Denn was schwenken die Kinder auf dem allseits bekannten Bilde

*Caspar David Friedrichs »Die Lebensstufen« – wahrscheinlich zu da-
tieren um 1830 – in der Hand? Eine schwedische Fahne.*[73]

Die vierte und letzte Traditionslinie erscheint am absonderlichsten;
sie ist aber in ihren zeitgenössischen Wirkungen nicht zu unterschätzen. Der schwedische König bezeichnete sich als »Suecorum, Gotho-
rum et Vandalorum rex«; er sah sich in der Nachfolge der Gotenkönige
der Völkerwanderungszeit – und die gelehrten Universalhistoriker am
Hofe unterstützten die Wasa in dieser Legitimation. Die Schweden als
die *wahren Erben der alten Goten* seien 1630 aufgebrochen, um den
verblassten Ruhm des gotischen Weltreiches zu erneuern. Da sie in
ihrem ersten Siegeslauf bis nach München gelangten, schien dieser
Plan Form anzunehmen. Paradoxerweise kollidierte dieser Gotizismus
mit der spanischen Legitimation, denn auch hier hatte man in den
Kämpfen der antimaurischen Reconquista auf die Abstammung von
den Westgoten zurückgegriffen. »Der schwedische und der spanische
Gotizismus, der zu Beginn des 17. Jahrhunderts zu zwei ethnozentri-
schen Universalismen ausgebaut wurde, der spanische zugleich im
Gegensatz zum französischen Gallizismus, standen in einander aus-
schließender Konkurrenz zueinander.«[74] Die schwedische Intervention
wurde als Kampf gegen die spanische Universalmonarchie dargestellt,
wobei die barocke Sprachgewalt es nicht unterließ, durch Umstellung
der Buchstaben aus »Gust-av« »Av-gust« zu machen, also auf den römischen Kaiser AUGUSTUS anzuspielen. Im Grunde blieb das schwedische Machtkalkül im gesamten Verlauf des Krieges zweistufig: als
Maximalposition erschien ein schwedisch-evangelisches Gegenkaiser-
tum eine Zeitlang möglich; mit dem Tod Gustav Adolfs und den militärischen Rückschlägen von 1634 blieb immerhin noch die Festigung der
schwedischen Position an der Ostsee und die Rettung der protestantischen Konfession.[75] Dass der schwedische Kanzler Oxenstierna sich
schließlich auf die Rolle einer nordischen Großmacht mit starker
schwedischer Präsenz in Norddeutschland zurückzog, erleichterte die
Annäherung an Frankreich.

In der kleindeutsch-preußischen Historiographie des 19. Jahrhunderts ist Frankreichs Rolle als »Erbfeind« des deutschen Reiches
festgeschrieben. Dieses Bild geht im wesentlichen auf das Eingreifen
Frankreichs in den Dreißigjährigen Krieg und seine politischen Folgen

zurück,[76] die unter nationalstaatlicher Sicht als Zeit des größten Niedergangs gedeutet wurden. Im Hintergrunde hielt man dann schon den Aufstieg des Hauses Hohenzollern und seine sogenannte »deutsche Mission« bereit. Wechselt man die Perspektive und stellt sich auf den französischen Standpunkt, sieht alles etwas anders aus. Mit dem Aufstieg unter Heinrich IV. meldete sich Frankreich als ernsthafter Konkurrent gegen das Haus Habsburg in der europäischen Politik zurück. Wie weit dieser Anspruch reichte, wird an dem »Großen Plan« deutlich, am Entwurf einer europäischen Friedensordnung unter der Vorherrschaft Frankreichs, die vom leitenden Minister Sully ausgearbeitet und auch nach dem gewaltsamen Tode Heinrichs IV. im Jahre 1610 weiterverfolgt wurde.[77]

Seit 1624 leitet der Minister Richelieu die Geschicke Frankreichs. Neben Habsburg und Schweden ist Frankreich die dritte europäische Macht, die sich auf eine besondere Rolle ihres Königtums stützt. In Frankreich sind es die mit dem Krönungsort Reims verbundenen Riten der Salbung der Könige mit dem Öl aus der »heiligen Ampulle«. Eines der Zeichen dieser herausragenden Stellung war die Auffassung von den »Rois thaumaturges«, von den wundertätigen Königen, die durch Handauflegen *Skrofeln* heilen konnten.[78] Dieser universale Anspruch, Haupt aller katholischen Fürsten der Christenheit zu sein, zusätzlich gestützt auf das Gallien Karls des Großen, führte langsam, aber sicher in den Konflikt mit dem spanisch-österreichischen Haus Habsburg. Dabei strebte die französische Krone zunächst weniger eine Inkorporation von Territorien an, sondern Interventions- und Kontrollmöglichkeiten an den Grenzen. Der schon traditionelle Griff nach Italien, die Sicherung Savoyens und der Alpenpässe gehörten ebenso zu dieser Politik wie das strategische Heranrücken an die Rheingrenze. Bis 1635 schwelte dieser Konflikt in Stellvertreterkriegen, erst als die Habsburger in der Schlacht von Nördlingen den Krieg gegen die Schweden so gut wie gewonnen hatten, griff Frankreich offen ein.[79]

Über diesen letzten und schlimmsten Teil des Krieges lesen wir im Tagebuch des Peter Hagendorf. Wir haben ihn verlassen nach seinem Missgeschick in Magdeburg. Er hat die anfänglichen Niederlagen gegen die Schweden auf kaiserlicher Seite miterlebt und notiert 1632 sarkastisch: »Was wir in der Altmark gefressen haben, haben wir redlich müssen wieder kotzen vor Leipzig.« Er steigt vom Gefreiten zum Korporal auf. 1633 verliert er seine ganze Familie. Ein letztes Kind stirbt unterwegs, und im Spital zu München endet auch seine Frau. Getreulich vermerkt er die Taufe der Kinder; sie ist wichtig, weil ungetauften Kindern im Jenseits ein unsicheres Schicksal droht, womöglich die ewige Höllenpein.

»So ist nun mein Weib samt ihren Kindern entschlafen. Ihre
    Namen sind diese
Anna Stadlerin von Traunstein in Niederbayern
Kinder
das erste ist nicht zur Taufe gekommen
die anderen 3 sind aber alle zur seeligen christlichen Taufe
    gekommen
/ Die Mutter
Anna Stadlerin +
Die Kinder
Das erste NN +
Anna Maria +
Elisabet +
Barbara +
Gott gebe ihnen die ewige Ruhe, 1633.«[80]

In Straubing an der Donau fällt er in die Hände der Schweden. Gerade hatte er sich in der belagerten Stadt als Reiter gut ausstaffiert, mit Pferd, Sattel und Pistolen. Die Schweden lassen die Besatzung zwar abziehen, nehmen ihr aber alles wieder ab. »Da hat meine Reiterei ein Ende gehabt. Haben uns alle müssen lassen anwerben.« Nun zieht er mit der Gegenpartei weiter und wird Zeuge einer Disziplinierungsmaßnahme. Viele Soldaten folgen wegen der Kälte ihren Regimentern nicht mehr, sondern bleiben als Marodeure in den Bauernhäusern liegen. Da inspiziert der »Generalwachtmeister Kalle« – gemeint ist wahrscheinlich der Feldmarschall von Kagge – jene Dörfer und fordert als Eskorte einen Mann von jedem Regiment. »Laufen ihrer etliche heraus. Ach nein, spricht er, ich begehre nur von jedwedem Regiment einen. Das tun sie. Er aber, wie er sie zur Armee bringt, läßt ihrer alle 7 alsbald vor den Regimentern totschießen, das war ihr Konvoi-Geld.«[81]

Im Jahre 1634 vereinigen sich die Schweden mit Herzog Bernhard von Sachsen-Weimar und nehmen Landshut *mit stürmender Hand.* »Hier sind wir 8 Tage stillgelegen, haben die Stadt ausgeplündert. Hier habe ich als meine Beute ein hübsches Mädelein bekommen und 12 Taler an Geld, Kleider und Weißzeug genug. Wie wir sind aufgebrochen habe ich sie wieder nach Landshut geschickt.« Das ist mit einiger Wahrscheinlichkeit in verdeckten Worten die Geschichte einer wiederholten Vergewaltigung; höchstens merkt er noch an, dass er das Mädchen nicht weiter mit sich herumschleppt, sondern es entehrt wieder nach Hause entlässt. Von seinen neuen Kleidern hat er nicht viel gehabt, denn als sein »Junge« – ein Leibbursche, der übrigens klaut wie ein Rabe – sie ihm nachbringen will, wird er überfallen, und die Wäsche ist dahin. Auch bei der vernichtenden Niederlage von Nördlingen ist er auf Seiten der Verlierer dabei gewesen. Die Spanier haben alle Schweden niedergemacht; das geht ihm nun doch gegen die parteiübergreifende Standesehre, und er verflucht die gnadenlosen Sieger im schönsten Landsknechtsjargon: »Mit Verlaub, oh *lutrian*[82], *bergfutu, Madtza, hundtzfudt.*« Ihn aber hat Gott errettet, kein Finger ist ihm gekrümmt worden. Denn nach der Schlacht finden sich jene Söldner, die vormals kaiserlich oder bayerisch gewesen sind, einfach wieder bei ihren alten Regimentern ein. Dort gibt ihm sein Hauptmann, der ebenfalls bei Straubing von den Schweden zwangsrekrutiert war, sogar seine alte Korporalstelle wieder. Nun verfolgt er die Schweden, für die er eben noch hatte kämpfen müssen. Sein Bursche erbeutet ihm ein Pferd. »Bin wieder wohl gestanden.« So belagern sie Pforzheim. »Hier habe ich auch ein junges Mädchen herausgeführt. Aber ich habe sie lassen wieder hineingehen, denn sie hat mir müssen Weißzeug heraustragen, welches mir oft ist leid gewesen, denn ich hatte diesmal kein Weib.«[83] Auch das kann man als Umschreibung einer Vergewaltigung lesen, es mag aber auch anderes bedeuten, denn er lässt durchblicken, dass er dringend wieder heiraten sollte, um jemanden zu haben, der für Hemden und Wäsche sorgt. Sein Junge klaut noch schnell eine »schöne Kuh«, die in Wimpfen für 11 Taler verkauft wird. Das Geld kann er gut gebrauchen, denn nun heiratet er am 23. Januar 1635 die »ehrentugendsame Anna Maria Buchlerin«, und zwar in Pforzheim. War sie das Mädchen, das er im letzten Oktober aus der Stadt »herausgeführt« und wieder hineingeschickt hatte; war er, anstatt sie nur zu vergewaltigen, mit ihr handelseinig geworden? Jedenfalls heiratet er mit einem gewissen Aufwand, denn die Hochzeit hat 45 Gulden gekostet. »Der Vater hat dazu gegeben 10 Gulden.«

Nun sind *Schnapphahn und Schnapphenne* wieder unterwegs, im Elsass, denn jetzt geht es gegen die Franzosen. Vor Colmar verwüsten sie das Getreide »durch Schneiden, Mähen, Reiten und Brennen«. Die Colmarer sind davon nicht begeistert und schießen mit Kanonen auf das Pack; fast hätten sie sein Weib getroffen, denn sie und sein Junge haben auch mit gehamstert. Sein Regiment hat eine Reihe von Anfangserfolgen und zieht fast bis vor Paris. In seinem Familienleben bleibt alles beim Alten. »Den 11. November ist mein Weib eines Kindes genesen. Ist gleich getauft worden. Sein Name ist gewesen Jürg Martin, hat gelebt 24 Stunden. Gott gebe ihm eine fröhliche Auferstehung. + 1.«[85] 1636 verlagern sich seine Kriegsfahrten nach Flandern und Welschbrabant. Lüttich wird ausgeplündert. Bei den wechselvollen Zügen durch Nordfrankreich wird im gleichen Jahr an einer Eintragung deutlich, dass nicht nur seine Frau, sondern auch deren *ehrentugendsame* Eltern im Tross mit dem Regiment mitziehen, denn die Mutter seines Weibes stirbt dort an der Pest. »Gott verleihe ihr eine fröhliche Auferstehung.« Nebenbei macht er Notizen zu dem guten Essen in Flandern und gibt Zeugnis von seinem *Glauben*. Denn man zeigt ihnen eine Kapelle, darin soll eine Kerze schon seit 300 Jahren brennen. »Die selbige Kerze ist doch noch nicht verbrannt. Ich lasse es dabei bleiben, glaube wer da will, ich glaube es nicht.«[86] Wer sich gewundert haben mag, dass Peter Hagendorf von den Katholischen zu den Schweden und wieder zurück wechselt, ohne über die verschiedenen Religionen auch nur ein Wort zu verlieren, wird sich nun nicht mehr wundern. Sein »Glauben« – obwohl er doch recht *bibelfest* ist und seine Kinder so schnell als möglich taufen lässt – ist eher eine alltägliche Selbstverständlichkeit, eine Lebenspraktik. Sie wird bekräftigt in formelhaften Wendungen von der »fröhlichen Auferstehung«. Ob und was er *glaubt*, wird erst im Zusammenhang mit dem »Glauben« an ein Wunder erwähnt. Das aber glaubt er nicht. Andererseits notiert er als Besonder-

So soll der Purpur deiner Lippen ...

So soll der Purpur deiner Lippen
Itzt meiner Freiheit Bahre sein?
Soll an den Corallinen-Klippen
Mein Mast nur darum laufen ein,
Daß er anstatt dem süßen Lande
Auf deinem schönen Munde strande?

Ja, leider! es ist gar kein Wunder,
Wenn deiner Augen sternend Licht,
Das von dem Himmel seinen Zunder
Und Sonnen von der Sonnen bricht,
Sich will bei meinem morschen Nachen
Zu einem schönen Irrlicht machen.

Jedoch der Schiffbruch wird versüßet,
Weil deines Leibes Marmelmeer
Der müde Mast entzückend grüßet
Und fährt auf diesem hin und her,
Bis endlich in dem Zuckerschlunde
Die Geister selbsten gehn zugrunde.

Nun wohl! dies Urteil mag geschehen,
Daß Venus meiner Freiheit Schatz
In diesen Strudel möge drehen,
Wenn nur auf einem kleinen Platz
In deinem Schoß durch vieles Schwimmen
Ich kann mit meinem Ruder klimmen.

Da will, sobald ich angeländet,
Ich dir ein Altar bauen auf,
Mein Herze soll dir sein verpfändet,
Und fettes Opfer führen drauf;
Ich selbst will einig mich befleißen,
Dich Gött- und Priesterin zu heißen.

Christian Hoffmann von
Hoffmannswaldau
$(1617–1679)^{84}$

heit, dass beim Untergang eines Schiffes auf dem Rhein »ein Pfaff davongekommen ist«. Hat vielleicht Gott doch ein besonderes Augenmerk auf seine Priester?[87] Ist der Glauben eine Art Lebensversicherung?

Das Tagebuch löst sich nun auf in eine endlose Abfolge von Kreuz- und Querzügen durch Süddeutschland, etwa auf der Höhe zwischen dem Elsass und Böhmen. Einen durchschlagenden Sieg aber kann keine Partei mehr erringen. Sein Weib gebiert weiterhin Kinder, die zumeist kurz nach der Geburt sterben. Gleichwohl organisiert er für sie Aufenthalte in Spitälern, trennt sich kriegsbedingt von ihr und holt sie wieder ab, nicht ohne ein biblisches Bild zu bemühen: »Das Weib samt dem Kind und Pferd ist zurück verblieben. Nach 14 Tagen bin ich wieder hin, habe sie geholt. Da hat sie ebenso wenig gehen können als zuvor, doch habe ich sie auf dem Pferd geführt. Bin hergezogen wie Joseph in Ägypten reist. Den 16. April habe ich sie dort gelassen, den 30. April habe ich sie wieder abgeholt./Sie konnte nicht weiter, als ich sie getragen habe. Den 19. Mai im Jahr 1641 ist meine Tochter gestorben zu Ingolstadt. + 3. Der liebe Gott verleihe ihr eine fröhliche Auferstehung. Barbara.«[88]

Seinen Rang als Korporal hat Peter Hagendorf nie dauerhaft überschritten; gleichwohl hält er sich zu den Offizieren, die ihn vielleicht auch schätzen, weil der des Lesens und Schreibens kundige Mann ein guter Vermittler zur Truppe ist. Wenn ein Hauptmann ihm beim Erteilen der Befehle Essen und Trinken vorsetzen lässt, vermerkt er es anerkennend: »Gott verleihe ihm langes Leben, er ist von Arnstadt aus Thüringen, heißt Dietrich Hesse.«[89] Zu Hauptfeinden werden immer mehr die Bauern. Sie stecken überall und schaden den Söldnern, wo sie können; sogar in Brunnen halten sie sich unter der Erde verborgen und schneiden die kupfernen Kessel vom Seil ab, wenn man sie zum Wasserholen hinunterlässt.[90] Eines Abends hat er zu viel getrunken und bleibt am nächsten Morgen nur einen »Steinwurf« hinter seinem Regiment zurück, da verprügeln ihn drei Bauern, die in einer Hecke auf Nachzügler lauern, und nehmen ihm alles ab. Zerschlagen, ohne Mantel und Ranzen, kommt er bei seinen Kameraden wieder an – »haben mich nur ausgelacht«. Einen von den Bauern erwischt er acht Wochen später und verklagt ihn beim Regiment. Das Tribunal entscheidet, der Bauer solle ihn zufriedenstellen oder er werde hängen. Der Bauer, höhnisch als »seine Obrigkeit« tituliert, muss sich teuer auslösen: »Also hat seine Obrigkeit mir gegeben 12 Reichstaler, dem Generalprofos 1 Taler, dem Auditor 1 Taler, dem Quartiermeister 1 Taler, dem Stockmeister 1 Kopfstück. Also bin ich wieder erfreut worden.«[91]

Gegen Ende des Krieges befindet sich Hagendorf in Memmingen, in ebenjener Stadt, in der er die Freudenfeier im November 1648 zum Friedensschluss von Münster und Osnabrück miterlebt. Bis zum letzten Tag hat er noch gekämpft; von seinen vielen Kindern sind ihm zwei geblieben, ein Sohn und eine Tochter. Den Sohn, Melchert Christoff, hatte er 1647 in Altheim bei einem Schulmeister in Pflege gegeben; er holt ihn im Mai 1649 wieder ab und zahlt 27 Gulden Zehrgeld. Der Sohn ist jetzt 5 Jahre und 9 Monate alt und wird ab Mai für 2 Kreuzer die Woche in die Schule geschickt.[92] Im Januar 1648 war ihm noch eine Tochter geboren. »Gott verleihe ihr langes Leben. Amen.« Sie ist noch klein; wird sie durchkommen? Im Juni kauft er sich einen Esel zum Transport seiner Habe, denn der Frieden dauert an; man muss sich auf die neuen Zeiten umstellen. Peter Hagendorf fällt nun verdächtig oft hin; einmal durch ein Loch in einem Dachboden und schlägt auf den Kopf, ein anderes Mal bei der Wache vom Tor herab und verrenkt sich das Knie. Dem Wein war er nie abhold; hat er das Saufen angefangen? Er wird nun so gegen die 50 sein; ein Kriegsveteran, abgedankt am 25. September 1649 mit einem restlichen Sold von 39 Gulden. In raschen Tagereisen macht er sich davon. »Den/26. gezogen nach Babenhausen, den 27. nach Günzburg an der Donau, den 28. nach Gundelfingen, den 29. nach Nördlingen, den 30. nach Öttingen ...« Dann ändert er seine Richtung und geht wieder zurück nach Westen. Der letzte in seinem Lebensbericht lesbare Ortsname ist Straßburg. Hier brechen die Eintragungen ab. So kommt er uns aus den Augen. Wo zieht Peter Hagendorf hin? Noch ist nicht überall Frieden. Angebote für kriegerische Nachspiele und neue Kriege gab es genug; viele abgedankte Söldner stellten sich in den Dienst Venedigs – und in Italien kannte er sich doch aus.[93]

Ein großes Flugblatt von 1648 »Der MARS ist nun im ARS« spielt mit der Äquivokation von »Arsch« und »ARS«. Der Krieg ist im Arsch; aber ars, artis, artes, die Künste blühen wieder auf. Auf dem unteren Teil des Blattes wird der gerüstete MARS feierlich beerdigt: »Mars mit seinen waffen/ ist Hier entschlaffen.« Über den abziehenden Söldnern

9 Der Mars ist nun im Ars

steht zu lesen: »Lerm ist gethan Wir müssen fort« und »Ziehen auff ein ander Orth/ Hie ligt der Krieg«.[94]

Das heißt: hier hat man uns das Handwerk gelegt. Bleibt Hagendorf Söldner? Er kann doch lesen und schreiben und hat Weib und Kinder. Die ältere Forschung hat – angestoßen nicht zuletzt durch Gustav Freytags »Bilder aus der deutschen Vergangenheit« – gern von »Banden entlassener Kriegsknechte, mit Dirnen und Troßbuben« gesprochen, die noch lange im Lande herumgeirrt seien. Aber konnten sie sich als Marodeure überhaupt am Leben erhalten? Immerhin geht es um das Schicksal von etwa 200 000 Menschen. Wo sind sie geblieben? Manche verwitterten Soldaten erklärten, sie hätten nun auch den Krieg satt und wollten die Früchte des Friedens genießen. Andere kehrten in ihre Heimat zurück. Wieder andere ließen sich in wüst gewordenen Landstrichen ansiedeln.[95] Allerdings war dieser Neusiedlungsprozess von sehr viel längerer Dauer und zog sich bis weit ins 18. Jahrhundert hinein. Viele Bewohner aus den Alpenländern, vor allem aus der Schweiz, folgten dem Ruf der süddeutschen Obrigkeiten, setzten die Dörfer wieder instand und brachten ihre Gewerbe mit. In den Norden strömten Siedler aus Dänemark, Holstein und Schweden ein; die verwüsteten Landstriche sogen den Bevölkerungsüberschuss aus den verschont gebliebenen Gebieten auf.[96]

5. Ein deutsches Trauma

Der klassische Roman des Dreißigjährigen Krieges ist der »Abenteuerliche Simplizissimus« des Johann Jacob Christoph Grimmelshausen. Er ist um 1621/22 in Gelnhausen geboren und dort zur Stadtschule gegangen, in eine gute Schule, in der Gewicht auf Religions- und Lateinunterricht gelegt wurde, den Richtlinien Melanchthons entsprechend. In diesen hoffnungsvollen Bildungsgang brechen im September 1634 die Spanier ein, die nach der siegreichen Schlacht bei Nördlingen quer durch Deutschland in Richtung Niederlande abziehen. Auf diesem Weg plündern und verwüsten sie auch Gelnhausen. Ein Teil der überlebenden Bevölkerung flieht in die Festung Hanau, auch Grimmelshausen mit seinen Eltern. Doch der Junge – er ist nun 14 Jahre alt – wird Anfang 1635 auf den zugefrorenen Gräben der Festung von einer kroatischen Patrouille aufgegriffen und verschleppt. Schon im Februar fällt er in die Hände hessischer Soldaten, die gemeinsam mit den Schweden kämpfen. In der Schlacht bei Wittstock 1636 ist er wieder auf kaiserlicher Seite. 1637/38 zieht er wie unser Söldner Peter Hagendorf am Oberrhein vergeblich gegen die Regimenter des Herzogs Bernhard von Sachsen-Weimar. Inzwischen ist er vom Trossjungen und Pferdeknecht zum Musketier und Dragoner aufgestiegen. In den nächsten Jahren des Krieges liegt er relativ ruhig in der Festung Offenburg und wird dort zum Schreiber der Regimentskanzlei. Am Ende des Krieges ist auch er in Bayern, quittiert aber schon im Juli oder August 1648 den Dienst, als sich die Friedensschlüsse abzeichnen. Er ist zwanzig Jahre jünger als unser Söldner-Veteran und hat mit seinem Leben zu Friedenszeiten noch etwas vor.

1649 heiratet der nun 28-Jährige und beginnt eine Karriere als Verwalter bei seinem ehemaligen militärischen Vorgesetzten. Offensichtlich haben ihn auch die Schauenburger Grafen in seinen literarischen Neigungen gefördert. Er wechselt noch mehrmals die Stellen, betreibt zwischenzeitlich ein Wirtshaus und ist seit 1667 Schultheiß im Gerichtsbezirk Renchen im Schwarzwald. Doch der Krieg holt ihn noch einmal ein. Nun sind es die französischen Expansionsfeldzüge unter Ludwig XIV., die die oberrheinische Tiefebene in aller Härte treffen. In dieser unruhigen Zeit stirbt Grimmelshausen plötzlich im August 1676.[97] Doch da ist er schon ein berühmter Autor.

Denn knapp zehn Jahre zuvor ist 1668/69 sein barockes Welttheater in einem Nürnberger Verlag erschienen. Der Titel lautet: »Der Abentheurliche SIMPLICISSIMUS Teutsch/Das ist: Die Beschreibung deß Lebens eines seltzamen Vaganten/genant Melchior Sternfels von Fuchshaim/ wo und welcher gestalt Er nemlich in diese Welt komme/ was er darinn gesehen« und so weiter und so weiter, denn die barocken Buchtitel sind endlos. Natürlich sind Grimmelshausens Kriegserlebnisse in diesem Buch verarbeitet;[98] wenn ihn ein Reiter anruft: »Junge, komm heröfer, oder schall mi de Tüfel halen, ick schiete dik, dat di de Dampf zum Hals utgaht«[99], dann ist das dem Volk aufs Maul gesehn. Man darf das Buch aber keinesfalls als abbildgetreues Dokument lesen, in der die Not der Zeit sich gleichsam selbst geschrieben habe. Der bildungsbeflissene Autodidakt hat bewusst das Genre des Schelmenromans gewählt und in diese narrative Form seine Erfahrungen gegossen. Er kannte die deutsche Übersetzung des spanischen Picaro-Romans vom »Landstörzer Gusman« mitsamt dessen vielen Fortsetzungen, unter denen sich auch schon eine »Picara« findet, das Vorbild für seine »Landstörzerin Courasche«. Diese Elemente des *Picarischen*, der bunten Geschichten des zerlumpten Tagediebs, bilden jedoch nur eine Schicht der simplicianischen Schriften. Seine gelehrten Anspielungen hat Grimmelshausen aus der »Piazza Universale« des Thomas Garzoni bezogen, einem Kompendium, das 1619 in Deutsch erschienen war.[100] Er prunkt mit seiner Bildung, zitiert »Aristoteles lib. 3 de Anima«, vergleicht es mit einem Kommentar des Averroes und findet in Ciceros »Tusculanischen Gesprächen« bestätigt, dass die Seele des Menschen als eine ursprünglich unbeschriebene Wachstafel erst durch die »scientiam«, durch fleißige Übung, zur Perfektion gebracht werde.[101] An diesem Fleiß hat er es nicht fehlen lassen; neben seinen literarischen Werken, deren religiöse Tendenz mit der Zeit zunimmt, hat er Geld mit seinem »Ewig-währenden Calender« von 1670 verdient, einem für das 17. Jahrhundert typischen Genre an der Schnittstelle von Kalendarium, Bauernpraktiken und astrologischen Ratschlägen, zu welcher Zeit und welcher Gestirnkonstellation die alltäglichen Tätigkeiten vorgenommen werden sollten. Auch Erklärungen von Kometen und Himmelserscheinungen durften nicht fehlen.[102]

Wir lesen ein Kapitel aus seinem »Simplicissimus«; nicht das berühmte 4. Kapitel des ersten Buches, das den Überfall der Reiter auf den väterlichen Bauernhof schildert, sondern das 14. Kapitel. Im Alltag des Krieges – wir haben es schon am Tagebuch des Peter Hagendorf gesehen – sind Soldaten und Bauern die eigentlichen Kontrahenten, fern vom Streit der Großmächte und jenseits aller konfessionellen Querelen. Ein bildnerisches Gegenstück zu Grimmelshausens Roman sind die zeitgenössischen Radierungen von Jacques Callot und von Ulrich Franck. Denn das flache Land hat unter dem Krieg am meisten zu leiden; die Städte mussten immer erst »mit stürmender Hand« erobert werden, die Landbevölkerung war dem Treiben der Soldateska schutzlos ausgeliefert. Bauern und Soldaten schenkten sich nichts; obwohl die Soldaten

der Abenteuerliche
Simplicissimus Teutsch

Ich wurde durchs Fewer wie Phoenix geborn.
Ich flog durch die Lüffte! würd doch nit verlorn.
Ich wandert durchs Wasser, Ich raißt über Landt,
in solchem Umbschwermen macht ich mir bekandt,
was mich offt betrübet und selten ergetzt.
was war das? Ich habs in diß Buche gesetzt,
damit sich der Leser gleich, wie ich iht thue,
entferne der Thorheit und lebe in Rhue.

10 Titelkupfer zum »Simplicissimus Teutsch«

oft doch auch nur Handwerker- oder Bauernsöhne waren.[103] Gerade diese Elenden und Armen aus den Unterschichten foltern und morden sich mit einer Hingabe, die ihresgleichen sucht. Grimmelshausen beschreibt sie in der Redeweise seines einfältigen Helden; dadurch schafft er eine sprachliche Distanz und berichtet die »seltsame Comoedia von fünf Bauern«. Es ist die Distanz zu einer aus den Fugen geratenen Welt.

Sein simplicianischer Held hat sich nach der Zerstörung des heimatlichen Hofes in den Wald geflüchtet und ist von einem frommen Einsiedler zum ersten Male katechisiert worden. Eben brät er sich gelbe Rüben am Lagerfeuer vor seiner Hütte, als er von vierzig oder fünfzig Musketieren umringt wird. Sie sehen, dass bei dem Jungen nichts zu holen ist; der Offizier nimmt sich seiner an. Er soll sie aus dem Wald herausführen. Auf diesem Weg stoßen sie auf etwa zehn Bauern, die gerade dabei sind, etwas einzugraben. Die Bauern sind bewaffnet, denn als die Soldaten sie anrufen, beginnen sie zu schießen. Da sie aber in der Unterzahl sind, verschwinden sie so schnell, dass keiner der ermatteten Söldner ihnen folgen kann. Die Soldaten graben nun aus, was die Bauern verscharrt hatten. Aus dem Erdboden hören sie eine Stimme: »O ihr leichtfertigen Schelmen! O ihr Erz-Bösewichter! vermeinet ihr wohl, daß der Himmel eure unchristliche Grausamkeit und Bubenstücke ungestraft hingehen lassen werde?« Die Soldaten erschrecken, der Offizier befiehlt ihnen weiterzugraben, und sie stoßen auf ein Fass, in dem ein Kerl steckt, »der weder Nasen noch Ohren mehr hatte«. Es ist ein Reiter, der mit sechs Kameraden in die Hände der Bauern gefallen war, als sie tags zuvor Futter für die Pferde requirieren wollten. Sie hätten sich so hintereinanderstellen müssen, dass sie mit *einer* Kugel hätten erschossen werden können; ihn aber, den letzten, hätte die Kugel nicht mehr erreicht. Da hätten die Bauern ihm Nase und Ohren abgeschnitten, ihn aber zuvor gezwungen, ihnen den Hintern zu lecken. Er hätte, um diese Schande zu vermeiden, ihnen die »allerunnützsten Wort« gegeben, in der Hoffnung, sie möchten ihn aus Ärger ebenfalls erschießen. Sie aber hätten ihn »in gegenwärtig Faß gesteckt, und also lebendig begraben, sprechend: Weil er des Tods so eifrig begehr, wollten sie ihm zum Possen hierin nicht willfahren«. Während er noch klagt, kommt ein anderer Trupp Soldaten, der fünf Bauern gefangen, den Rest aber totgeschossen hat. Unter ihnen sind vier, die kurz zuvor noch den

»übel zugerichteten Reuter« drangsaliert hatten. Nun treten die Soldaten zum Strafgericht über die Bauern zusammen. Manche wollen sie
gleich in der ersten Wut erschießen, andere aber sagen: »Nein, man
muß die leichtfertigen Vögel zuvor rechtschaffen quälen, und ihnen
eintränken, was sie an diesem Reuter verdient haben.«[104]

Sollen die Bauern zur Tilgung der Schande dem Reiter hundert-
mal den Arsch lecken? Andere meinen, der Kerl sei es nicht wert; er
hätte in diese Schande überhaupt nicht einwilligen dürfen. Endlich
wird beschlossen, dass die Bauern jeweils zehn Soldaten am Arsch lecken sollen. Doch die Bauern sind halsstarrig und – anders als der Reiter – weder durch Verheißungen noch durch Drohungen dazu zu bringen. Das betrifft die viere. Dem fünften, der gar nicht dabei gewesen
war, blüht ein rasches Ende. Ein Soldat spricht ihn so an: »›Wenn du
Gott und alle seine Heiligen verleugnen willst, so werde ich dich laufen
lassen, wohin du begehrest‹; hierauf antwortet ›der Baur, er hätte sein
Lebtag nichts auf die Heiligen gehalten, und auch bisher noch geringe
Kundschaft mit Gott selbst gehabt, schwur auch darauf solenniter, daß
er Gott nicht kenne, und kein Teil an seinem Reich zu haben begehre;
hierauf jagte ihm der Soldat ein Kugel an die Stirn, welche aber so viel
effektuiert‹, als wenn sie an einen stählernen Berg gangen wäre, darauf
zückte er seine Plaute [d. i. kurzer Degen] und sagte: ›Holla, bist du der
Haar [d. i. solcher Art]? ich hab versprochen, dich laufen zu lassen, wohin du begehrest, siehe, so schicke ich dich nun ins höllische Reich, weil
du nicht in Himmel willst‹, und spaltete ihm damit den Kopf bis auf die
Zähn voneinander, als er dorthin fiel, sagte der Soldat: ›So muß man
sich rächen, und diese losen Schelmen zeitlich und ewig strafen.‹«[105]
Der Hintergrund dieser mörderischen Praktik ist folgender: Noch gilt
die Vorstellung, dass man mit dem letzten Worte auf den Lippen im
Jenseits ankommt, so jedenfalls wurde Prediger Salomo 11, Vers 3,
»Wie der Baum fällt, so bleibt er liegen« ausgelegt. Da nun der Bauer
gerade Gott abgeschworen hat, ist ihm nach der Auffassung des Soldaten der Weg in die Hölle sicher. So hat er ihn zeitlich und ewig gestraft.
Den anderen vier Bauern ergeht es auch nicht besser, im Gegenteil, die
Reiter binden sie über einen umgefallenen Baumstamm an Händen
und Füßen zusammen, dass sie den Hintern in die Höhe kehren, ziehen
ihnen die Hosen herunter und »fiedeln« sie mit einer Luntenschnur, in

11 Zwei Wegelagerer überfallen einen Reiter
Radierung von Hans Ulrich Franck von 1643

die sie zuvor Knoten geschlungen haben, »daß der rote Saft hernach-
ging. ›Also‹, sagten sie ›muß man euch Schelmen den gereinigten Hintern austrocknen.‹ Die Bauren schrien zwar jämmerlich, aber es war
den Soldaten nur ein Kurzweil, denn sie höreten nicht auf zu sägen, bis
Haut und Fleisch ganz auf das Bein hinweg war.« Den Simplicissimus
aber heißen sie wieder in seine Hütte gehen, so dass er nicht sagen
kann, »was sie endlich mit den Bauren vollends angestellt haben«.[106]
    In dieser Gesellschaft ist die Folter allgegenwärtig. Grimmelshau-
sen merkt es selbst beiläufig an, wenn er schreibt: »Da fing man erst an,
die Stein von den Pistolen, und hingegen an deren statt der Bauren
Daumen aufzuschrauben, und die armen Schelmen so zu foltern, als
wenn man hätt Hexen brennen wollen […].«[107] Zur Hexenverfolgung
gehört das Foltern ganz selbstverständlich dazu; die Bauern – das will
er sagen – werden hier misshandelt, als ob sie Geschworene des Satans

83

12 Wegelagerer mit Knüppel überfällt einen Reiter
Radierung von Hans Ulrich Franck

wären. Das Theater des Schreckens, das die Obrigkeit veranstaltete[108], unterschied sich nicht grundsätzlich vom Schreckenstheater der Kriegszeit. Das aber hat Grimmelshausen im Leben der Soldateska so zusammengefasst:

»[...] denn fressen und saufen, Hunger und Durst leiden, huren und buben, raßlen und spielen, schlemmen und demmen, morden und wieder ermordet werden, totschlagen und wieder zu Tod geschlagen werden, tribulirn und wieder gedrillt werden, jagen und wieder gejaget werden, ängstigen und wieder geängstiget werden, rauben und wieder beraubt werden, plündern und wieder geplündert werden, sich fürchten und wieder gefürchtet werden, Jammer

84

13 Kampf zwischen Wegelagerern und Reitern
Radierung von Hans Ulrich Franck

anstellen und wieder jämmerlich leiden, schlagen und wieder geschlagen werden; und in Summa nur verderben und beschädigen
und hingegen wieder verderbt und beschädigt werden, war ihr
ganzes Tun und Wesen.«[109]

Die nüchternen Berichte und »Schadensmeldungen« sprechen eben-
diese deutliche Sprache. Als kaiserliche Söldner das hessische Rhein-
heim überfallen, zieht der Stadtkommandant Schrautenbach folgende
Bilanz: »Antonius Dorsam ist tot blieben. Henrich Lübigs Sohn ist tot
blieben. Peter N. von Zimmern, welchem sie zehnmal Wasser ingegos-
sen und mit dem Gemächt ufgehängt, darnach vollends erschlagen.
Hans Hubenern und sein Bruder geschlagen, daß sie am dritten Tage

85

14 Die Plünderung auf einem Bauernhof
Radierung von Jacques Callot, 1633

gestorben. Hans Philipp Goßmann von Spachbrücken zu Tod geschlagen. Hans Gerhards schwangeren Frau die Rippen entzweigeschlagen,
daß sie bald gestorben. Jakob Hans Frau zu Tod geschändet. Martin Be-
cken geschlagen, daß er gleich tot blieben. Hans Trankens Tochter von
Zimmern zu Tod geschlagen. Peter Kops Schwester zu Tod geschlagen.
Hans Simon von Spachbrücken mit dem Gemächte ufgehängt und
vollends erschlagen. Hans Hubeners Magd geschändet und vollends zu
Tod geschlagen. Nikolaus Buschmann zu Tod geschlagen. Schwartz
Hansen von Spachbrücken geknebelt und geschlagen, daß er tot blieben. Curt Jöckeln übel geschlagen und gepeinigt, welcher hernach gestorben. Matthes Krappen Wittib übel geschlagen, so in wenig Tagen
gestorben. Einem Mann, Jakob Herbert, haben sie die Hände ufge-
schnitten und mit dem Gemächt ufgehängt, bis er gestorben. Summa:
18 Personen.« Danach folgt noch eine ebenso lange Liste derer, die
solche Torturen bislang überlebt haben, und der generelle Hinweis,
dass alle Weibspersonen und Jungfrauen, die nicht ausgerissen sind, geschändet und übel geschlagen wurden.[110]
 Exzesse dieser Art haben in den Quellen einen deutlicheren Nie-
derschlag gefunden als Ereignisse, die glimpflicher abgelaufen sind.
Sicherlich hat es auch exemplarische Bestrafungen in den Regimentern

15 Die Gehenkten. Radierung von Jacques Callot, 1633

gegeben.[111] Die Radierungen des Jacques Callot »Les Misères et les
Malheurs de la Guerre« von 1633 zeigen warnend und moralisierend
das Welttheater des Krieges, wie nach den Plünderungen, Verwüstun-
gen und Vergewaltigungen die Profosse ihres Amtes walten: Die zuchtlosen Soldaten werden erhängt, erschossen, aufs Rad geflochten. Zwei
der Bildlegenden lauten in der deutschen Nachdichtung:

»Die Schurken tun sich noch mit ihren Streichen groß,
verheeren alles rings und lassen nichts mehr los,
der eine foltert, bis sie ihm das Geld verraten,
der andre stachelt auf zu tausend Missetaten,
und insgeheim vergehn sie sich an alt und jung
mit Diebstahl, Raub, Mord, Vergewaltigung.«

»Uns zeigt das Diebsgesindel, das hier dicht gedrängt
wie unheilvolles Obst an einem Baume hängt,
daß das Verbrechen selbst (verrufne, finstre Sache)
schon sei ein Instrument der Züchtigung und Rache;
denn früher oder später stellt den Bösewicht
ein unerbittlich Los vors himmlische Gericht.«[112]

87

16 Die Rache der Bauern. Radierung von Jacques Callot, 1633

Bei Callot müssen sie aber auf die höllische Strafe nicht warten: Schließlich kommen die zuchtlosen Soldaten zu Krüppeln und Bettlern herunter und werden von den Bauern mit Dreschflegeln erschlagen.

Nicht alle Regionen Deutschlands allerdings wurden so betroffen wie jene *Zerstörungsdiagonale*, die von der Ostsee zum Südwesten des Reiches führte, von Pommern und Mecklenburg über Thüringen und Teile Sachsens bis zur Pfalz und Württemberg. Diese Regionen büßten etwa die Hälfte ihrer Einwohner ein; etwa ein Drittel verloren auch Brandenburg, Hessen, Franken und das bayerische Schwaben.[113] Fast ganz verschont blieben die österreichischen Erblande der Habsburger und der zwischen geringen Verlusten und Kriegsgewinnen davongekommene Nordwesten mit der niemals eroberten Stadt Hamburg als wirtschaftlichem Zentrum. Das Leben bewegte sich in diesen Zeiten *zwischen Alltag und Katastrophe*.[114] Insgesamt schätzt man heute, dass Deutschland zwischen 1618 und 1648 etwa 40% seiner Bevölkerung verloren hat; in den Städten waren es vielleicht 33%. Die meisten starben nicht an direkten Kriegseinwirkungen, auch nicht durch das Morden und Plündern, sondern durch Unterernährung und den ihr folgenden Epidemien. Wer aus Städten und Dörfern in die Wälder flieht, kann sich dort nicht lange erhalten. Aber auch wer sich umgekehrt vom fla-

chen Land in die überfüllten Städte retten will, trifft dort auf neues Unheil, auf Hunger und Seuchen. Wir haben das Wüten der Pest 1631 in
Frankfurt(Oder) erwähnt; 1636 trifft es die Stadt Kassel, in der in weni-
gen Monaten 1400 Menschen sterben. Davon waren 623 Fremde, die
sich aus den Dörfern in die Stadt geflüchtet hatten.[115]

Über dieses ewige Hin und Her, die vielen Fluchten der Landbevölkerung gibt das »Zeytregister« des Hans Heberle (1597–1677) Auskunft. Der Schuster aus Neenstetten, einem Dorf etwas nördlich von
Ulm, hat die Kriegs- und Nachkriegsjahre zwischen 1618 und 1672 festgehalten. Den Schwerpunkt bilden die Aufzeichnungen bis 1650. Heberle ist Lutheraner und erwähnt die feierliche protestantische Refor-
mationsfeier von 1617 in Ulm; von ihren Auswirkungen her erklärt er
sie aber zum eigentlichen Beginn des Krieges. »Dieses jubelfest ist ein
anfang des kriegs gewessen, wie bey denen catholischen scribenten
weitleffig darvon zu lesen ist, da das jubelfest sie ubel in die augen ge-
stochen hat.«[116] Im Jahre 1618 erscheint ein großer Komet mit einem
langen Schweif, den er als göttliche Drohrute angesichts des sündhaf-
ten Lebens der Menschen auslegt. Der Krieg rückt langsam näher, erst
ist er nur in Böhmen, dann in der Pfalz. Noch macht die Verschlechterung der Münze den Leuten mehr zu schaffen als die militärische Lage,
dann steigen die Nahrungs- und Getreidepreise. 1624 schlägt die Witterung Kapriolen; im Februar sieht es so aus, als sei schon »lüstiger
frieling« – da straft Gott die Menschen mit großer Kälte im März. 1625
taucht zum ersten Mal fremdes Kriegsvolk in der Gegend von Ulm auf.
Sie hausen wüst, verprügeln die Männer und schänden die Frauen.
1626 ist ein nasser Sommer, 1627 ein harter Winter. Zugleich notiert
Heberle den fast vollständigen Sieg der kaiserlich-katholischen Partei.
Immer wieder ziehen nun Regimenter durchs Land; das Leben auf den
Straßen wird unsicher. Selbst wenn »gutt regiment« gehalten und gleich
Galgen und Hinrichtungsstätte eigens für die Soldaten aufgebaut werden, so bleiben sie doch eine Plage. Zwar war ihnen bei strenger Strafe
das Plündern verboten. Sie mussten sogar einen Eid auf diese Vorschriften leisten, hielten sich aber nicht daran. Wer es jedoch zu arg
trieb – in Ulm ein Kerl, der sich rühmte, insgesamt schon 32 Ohren
abgeschnitten zu haben –, wurde hingerichtet.[117] Aber auch wenn es
glimpflich abgeht, pressen sie aus der Bevölkerung heraus, was sie be-

kommen können. Die Soldaten des Regiments seien hergekommen – so trägt Heberle 1631 ein – »wie die lumpige und laußige bettler und sündt hinauß geriten wie lauter fürsten und graffen«. Denn nicht nur, dass sie alle Vorräte aufgefressen haben: »Ein jeder hatt müessen haben einen schönen, seydene, blawen feldtbündten, das sie nit anders sindt gewessen als werens lauter edelleüt. In suma, die trompeter aber haben alle gehabt und müessen haben, auß befelch ires oberste, gantz silberne und ubersilberet trompeten [...].«[118]

Der Handwerksmeister ist verärgert über so viel Hoffart. Doch jetzt geht der Krieg erst richtig an. Zum ersten Male fliehen die Leute aus Neenstetten. Es sind vor allem die Einquartierungen und die Kontributionen, die das Wirtschaftsleben stilllegen. Mit dem Kriegsverlauf 1631/32 ist der Lutheraner ganz zufrieden, denn nun siegen die Schweden und lehren die Kaiserlichen das Laufen. Doch ob kaiserlich oder schwedisch, wer durch das Land zieht, richtet Schaden an. Denn die Söldner sind ein zusammengewürfelter Haufen aus aller Herren Länder. Gegen Ende des Krieges besteht ein bayerisches Regiment beispielsweise aus 534 Deutschen, 218 Italienern, 15 Franzosen, 24 Lothringern, 43 Burgundern, 26 Griechen, 54 Polen, 5 Ungarn, 2 Kroaten, 11 Spaniern, 14 Böhmen, 15 Türken, 18 Dalmatiern, 1 Irländer, 1 Sizilianer und 2 Schotten.[119] Nach der Schlacht bei Nördlingen 1634 flieht die Landbevölkerung in die Stadt Ulm. Ulm rüstet sich zur Verteidigung. Die schönen Baumgärten vor dem Frauentor müssen niedergehauen werden. Ist gerade Erntezeit, wird das Korn abgemäht und verkauft – oder zertrampelt und vernichtet.[120] Wir kennen das schon aus dem Bericht des Peter Hagendorf. 1635 scheidet Hans Heberles Vater aus diesem Jammertal. Es ist eigentlich das Jahr des »Prager Friedens«, doch die kaiserlichen Regimenter verwüsten das Land derart, dass die Neenstettener in die Wälder fliehen. »In denen hölzer und welden hatt einer nit könden bleiben, von wegen deß großen hungers, dan mir haben nit könden brott, salz, schmalz und anders, waß mir zu unßer leibsnarung haben wollen, nit könen uberkomen, das wir mit weib und kleine kinderlein (die wir das mall noch vüll gehabt) nit hunger sterben und verderben, da wir haben allethalben ruoh gesucht.«[121] Endlich ziehen die Soldaten ab, und die Ulmer nehmen den Prager Frieden an.

Doch auf den verwilderten Äckern haben sich die »Mäuse« so vermehrt, dass zwischen Menschen und Mäusen ein Kampf um die Ernte ausbricht. Die *Mäuse* – gemeint sind sicherlich Hamster – schleppen das Korn in ihre Löcher; die Menschen graben sie aus und nehmen es ihnen wieder ab.[122] Denn es herrschen teure Zeiten, das Korn ist knapp, der Landbau liegt danieder. Der Kreislauf: Krieg – Teuerung – Hunger – Pest setzt ein. Sie fressen nun schon alles: Hunde, Katzen und Mäuse, Pferdefleisch vom Schindacker. Disteln und Nesseln gelten als gutes Gemüse. Viele Tausende sterben; in Ulm sind es etwa 15 000. Der Prager Frieden trügt; der Krieg geht weiter. Der Rat der Stadt Ulm verteilt Saatgut an die Bauern; doch die Rettung kommt erst per Schiff auf der Donau, so dass wenigstens »unsere hungerige, kleine kinderlein, Gott lob und preiß, wider essen derffen«.[123] So geht es fort. Der Rückblick auf das Jahr 1639 lässt hoffen; es ist glimpflich abgegangen, es wurde wieder Getreide angebaut, und die Preise sind gesunken. Doch 1640 ist man schon wieder auf der Flucht. Dass die abgerissenen Soldaten immer erneut wie »edelleite« ausstaffiert werden wollen, ist man schon gewohnt.[124] 1645 fallen 1500 Reiter über Neenstetten und die umliegenden Dörfer her. »Da hilfft kein wehren mehr. Die haben in denen 3 fleckhen alles außgeblündert und geraubt, was sie haben kenden ertapen, ohne das vieh.« Die Kirchen allerdings durften sie nicht aufbrechen; das haben ihre Offiziere ihnen verboten.

1647 nach dem Ulmer Waffenstillstand gibt es einen Vorgeschmack auf den Frieden und sogar eine prunkvolle Hochzeit: Der Superintendent und Feldpfarrer des schwedischen Generals Wrangel heiratet die Tochter eines Ulmer Bürgers. »Da sindt mechtig vüll heren zusamenkomen, schwedisch und frantzeschische, wie auch die bayrischen, und auß allerley velckher und lender, und lustig bey einander gewessen, von wegen deß guten fridens, den sie getroffen haben. Es sindt diesen tag 12 gutschen auß der stat Ulm hinauff nach Erbach gefahren, fast alle fürnemen heren im rath, sampt vüll pfarrer und studenten, das es ein gantzer lust und frewdt anzusehen gewessen.« Die Schweden ziehen dann sogar ab; es bleiben aber noch genug Reiter im Lande – letztlich Pferdediebe, die über hundert Rösser mit sich nehmen. Denn der Ulmer Frieden währt nicht lange; auch Heberle berichtet nun von den Kämpfen um Memmingen. Die Dorfbevölkerung flieht wieder zurück in die Stadt, wagt sich aber Anfang April heraus, um wenigstens die Sommersaat auszubringen. Doch schon vier Tage später eilen sie mit Sack und Pack wieder zurück hinter die Stadtmauern – es ist die 27. Flucht, von der Heberle berichtet. Im Mai ist die Lage ruhig, im Oktober retten sie sich wieder in die Stadt, denn es tauchen französische Truppen in der Region auf. Doch dieses Mal kommen sie gerade rechtzeitig zur großen Friedensfeier. Der Westfälische Frieden wurde am 24. Oktober 1648 geschlossen; es dauert aber zwei Wochen, ehe die sichere Kunde davon in Ulm eintrifft. Der Rat der Stadt bestimmt den 18. November als den Tag des Dank- und Festgottesdienstes. Alle Kirchenglocken läuten, wie sonst nur zu Weihnachten. Gepredigt wird über Jeremia im 33. Kapitel – es ist die Weissagung über das Ende der babylonischen Gefangenschaft: »In derselben Zeit soll Juda geholfen werden und Jerusalem sicher wohnen, und man wird sie nennen: Der Herr unsere Gerechtigkeit.« (Jeremia 33, v. 16)

Auch Hans Heberle zieht Bilanz:

> »In summa es so ein jämerlicher handel geweßen, das sich einem stein solt erbarmet haben, wüll geschweigen ein menschliches hertz. Dan wir seyen gejagt worden wie das gewildt in wäldern. Einer ist ertapt und ubel geschlagen, der ander gehauwen, gestochen, der drit ist gar erschoßen worden, einem sein stückhle brot und kleider abgezogen und genomen worden. Darumb wir Gott nit können gnug loben und preißen für den edle friden, den wir erlebt haben. Dan waß wir außgestanden in denen 30 fluchten, die allein nach der stat Ulm geschehen sindt. Eine ist geschehen bey finster nacht und grossem weter, die ander in schne und große kelte, die drite ist geschehen in gefehrlichkeit mit dem kriegsvolckh, das wir offt umb unser armut komen auff dem weg, ja umb leib und leben.«

Ende November ziehen sie wieder in ihre Dörfer zurück; sie haben genug zu tun, um aufzuräumen, denn die Häuser sind übel verwüstet, Fenster, Türen und Öfen zerschlagen.[125] Wie hatte Grimmelshausen es so trefflich gesagt, als die Söldnerbande über das Vaterhaus seines Simplicissimus herfiel? »Andere schlugen Ofen und Fenster ein, gleichsam als hätten sie ein ewigen Sommer zu verkünden […].«[126]

Abend

Der schnelle Tag ist hin; die Nacht schwingt ihre Fahn
Und führt die Sternen auf. Der Menschen müde Scharen
Verlassen Feld und Werk, wo Tier und Vögel waren,
Traurt itzt die Einsamkeit. Wie ist die Zeit vertan!

Der Port naht mehr und mehr sich zu der Glieder Kahn.
Gleich wie dies Licht verfiel, so wird in wenig Jahren
Ich, du, und was man hat, und was man sieht, hinfahren.
Das Leben kömmt mir vor als eine Rennebahn.

Laß, höchster Gott, mich doch nicht auf dem Laufplatz
gleiten!
Laß mich nicht Ach, nicht Pracht, nicht Lust, nicht Angst
verleiten!
Dein ewig heller Glanz sei vor und neben mir!

Laß, wenn der müde Leib entschläft, die Seele wachen,
Und wenn der letzte Tag wird mit mir Abend machen,
So reiß mich aus dem Tal der Finsternis zu Dir!

Andreas Gryphius (1616–1664)

17 Velázquez: Mars
Um 1642 vollendet

Theodore K. Rabb kommentiert dieses Bild: »Das ist nicht, wie man es gewöhnlich sieht, der kräftige, drohende Gott, der in seiner Virilität triumphiert. Es ist ein erschöpfter Krieger am Ende seiner Tage. Er hat seine Rüstung abgetan und denkt – vielleicht – über die Vergeblichkeit seines Tuns nach.«[127]

II. Der Frieden

1. Der Frieden der Großmächte

Man wird besser anstatt von einem Friedensschluss von einem Friedensprozess sprechen, der sich von 1635 bis 1648 qualvoll langsam hinzieht. Ausgangspunkt der ersten Verhandlungen war die Niederlage der Schweden bei Nördlingen 1634, die ihre Stellung in Deutschland schlagartig verschlechtert hatte. Es regte sich ein Reichspatriotismus, der die fremden Heere auf deutschem Boden überhaupt als Ursache allen Unglücks ansah. Der Frieden von Prag war keine Atempause, gleichwohl waren hier reichsrechtlich schon die Grundlagen auch der späteren Friedensschlüsse vorgezeichnet: die Unantastbarkeit von Territorialverfassung und Fürstenlegitimität. In Mecklenburg wurde die angestammte Dynastie restituiert; Wallenstein war ein Jahr zuvor ermordet worden. Daran wurde zugleich deutlich, dass kein Kondottiere mehr wie im 16. Jahrhundert neue Dynastien begründen konnte. Die Habsburger annullierten ihrerseits das Restitutionsedikt von 1629, das die Einschnürung der protestantischen Reichsstände angestrebt hatte. Alle Territorien kehrten, abgesehen von der Kurpfalz, zu dem Besitz- und Rechtsstand zurück, der nach dem Augsburger Religionsfrieden von 1555 in Geltung war. Der Calvinismus wurde wiederum nicht als eigenständige Konfession anerkannt. Insgesamt galt aber der Prager Frieden, der auch Sachsen und Brandenburg einband, als Vorzeichen einer neuen Ordnung, in der sich auch die Friedenssehnsucht der Deutschen ausdrückte. Davon aber war man noch 13 Jahre entfernt, eben weil kurz vor Abschluss des Vertrages Frankreich offen in den Kampf eingegriffen und den Friedensschluss gegenstandslos gemacht hatte.[128]

Damit wurde deutlich, dass ein Frieden im »Heiligen Römischen Reich« nur im Rahmen einer gesamteuropäischen Lösung möglich war. Schweden, Frankreich und Spanien mussten sich mit ihren verschiedenen Interessenlagen verständigen – kämpften aber zunächst auf deutschem Boden um eine günstige Ausgangssituation für die Verhandlungen. Das führte zu jenen endlosen Verwüstungsfeldzügen, von denen der letzte Teil des Tagebuchs des Peter Hagendorf berichtet. Erst zog er mit den Kaiserlichen gegen die Franzosen und ihren Feldherrn Bernhard von Sachsen-Weimar. Inzwischen verheerten die Schweden Brandenburg und Sachsen, weil sie diese Territorien aus dem Prager Frieden herausbrechen wollten. Es sind jene Jahre, in denen auch Frankfurt an der Oder endgültig ruiniert wurde. 1645 setzten die Schweden noch einmal zum Vorstoß auf Prag und Wien an. Doch ihre Armee war zu erschöpft, um sich gegen eine österreichisch-ungarische Allianz halten zu können. Auf Seiten Frankreichs traten nun die neuen Feldherrn Condé und Turenne das Erbe des verstorbenen Bernhard von Weimar an. Gemeinsam mit den Schweden unter Wrangel plünderten sie Bayern bis in die letzten Kriegsmonate hinein; nun sehen wir auch, gegen wen Peter Hagendorf zuletzt noch gekämpft hatte. Im März 1647 musste Maximilian von Bayern in den Frieden von Ulm einwilligen, begann im Herbst aber die Kriegshandlungen erneut. So war Hagendorf als sein Söldner im September 1647 zur Belagerung von Memmingen gekommen; der Feind musste »akkordieren« und zog »mit Sack und Pack« ab.[129] Der Krieg selbst endete dort, wo er begonnen hatte, in Prag. Die Schweden hatten noch einmal die Kleinseite mit dem Hradschin erobert und verstauten das Mobiliar und die Kunstschätze auf ihren Planwagen; die schwedischen Adligen staffierten damit ihre Schlösser aus. In diese Belagerung von Prag traf die Botschaft aus Westfalen ein, der Krieg sei nun beendet.

Die Friedensverträge wurden am 24. Oktober 1648 gleichzeitig in Münster und Osnabrück unterzeichnet. Sie waren nur möglich geworden, weil der Kaiser nicht nur mit den Reichsständen, sondern auch mit Schweden, Frankreich und Spanien Kontakt aufgenommen hatte. Axel Oxenstierna, der schwedische Reichsverweser, Kardinal Richelieu und der spanische Minister Graf Olivares suchten einen pragmatischen Ausgleich unter Wahrung ihrer jeweiligen Interessen. »Vor allem Kar-

Neuer
Auß Münster vom 25. deß Weinmonats im Jahr
1648. abgefertigter Freud-vnd Friedenbringender Postreuter.

18 Frieden verkündender Postreiter
Flugblatt von 1648

dinal Richelieu, den deutsche Historiker lange Zeit zum skrupellosen, antideutschen Machiavellisten verzeichneten, arbeitete an den theoretischen Grundlagen eines modernen, säkularisierten Friedensbegriffs, der Europa auf Dauer aus der Krise der selbstzerfleischenden Glaubenskriege herausführen sollte.«[130] Denn es war diese brisante Mixtur aus Großmachtpolitik und einem sie legitimierenden Konfessionsstreit, der in den mörderischen Krieg hineingeführt hatte. Der Friedensprozess hatte schon 1641 in dem sicheren, vom Krieg verschonten Hamburg begonnen; dort einigte man sich auf die westfälischen Städte Osnabrück und Münster. Obwohl der Kongress nur als ein einziger angesehen wurde, musste er an getrennten Orten durchgeführt werden, weil die Schweden sich weigerten, mit dem Gesandten des Papstes zusammenzutreffen. So verhandelte man in Osnabrück die Sachen zwischen Kaiser, Reichsständen und den Schweden, in Münster aber den Ausgleich zwischen den Habsburgern und Frankreich. Im August 1645 lädt der Kaiser offiziell alle Stände, die das Recht haben, auf einem Reichstag zu erscheinen. Nun ziehen auch die Abgesandten aus Schweden, Frankreich, Dänemark, Spanien und den Niederlanden ein. Der Westfälische Friede ist zugleich die Geburtsstunde der modernen europäischen Diplomatie.

Alle kommen mit Maximalforderungen. Die Schweden verlangen Amnestie für jene Reichsstände, die mit ihnen kollaboriert haben, dann »Satisfaktion« für ihr Eingreifen und ihre Verluste und schließlich »Contentement für die Soldateska«. Die Satisfaktion bestand weniger in Geldzahlungen als in territorialen Faustpfändern, die vor allem ihre Stellung an Ostsee und Nordsee verbessern sollten: Vorpommern und die Odermündungen, dazu die Wesermündung mit den säkularisierten Hochstiften Bremen und Verden. Den Franzosen ging es darum, die Verbindungswege zwischen der österreichischen und der spanischen Linie der Casa d'Austria zu unterbrechen. Da eine Bedrohung von Paris nur von Flandern aus möglich sei, drangen sie darauf, dass Österreich seine Stellungen am Oberrhein räumen müsse, die bislang den Verkehrsweg zwischen den spanischen Besitzungen in Oberitalien und den Niederlanden gesichert hatten. Österreich gab Teile des Elsass preis, behielt sich aber das Breisgau vor. Immerhin waren die spanischen Habsburger dadurch so alarmiert, dass sie schon im Januar 1648 Frieden mit den holländischen Generalstaaten vereinbarten, um wenigstens diesen Gegner zu neutralisieren. Holland erhielt seine Unabhängigkeit und schied aus dem Reichsverband aus. Spaniens mitteleuropäische Machtstellung war beendet; von nun an zog es sich auf die Iberische Halbinsel zurück. Zugleich hatten sich die beiden Linien des Hauses Habsburg durch das Einlenken Österreichs entfremdet. Damit waren die außenpolitischen Grundlagen gelegt: die territoriale Satisfaktion Schwedens und die Übergabe des südlichen Elsass an Frankreich.[131]

Die inneren Reichsangelegenheiten bestanden in Kompensationen verschiedener Fürstenhäuser. Brandenburg bekam für Vorpommern, auf das auch die Hohenzollern Erbansprüche erhoben, jene Gebiete, die durch eine bereits gefestigte protestantische Tradition für den Katholizismus ohnehin verloren waren: die Stifte Halberstadt, Kammin und Minden, sowie die Expektanz auf Magdeburg. Wichtiger aber war es, die Konfessionsfrage zu regeln, die in einen Streit um das Stichjahr zur Festigung der Besitzstände in Hinblick auf den Augsburger Religionsfrieden von 1555 einmündete. Der Kaiser hatte zunächst das Jahr 1630 angestrebt. Das aber hätte eine Sanktion des Restitutionsedikts von 1629 bedeutet. Schließlich einigte man sich auf 1624, was für die streng katholische Partei nur schwer zu akzeptieren war, weil es die Aufgabe der zuvor protestantisch gewordenen Bistümer Norddeutschlands bedeutete. Auf der Gegenseite anerkannte das *Corpus evangelicorum* der Reichsstände den »geistlichen Vorbehalt«, d. h. das Verbot, geistliche Güter zu säkularisieren, die auf protestantischem Territorium lagen. So wurden nach langem Tauziehen die Verträge schließlich unterschriftsreif.

Der Westfälische Frieden von 1648 bedeutete gemeinsam mit dem Frieden von Oliva 1660 und dem Pyrenäenfrieden von 1659, der den Aufstieg Frankreichs und den Abstieg Spaniens als europäische Großmacht besiegelte, einen Einschnitt in der Geschichte Europas und Deutschlands. »Es war nicht nur eine Kriegsperiode zu Ende gegangen, die dreißig, vierzig oder – im Fall des Niederländisch-Spanischen Krieges – sogar achtzig Jahre gewährt hatte. Es war ein Einschnitt erreicht, der den älteren von dem jüngeren Teil der frühen Neuzeit trennte. Nach den ersten anderthalb Jahrhunderten, die zunächst den Aufbruch in der Religion, der Politik, der Wirtschaft und der Gesellschaft, dann Verhärtung und schließlich die innere und äußere Krise gebracht hatten, war nun die Basis für eine neue Stabilität erreicht, die bis zum nächsten mächtigen Schub des Wandels im letzten Drittel des 18. Jahrhunderts andauerte.«[132]

»Stabilität« – damit haben wir unseren Epochenbegriff erreicht.[133] Und zugleich einen Vorverweis, dass diese Stabilität, wenn auch mit inneren Wandlungen und Bewegungen, bis zum nächsten säkularen Umwälzungsschub der »Modernen« gegen Ende des 18. Jahrhunderts vorhielt. Es ist exakt die Periode der *Stabilisierungsmoderne*, mit ihrem eigentlichen Kern zwischen 1640 und 1714 und ihrem Nachspiel im »Ancien Régime« bis etwa 1780, bevor sie dann von der *Fortschrittsmoderne* überrollt wird. Der Westfälische Frieden war ein europäischer Friedensvertrag zwischen den Großmächten – garantiert durch Frankreich und Schweden – und zugleich ein Reichsreligionsfrieden.[134] Als solcher wurde er 1654 im »Jüngsten Reichsabschied« faktisch zur Reichsverfassung. Denn der Westfälische Frieden war nicht nur ein völkerrechtlicher Vertrag zwischen den beteiligten Großmächten, sondern auch ein »Reichsgrundgesetz«. Als solches schrieb er das Bündnisrecht der Reichsstände fest, was gleichbedeutend war mit einer Einschränkung der kaiserlichen Handlungsfähigkeit. Damit wurden die Reichsstände zu Völkerrechtssubjekten im Rahmen des europäischen Mächtesystems, was umgekehrt einer permanenten Interventionsmöglichkeit anderer Großmächte in die inneren Angelegenheiten des Reiches gleichkam.[135]

Wenn man nun, frei nach den Gesängen der lustigen Gesellen in »Auerbachs Keller« in Goethes Faust, fragt:

> »Das liebe Heil'ge Röm'sche Reich,
> was hälts nur noch zusammen?«

dann wird man wohl so antworten müssen: Es sind vor allem die vielen kleinen, politisch und ökonomisch schwachen Territorien, die ihren Rückhalt bei Kaiser und Reich suchten. Die größeren und einflussreicheren Flächenstaaten aber nutzten die Vertragsbestimmungen des Westfälischen Friedens zu einer eigenständigen Außenpolitik, eingeschränkt allerdings durch den Vorbehalt, dass sie sich nicht gegen Kaiser und Reich, den Landfrieden und die Verträge von Münster und Osnabrück selbst richten sollten.[136] Das Reich war eine Staatenföderation mit monarchischer Spitze – und da es sich nach der Typologie der Staatsformen bei Aristoteles nirgends einordnen ließ, nannte der Historiker und Staatsrechtler Samuel von Pufendorf es »monstro simile«. Gemeint war aber kein *Monster*, sondern eben nur eine Mischform von Verfassungstypen. Und dieses Reich *hielt* zusammen, denn die Mehrkonfessionalität war nun völkerrechtlich gesichert und wurde allmählich auch konfessionell entschärft. Der Normalzustand zwischen den Reichsständen war nun der Friede und nicht der Krieg.[137] Die Lösung, die man in Westfalen gefunden hatte, ist auf den ersten Blick verblüffend: Es war dieselbe Lösung, die zuvor noch Kriegsgrund gewesen war: konfessionelle Parteienbildung und Restitutionsansprüche.

Es gab nur einen gravierenden Unterschied: Vormals waren die

Konfessionen bewaffnet gewesen; jetzt hatten sie die Waffen nieder-
gelegt und einen politischen Kompromiss ausgehandelt. Der West-
fälische Friede beendete das europäische Chaos, das aus der lange Zeit
friedensunfähigen und friedensunwilligen Überlagerung von Konfes-
sionen und Politik hervorgegangen war.[138]

2. Der Frieden der Konfessionen im Deutschen Reich

War der Dreißigjährige Krieg ein Religionskrieg? Wir haben bislang
eher von einem Krieg der Großmächte und einem Krieg der Reichsstände gesprochen. Das darf nicht verwundern, denn die Konfessionen
hatten sich politisch organisiert, das war das Resultat der Lutherschen
Reformation gewesen. Auf dieser politischen Ebene ging es weniger
um den »Glauben« in seinen Artikeln und Quisquilien, noch weniger
um das *reine liebe Evangelium* im Sinne D. Martin Luthers, sondern
um handfeste Interessen. Hier liegt der Grund des Konfliktes, hier lag
aber auch der Grund seiner Lösung: Weil sich die Konfessionen politisch und militärisch bekriegt hatten, mussten sie schließlich zu einem
nüchternen, säkularen Interessenausgleich finden.[139] Um den Frieden
der Konfessionen würdigen zu können, müssen wir in die Vorgeschichte ihres Konfliktes zurückgehen.

Schon der Tagebuchschreiber Hans Heberle hat darauf aufmerksam gemacht, dass man eigentlich ein Datum kurz vor dem Ausbruch
des Großen Krieges nicht übersehen sollte: Ende Oktober 1617 war es
hundert Jahre her, dass Martin Luther seine 95 Thesen zum Religions-
disput hatte drucken und verschicken lassen – denn dass er sie eigen-
händig an die Tür der Schlosskirche zu Wittenberg geschlagen hätte,
ist zwar ein symbolträchtiges Bild aus der national-protestantischen
Lutherverehrung des 19. Jahrhunderts, gilt in der neueren Forschung
aber als unwahrscheinlich.[140] Die Protestanten feierten das Jubiläum
mit allem Pomp, den Katholiken war es ein Dorn im Auge. Nichts war
so geeignet, die konfessionellen Feindbilder aufzufrischen, wie dieses
Jubiläum. In Rom blieb man nicht untätig. Der Papst schrieb ein Son-

derjubiläum, ein Jubeljahr »zur Ausrottung der Ketzereien«, mit besonderen Ablässen auf das Jahr 1617 aus. In konfessionell gemischten Städten und Territorien wurden beide Feiern gleichzeitig begangen. »Die Folge war, daß die Reformation noch einmal durchgespielt wurde und im Spannungsfeld neuer Konfessionskonflikte die alten Ressentiments wieder auflebten. Charakteristischerweise wurden die alten, militanten und derben Bildmotive in Flugblättern wieder aufgenommen, manchmal kamen gleich die alten Druckstöcke noch einmal zur Verwendung.« Mit Glockengeläut und Dankgebeten, Kontroverspredigten und Universitätsfeiern begingen die Protestanten ihre 100-Jahr-Feier. Die Katholiken parodierten und verspotteten die »Jubilia Jubilorum Jubilaeum evengelicum« und reimten »Jubel über Jubel« etwas klapprig auf »Übel über Übel«. Denn ihnen galt die Reformation nach wie vor als Teufelswerk. Sangen die Protestanten »Wie schön leucht' uns der Morgenstern«, reimten sie als Gegenzeile »Ihr seid der Dreck in der Latern«. Umgekehrt: Wurde in den evangelischen Predigten zum Jubiläum auch die vertraute Trias »Teuffel/ Türcke und Bapst« genannt, so saß der wahre apokalyptische Feind doch in Rom, denn mit den Türken war 1606 ein Frieden zustande gekommen, so dass auch der die Konfessionen einigende Druck von außen vorübergehend fortgefallen war.[141]

Nicht genug damit. In die Schicksalswende für die Protestanten, in das Jahr 1630, fällt der hundertste Jahrestag der »Augsburgischen Konfession«. 1629 war der Triumph der katholischen Partei gewesen, das Jahr des Restitutionsediktes. 1630 landet Gustav Adolf bei Stralsund. Die Katholiken hatten schon verkündet, eine Ketzerei dauere selten länger als hundert Jahre und die erste Jubelfeier der *Confessio Augustana* werde auch ihre letzte sein. Doch nun kommt Hilfe zu später Stunde. Gustav Adolf, der sich als »gotischer Imperialist« zur Sicherung der schwedischen Interessen an der bedrohten Gegenküste eingeschifft hatte, geht – ob er will oder nicht – als evangelischer Glaubensheld an Land. Er kommt gerade rechtzeitig zum Jubelfest der Augsburger Kanonisierung des Luthertums. Diesem Walten der Vorsehung kann er sich gar nicht entziehen. Nun entdeckte man, dass »Deus« rückwärts gelesen »Sved« ergab, und man rückte die Bilder des schwedischen Königs direkt neben die Luthers.[142] Dieses Bild als »Held

Der Bapſteſel zu Rom

19 Die Papsteselin. Radierung von Lucas Cranach d. Ä., 1523

20 Flugblatt anlässlich der Jubelfeier von 1617

des Protestantismus« hat sich erhalten, zumal Gustav Adolf für die letzte und schlimmste Phase des Krieges nicht mehr verantwortlich gemacht werden konnte.[143]

Wir nehmen diese beiden Jubiläen 1617 und 1630, datieren sie auf ihre Ursprünge 1517 und 1530 zurück und skizzieren kurz die geistige und die politische Seite des Protestantismus. Die katholische Kirche in ihrer Reaktion auf die neue Konfession muss ebenso dargestellt werden wie die dritte religiöse Kraft in Europa, der Calvinismus. Die theologischen Streitigkeiten des 16. und auch noch des 17. und 18. Jahrhunderts sind von einer heute kaum noch verständlich zu machenden Kulturbedeutung. Denn im Zeitalter der Konfessionalisierung greifen die Theologen unmittelbar in die Geschicke der Menschen ein; die nun pluralisierten christlichen Konfessionen beanspruchen die Sinnstiftung des Lebens. Sie überwölben es in ihren Alltagspraktiken von der Geburt bis zum Tode, und der Diskurs der gebildeten Schichten argumentiert primär theologisch, noch nicht philosophisch. Ob und wie weit die große Masse der Christenmenschen diese theologischen Feinheiten jemals begriffen hat – das ist ein weites Feld.

Exkurs: Die christlichen Konfessionen des 16. und 17. Jahrhunderts: Protestantismus, Reformkatholizismus und Calvinismus

1. Lutheraner und Protestanten

Der Glaubensartikel, mit dem die alte lutherische Kirche steht und fällt, ist die Rechtfertigung des Menschen vor Gott allein aus der Gnade, allein im Vertrauen auf Jesu Christi für uns geleistete Gerechtigkeit. Das ist der *Articulus stantis et cadentis Ecclesiae*.[144] Die bekannte Geschichte von Luthers Auftreten gegen den Ablassprediger Tetzel ist nur der öffentliche Durchbruch zum reformatorischen Denken; es hat seine Vorgeschichte etwa seit 1514, die damit beginnt, dass der Augustinermönch zum Professor für Bibelauslegung an die 1502 gegründete Universität Wittenberg berufen wird.[145] Über diese Jahre schreibt er rückblickend in seinem »Selbstzeugnis« von 1545 den bedeutenden Satz: »Ich aber meinte es ernst, da ich eine furchtbare Angst vor der Todesstunde hatte und dabei aus tiefstem Herzen mich danach sehnte, selig zu werden.«[146] Was meinte der Augustinermönch mit *ernst*? Wovor hatte er Angst? Davor, dass Gott Ernst machen könnte mit den Menschen in seinem Zorn. Denn Gott ist noch nicht der »liebe Gott« – das ist eine Neuerung der Theologie der Aufklärung im 18. Jahrhundert; er ist ein Zornesgott, den nur die Welt in Christo versöhnen kann.[147] Der strenge Gott Luthers pocht darauf, dass seine Gebote erfüllt werden. In seiner Schrift über die »Freiheit eines Christenmenschen« von 1520 hat Luther dieses Dilemma in seinem kräftigen Deutsch unübertroffen ausgedrückt:

> »Die gebott/leren und schreyben uns fur/mancherley gutte werck aber damit seyn sie noch nit geschehen/Sie weyßen wol/sie helffen aber nit/leren was man thun soll/geben aber kein sterck dartzu. Darumb seyn sie nur datzu geordnet/das der mensch drynnen sehe sein unvormugen zu dem gutten/und lerne an yhm selbs vortzweyffeln.«[148]

Die Gebote müssen erfüllt sein, oder der Mensch muss verdammt sein. Es fehlt ihm aber an innerlicher Kraft, den Geboten Genüge zu tun. Die Kraft muss von außen kommen. Sie kommt allein aus der Zusage des Evangeliums, der *Frohen Botschaft*, dass Gott um seines Sohnes willen uns gnädig sein wolle:

> »Dan ßo kumpt das ander wort. Die gottlich vorheyschung und zusagung/und spricht /wiltu alle gepott erfullen/deyner bößen begirde und sund loß werden/wie die gebott zwyngen und foddern. Sihe da/glaub in Christum/yn wilchem ich dir zusag/alle gnad /gerechtickeyt/frid und freyheyt/glaubstu so hastu/glaubstu nit/so hastu nit.«[149]

Das *andere Wort* nach dem Alten Testament ist das Neue Testament. Im Alten Testament ist der Mensch unter dem Gesetz, *sub lege*, daran muss er verzweifeln. Im Evangelium ist er unter der Gnade, *sub gratia* – und das nicht aus eigener Kraft und eigenem Vermögen, sondern weil Gott ihm diese »Gerechtigkeit« zugesagt hat. Seine Lehre sei gewiss, sagt Luther 1531, weil sie sich nicht auf das Gewissen oder das Gefühl des Menschen stütze, sondern weil seine Befreiung von der Angst ihren Grund »extra nos« habe, in der Verheißung Gottes, die nicht trügen könne.[150] Diese *Freiheit*, die der Christenmensch genießt, hat primär nichts mit politischer Freiheit oder dergleichen zu tun; es ist die befreiende Gewissheit, dass Jesus der *Christus* ist, der ihn vom Zorn Gottes erlöst hat. Daher schreit die Seele in ihrer Angst nach dem Wort Gottes; aller Dinge kann sie entbehren, nur nicht dieser tröstenden Zusage.[151]

Zu dieser *exzentrischen* Glaubensgewissheit hatte Luther sich durchgerungen in der Lektüre des Römerbriefes. Vor dem Wort von der »Gerechtigkeit Gottes« sei er stutzig geworden. Wir lesen Paulus' Brief an die Römer, v. 16/17, in der ursprünglichen lutherischen Übersetzung und Bibelausgabe. Die Verse sind dort in Großbuchstaben gedruckt:

»DENN ICH SCHEME MICH DES EVANGELIJ VON CHRISTO NICHT/DENN ES IST EINE KRAFFT GOTTES/DIE DA SELIG

MACHET/ALLE/DIE DARAN GLEUBEN/DIE JÜDEN FÜRNEM-
LICH UND AUCH DIE GRIECHEN/SINTEMAL DARINNEN OF-
FENBARET WIRD DIE GERECHTIGKEIT/DIE FUR GOTT GILT/
WELCHE KOMPT AUS GLAUBEN IN GLAUBEN/WIE DENN
GESCHRIEBEN STEHET/DER GERECHTE WIRD SEINES GLAU-
BENS LEBEN.«

Luther hat noch zwei erläuternde Randbemerkungen dazugesetzt:
»Aus dem angefangen schwachen glauben/ fort zu den starcken. Denn
der Glaube feiret[152] nicht.« Und: »Es wird vom Himel offenbart/ (sonst
wüste alle Welt davon nichts) das kein Mensch from sey fur Gott/
sondern alle sampt/ Gottlos/ sünder/ vngerecht/ das ist /Kinder des
zorns.«[153] *Kinder des Zorns.* Deswegen, so Luther, war ihm der Begriff
»Gerechtigkeit Gottes« verhasst, »weil ich gewohnt war, ihn nach dem
Vorgange aller Theologen im Sinne der scholastischen Philosophie zu
verstehen als die ›formale oder aktive‹ Gerechtigkeit, vermöge deren
Gott sich als gerecht erweist, indem er die Sünder als die Ungerechten
bestraft«.[154] Und obwohl er doch als Mönch ein untadliges Leben geführt habe, sei er von Gewissensqualen verfolgt worden, zumal es so
schiene, als ob Gott auch im Neuen Testament als zürnende und stra-
fende Gerechtigkeit auftrete. Da sei er durch tage- und nächtelanges
Nachdenken hinter den Sinn dieser Verse gekommen: »›Die Gerechtigkeit Gottes wird im Evangelium offenbar‹ und wiederum: ›Der Gerechte lebt durch seinen Glauben‹. Da fing ich an, die Gerechtigkeit
Gottes zu begreifen, kraft deren der Gerechte aus Gottes Gnade selig
wird, nämlich durch den Glauben.«[155] Daher die uns zunächst befrem-
denden, harschen Worte aus der Freiheitsschrift: »Glaubst du, so hast
du, glaubst du nicht, so hast du nicht.«

Erst diese *passive Gerechtmachung* in ihrer christologischen Fundierung[156] ist die gesuchte »Gerechtigkeit, die vor Gott gilt«. So hängen
die drei Grundbegriffe der lutherischen Theologie eng zusammen: *sola
gratia, sola fide* und *sola scriptura*, denn es ist die untrüglich-offen-
barte Schrift, die uns die frohe Botschaft von der Gnade Gottes bringt,
die im Glauben ergriffen werden muss. Das heißt nun keineswegs, dass
keine »guten Werke« getan werden sollen; sie helfen aber nicht zur
Seligkeit und sind gleichsam säkularisiert. Die guten Werke betreffen

Ein feste Burg ist unser Gott
Nach Psalm 46

Ein feste Burg ist unser Gott,
ein gute Wehr und Waffen.
Er hilft uns frei aus aller Not,
die uns jetzt hat betroffen.
Der altböse Feind,
mit Ernst er's jetzt meint;
groß Macht und viel List
sein grausam Rüstung ist,
auf Erd ist nicht seinsgleichen.

Mit unsrer Macht ist nichts getan,
wir sind gar bald verloren;
es streit' für uns der rechte Mann,
den Gott hat selbst erkoren.
Fragst du, wer der ist?
Er heißt Jesus Christ,
der Herr Zebaot,
und ist kein andrer Gott,
das Feld muss er behalten.

Und wenn die Welt voll Teufel wär
und wollt uns gar verschlingen,
so fürchten wir uns nicht so sehr,
es soll uns doch gelingen.
Der Fürst dieser Welt,
wie sau'r er sich stellt,
tut er uns doch nicht;
das macht, er ist gericht':
ein Wörtlein kann ihn fällen.

Das Wort sie sollen lassen stahn
und kein' Dank dazu haben;
er ist bei uns wohl auf dem Plan
mit seinem Geist und Gaben.
Nehmen sie den Leib,
Gut, Ehr, Kind und Weib:
lass fahren dahin,
sie haben's kein' Gewinn,
das Reich muss uns doch bleiben.

D. Martin Luther, 1528

das Verhalten der Menschen untereinander; aber niemals sind sie in der Lage, den Menschen vor Gott zu rechtfertigen.[157]

Konnte aus dieser Auslegung des Paulus-Briefes eines um seines Seelenheils verzweifelten Einzelnen eine Glaubenslehre für viele gemacht werden? Eine Reformation des Glaubens, eine Rückführung in die ursprüngliche Schlichtheit der frühchristlichen Gemeinden, weg von den Praktiken des Papsttums? Auf den ersten Blick ja – denn die Reformation breitete sich mit Hilfe des Buchdrucks und der Bild- und Flugblattpropaganda wie ein Lauffeuer durch Deutschland aus. Man schätzt, dass die Schriften Luthers schon bis Ende 1520 in etwa 600 000 oder 700 000 Exemplaren verbreitet waren.[158] *Die Wittenbergisch Nachtigall, die man itzt höret überall* – so begrüßte Hans Sachs in Nürnberg die Reformation. Sie war auch – wenn nicht vor allem – ein Medienereignis, das die symbolischen Formen des Glaubens als politischen Konflikt sinnfällig vor Augen führte und das zur beurteilenden Kommunikation aufrief.[159]

Auf den zweiten Blick – nein, denn diese Lehre war in ihrem innersten Kern nur schwer einem breiteren Publikum zu vermitteln.[160] Das glücklich geprägte Wort von der Differenz zwischen der *Mönchsfront* und der *Bauernfront* macht das Dilemma der lutherischen Mission deutlich. An der Mönchsfront galt es, den Glauben an die Verdienste der eigenen Werke niederzuringen; auf dem »steinigen Boden der sächsischen Ackerbürger« musste überhaupt erst einmal katechisiert werden. Luthers gelehrter Mitstreiter Philipp Schwarzerdt, der sich gräzisiert »Melanchthon« nennt, ermahnt die Pfarrer, um Gottes willen nicht den Aufruf zur Buße in ihren Predigten auszulassen, denn »so man die Vergebung der Sunden predigt ohn Buße, folget, daß die Leut wähnen, sie haben schon Vergebung der Sunden erlanget und werden dadurch sicher und fortchtlos, welchs denn größerer Irrtum und Sunde ist, denn alle Irrtumb vor dieser Zeit gewesen sind«.[161]

Die äußeren Ereignisse, den Reichstag zu Worms und den Bauernkrieg, müssen wir übergehen; sie führen aber dazu, dass die Reformation – zunächst nur eine sächsisch-thüringische Häresie – zunehmend ein städtisches und ein reichsrelevantes Ereignis wird. Nach 1525 jedenfalls setzt Luther immer mehr auf die Obrigkeiten zur Durchsetzung seiner Lehre und öffnet damit die Entwicklung zur Fürstenreformation. Auf dem Wege der Visitationen, der Überwachung des neuen Kirchenregiments, werden die Fürsten gewissermaßen zu Landesbischöfen. Die Städte fangen an, evangelische Prediger einzusetzen; die Fürsten beginnen damit, Klöster und Stiftungen zu säkularisieren. Innerhalb von zehn Jahren hatte die Reformation in Deutschland Fuß gefasst. Das Wormser Edikt von Kaiser Karl V. hatte Luther noch geächtet; ebendeshalb musste er von seinem Landesherrn Friedrich dem Weisen als »Junker Jörg« auf der Wartburg bei Eisenach versteckt werden. Doch die Bewegung war nicht aufzuhalten; auf dem Reichstag zu Speyer von 1529 protestierten die evangelisch gewordenen Reichsstände gegen das Wormser Edikt und beriefen sich auf ihre Gewissensfreiheit.

Damit trat neben den theologischen der politische Begriff der Reformation. Die »Evangelischen«, die sich auf die befreiende Kraft der »Frohen Botschaft« berufen, sind nun zugleich die »Protestanten«, die sich gegen ihren katholischen Kaiser stellen.[162]

1530 auf dem Reichstag zu Augsburg versucht Karl V. die Glaubenseinheit zu retten; doch die Protestanten schließen sich zur *Confessio Augustana* zusammen. Melanchthon hat sie entworfen; sie regelt in 28 Artikeln »Von Gott« bis zu »Von der Bischofen Gewalt« die Grundanschauung der neuen Kirche. Unterzeichnet ist sie von den Kurfürsten von Sachsen und Brandenburg, von den Herzögen von Lüneburg, vom Landgrafen zu Hessen, vom Fürsten von Anhalt und den Räten der Städte Nürnberg und Reutlingen.[163] Da der Kaiser dieses *Symbolische Buch* der Protestanten zurückweist, schließen sie sich 1531 zum »Schmalkaldischen Bund« zusammen. Nicht ungeschickt hatte Melanchthon schon 1530 auf die Türken als des Reiches eigentlichen »Erbfeind«[164] hingewiesen; tatsächlich nötigt die Türkengefahr den Kaiser zunächst einmal, sich mit den Protestanten auszugleichen. Erst im Schmalkaldischen Krieg von 1546/47 schlägt er militärisch zu. Doch dieser Triumph ist von kurzer Dauer, weil die Kurfürsten den Kaiser nicht zu stark werden lassen wollen.

So kommt es zum Augsburger Religionsfrieden von 1555. Er ist mehr als nur ein »Religionsfrieden«. Nach der »Goldenen Bulle« von 1356, die die Königswahl durch die Kurfürsten regelte, war er das erste »Grundgesetz« des Heiligen Römischen Reiches Deutscher Nation.

Und das war föderal – auch wenn es Reichsinstitutionen wie den Reichstag oder die »Reichskreise« gab. Die Folge war, dass die Untertanen das Bekenntnis ihres Landesherrn annehmen sollten. Das »jus reformandi« kam an die Fürsten. Das besagte der Satz: »Cuius regio – eius religio«. In kleineren Territorien führte das bisweilen dazu, dass die Untertanen Gelegenheit hatten, in kürzester Zeit alle konfessionellen Möglichkeiten durchzuprobieren; in größeren Ländern wie Brandenburg, dessen Kurfürsten seit 1613 calvinistisch waren, bedeutete es, dass langfristig ein Ausgleich mit den lutherisch gebliebenen Untertanen gesucht werden musste. So ist der Augsburger Religionsfrieden beides zugleich: ein vorläufiger Frieden und in seinen offengebliebenen Punkten der Beginn der Vorgeschichte des Dreißigjährigen Krieges. So zumindest muss es aus dem Rückblick erscheinen. Neuere Forschungen verweisen darauf, dass die zweite Hälfte des 16. Jahrhunderts mehr war als nur die lange Vorgeschichte eines neuen Krieges.[165] Auch in der zweiten Hälfte des 16. Jahrhunderts besteht ein Ordnungsbedarf nach den umstürzenden Ereignissen, die die Reformation mit sich gebracht hatte. In vielen Reichsstädten bewährte sich das Gesetzeswerk über die Religionsgrenzen hinweg. Man arrangierte sich in gemischt-konfessionellen Ehen, in den sozialen Einrichtungen, sogar in der Benutzung der Kirchen.[166] Und dennoch geraten diese Stabilisierungsversuche auf eine schiefe Ebene. Das liegt unter anderem daran, dass sich auf theologischem Gebiet seit der Mitte des 16. Jahrhunderts ausformulierte Dogmen gegenüberstehen, mit denen in den jeweiligen Territorien das Werk der *Konfessionalisierung* in Angriff genommen wurde. Je mehr sich die Dogmen verhärten, desto unnachgiebiger können auch die Auseinandersetzungen sein, in die zugleich immer konkrete Machtfragen, gleich auf welcher Ebene, hineinspielen.

Beispielhaft dafür ist der »Augsburger Kalenderstreit« von 1584. Papst Gregor XIII. hatte 1582 nach langwierigen astronomischen Forschungen den noch heute gültigen, nach ihm benannten »Gregorianischen Kalender« eingeführt. Diese Reform war notwendig geworden, weil sich nach dem seit Julius Cäsar geltenden Julianischen Kalender inzwischen das Frühlingsäquinoktium anstatt am 21. März – wie im Jahre 325 beim Konzil von Nicäa bestimmt – auf den 11. März zurückverschoben hatte. Anders gesagt: das Jahr war etwas zu lang berechnet worden. Man ließ also im Oktober 1582 zehn Tage ausfallen und zählte vom 4. gleich auf den 15. Oktober. Außerdem wurde die Berechnung der Schaltjahre verbessert. Die Protestanten waren empört über diesen »papistischen« Zugriff auf ihre Zeit. »Baurenklag/ Uber deß Bapst Gregorij XIII. Newen Calender/ Namlich/ was für grosse Unordnung (beides im Geistlichen/wie auch im Weltlichen Regiment)« etc. etc. von diesem Kalender angerichtet worden sei. Gedruckt ist die Flugschrift in Augsburg,[167] denn in Augsburg eskalierte der Kalenderstreit fast zum Bürgerkrieg. In der Stadt gab es nun zwei Zeitrechnungen, und die Evangelischen verteidigten ihren veralteten Julianischen Kalender, als ob ihre Seligkeit daran hinge.[168] Daran zeigt sich übrigens, an welche Äußerlichkeiten in der Regelung des täglichen Lebens der sogenannte Glauben sich heften konnte. D. Martinus Luther hätte seine Freude nicht daran gehabt, denn er hatte gepredigt, dass das Gewissen der Gläubigen sich nicht an äußeren Ritualen festmachen, sondern im Inneren des »Sanctums« seine Stütze haben sollte.[169] Außerdem kamen soziale Spannungen hinzu. Als nämlich die protestantische Bevölkerungsmehrheit ihren Himmelfahrtstag nach dem alten Kalender feiern wollte und die evangelischen Geistlichen dies von der Kanzel verkündeten, wurden sie wegen Verschwörung gegen die Autorität des Rates mit seinen altgläubigen Patriziern festgenommen. Ein Auflauf von Handwerkern befreite den Pfarrer, der schon in einer Kutsche zum Tore hinausexpediert werden sollte. Erst 1586 kehrte allmählich wieder Ruhe ein.

Die Konfessionalisierung ist der lange Prozess der Durchsetzung und Einübung der jeweiligen Religionen[170] – zumindest in ihren Riten und Gebräuchen. Denn warum Leute sich lutherisch oder katholisch entscheiden, ist in der zweiten Hälfte des 16. Jahrhunderts noch ein weites Feld. Um ein kurioses Schlaglicht zu werfen: Die junge Frau des erfolgreichen Bergwerkunternehmers und Arztes Thurneysser aus Basel redet um 1580 mit ihren Freundinnen so über die Konfessionen: Sie sei nur deshalb so gut lutherisch, weil die Lutheraner die Ehe für kein Sakrament halten: »›sonst wollte ich‹, sagte sie, ›lieber päpstlich sein. Ursach: daß bei den Meßpfaffen besser leben, auch allerlei Kurzweil ist, die bei den Lutherischen und Täufern verboten und auch die Hurerei nit so hoch wie unter den Lutherischen gestraft wird.‹« Als jemand einwendet, die Messpfaffen fräßen aber doch der armen Leute Schweiß und Blut, antwortet sie: »Fressens doch die lutherischen Pfaffen auch.« Und weil sie der Ansicht ist, dass die Armen nicht ein Drittel von dem bekommen, was man ihnen bei der Kollekte in den Kirchensack tut, legt sie gerne »Würfel, Karten, Brettsteine« und »Schnellbüchslein« hinein. Das sind kleine Kästen, aus denen ein männliches Glied hervorspringt, wenn man sie öffnet.[171] Dennoch entscheidet sie sich für das Luthertum, denn mit der Ehe nimmt sie es nicht so genau; da ist sie froh, wenigstens keines der Sakramente zu verletzen. Schon am Tag nach ihrer Eheschließung klagt sie: »Ach, hab ich so gemannt, daß er mir mit andern Gesellen nicht zu reden gestatten will, so bin ich bös versorgt.« Der wesentlich ältere Ehemann hat am Stubenfenster mitgehört und bescheidet ihr: »Ich verbiete dir keineswegs mit ehrlichen Personen zu sprechen; aber dich an ihr (d. h. an ihrem Geschlecht) und dem Arsch betasten und die Brüst herausziehen zu lassen, wird dir von mir nicht vergönnt werden, danach wisse dich zu richten.« Misstrauisch war der neu Vermählte geworden, weil schon in der Brautnacht seine Schöne zuvor noch einen anderen Schatz so heftig geküsst hatte, dass ihm in seinem Bart von ihrem schorfigen Mund am nächsten Tag noch ein Stück vom Grind gehangen hat.[172]

2. Das Konzil zu Trient und der Reformkatholizismus

Mit solchen frechen Reden soll nach dem Willen der Konfessionalisierer aller Richtungen Schluss sein. Auch mit der beliebten »Kurtzweil« bei den »Meßpfaffen« kann es so nicht weitergehen, denn in der Mitte des Jahrhunderts war dem Protestantismus die Gegenreformation entgegengetreten, begonnen im Konzil zu Trient, durchgesetzt dann von den neuen Orden, allen voran der *Societas Jesu*.

Die Geschichte des *Tridentinums* zieht sich, wenn auch mit großen Unterbrechungen, zwischen 1545 und 1563 hin. Sie zeigt schon auf den ersten Blick den Unterschied zwischen der kleinen lutherischen Glaubensgemeinschaft und einer großen, Kaiser und Könige umspannenden Kirche mit universalem Anspruch. Hier sind ganz andere Kräfte am Werk, die eine Reform der katholischen Kirche neben dem theologischen Anliegen von vornherein in ein politisches Licht tauchen. Da ist zunächst das Papsttum selbst, das kein Interesse an einer Wiederbelebung der konziliaren Bewegung des 15. Jahrhunderts hatte, an einer allgemeinen Versammlung der Christenheit, die päpstliche Entscheidungen modifizieren oder gar rückgängig machen konnte. Erschwerend kam hinzu, dass Luther unter Berufung auf die Kirchenversammlungen zu Konstanz und Basel im Jahre 1518 selbst zu einem allgemeinen Konzil aufgerufen hatte.[173] Anders lagen die Interessen Kaiser Karls V. Seit dem Nürnberger Reichstag von 1522/23 war die Forderung nach einem Konzil zum festen Bestandteil seiner Reichspolitik geworden, das den Protestanten den Wind aus den Segeln nehmen, vielleicht sogar zu einer Wiedervereinigung der Kirchen in Deutschland führen konnte.[174] Das wiederum wäre dem französischen König Franz I. nicht recht gewesen; ihm kam die Reformation sehr gelegen, er betrachtete sie als Schwächung seines Rivalen Karls V. und fürchtete ein Wiedererstarken des Reiches von einer Aussöhnung der Konfessionen. Hinter allem stand die Türkengefahr, die 1529 mit der Zurückweisung Süleymans I. vor Wien keineswegs beseitigt war. Die Zeit zwischen 1453 und 1566 gilt geradezu als das *Osmanische Jahrhundert*.[175]

So ist die Vorgeschichte des Konzils eine Verschleppungstaktik und ein Gezerre um den Tagungsort, bis man sich schließlich auf Trient in Oberitalien einigte, auf eine Stadt, die gerade noch zum Heiligen Römischen Reich gehörte, zugleich aber dem Kirchenstaat relativ nahe lag.[176] Als das Konzil am 13. Dezember 1545 zusammentrat, war nur eine geringe Anzahl von Kirchenvertretern anwesend; außerdem hatte man keine Geschäftsordnung.[177] Es war auch unklar, womit die Verhandlungen beginnen sollten: Papst Paul III. forderte eine Verurteilung der Häresie, für Kaiser Karl V. hatte die Reform der Kirche Priorität. Man einigte sich darauf, Dogmen und Reformen gleichzeitig zu behandeln. Schwierig war es allerdings, die gegnerische Lehre überhaupt zur Kenntnis zu bringen; Luther war exkommuniziert, und als einer der päpstlichen Legaten zu einer unvoreingenommenen und systematischen Prüfung der protestantischen Schriften aufrief, kam dieser Vorstoß nicht zustande.[178] Auch wenn man fragt, was einzelne Protestanten auf dem Konzil noch wollten, eine Verständigung oder eine Abgrenzung,[179] wird man, wie sie selbst, allmählich einsehen, dass es für eine Wiedervereinigung der Kirchen zu spät war. Die Kirchenspaltung war irreparabel geworden; weder konnte das Papsttum die evangelischen Bedingungen akzeptieren, noch wollten die Lutheraner auf ihr *Schriftprinzip* verzichten und sich nicht erneut dem päpstlichen Primat unterwerfen.[180] So tut man gut daran, die Beschlüsse des Tridentinums als *Korrekturformeln* und als *Verteidigungsformeln* aufzufassen: Sie wollen die traditionelle katholische Lehre klarstellen, sofern sie von den Reformatoren angegriffen wurde; man suchte nicht das Gemeinsame im christlichen Glauben, sondern betonte die Einheit der alten Kirche in der Abgrenzung gegen die neuen Lehren.[181]

Das begann mit der nicht unumstrittenen Festlegung auf den Bibeltext der »Vulgata«, der allgemein gebräuchlichen lateinischen Übersetzung. Hätte man sie aber nicht doch in Hinblick auf inzwischen gesicherte hebräische und griechische Texte an manchen Stellen revidieren sollen?[182] Wichtiger für die Abgrenzung gegen die Protestanten war die Berufung auf die *Tradition*, die, aus dem Munde Christi oder von den Aposteln weitergegeben, dem Text der Schrift gleichgesetzt wurde. Da diese Tradition in der katholischen Kirche durch ununterbrochene Nachfolge von den Aposteln über Kirchenväter und Konzilien als erhalten gilt, konnte die Bibel nur im Sinne der römischen Kirche ausgelegt werden. Bibel und kirchliche Tradition galten als gleichermaßen vom Heiligen Geist inspiriert und waren infolgedessen mit gleicher Liebe und Ehrfurcht aufzunehmen.[183] Diese Absicherung der Auslegung aus der Tradition hatte durchaus ihre Vorzüge, denn tatsächlich zeigt die Vielzahl der protestantischen Richtungen nach Luthers Tod, dass nun lokale Schulhäupter darangingen, die Bibel verschieden zu interpretieren, denn die Berufung auf die Heilige Schrift allein, ohne verbindliche Hermeneutik, ließ viele Lesarten zu und offenbarte die Krise des neuen Glaubens. Es gab die »Philippisten«, die Anhänger Melanchthons, es gab die »Gnesiolutheraner«, die sich als die legitimen Erben Luthers fühlten. Es gab Streit um die Höllenfahrt Christi und um die »Adiaphora«, die »Mitteldinge«, die an sich selbst weder notwendig noch unnotwendig zum Seelenheil waren. Das Wort Gottes war eben nicht so sonnenklar, dass es, wie Luther gehofft hatte, sich gleichsam von selbst auslegte.

Gefordert wurde eine Verbesserung der Ausbildung des Klerus; die Bischöfe sollten gegen Priester vorgehen dürfen, wenn sie Ärgernis erregten. Was die Lehre von Sünde und Rechtfertigung betraf, so setzt sich die strenge augustinische Richtung nicht vollständig durch. Die Ursünde wird durch die Taufe vergeben; es bleibt aber die Begierde zurück, die zur Sünde führen kann.[184] Gleichwohl ist der freie Wille nicht ausgelöscht, auch wenn er durch Adams Fall an Kraft geschwächt ist. So bleibt der Mensch der Gnade bedürftig; in Frage steht, wie sie sich zur Rechtfertigung verhält. Die Lehre von der *Rechtfertigung* ist ein Zentralbegriff der Heilslehre; dafür hatte die Reformation gesorgt, und die Väter in Trient hatten das akzeptiert. Vereinfacht könnte man sagen: Luther hatte die Rechtfertigung ganz in der zugesagten Gnade aufgehen lassen; im Katholizismus blieb die Gnade ein *Mittel* zur Verwirklichung der Rechtfertigung.[185] Im Dekret vom 13. Januar 1547 wurde die Rechtfertigungslehre angenommen. Sie besagt, dass die Menschen von Natur und durch das Gesetz unfähig sind, vor Gott zu bestehen. Die Rechtfertigung ist Gnade Gottes und zugleich Heiligung und Erneuerung des inneren Menschen; auch die Rolle des Glaubens wurde unterstrichen. Gleichwohl gibt es ein Wachstum in der Rechtfertigungsgnade durch die Beobachtung der Gebote Gottes, in der der Gläubige ausharren soll. Geht er der Gnade durch eine schwere Sünde verlustig, kann sie durch das Bußsakrament wiedererlangt werden.[186]

Dieses Sakrament, die Vermittlung der Heilsgnade, blieb in der Obhut der Kirche; die »göttliche Qualität« ging in der ordnungsgemäßen Spendung »ex opere operato« auf den Empfänger über. Man argumentierte, dass in der Konsequenz bei den Lutheranern allein das im Glauben angenommene Gotteswort als einziges »Sakrament« hätte übrig bleiben müssen. Demgegenüber vertraute man auf das ungebrochene Bewusstsein, dass Gott seine »Gnade durch das von der Kirche gespendete Sakrament verleiht«.[187] Wie weit der Empfangende sich auf die Gnade vorbereiten konnte, blieb ein wichtiger Punkt; *verdienen* konnte man sie sich nicht, sehr wohl aber gab es subjektive Vorbereitungen. Der Canon 13 des Rechtfertigungsdekrets besagt: »Mit Furcht und Zittern sollen die Christen ihr Heil erwirken in Mühen, in Wachen, in Wohltätigkeit, in Gebeten und Opfern, in Fasten und Keuschheit. Sie sollen mit vollem Bewußtsein sich fürchten; denn wir sind nur zur Hoffnung auf die Herrlichkeit, aber nicht zur Herrlichkeit selbst wiedergeboren.«[188]

So weit war man gekommen, da griff die Politik wieder in die Konzilsgeschichte ein. Im April 1547 hatte Karl V. die im Schmalkaldischen Bund zusammengeschlossenen Protestanten besiegt; der Papst fürchtete nun, der Kaiser möchte zu mächtig werden. Unter dem Vorwand, in Trient sei Typhus ausgebrochen, zogen sich die Anhänger des Papstes zurück. Die kaiserliche Partei blieb am Ort, ohne nun gleich am Fieber zu sterben; dafür erkannte sie die Weiterführung des Konzils in Bologna nicht an. Erst 1551/52 kam eine zweite Tagungsperiode zustande. Man legte am 11. Oktober die Realpräsenz Jesu Christi in der Eucharistie mitsamt der Transsubstantiation, der Wesensverwandlung der Elemente, fest. Ist die Umwandlung in der Konsekration vollzogen, dann ist die Hostie wirklich Christi Leib, wenngleich das Tridentinum einräumte, dies sei in Worten kaum auszudrücken. Das Geheimnis der Eucharistie solle man anbeten, nicht darüber disputieren.[189] Man hat zwar die akzidentelle, äußerliche Gestalt von Brot und Wein vor sich; die *Substanz* jedoch ist verwandelt.[190] Am 25. November wurden die Buße und die Letzte Ölung der Kranken auf dem Sterbebett verabschiedet. Anders als bei der protestantischen Buße, die nur zwei Stücke kennt: die Bereuung der Sünden in der Beichte und die Absolution kraft der Gnade, hielt die katholische Kirche an der Genugtuung oder der *satisfactio* fest, an der Auferlegung frommer Werke. Ob es sich dabei um die bloße Furchtreue (attritio) oder die Liebesreue (contritio perfecta) handeln sollte, ist natürlich keine ausschließlich katholische Streitigkeit; den protestantischen Kirchen erging es in diesem Punkt nicht besser.[191] Äußerlich sichtbar blieb indes die Auferlegung frommer Werke, die von den Protestanten verdammt worden war.[192] Damit waren unüberbrückbare Grenzen aufgerichtet, und als die zweite Sitzungsperiode im April 1552 abgebrochen wurde, musste Kaiser Karl V. einsehen, dass sein Plan, mit Hilfe eines Konzils die Einheit der Christen in Deutschland wiederherzustellen, gescheitert war.[193]

In der dritten und letzten Tagungsperiode von 1562/63 griff man die Bestimmung des Messopfers wieder auf. Gegen die Opfermesse hatte Luther in den »Schmalkaldischen Artikeln« von 1537 gewütet und sie als »der größeste und schrecklichste Greuel« der Papstkirche bezeichnet. Dies deshalb, weil sie den Menschen vorspiegele, sie befreie durch die Teilnahme an der Messe die lebenden Menschen von der Sünde und helfe den schon Gestorbenen im Fegefeuer – was doch allein dem Lamm Gottes in seinem einzigartigen und hinreichenden Kreuzestod zukomme.[194] »Wenn die Messe fällt, so liegt das Papsttum«, hatte er gelehrt. Den Konzilsvätern war eines klar: Sie mussten deutlich machen, dass die Messe nicht ein *neues Opfer neben* dem Kreuzestod war, sondern dessen sakrale »Gegenwärtigsetzung«.[195] Daher wird die Einmaligkeit und Suffizienz des Kreuzesopfers betont und die Messe zu ihm in Beziehung gesetzt: »Ein und dieselbe Opfergabe, Christus selbst, der sich am Kreuze darbrachte, wird in diesem Opfer dargebracht und geopfert, doch in anderer Darbringungsweise.«[196]

Das betraf die gelehrte Dogmatik. Eher in das Leben der Gläubigen griffen die Bestimmungen über die Anzahl der Sakramente ein. Wir haben es vorhin gesehen. Warum war die muntere Marina Herbrotin, verh. Thurneysser, nach einiger Überlegung an den Protestantismus geraten? Weil die Ehe bei den Lutheranern kein Sakrament mehr war; die Anzahl der Sakramente, d. h. der zum Seelenheil notwendigen Symbole, war auf Taufe, Beichte und Abendmahl reduziert. Dabei gelten als eigentliche Sakramente nur Taufe und Abendmahl; die Beichte steht zwischen ihnen als ein *Lehrstück*.[197] Darüber hinaus beharrte das Konzil von Trient darauf, Ehe[198], Firmung, Letzte Ölung und Ordination der Geistlichen als sakrale Riten festzuschreiben. Außerdem blieb das Fegefeuer in Kraft, die Verehrung der Heiligen und ihrer Bilder sowie der Ablass.[199] Als die Väter des Tridentinums auseinandergingen, hatten sie das Fundament einer katholischen Reform gelegt, nicht mehr und nicht weniger.[200] Doch auf dieser Grundlage konnte weitergearbeitet werden; ein bezeichnendes Detail war die schrittweise Verbesserung des Textes der »Vulgata«, die in immer erneuten Überarbeitungen den Urtexten angeglichen wurde. Das äußere Zeichen war die Vollendung der Kuppel des Petersdomes und die Errichtung des gewaltigen Obelisken aus dem Zirkus des römischen Kaisers Nero auf dem Petersplatz.[201] *Ecclesia triumphans.* Neue Heilige und vor allem die marianische Frömmigkeit bekamen einen kämpferischen Zug. Wir hatten bereits erwähnt, dass die Rettung der kaiserlichen Gesandten beim »Prager Fenstersturz« unbesehen der Himmelskönigin Maria zugeschrieben

Alma de Cristo

Alma de Cristo, sanctifícame.
Cuerpo de Cristo, sálvame.
Sangre de Cristo, embriágame.
Aqua del costado de Cristo,
lávame.
Pasión de Cristo, confórtame.
¡Oh mi buen Jesús!, óyeme!
Dentro de tus llagas,
escóndeme.
No permitas que me aparte de Ti.
Del maligno enemigo, defiéndeme.
En la hora de mi muerte, llámame.
Y mándame ir a Ti.
Para que con tus santos te alabe.
Por los siglos de los siglos. Amén.

Seele Christi

Seele Christi, heilige mich.
Leib Christi, rette mich.
Blut Christi, berausche mich.

Wasser der Seite Christi, wasche mich.
Leiden Christi, stärke mich.
Gütiger Jesus, erhöre mich!

In deinen Wunden berge mich.
Von Dir laß nimmer scheiden mich.
Vor dem bösen Feind verteidige mich.
In meiner Todesstunde rufe mich.
Und heiße zu Dir kommen mich.
Mit Deinen Heiligen zu loben Dich.
In Ewigkeiten ewiglich.

Amen.

Ignatius von Loyola,
Eingangsgebet zu den »Geistlichen Übungen«[209]

wurde (vgl. S. 48); sie brachte es geradewegs zum Oberhaupt der habsburgischen Militärpolitik und hielt ihre schützende Hand 1620 auch
über die Schlacht am Weißen Berge, als der calvinistische Winterkönig
aus Prag vertrieben wurde.[202]

Die Durchsetzung des neuen Geistes besorgten die neu gegründeten Orden, allen voran die »Societas Jesu«. Gegründet von dem Spanier Ignatius von Loyola (1491–1556), nahm dieser im Gehorsam
durchtrainierte Orden den Kampf für einen erneuerten und moderni-
sierten katholischen Glauben auf; aus der Armen- und Krankenfür-
sorge, aus dem Erziehungswesen, aus Kunst und Kultur des Barock
sind die Jesuiten nicht wegzudenken.[203] Ihre »Arbeit am Menschen«,
verstanden als seelsorgerische Arbeit, war ebenso universal wie profes-
sionell.[204] Als Beichtvater und Vertrauter katholischer Fürsten, nicht
zuletzt von Fürstinnen[205], hatte Ignatius schon als »geistlicher Hidalgo«
Furore gemacht; auch sein Orden erlangte politische Macht und griff in
das Tagesgeschehen ein. Die Jesuiten eroberten große Teile Europas
nördlich der Alpen für den Katholizismus zurück, sie brachten universale Köpfe wie den gelehrten Athanasius Kircher[206] hervor; sie nahmen
weltumspannende Missionen auf, die sie nach Südamerika, nach Indien
und nach China führten.[207] Es ist aber gerade diese chinesische Mission
mit ihren Streitigkeiten – die Jesuiten hatten eine Annäherung des Katholizismus an den Konfuzianismus betrieben –, die neben anderen
Querelen den Orden beim Papsttum in Misskredit brachte, bis er
schließlich 1773 formell aufgehoben wurde.[208] Wir werden dem gelehrten Jesuiten wiederbegegnen in Gestalt des Paters Spee S.J., der den
Kampf gegen die Hexenverfolgungen aufnimmt, und in den geschmeidigen Botschaftern Europas in China, mit denen Gottfried Wilhelm
Leibniz im lebhaften Briefwechsel steht.

3. Der Calvinismus

Als dritte der großen mitteleuropäischen Konfessionen bildete sich in
den dreißiger und vierziger Jahren des 16. Jahrhunderts der Calvinismus heraus. Jean Calvin (1509–1564), geboren in der Picardie, hatte neben der theologischen vor allem eine humanistische und juristische

Ausbildung durchlaufen. Seine erste wichtige Veröffentlichung ist 1532 ein in Paris erschienener gelehrter Kommentar zu Senecas Schrift »De clementia«. Die französischen Humanisten waren durch Erasmus von Rotterdam beeinflusst; Calvin stand einem Reformkatholizismus nahe, der auch Anregungen der deutschen Reformation aufgenommen hatte. Diese Bewegungen wurden in den Kreisen um König Franz I. und seine Schwester Margarete von Navarra durchaus unterstützt; als der Rektor der Sorbonne jedoch zum Allerheiligenfeste am 1. November 1533 eine Rede hielt, in der lutherische Gedanken anklangen – Calvin galt als Mitverfasser dieser Rede –, flohen die beiden aus Paris. In diese Zeit fällt wahrscheinlich Calvins Bekehrung zum Reformator. Ein unstetes Wanderleben führte ihn über Straßburg, Basel und Savoyen nach Genf, wo er auf der Durchreise eigentlich nur eine Nacht verbringen wollte. Doch die Stadt Genf wurde zu seinem Schicksal, denn der glühende Antikatholik Guillaume Farel bewegt ihn mit lockenden und drohenden Worten zum Verbleib in der Stadt und beschwört ihn, hier das Werk der Reformation aufzunehmen.

Auch die Reformation in Genf stand von vornherein unter einem politischen Vorzeichen, denn die Stadt befand sich im Aufruhr gegen die Herzöge von Savoyen, die versucht hatten, sie unter ihre Botmäßigkeit zu bringen. Unter der Führung Calvins ging Genf 1536 zum reformierten Bekenntnis über; jedoch führten er und Farel ein derart strenges System ein, dass sich die Bürger bald gegen beide empörten und sie 1538 die Stadt verlassen mussten.[210] Es erging ihnen nicht unähnlich wie dem asketischen Bußprediger Savonarola in dem lebenslustigen Florenz – erst bewundert, dann verdammt –, nur dass man sie nicht verbrannte und Calvin schon 1541 wieder zurückberufen wurde. Die Frucht seines kurzen Aufenthalts war – neben der ersten Fassung des großen, immer weiter vervollkommneten und umgeschriebenen Werkes der »Christianae Religionis Institutio« – der Genfer Katechismus von 1537. Er enthält die Grundgedanken des Hauptwerkes in einer frühen Fassung. Nach Calvins Rückberufung ist der Katechismus in dieser Form allerdings nicht wieder verwendet worden.[211]

Wenn auch – in der Nachfolge von Max Weber – die Lehre von der Prädestination als das zentrale Charakteristikum des Calvinismus zu einseitig hervorgehoben worden ist,[212] so müssen wir uns doch an sie halten, ganz einfach weil sie in der Rezeptionsgeschichte des Calvinismus in Deutschland eine zu große Rolle gespielt hat. Wir werden, gerade was die Kirchengeschichte in Brandenburg-Preußen betrifft, immer wieder auf sie zurückkommen.

Der erste Teil des Katechismus lehrt, was man von Gott und dem Menschen wissen muss.

Der gute Kenner der Stoa beginnt mit dem *consensus gentium*, was den Glauben an Gott betrifft: Nirgends finde man einen Menschen, und sei er noch so ungesittet und wild, der kein religiöses Empfinden habe. Und ebenso wie bei Cicero gilt die Erkenntnis Gottes als die Besinnung auf den wahren Ursprung des Menschen. Allerdings ist das bei Calvin dahin überhöht, *dass wir nur leben, um Gott zu erkennen*. Überdies haben wir die Heilige Schrift, die uns das Offenbarwerden des Unsichtbaren bezeugt (Röm 1, v. 19–20). Vom Menschen müssen wir wissen, dass in uns die ursprüngliche Gottebenbildlichkeit durch den Fall Adams verdunkelt ist.[213] Seitens der katholischen Kirche hatte man schon Luther vorgeworfen, er übertreibe die Auswirkungen des Sündenfalls; Calvin überbietet den Wittenberger Reformator darin noch. Zwar sollen wir nicht glauben, dass wir durch eine Notwendigkeit zur Sünde gezwungen würden – wir tun es ja mit der Zustimmung unseres Willens –, doch dieser *freie Wille* ist irreparabel geschwächt: »Weil er (sc. der Mensch) jedoch wegen der Verderbtheit seines Herzens die Gerechtigkeit Gottes so sehr haßt und jedes Böse so inbrünstig liebt, folgt, daß er nicht die Fähigkeit besitzt, das Gute und das Böse frei zu wählen, mithin auch nicht das, was man den freien Willen nennt.«[214]

Auch Luther hatte in seiner dunkelsten Schrift »De servo arbitrio« gegen den Humanisten Erasmus von Rotterdam und gegen dessen Lehre vom freien Willen gewettert. Es ging um das Verhältnis des »freien Willens« zur Gnade Gottes. Was kann der Mensch selbst tun, was wird ihm aus Gnade geschenkt? Erasmus will die Gnade keineswegs abweisen, fragt aber polemisch, wozu der Mensch eigentlich gut sei, »wenn Gott so an ihm arbeitet, wie der Töpfer am Ton arbeitet und wie er an einem Stein hätte arbeiten können«.[215] Das hätte er noch mehr als auf Luther auf Calvin beziehen können. Denn nach dessen Lehre von der »Prädestination«, der vom Menschen nicht zu beeinflussenden, undurchschaubaren Gnadenwahl Gottes, ist der Mensch dem

Entschluss eines »deus absconditus«, eines *verborgenen Gottes*, ausgeliefert.

»Bei einem derartigen Unterschied muß man notwendigerweise über das große Geheimnis des göttlichen Ratschlusses nachdenken. Denn die Saat des Wortes Gottes schlägt nur in jenen Wurzeln und trägt Frucht, die der Herr durch seine Erwählung von Ewigkeit zu seinen Kindern und zu Erben des himmlischen Reiches vorherbestimmt hat. Allen anderen, die schon vor Erschaffung der Welt durch denselben Ratschluß Gottes verworfen sind, kann die lautere und wahre Verkündigung der göttlichen Wahrheit nur ein Geruch des Todes zum Tode sein« (II Kor 2, 16).

»Die Kenntnis des Grundes, weswegen der Herr den einen gegenüber von seiner Barmherzigkeit Gebrauch macht und den anderen gegenüber die Strenge seines Gerichtes übt, müssen wir ihm allein überlassen; denn er hat gewollt, dass diese uns allen verborgen sei, und nicht ohne sehr guten Grund. Weder könnte die Stumpfheit unseres Geistes eine so große Klarheit ertragen, noch unsere Kleinheit eine so große Weisheit begreifen. Wahrlich, wer es wagen sollte, sich dorthin zu erheben, und wer die Vermessenheit seines Geistes nicht zurückhalten wollte, der wird die Wahrheit dessen erfahren, was Salomo sagt: Wer die Majestät Gottes erforschen will, wird durch deren Glanz niedergeworfen« (Prov 25,2).

»Uns muß genügen, dies anzuerkennen: Dieses Walten des Herrn, obschon uns verborgen, ist heilig und gerecht. Denn wollte Gott das ganze Menschengeschlecht verderben, so hat er das Recht dazu, und an jenen, die er dem Verderben entreißt, kann man nur seine freie Güte ersehen. Anerkennen wir also in den Erwählten Gefäße seines Erbarmens – was sie auch wahrhaft sind – und in den Verworfenen Gefäße seines Zornes, was nichts als gerecht ist« (Röm 9, 21–23).[216]

Bei seiner Rückberufung nach Genf machte sich Calvin 1541 daran, eine Kirchenordnung für die Stadt zu entwerfen. Sie bestand aus vier Ämtern: den Pfarrern, den Doktoren, den Ältesten und den Diakonen. Den Pfarrern oblag die Predigt und die Verwaltung der Sakramente und mit den Ältesten gemeinsam die Kirchenzucht. Die Doktoren überwachten die reine Lehre und waren verantwortlich für die Ausbildung der Jugend, für die Calvin einen Kinderkatechismus schrieb. Dem Ältestenrat unterstand die Kontrolle über das sittliche Leben der Gemeindemitglieder; die Diakone schließlich waren für die Armenfürsorge zuständig. So wurde Genf eine »heilige Stadt«, in der weltliches Regiment und Kirche eng verzahnt waren. Es war ein hartes Regime, in dem Calvin unbedenklich seine eigenen Ansichten von der Gesellschaft mit dem Willen Gottes identifizierte.[217] Es gab Verordnungen gegen Luxus und Vergnügungssucht; der Kopfputz der Frauen wurde ebenso kontrolliert wie die Stoffe für die Kleider. Neben der Masse der verhängten Kirchenstrafen wurden in der Zeit zwischen 1542 und 1548 nicht weniger als 76 Bürger aus Genf verbannt und 58 als »Ketzer« hingerichtet.

Calvin zeigt ein schwer zu interpretierendes Doppelgesicht: Einerseits ist er, zumindest im Rahmen der Reformation, ökumenisch orientiert, übernimmt Anregungen von Melanchthon und lässt auch weniger strenge Vorstellungen von der Prädestination gelten. Allerdings scheiterte die auch von Calvin gewünschte Annäherung der Konfessionen an der unterschiedlichen Auffassung des Abendmahls. Die katholische Lehre von der Transsubstantiation lehnte er ohnehin ab; aber im Gegensatz zu Luther interpretierte er das »ist« in den Einsetzungsworten nach Paulus, 1. Kor 11, v. 24, nicht als Realpräsenz,[218] sondern legte es in Übereinstimmung mit dem Schweizer Reformator Zwingli im Sinne von »bedeutet« aus.[219] Wenn allerdings seine Grundauffassung von der Trinität, d. h. der Lehre von der Identität von Gott Vater, Gott Sohn und Heiligem Geist, in Frage gestellt wurde, reagierte er mit äußerster Härte. Das zeigte sich am Prozess gegen den spanischen Arzt und Antitrinitarier Michel Servet, der jene Heilige Dreifaltigkeit »ein Monstrum mit drei Köpfen« genannt hatte. Servet, ein fähiger Arzt, der unter falschem Namen in Vienne in Frankreich eine Praxis betrieb, war 1553 in die Hände der Inquisition geraten – Calvin soll für sie belastendes Material zusammengestellt haben. Auf der Flucht beging Servet den Fehler, in Genf aufzutauchen. So ereilte ihn hier sein Schicksal, dem er eben noch entronnen war; er wurde lebendig bei kleinem Feuer verbrannt, obgleich Calvin sich vergeblich für eine vorherige

Enthauptung eingesetzt hatte. Die Hinrichtung hatte die erwünschte Nebenwirkung, dass die Gegner Calvins in der Stadt nun endgültig mundtot gemacht wurden. Es wirft ein bezeichnendes Licht auf diese aufgewühlte Zeit, dass auch besonnene Theologen wie Melanchthon das Urteil billigten.[220] Allein der Calvin kritisch gegenüberstehende Sebastian Castellio erhob von Basel aus seine Stimme und legte in einer Schrift die Frage vor, ob Häretiker verfolgt werden sollten. Diese Schrift »De haereticis an sint persequendi« gilt oft als eine der Grundschriften der europäischen Toleranzbewegung. Das ist sie auch, wenngleich einschränkend bemerkt werden muss, dass auch für Castellio die Gesellschaft noch als »corpus christianum« galt, in dem für Unfromme und Atheisten kein Platz war.[221]

Aber gerade diese ursprünglich so strenge Kirchenordnung trägt zugleich proto-demokratische Züge einer Selbstverwaltung, mit der sich der Calvinismus in Europa in einer Reihe von Ländern durchsetzte.[222] Gegenüber der hierarchischen katholischen Kirche und dem erstarrenden landesfürstlichen Kirchenregiment der Lutheraner bildete der Calvinismus eine Kirchenverfassung aus, die den Gemeindemitgliedern eine größere Verantwortung übertrug. In Frankreich fasst er Fuß in einer Serie von blutigen Hugenottenkriegen, die schließlich 1589 auf das Toleranz-Edikt von Nantes hinausliefen, das, später abgeschwächt, immerhin bis 1685 in Kraft blieb. In den Niederlanden bildete der Calvinismus den geistigen Widerstandskern gegen das Schreckensregiment des Herzogs von Alba. In England spalteten sich die presbyterianischen Kirchen und Sekten als »Puritaner« von der anglikanischen Hochkirche ab und führten Mitte des 17. Jahrhunderts in der »englischen Revolution« unter Cromwell den offenen Kampf gegen den episkopalen und monarchischen Absolutismus. In Deutschland gewann der Calvinismus Sympathien, als das Luthertum gegen Ende des 16. Jahrhunderts in Richtungskämpfen versank. Der Kurfürst Friedrich III. von der Pfalz trat als erster zum Calvinismus über und ließ durch seine Hoftheologen nach langen Disputationen den Heidelberger Katechismus von 1563 ausarbeiten. Es folgten Hessen-Kassel und 1613 Kurbrandenburg. Diese sogenannte »Zweite Reformation« übernahm vor allem die bewusstere Lebensführung vom Calvinismus und vermengte sie mit neustoischen Elementen.[223]

Interessanterweise hat gerade die Wandlung der Prädestinations-lehre, die auf den ersten Blick den Menschen zu äußerster Passivität verdammt, in Hinblick auf die Sorge um das Seelenheil zu höchster Aktivität geführt. Denn wie der Soziologe Max Weber in seiner klassischen Studie »Die protestantische Ethik und der Geist des Kapitalismus« betont, wollen die Calvinisten nun wissen, ob sie zu den Auserwählten gehören oder zur Masse der Verdammten. Da ist es gut, darauf zu achten, auf wen Gott seinen Segen schon in dieser Welt gelegt hat; ob der Hausstand blüht, ob die Geschäfte gutgehen. Und um diesen Segen zu erringen, kann man in »innerweltlicher Askese« indirekt daran arbeiten, die Gnade auf sich zu ziehen. Nach Max Webers Auslegung waren sich die Lutheraner ihrer im Glauben ergriffenen Gnade zu sicher; sie beließen es daher bei »unbefangener Vitalität« und einem »naiven Gefühlsleben«. Ihnen fehlte »der psychologische Antrieb zum Systematischen in der Lebensführung, der ihre methodische Rationalisierung erzwingt«.[224] Webers suggestive These war schon zu seinen Lebzeiten umstritten, weil man zurecht darauf aufmerksam machte, dass die Grundzüge des Kapitalismus im Norditalien des späten Mittelalters und der Renaissance entstanden seien und nicht erst in den Niederlanden und in England. Andererseits ist unverkennbar, dass eine »disciplinary revolution« im 16. und 17. Jahrhundert in ebendiesen Gebieten stattgefunden hat, als deren kultureller Hintergrund der Calvinismus gelten kann. Sie färbte auch auf die anderen Konfessionen ab; der nachtridentinische Katholizismus war ohnehin aktiver und disziplinierter als das orthodoxe Luthertum. Beiden aber ging der Calvinismus auf dem Felde der Sozialdisziplinierung und der Schaffung eines rationalen Staatswesens voran.[225]

Das sind in groben Zügen die konfessionellen Konfliktparteien zu Beginn des Dreißigjährigen Krieges. Zum einen ein dogmatisch gefestigter und modernisierter Katholizismus,[226] der die protestantischen norddeutschen Gebiete und die Reichsstädte in Süddeutschland noch nicht aufgegeben hatte. Denn die Liste der Unterzeichner der zum fünfzigsten Jahrestag der Augsburger Konfession ausgearbeiteten *Formula Concordiae* von 1580 war lang. Sie wurde unterschrieben von fünfzig Fürsten und fünfunddreißig Reichsstädten, beginnend mit dem Kurfürsten von der Pfalz, dem Kurfürsten von Sachsen und dem Kurfürsten von Brandenburg. Unter den großen Städten finden sich Lübeck, Münster, Hamburg, Göttingen, Braunschweig und Lüneburg, in Süddeutschland Ulm, Rothenburg ob der Tauber, Schwäbisch-Hall, Memmingen, Lindau, Reutlingen und Kempten.[227] So weit war der Protestantismus vorgedrungen. Dem standen als katholische Kernlande vor allem die Habsburger und Bayern gegenüber. Kaiser Ferdinand II. und Herzog Maximilian I. von Bayern waren von einem katholischen Sendungsbewusstsein beflügelt. Der Calvinismus spielte beim Ausbruch des Krieges eine Sonderrolle, da sich Friedrich V. von der Pfalz von den böhmischen Ständen zum König wählen ließ. Auf gesamteuropäischer Ebene standen die katholischen Mächte Österreich und Spanien gegen das reformierte Holland und gegen England mit seiner anglikanischen Hochkirche und den verschiedenen presbyterianischen Sekten. Als ökonomisch führende »Seemächte« haben sie die Reformation in Europa verteidigt und gerettet. Schweden und Dänemark, beide lutherisch, lagen untereinander im Konflikt, während Frankreich mit seinem Staatskatholizismus eigene Wege ging. So waren schon zu Beginn des Krieges die religiösen und die machtpolitischen Fronten vielfältig verschlungen.

Damit beenden wir unseren Exkurs in die theologischen Grundlagen der um das Seelenheil der Gläubigen streitenden Konfessionen. Man stellt sich die Kanzelredner in ihrem Konkurrenzkampf – wenn auch mit einigen Abstrichen – am besten so vor wie das, was heute in Bezug auf den Islam in den Medien bisweilen gern als »Hassprediger« bezeichnet wird. Auch die meisten der dogmatisch eifernden Theologen des 16. und 17. Jahrhunderts wären nach heutigen Maßstäben »Hassprediger«. Stimmen der Mäßigung und Milde waren selten. Es bedurfte noch einer langen Entwicklung, die allmählich aus diesen unlösbaren religiösen Konflikten herausführte. Es mag als eine Ironie der Geschichte gelten, dass gerade die Verquickung von konfessionellen und politischen Machtgesichtspunkten den ersten Anstoß zu einer Lösung bot.

Denn es war gerade der politische Druck auf die Konfessionen, der sie schließlich zu einem Einlenken zwang. Um der politischen Rationalität willen mussten die streitbaren Religionsparteien nachgeben. Sie waren gezwungen, ihre »Glaubenswahrheiten« abzuschwächen, und angehalten, einen pragmatischen Kompromiss zu suchen. So geschah das Wunder, dass das Deutsche Reich an der konfessionellen Spaltung nicht zerbrach.

Zunächst einmal bestätigt der Westfälische Frieden das wichtigste konfessionelle Verhandlungsergebnis aus der zweiten Hälfte des 16. Jahrhunderts: den Augsburger Religionsfrieden von 1555 – mit einer juristischen Verschärfung. Alle Vorschriften, die diesem *Westfälischen Frieden* widersprachen, wurden für ungültig erklärt. Das bedeutete in der Praxis einen »staatskirchenrechtlichen Umbruch«, denn es bekräftigte den im Augsburger Religionsfrieden angelegten Vorrang des Staatsrechts vor dem Kirchenrecht. Keine Bestimmung des kanonischen Rechts, keine Konzilsbeschlüsse oder päpstlichen Privilegien sollten mehr in das Reich hineinregieren; aus diesen Artikeln von 1648 entwickelt sich dann im 18. Jahrhundert die Vorstellung von der Autonomie des Staates in Religionssachen.[228]

Der eigentliche Ausgleich der Religionen geschah nach dem Prinzip der – allerdings von katholischer Seite nie ganz akzeptierten – Parität. Wenn man die Parität als »Stern und Maß der deutschen Religionsverfassung« bezeichnet, dann ist damit ausgedrückt, dass nun die beiden großen Konfessionen gleichberechtigt anerkannt sind. Das bedeutet, dass das »Heilige Römische Reich Deutscher Nation« seine traditionelle Verbundenheit mit der katholischen Kirche aufgibt. Für die konfessionellen Streitkulturen hatte das zur Folge, dass sich nun Protestanten und Katholiken nicht mehr wechselseitig als »Ketzer« beschimpfen sollten – natürlich taten sie es doch. Für die römische Partei war das ein schwerer Gang, denn es bedeutete ein Abrücken von ihrer Praxis, angesichts des größeren Alters ihrer Kirche die Evangelischen lediglich als hinzugekommene, bestenfalls geduldete oder tolerierte Konfession aufzufassen.[229] Die jeweiligen Besitzstände wurden in der »Normaljahrsregelung« bestätigt. Im Gegensatz zum »Augsburger Religionsfrieden« wurde aber das Prinzip des *ius reformandi* zugunsten der Festschreibung des religiösen Bestandes aufgegeben. Man sah ein, dass die Formel *cuius regio, eius religio* zu unhaltbarem Religionszwang geführt hatte. Damit war an der Schwelle zum Absolutismus ein unübersehbarer anti-absolutistischer Pflock eingeschlagen. Diese Regelung galt auch für die dritte, nun reichsrechtlich zugelassene Konfession, den Calvinismus. So hatte sich der Reichsverbund pragmatisch den drei großen Konfessionen geöffnet; unberücksichtigt blieben Sekten aller Art. Genau besehen blieben sie »Ketzer« und mussten zusehen, ob sie bei irgendwelchen toleranten oder gleichgesinnten Landesherren unterkriechen konnten.[230] Auf diesem Gebiet lebte auch die religiöse Polemik munter weiter, so dass wir die kulturgeschichtlich interessantesten Phänomene im späten 17. und in der ersten Hälfte des 18. Jahrhunderts bei den Sekten und Sektierern finden, vor allem im weiten Umfeld des Pietismus.

Das bedeutet nun keineswegs, dass mit dem Westfälischen Frieden alle Konfessionen einverstanden gewesen wären. Fanatiker aller Richtungen zeigten sich unversöhnlich, lieferten sich eine »gespenstische Schlacht der Geister«[231] und demonstrierten, dass der ewig währende Krieg ihnen um ihrer Konfession willen wichtiger war als ein in Kompromissen ausgehandelter Frieden. Eine radikale katholische Gruppe um den Dillinger Jesuiten Heinrich Wangereck lehnte jeden Gebietsverlust nach 1555 als untragbar ab, ebenso die Anerkennung des Calvinismus. Das alles sei Beleidigung der Tradition und des Papsttums. An dem katholischen Verhandlungsführer Trautmannsdorff prallten solche Vorstellungen ab; Unruhe in der Öffentlichkeit schürten sie aber doch, zumal sie protestantische Gegenschriften hervorriefen.[232] Auf Seiten der Lutherischen gab es nicht nur Friedensfreude, sondern angesichts der katholischen Haltung auch Friedensskepsis. Außerdem dürfe der Frieden nicht falsch interpretiert werden als die bloße »Hoffnung sich bessernder Zeiten« nach der dreißigjährigen »Kriegs- und Blut-Sündflut«. Der Lutheraner Johann Conrad Dannhauer sah den Jüngsten Tag heraufkommen. Andere predigten – etwas pragmatischer – von einer neuen »Gnadenzeit«, in der nun der Gottesdienst wieder sicher geworden sei.

»O lasset uns des schrecklichen Feuers nicht vergessen, wir haben ja alle Brandzeichen. Vergessen wir dieses Brands, so ist uns nicht zu helfen.«[233]

Zunächst einmal war ihnen geholfen. Der Dreißigjährige Krieg war ein Krieg der Großmächte und ein Krieg um die innere Reichsverfassung,

Horribilicribifax Donnerkeil. Harpax sein Page.

Horrib. WAs? daß der Keyser Friede gemacht habe sonder mich um Rath zu fragen? Oh gvarta! novella de spiritare il mondo![236]

Page. So sagen sie/daß der Keyser Frieden gemacht habe mit dem König in Schwaben.

Horrib. Mit dem König in Schweden wilst du sagen?

Page. Ja Schweden oder Schwaben/es ist mir eins.

Horrib. Friede zu machen sonder mich? a qvaesto modo si![237] hat er nicht alle seine Victorien mir zu dancken? hab ich nicht den König in Schweden niedergeschossen? bin ich nicht Ursach/daß die Schlacht vor Nördlingen erhalten? habe ich nicht den Sachsen sein Land eingenommen? hab ich nicht in Dennemarck solche reputation eingelegt? was wer es auff dem Weissen Berge gewesen/sonder mich? E che fama non m'acquistai, quando contesi col Gran Turca?[238] Pfui! trit mir aus den Augen/denn ich erzürne mich zu tode/ wo ich mich recht erbittere/Vinto dal ira calda e bollente e dallo sdegno arrabiato[239], so erwische ich den Stephans-Thurm zu Wien bey der Spitzen/und drück ihn so hart darnieder/si forte in terra[240], daß sich die gantze Welt mit demselben umkehret/als eine Kegel-Kaul.

Page. Ey/Signor mio. wo wolten wir denn stehen bleiben?

Horrib. Non temere! Als wenn sich iemand kümmern dürffte/ der bey mir stehet! laß mich darvor sorgen ! aber/siehe da/ meine Sonne! mein Leben! meine Göttin erscheinet. Signora mia, bella di corpo, bellissima d'animo![241]

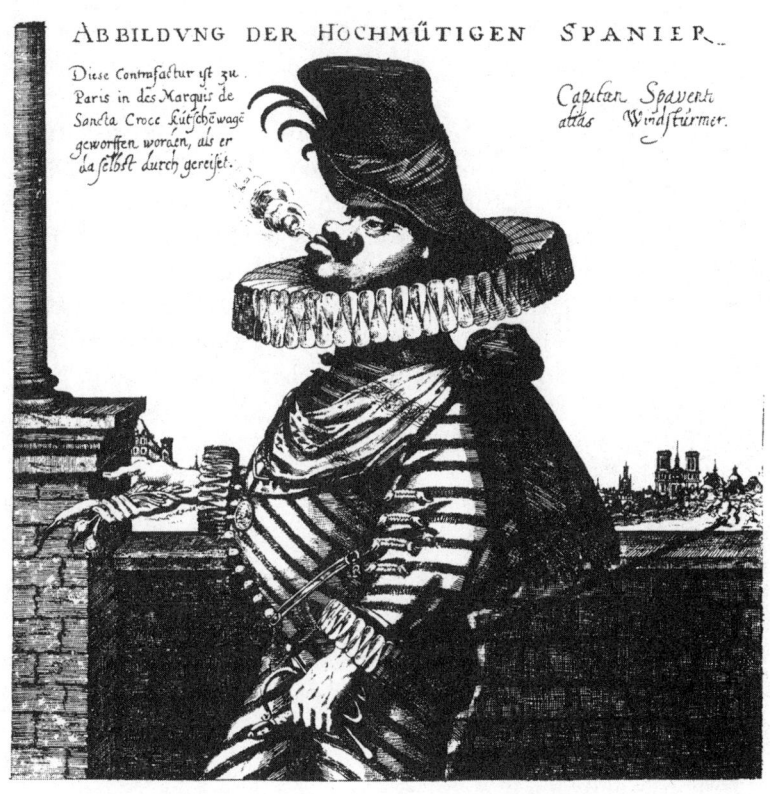

ABBILDVNG DER HOCHMÜTIGEN SPANIER

Diese Contrafaktur ist zu Paris in des Marquis de Sancta Croce Kutschewage geworffen worden, als er da selbst durch gereist.

Capitan Spaventa alias Windstürmer.

21 Zeitgenössische Darstellung des Capitano Spavento

der von den streitenden Konfessionen zusätzlich angeheizt wurde. Nun hatte sich die pragmatische Politik gegen die immer noch weiterstreitenden Konfessionen durchgesetzt. An Religionsgezänk, an konfessioneller Intoleranz ist auch im 18. Jahrhundert kein Mangel. Es waren den Konfessionen aber jetzt die Waffen aus der Hand genommen. Als Papst Innozenz X. gegen den Westfälischen Frieden protestierte, verhallte sein Ruf wirkungslos. Er hatte seine religiös begründete Vormachtstellung endgültig eingebüßt und wurde von den weltlichen Mächten als Gleicher unter Gleichen behandelt.[234] Die große Zeit der

religiös überlagerten Kriege in Europa war vorüber. Eine politische Stabilisierung hatte sich durchgesetzt, die mit einem ökonomischen Aufschwung einherging, der in die Zeit des »Merkantilismus« führte.

Rückblickend konnte Andreas Gryphius 1663 in Breslau den Großen Krieg und seine Protagonisten in seinem Scherzspiel »Horribilicribifax Teutsch« dem Gelächter preisgeben. Die Vorlage stammt aus der
italienischen Commedia dell'arte mit der Figur des ruhmredigen spanischen »Capitano Spavento della Valle Inferno« im Mittelpunkt. Aus
dem ganz edlen Herrn *Fürchterlich von Höllental* ist sein »teutsches«
Gegenstück Horribilicribifax geworden, der »grässliche Siebmacher«,
der seine Feinde grad wie Siebe zu durchlöchern pflegt.[235]

Das Ende der Hexenverfolgungen und das neue Weltbild

I. Angst, Magie und Teufelspakt

Es ist ein trauriges Spiel auf dem großen Welttheater. Nicht nur, dass die Zivilpersonen unter den Söldnern aller Heere leiden, sie bringen sich auch noch gegenseitig um. Einer der Höhepunkte der Hexenverfolgungen fällt in die Zeit des Dreißigjährigen Krieges. Die Hexenverfolgungen häufen sich aber schon seit der zweiten Hälfte des 16. Jahrhunderts; sie geben kulturgeschichtliche Einblicke in gesellschaftliche Strukturen, Verhaltensweisen, Denkmuster und »Praktiken«.[242] Unser Gesichtspunkt kann auch hier wieder nur sein zuzusehen, wie aus Angst und Unordnung allmählich eine neue Ordnung sich herausschält. Dieser Aspekt der »Stabilisierung« führt auf einen Zusammenhang, der nicht so häufig behandelt wird: Es ist die Veränderung der Kosmologie in ihrer Bedeutung für das Ende der Hexenprozesse.

So tritt neben die Stabilisierung und Einhegung des Krieges und die Bändigung der Konfessionen die Überwindung der Angst vor dem »Bösen« und ihre relative Stabilisierung in einem neuen Weltvertrauen.

Als Peter Hagendorf in sein Tagebuch einträgt, er habe 1630 in Lippstadt »böse Leute« brennen sehen, ist das nicht der erste Hexenprozess in dieser Region. Unser Söldner berichtet von einem Ereignis aus der letzten großen Welle der Hexenverfolgungen, die sich von etwa 1626 bis 1630 erstreckt. Aber es ist nicht Lippstadt allein. Die ganze Region der Grafschaft Lippe war eines der Zentren der nordwestdeutschen Hexenverfolgungen, im Kern die alte Hansestadt Lemgo, berühmt und berüchtigt als »Lemgo, das Hexennest«.[243]

1. Angst und Furcht

In seinem großen Werk über die »Angst im Abendland« hat der französische Historiker Jean Delumeau eine Geschichte der kollektiven Ängste in Europa zwischen dem 14. und dem 18. Jahrhundert geschrieben. Er hat dafür ein Begriffspaar aufgenommen, das auf den dänischen Philosophen Søren Kierkegaard zurückgeht; es ist die Unterscheidung zwischen *Angst* und *Furcht*.[244] »Die Furcht wird von etwas Bestimmtem hervorgerufen, dem man entgegentreten kann. Die Angst hingegen ist die schmerzhafte Erwartung einer Gefahr, die umso beunruhigender ist, als man sie nicht genau definieren kann.« *Angst* liefert uns passiv einer Situation aus, in der man nicht handeln kann, weil der Feind sich nicht zeigt. *Furcht* benennt den Feind, und so furchtbar er auch sein mag, man gewinnt die Handlungsmöglichkeit zurück und kann etwas gegen ihn unternehmen. Insofern könnte man von einer »Ohnmacht-Machtverschiebung« sprechen. »Ein Phänomen, dem man hilflos gegenübersteht, wird dadurch in den Bereich der Bemächtigung eingeholt, daß man durch eine (in unserem Sinne: falsche kausale Zurechnung) die Verursacher liquidiert.«[245] So produzieren die Menschen beständig neue Furcht, um der das Ich zersetzenden Angst zu entgehen. Jean Delumeau differenziert zwischen den praktisch immer vorhandenen Ängsten, die aus einer mangelnden Naturbeherrschung resultieren, und jenen großen Wellen der Angst, die in Zyklen wiederkehren, wie Pest, Hungersnöte und Kriege. Er betrachtet Europa, das er in diesem Zeitraum seiner Geschichte als eine »belagerte Festung« beschreibt, als einen »Kontinent der Angst«, nicht ohne hinzuzufügen, dass es im Inneren einer belagerten Festung meistens sehr ungemütlich ist. In diesem Land der Angst aber gibt es intellektuelle Instanzen, beispielsweise die Kirchen, die die Ängste *benennen*, ihr ein Objekt geben, an dem gehandelt werden kann. Die Kirche zeigt auf die Handlanger des Bösen: Der Kreis zieht sich zusammen um Türken, Juden, Ketzer und Frauen – die Hexen. »Eine globale Todesangst wurde auf diese Weise in verschiedene Ängste zerlegt, die zwar jede für sich furchtbar, aber doch ›benannt‹ und erklärt waren, denn schließlich hatten die Kirchenmänner sich Gedanken darüber gemacht und sie in allen Einzelheiten erläutert.«[246] Ein Überblick über die Geschichte dieser »Benennungen« der Transformation von Angst in Furcht beginnt mit den Erklärungen der christlichen Kirche über die Möglichkeiten von Magie und Zauberei. Beides sind weit ältere Volkspraktiken und keineswegs auf Europa beschränkt.

In seiner »Allgemeinen Theorie der Magie« geht der französische Soziologe und Kulturtheoretiker Marcel Mauss auf die Kriterien des britischen Anthropologen James Frazer zurück, korrigiert sie aber in entscheidenden Punkten. Frazer hatte – ganz im Denkstil des 19. Jahrhunderts – eine progressive Drei-Stadien-Theorie aufgestellt. Magie und Zauberei wirken durch sich selbst. Der *Magier* betet keine Gottheit an, sondern er bezwingt die Natur durch seine Riten und ihre immanente Kraft. Aus den Misserfolgen und Schwächen der Zauberei sei dann die Religion hervorgegangen. Nun sieht der Magier ein, dass er sich vor einer höheren Macht demütigen, dass er um den Beistand einer Gottheit bitten muss, um sich *ihrer Kräfte* zu versichern. Anstatt zu zaubern, muss er nun beten; so wird er zum *Priester*. Die letzte Stufe ist dann die *Technik*, die die phantastischen kausalen Zurechnungen der Magier und Priester durch wirklich erkannte Naturgesetze überwindet.[247] Für Marcel Mauss bilden indes diese Stufen keine lineare Abfolge von Entwicklungsschritten, sondern sie durchdringen sich. Auch der religiöse Ritus zwingt die Gottheit, und in den alten Religionen hatten die Götter kaum eine Möglichkeit, sich dem Ritus ihrer Priester zu entziehen, wenn er ohne Mängel der Form vorgetragen wurde. Man kann solche Formen des religiös-magischen Zwanges noch in den Wettergebeten zur Abwehr von Blitz und Hagel des 16. und 17. Jahrhunderts finden.[248] Der Herr Pfarrer »zaubert« dann mit Hilfe seines Gottes oder der Kraft der Heiligen, und gerade die Landbevölkerung rechnet ihm diese Fähigkeit hoch an.[249]

Die Kirche kennt einerseits solche feierlichen, *öffentlichen* Riten, Feste und Sakramente. Die Segen spendende Kraft dazu wird ihr von Gott verliehen; dem Gott wiederum muss geopfert werden, sowohl materiell, vor allem aber auch in einer bußfertigen Gesinnung. Demgegenüber gibt es andere volkstümliche Riten, die in der Regel magisch bleiben. Die einen finden zumeist am Tag, die anderen in der Nacht statt. Die Praktiken können sich ergänzen, wie Carlo Ginzburg gezeigt hat. Die Kirche in Norditalien setzt sich für den Schutz der Ernte durch Rogationsprozessionen ein, durch Bittgänge um die Felder drei Tage vor Himmelfahrt. Falls das nicht als ausreichend betrachtet wird, treten nachts *im Geiste* die »Benandanti« an (= so viel wie: »die für das Gute gehen«), die mit den »Stregoni« (= mit dem Teufel und den Hexen) rituelle Kämpfe um die Fruchtbarkeit der Ernte führen.[250] Auch auf andere Weise kann man Schaden abwehren; etwa wenn ein Bauer versucht, durch gemurmelte Sprüche Maulwürfe aus seinem Acker zu vertreiben. In diesem Zusammenhang zitiert Marcel Mauss die »Deutsche Mythologie« der Gebrüder Grimm, die diese Magie gewissermaßen als eine »Religion für den ganzen niederen Hausbedarf« definiert hatten.[251] Von der Schadensabwehr zur Behexung ist es dann nur noch ein Schritt.

Wird Schaden nicht abgewehrt, sondern angerichtet und ist die Kirche prinzipiell der Auffassung, dass Zauberei möglich ist, dann kann nach ihrem Selbstverständnis die Kraft dazu nicht von Gott kommen, sondern nur aus einer heimlichen Verständigung mit einem Dämonen. Diese Lehre vom *Teufelspakt als Kraftverstärkung negativer Art* ist bereits bei dem Kirchenvater Augustinus (354–430) fixiert und von einem der wichtigsten Scholastiker des Hochmittelalters, Thomas v. Aquin (1225–1274), ausgebaut.[252] Dabei interessiert sich die Kirche nicht primär für den »niederen Hausbedarf« der Volksmagie. Betrachtet man die Segen der Frau Hans Höchstetters aus dem Hochstift Würzburg von 1621, so betreffen sie genau diesen Bereich. Es sind Segen für Reisende, für Leute, die in den Krieg ziehen, gegen Fieber, gegen die Roten Blattern in den Augen, gegen Veitswurm, gegen Brand, gegen Zahnschmerz, gegen »den fließenden Haarwurm«.[253] Zwar nimmt auch die Kirche zur Kenntnis, dass der Nachbarin die Milch sauer geworden oder das Bier missraten ist – sie fragt aber nach den Gründen dieser *Zauberei*, nach dem Abfall von Gott und der Hinwendung zum Satan als Grundlage der magischen Kraftzufuhr. Insofern gibt es einen grundlegenden Unterschied zwischen dem volkstümlich-magischen Konzept des Schadenszaubers und der gelehrten Frage nach der Herkunft dieser dunklen Kräfte. Beim Schadenszauber handelt die Hexe aus eigener Kraft, wenn sie in sozialen Konflikten »Unheil« tun will. Anders als im gelehrten Hexendiskurs kann sie den Schaden aber nicht nur »antun«, sondern auch wieder »abtun«. Es gibt daher auch eine informelle Hexenkontrolle, die sich auf der Ebene von Magie und Gegenmagie abspielt, ohne dass die Schwelle eines Inquisitionsverfahrens überhaupt erreicht werden muss. Im theologischen Diskurs hingegen ist die Hexe nur ein selbst betrogenes Werkzeug des Satans.[254] Erst unter diesem Blickwinkel verschwinden die Unterschiede zwischen heidnischen Götzendienern, häretischen Teufelsanbetern und Zauberern. Alle verfallen der »Idolatrie«, dem Verstoß gegen das erste Gebot: »Ich bin der Herr, dein Gott. Du sollst nicht andere Götter haben neben mir.«

Obwohl das theoretische Instrumentarium für eine Hexenverfolgung schon bereitlag, beschränkte sich die kirchliche Praxis im 11. Jahrhundert noch auf Kirchenbußen. Erst mit den Inquisitionsverfahren des 13. Jahrhunderts häufen sich die Hinrichtungen von Ketzern. Die päpstliche Bulle von 1252 *Ad extirpanda* billigt auch schon die Folter als Prozessmittel bei der Ketzerverfolgung. Allerdings sollte man sich hüten, die Durchsetzung der Folter allein der Kirche zuzuschreiben, wie dies in der älteren Literatur oft geschieht. Die Veränderung der Rechtskultur in Europa hängt auch mit der Aufrechterhaltung des »Landfriedens« vor allem seitens der Städte gegen die Massenkriminalität der »landschädlichen Leute« zusammen. Im 13. und 14. Jahrhundert sind die alten Verfahren des »Akkusationsprozesses« mit seinen Eideshelfern oder dem Gottesurteil nicht mehr zeitgemäß. Soll ein angeklagter Mörder sich mit einem formalen Eid reinigen können oder sieben Leute seinesgleichen herbeischaffen, die ihm Eideshilfe leisten? Mit einem Eid, der über die Tat gar nichts aussagt, sondern nur die »Ehrlichkeit« der jeweiligen Partei beschwört? Der Inquisitionsprozess (von *inquirere*, untersuchen) setzt stattdessen auf Indizien; doch die blieben Teilbeweise. Als das beste Beweismittel galt allein das Geständnis des Beschuldigten; eben hier half die Folter nach, wobei auch früh schon Skepsis hinsichtlich ihrer Anwendung laut wurde. Die Folter war eine Verlegenheitslösung, um einen zunächst leugnenden Beschuldigten schließlich doch noch verurteilen zu können, nachdem die alten Beweismittel – Eid mit Eideshelfern oder Gottesurteil – ihre Glaubwürdigkeit verloren hatten.[255]

Nach Zeiten der Verwilderung des Einsatzes der Folter erließen die Rechtsordnungen des frühen 16. Jahrhunderts eine Präzisierung der Anwendung; das gilt vor allem für die *Carolina*, die Peinliche Gerichtsordnung Kaiser Karls V. von 1532. Die Carolina kennt wohl das Delikt der Zauberei und regelt dessen Bestrafung (§§ 21, 44, 52, 109), bringt es aber nicht mit einem Teufelsbündnis in Verbindung. Die Gotteslästerer haben unabhängig davon einen eigenen Paragraphen (§ 106). Die Folter, d. h. die »peinliche Frag«, kommt in Anwendung (§§ 45, 46, 47, 48–61) und soll nach Ermessen eines »guten vernünfftigen Richters, fürgenommen werden« (§ 58). Bei der Zauberei selbst wird unterschieden, ob sie zum Erfolg geführt hat oder nicht. Wer überführt ist, wird mit dem Feuer zum Tode gebracht. Wer gezaubert hat, ohne jemandem damit zu schaden, soll nach »gelegenheit der sach« und nach Beratung der Richter bestraft werden (§ 109).[256]

Im 14. und 15. Jahrhundert geht es zumeist um Liebeszauber oder Schadenszauber, wie das Anhexen von Krankheiten und das Wettermachen. In der Mitte des 15. Jahrhunderts verschmelzen diese Delikte mit der Ketzerverfolgung; der moderne Hexenbegriff datiert vom Konzil zu Basel (1431–1437).[257] 1486 erscheint dann der »Malleus Maleficarum«, der *Hexenhammer* des Dominikaners Heinrich Kramer, der sich latinisiert »Heinrich Institoris« nennt. Er hat den Namen seines berühmteren Mitbruders Jacob Sprenger missbraucht und ihn als Mitautoren angegeben.[258] Denn Kramer, der die Hexenlehre auf die Frauen konzentrierte und ein Schema für die Durchführung der Prozesse ausarbeitete, war keineswegs unumstritten. Zwar gelang ihm die Durchführung von Hexenverfolgungen in Oberschwaben nach einer Missernteperiode um 1480, aber sein brennender Eifer in Tirol wurde durch die dortigen Landstände vereitelt, obwohl er Rückhalt beim Papst gesucht hatte. Bischof Georg Golser von Brixen hielt ihn schlicht für verrückt: »Ich hab ihm geraten, das er solt in sein Closter ziehen und da bleiben; ipse realiter mihi delirare videtur, er wolt vielleicht noch gern in der fraun sachen handeln, ich lass ihn aber dazue nit chömmen [...].«[259] Kramers Hexenlehre spaltete die Intelligenz. Luther verhielt sich ambivalent; zwar glaubte er an Hexen, war aber skeptisch, was den Hexenflug und die Teufelsbuhlschaft betraf.[260] Andere Juristen und Theologen hielten eindeutiger am alten *Canon Episcopi* aus dem 10. Jahrhundert fest, der den Glauben an Hexenflüge in den Bereich des

Traumes verwies.[261] Humanisten wie Erasmus von Rotterdam oder Willibald Pirckheimer machten sich über die Dummheit der Inquisitoren lustig; Agrippa von Nettesheim verteidigte 1519 eine Frau gegen einen dominikanischen Inquisitor, und Hans Sachs dichtete: »Des teuffels eh und reutterey/ Ist nur gespenst und fantasey.«[262] Zwar hatte sich der Dämonenglauben durchgesetzt, es bestand aber die berechtigte Annahme, dass der Spuk nicht von langer Dauer sein werde. Ein unverhoffter Klimawandel machte diesen Hoffnungen ein Ende. Er fällt in die Zeit, in der sich die Religionsparteien im »Augsburger Frieden« gerade eben ausgeglichen hatten, und wenn man sagt, diese prekäre Ordnungsstiftung geriet allmählich auf eine schiefe Bahn, so mag auch die Verschärfung der Lebenssituation dabei eine Rolle gespielt haben.

2. Die »Kleine Eiszeit«

Wenn von einer »Stabilisierungsmoderne« die Rede ist, so wird man fragen müssen, wann die Destabilisierung der frühen Neuzeit begonnen hat. Aus verschiedenen Gründen werden wir immer wieder auf die Jahre um 1560 stoßen, in der eine aufsteigende Phase des »langen sechzehnten Jahrhunderts« in Stagnation umschlägt. Bereits der französische Historiker Fernand Braudel hatte das *lange* 16. Jahrhundert unterteilt in einen ökonomisch florierenden Zeitraum zwischen 1450 und etwa 1550 und das Stadium eines Niedergangs von 1550 bis etwa 1620 oder 1640.[263] Mit den beiden letzten Daten sind wir schon mitten im Dreißigjährigen Krieg. Der Agrarhistoriker Slicher van Bath hatte etwa die gleiche Zäsur anhand von Getreidepreisen ermittelt. In der ersten Hälfte des langen 16. Jahrhunderts sind sie moderat; in der zweiten zwischen 1550 und 1650 steigen sie rapide an. Wir befinden uns in den Jahren um 1560 in einer Krisenphase, die vielfältige Ursachen hat. Durch die Edelmetallzufuhr aus Spanisch-Südamerika sank der Wert des Geldes; das bedeutete eine Verschlechterung der Lebenssituation für alle, die auf fixierte Renten oder Löhne angewiesen waren. Durch das Bevölkerungswachstum seit dem Hochmittelalter waren Grenzböden mit ihren geringeren Erträgen unter den Pflug genommen worden; *schlechte Zeiten* wurden in Europa wieder häufiger. Die große Teuerung um 1570 nährte den Hass gegen alle Profiteure an den Getreidepreisen, gegen Großbauern, Klöster, Händler, Kreditgeber und Spekulanten.[264] Schließlich ist seit einiger Zeit Augenmerk auf die Verschlechterung des Klimas gelenkt worden; man spricht von einer »Kleinen Eiszeit« seit etwa 1560, wobei der Begriff nicht zu punktuell angesetzt werden darf, sondern im großen Überblick die Zeit zwischen 1300 und 1900 umfasst.[265]

Innerhalb dieses generellen Rahmens gibt es aber ausgesprochene Umbruchsphänomene wie die Jahre zwischen 1570 und 1630. Nach dem milden Klima des Mittel- und vor allem des Hochmittelalters setzte kurz nach der Mitte des 16. Jahrhunderts überall in Europa ein Absinken der Durchschnittstemperaturen ein. Bereits im Spätmittelalter hatte sich das Klima schon einmal verschlechtert; die Hunger- und Pestkatastrophen des 14. Jahrhunderts zeugen davon. Seit 1450 wurde es wieder wärmer; die Renaissance ereignete sich im Sonnenschein. Diese günstige Witterung mit subtropischen Wärmegraden in Europa noch im Jahre 1540 verschlechterte sich gegen Ende des Jahrhunderts in schnellen Schüben. Man geht heute davon aus, dass gerade die schlimmsten Jahrzehnte zwischen 1580 und 1600 durch Vulkanausbrüche auf Java, in Kolumbien und Peru verursacht sein könnten, deren gewaltige Eruptionen Aerosole auf die Reise rund um den Globus schickten und die Sonneneinstrahlung beeinträchtigten.[266]

Zwischen 1560 und etwa 1700 war es im Schnitt 1,5 Grad kälter als heute.[267] Es gab die berüchtigten »Jahre ohne Sommer« mit kalt-trockenen Wintern und einem zu nassen Frühjahr.[268] 1572 war der Bodensee sechzig Tage lang zugefroren; es ist das Jahr der großen Hungerkatastrophe. Völlig aus den Fugen geriet das Klima in Mitteleuropa in den Jahren zwischen 1585 und 1597.[269] 1588 war das verregnetste Jahr der frühen Neuzeit; es ist das Jahr, in dessen Stürmen die Große Armada, die Invasionsflotte der Spanier, nicht nur von den Engländern, sondern nachträglich auch noch vom Wetter besiegt wurde.[270] Die Alpengletscher waren um 1600 nicht – wie heute – auf dem Rückzug, sondern auf dem Vormarsch in die Täler hinein.[271] Der beste Beleg für diese eisigen Winter – denn wann frieren in Holland heute schon einmal die Kanäle

22 Eisbarrieren an der Nordseeküste blockieren einen Hafen
(Originaltitel: Eisberg im Hafen von Delfshaven)
Anonymes Gemälde

zu? – sind die unzähligen Genrebilder aus den Niederlanden im späten
16. und aus dem 17. Jahrhundert mit ihren zugefrorenen Grachten und
den Schlittschuhläufern. Doch nicht nur Lustbarkeiten auf dem Eis,
auch Skepsis gegenüber den Menschen und ihrer Vergesellschaftung
konnte im *Schnee* ausgedrückt werden.[272] Ganz abgesehen von den
handfesten Beeinträchtigungen von Handel und Wandel.

Dieser härter gewordene Kampf ums Überleben verlangte nach
einer Erklärung; die Klimaverschlechterung wurde entweder als Strafe
Gottes für die Sünden der Menschen gedeutet – oder den Hexen und
Unholden zugeschoben. Im ersteren Fall führte die veränderte Situation im protestantischen Kulturraum zu Angst und Weltpessimismus,
denn das Abnehmen der Kräfte der Natur gehört traditionell zu den
Vorzeichen des Weltuntergangs.[273] Vor allem die verregneten Sommer
waren zwischen 1570 und 1600 häufig. Ein Schweizer Chronist in Lu-
zern beschränkt sich nicht auf die Beobachtung des lokalen Wetters,

sondern holt Nachrichten aus ganz Europa ein. Für das Jahr 1591 notiert er: »1591 war ein gar nasser vnd füechter Sommer durch ganz Europam, davon die frücht vnd das gethreid vebel geschediget wurden vnd nit zuo jrer vollkommenheit kommen mochten, ... daruß nun grosse thüwre [Teuerung, H. D. K.] ervolgt, jedoch jn einem land meer dann jn dem andern, nach dem ein land gelegen oder einem climati vnderworffen.«[274] Er hätte auch hinzufügen können, dass eine Region günstiger davonkommt, wenn sie mit See- oder Flusshäfen für den Transport des Getreides auf dem Wasserweg ausgestattet war. Interessant ist schließlich, dass der Höhepunkt der Kälteperiode erst zwischen 1670 und 1700 erreicht war – als die Hexenverfolgungen schon abklangen. Daran zeigt sich, dass man keinem kausalen Mechanismus folgen darf, sondern dass die kulturellen Verarbeitungsformen eines Phänomens ihre eigene Logik und Symbolik haben. Wir haben es zu Beginn der »Kleinen Eiszeit« mit einem Phänomen zu tun, das neu war und seine Deutung suchte. Eines der Deutungsmuster war das Schuldhaftmachen der »Wetterhexen«; und so kann man die Hexerei als das paradigmatische Verbrechen der »Kleinen Eiszeit« betrachten.[275] Aber auch das darf man nicht schematisch zugrunde legen; denn von eng beieinanderliegenden Territorien gingen einige zu verstärkten Verfolgungen über, andere mit dem gleichen schlechten Wetter aber nicht.[276]

Die rapide Verdüsterung des Weltbildes in den »Scharnierjahren« zwischen 1560 und 1580 verwandelte die lebenszugewandte Renaissance im katholischen Kulturraum in den asketischen Rigorismus der Gegenreformation. Doch auch der protestantische Karfreitag hat erst mit der Klimaverschlechterung seine heutige Form erhalten.[277] Dieser mentale Umschwung schien gerade das Richtige zu sein, um die neuen Lebensbedingungen erklären zu können. Denn wenn der Wetterchronist die große Teuerung im Gefolge der verregneten Sommer anspricht, dann umreißt er einen wohlbekannten Krisenmechanismus, der vom agrarischen Sektor ausgeht. Eine wetterbedingte Missernte führt zu einer Verknappung der Grundnahrungsmittel und zu einer überproportionalen Preissteigerung des Getreides. Fallen 25% der Ernte aus, kann die Preissteigerungsrate 50, ja 100% und mehr betragen. Da nun ein größerer Anteil des Budgets der Haushaltungen für Nahrung ausgegeben werden muss, sinken auch die Löhne der Handwerker, da keine zusätzlichen Anschaffungen mehr gemacht werden können. Waren-korbuntersuchungen aus der ersten Hälfte des 16. Jahrhunderts haben erbracht, dass etwa in Augsburg ein Handwerker seine Familie an-gemessen ernähren konnte. Diese günstige Situation veränderte sich ab 1560; die Preisreihen weisen eine starke Steigerung auf.[278] Folgen einige Missernten nacheinander, wächst sich die Krise zur Katastrophe aus in der typischen Abfolge von: Unwetter – Missernte – Teuerung – Hungersnot – Seuchen. Und es erhebt sich die Frage nach den Schuldi-gen: Warum hat Gott die Menschen zu dieser Zeit mehr gestraft als früher? Hat er es zugelassen, dass der Teufel mehr Macht bekommt und mit seinen Geschworenen die Menschen ängstigt? Denn Gott tut nur das Gute. Will er die Menschen strafen, so hat er dem Satan, seinem »Henker und Stockmeister«, vorübergehend freie Hand gelassen. Und warum lässt er ihm freie Hand, dass ihm so viele Hexen zulaufen? Weil die Menschen nicht bußfertig sind, schließt der Jesuit Petrus Canisius in einem Brief an seinen Ordensgeneral.[279]

Die Hexen wurden im Regen verbrannt.[280] Jedoch stößt die nun wieder gesteigerte Suche nach Schadenszauberern und Wetterhexen auf ein geteiltes Echo, das zwischen fanatischer Zustimmung und ent-rüsteter Ablehnung schwankt. Zwischen 1560 und 1630 wurden im »Heiligen Römischen Reich Deutscher Nation« etwa zwischen 20 000 und 30 000 Hexen und Unholde auf die grausamste Weise gefoltert und hingerichtet.[281] Aber schon 1563, in der ersten großen Verfolgungswelle, kommt auch das Buch des Arztes Johann Weyer auf den Markt: »De praestigiis daemonorum«, verdeutscht 1586 unter dem Titel: »Von Teuf-felsgespenst, Zauberern und Giftbereitern«. Es ist das Grundbuch der Gegner aller Hexenprozesse. Die deutsche Ausgabe erscheint gerade zur rechten Zeit, denn 1585/86 grassiert eine »große Angst« in Europa. Die Teuerung dauert nun schon seit zehn Jahren an; zwei große Pestwellen dezimieren die Bevölkerung. Im Erzstift Trier kommt es zwischen 1585 und 1593 zur größten deutschen Hexenverfolgung. Auch die zeitgenös-sischen Quellen stellen eine Verbindung zwischen Ernteschäden und Hexenverfolgung her, ja als im Jahre 1590 wieder eine gute Ernte ein-gebracht wird, fordern lokale Behörden den Herzog von Bayern auf, eine Gedenksäule errichten zu lassen, weil man durch das erfolgreiche Verbrennen die Macht der Hexen so weit zurückgedrängt habe.[282]

In diese Zeit fällt auch die Modernisierung der Hexenlehre. Man greift nicht mehr auf den unsystematischen *Hexenhammer* zurück, sondern der Trierer Weihbischof Peter Binsfeld bringt in seinem »Tractatus de confessionibus maleficorum et sagarum« von 1589 die Grundlage für Verfolgungen auf den neuesten Stand. Der ist von Frankreich ausgegangen, von dem Staatsrechtslehrer Jean Bodin. Bodin polemisiert 1580 in seinem Werk »De daemonomania magorum« gegen die Skeptiker; er widerlegt Johann Weyer »zu Gotts Ehr«; er erklärt den alten *Canon Episcopi* für ungültig, weil er aus keinem ordentlichen Konzil hervorgegangen sei, und hält anerkannte Kirchenlehrer wie Augustinus und Thomas von Aquin dagegen.[283] Ähnlich argumentiert auch Binsfeld. Eine einzige Denunziation ohne weitere Indizien soll schon genügen, die Inquisition in Gang zu setzen, und was die Folter betrifft, so soll sie nicht wie im Strafgerichtsprozess eingeschränkt, sondern wiederholt angewendet werden, denn die Schwere dieses Verbrechens erfordere ein Ausnahmerecht. Seit Binsfeld und seinem Mitstreiter Martin Delrio mit den »Disquisitionum magicarum libri sex« von 1599 führt nun die katholische Seite den härteren Diskurs als die Protestanten; die Bezugnahme auf Weyer und seinen lutherischen Briefpartner Johannes Brenz, den Reformator Württembergs mit seiner »gemäßigten Hexenlehre«, werden im Bereich der Gegenreformation ausdrücklich verboten.[284] Im Gefolge von Unwettern, Missernten, Teuerung, Hungerkrisen und Epidemien finden die Hexenverfolgungen ihren Höhepunkt in den Prozesswellen von 1580, 1600, 1607–1618 und 1626–1630.[285] Damit sind wir auch wieder in Lippstadt angelangt.

3. Hexenprozesse

Was kann der Söldner Peter Hagenfeld erlebt oder gehört haben, wenn er in seinem Tagebuch schreibt, er habe »böse Leute« brennen sehen? Vom 22. Juni bis zum 23. September 1630 wurden in Lippstadt 29 Personen wegen Zauberei öffentlich hingerichtet und verbrannt. Im Vergleich mit anderen Territorien ist das moderat. In Bamberg wurden im gleichen Jahr sechshundert Hexen verbrannt.[286] Bei der ersten Verurteilung waren 5 Personen angeklagt. Walburg Schröders, Walburg Fühlhabers, Liese Dennekhoffs, Trina von Gent und Kurt Bauernfeind. Der einzige Belastungszeuge war ein zehnjähriger Junge.

»Trina von Gent, die in einer Hütte auf der Klosterstraße wohnte, bekannte genötigt und ungenötigt, daß sie die leidige Zauberei von Walburg Fühlhabers gelernt habe. Sie habe drei Schritt zurücktreten, Gott und alle Heiligen verfluchen müssen, worauf ein hurtiger Kerl mit scharlachen Buxen und roter Kappe, Hans Federbusch, erschienen sei. Derselbe habe ihr ein Goldstück geschenkt, welches aber später Pferdemist geworden sei und habe sie Donnerstag um 12 Uhr zum Tanzplatz auf der Suke (am Westernkötter Wege) geführt. Sie glaube, sie sei auf einer Ziege dahingeritten. Dort sei lustig getanzt. Auf einer Trommel ist mit einem Fuchsschwanz Musik gemacht, ein anderes Mal auf einem Pferdeschädel. Auch ist tüchtig geschmaust, aber sie waren gleich wieder hungrig. Der leibhaftige ›Gottseibeiuns‹ hat ihr denn ein schwarzes Pulver gegeben, mit demselben hat sie Kühe, Pferde, Hunde Katzen vergiftet und später ihre Kunst anderen gelehrt.«[287]

Das sind standardisierte Aussagen, weil die Frageprotokolle der Hexenrichter standardisiert sind. Es gibt Frageschemata für die Prozesse, »in welchen die Hexen vnd vnholden auf das allerbequemist möge Examinirt werden«. Sie beginnen mit der Frage: »Warumben Sie vermain, das sie hierher gefireth worden?«, gehen dann zum »punctum malefactorum« über, wollen wissen, wann und wie Sakrilegien begangen wurden, fragen nach den Hexenfahrten, ob sie tote Kinder auf den Kirchhöfen zur Bereitung ihrer zauberischen Materialien gebraucht habe, was sie an Unwettern gemacht, ob sie Komplizen habe, ob sie den Teufel angebetet habe, ob und wie oft sie sich fleischlich mit ihm vermischt habe, ob sie Krankheiten angehext und Streit zwischen Eheleuten verursacht habe.[288] Die Hexenprotokolle in dem Lippstadter Hexenbuch gleichen sich – so ein Heimatforscher von 1928 – denn auch wie ein Ei dem anderen.

Wir legen einen typischen Fall zugrunde. Es ist ein anderes Territorium, aber dieselbe Region, dieselbe Zeit, 1631. Es geht um das Prozessprotokoll von Lisa Tutken aus Siddinghausen, gehörig zur Herrschaft Büren, im Südwesten des Fürstbistums Paderborn. »Tutken Lisa« wird am 21. März 1631 auf Burg Ringelstein peinlich befragt. Zuerst konfrontiert man sie mit zwei bereits geständigen Zauberinnen, mit Hönnekens Stina und der Ricuske. Grundlage dieser Konfrontation ist die Gewissheit der Ankläger, dass sich die Hexen untereinander kennen, weil sie gemeinsam auf dem Hexentanzplatz gewesen sein müssen. Von diesen beiden ist sie »besagt« worden; d. h., sie haben unter der Folter ihren Namen angegeben. Sie wird nun selbst »torquiert«, weil sie diese Beschuldigung zurückweist. Sie ist aber schon vorbelastet von ihrem Vater Engelbert, auch ein Hexer, der bereits hingerichtet worden ist. Wie in dem Lippstädter Prozess hat auch sie drei Fuß zurücktreten müssen und Gott abschwören, »welches sie gethan, were ihr aber leid. Darauf ein Jung in schwartzen Kleidern zu ihr komen, einen Reichsthaler geben, den sie in Beutel gesteckt, aber zu Pferttreck worden. Hette mit ihn in ihres Vaters Hof pueliert, were kalt Werk gewesen. Hieße Hans Federwisch.« Ja, wie wird er wohl sonst heißen, auch wenn er diesmal in Schwarz und nicht in Rot gekommen ist. Solche Grotesknamen für den Teufel sind überregional. Auch in Kurtrier stellt er sich zumeist als »Feder Hans« oder »Federbusch« vor. Daneben gibt es aber auch Teufelsnamen, die auf Haus- oder Naturgeister zurückverweisen, Gütlin oder Hämmerlin, Greslin oder »der Grüne«. Denn neben Rot und Schwarz tritt er auch in den Farben Grau und Grün auf.[289] Sie hat mit ihm »pueliert«, aber der Beischlaf war »kalt Werk«.

Dass der Geschlechtsakt mit dem Teufel eher einer Vergewaltigung gleichkommt und dass sein Penis groß und kalt ist, sagen auch andere Hexen aus. »Hette daß bolieren nicht anderß abgangen, alß wen er sie umbbringen wollen, von großer stercke, sein zeug wehre plumpt werck gewesen, und viell großer wehre ihr nicht bekommen; alßsonst wie es hergangen, mugte Gott wißen, sein dink wehre kalt, groß und plumpt gewesen, und nicht alle alß eine halbe stunde gedauret.« Solche Aussagen sind erfoltert und geben Aufschluss über die Phantasie der Befrager oder bestätigen volkstümliche Vorstellungen, wie es mit dem Teufel und seinem Penis wohl beschaffen sein müsse.[290] Die Brautgabe des Teufels wird auch hier wieder zu Pferdemist, denn wahrscheinlich handelt es sich um die Umkehrung eines Sagen- und Märchenmotivs. Dort scheißt der Goldesel Geld – hier wird das Gold zum Dreck.[291]

Ihr Buhle hat ihr ein schwarzes Pulver gegeben, mit dem sie, um es auszuprobieren, zunächst eine Katze getötet hat. Dann gesteht Frau Elisabeth Tutken, dass sie mehreren Bauern die Pferde vergiftet hat. Bei der Befragung wird deutlich, dass die ältesten Fälle dieser verendeten Ackergäule schon 40 Jahre zurückliegen. Zum Teil gibt sie Gründe für ihr Tun an: Bauer Kreuete hätte für sie zur rechten Zeit nicht pflügen wollen, obwohl er es ihr schuldig gewesen sei. Auch Thönis Henrichen hätte sich geweigert, für sie zu pflügen, deshalb hätte sie sein rotes Pferd vergiftet. Randbemerkung: »Inquisitus sagt wahr«. Dem Mann ihrer Tochter hat sie eine schwarze Kuh vergiftet, weil ihre Tochter mit ihr gezankt und gekeift habe. Ein anderer Bauer hat von ihr verlangt, sie solle in seinem Korn Unkraut jäten – er ist bald darauf an einer Brustkrankheit gestorben.

Auf dem Hexentanzplatz ist sie auch gewesen. Unter ihrem Bett stünde ein Pott mit schwarzer Salbe, wenn sie sich damit schmiere, führe sie auf den Tanz. Dort war ihr aber nur eine Statistenrolle zugewiesen. Sie stand nämlich auf dem Kopf und musste »das Licht im Hindersten halten«. Sie »besagt« nun ihrerseits in Sydinghusen die »Appelsoppische Gertrud« und die »Spanische Trüs«. Aus Barkhusen fallen ihr die »Christianuske« und die »Schnitkersche« ein. Zu diesen Denunziationen wird sie mit Daumen- und Beinschrauben gebracht; das Protokoll vermerkt ausdrücklich, dass man sie wegen ihres hohen Alters nicht mehr habe »aufziehen« können, d. h., sie wurde nicht mit auf den Rücken gebundenen Händen in die Höhe gezogen. Deshalb sei aus ihr nicht mehr herauszubringen gewesen. Sie ist aber entblößt worden; der Scharfrichter findet an ihrem Schulterblatt ein Stigma, »gleich wanns mit 3 Fingern gegriffen were« – ein Abdruck der Teufelskralle aus ihrem Beischlaf mit dem Bösen? Er sticht mit einer Nadel tief hinein; sie empfindet aber nichts.

Am nächsten Tag wird sie »gütlich« an ihre Angaben erinnert. Sie weigert sich, weitere Komplizen zu nennen. Daraufhin wird sie wieder zur Tortur gebracht, und nun gibt sie aus Sydinghusen noch die »Leinweberske Getrud« und »Elsken Ruske« an. Das Gericht hat genug gehört und gibt auf. »Will die alte Zauberin mehr nit wissen; was aber be-

kannt, seye wahr, wolle auch darauf leben und sterben.« Ihr Urteilsspruch wird am 27. März gefällt. Sie wird für schuldig befunden, dass
sie die Zauberkunst in ihrer Jugend von ihrem Vater gelernt hat, dass
sie Gott dem Allmächtigen abgesagt und sich dem Teufel anhängig
gemacht hat, dass sie sich mit dem Teufel »vielfältig fleischlich vermischet« und dass sie Menschen und Vieh durch ihre Zauberkunst umgebracht hat. »Wahr, daß dadurch die Göttliche Majestät aufs höchste
belaidigt und darum zu strafen.« Am gleichen Tage wird sie zusammen
mit neun anderen Verurteilten, acht Frauen und einem Mann, hingerichtet.

Über ihre soziale Stellung im Dorfe erfährt man aus dem Protokoll nicht viel; wir hören nur, dass wechselseitige Verpflichtungen in
der Dorfgemeinschaft der Ausgangspunkt des Schadenszaubers sind:
Der und jener will bei ihr nicht pflügen, sie wiederum will kein Unkraut im Getreide jäten. Ein Streit zwischen Mutter und Tochter
kommt hinzu.[292] Abweichendes Verhalten, Nachbarschaftsstreit und
Familienstreit sind die typischen Auslöser von Hexenprozessen.[293] Es
wird nicht ganz falsch sein, sich Frau Tutken als die Witwe eines Kleinbauern, »Brinksitzers« oder »Häuslers« vorzustellen, die es schwer hat,
als alte Frau im Dorf ihr Leben zu fristen. Dabei konnte es durchaus
vorkommen, dass diese Dorfarmen durchblicken ließen, über besondere Kräfte zu verfügen, um sich wenigstens etwas Respekt zu verschaffen und die andern einzuschüchtern. In seinen Tischgesprächen
erwähnt D. Martin Luther einen solchen Fall in Erinnerung an seine
Kindheit: »Doctor Mart. sagte viel von Zäuberei, vom Herzgespann
und Alpen, wie seine Mutter sehr/geplaget wäre worden von ihrer
Nachbarin, einer Zäuberin, daß sie aufs aller freundlichste/und herrlichste hat müssen halten und versöhnen. Denn sie schoß ihr die Kinder, daß sie sich/zu Tode schrien.«[294] Im Klartext: Bei den Luthers
wohnte eine alte Frau in der Nachbarschaft, die den »Hexenschuss« beherrschte, den bösen Blick, mit dem sie Kinder schießen konnte, so dass
sie nicht wieder aufhörten zu schreien. Um sie an ihrer schlimmen
Kunst zu hindern, musste die Mutter des kleinen Martin freundlich zu
ihr sein und sie »aufs herrlichste halten«, d. h. ihr ab und zu etwas Essen hinüberbringen.

Das entspricht der Definition einer »typischen Hexe«. Normalerweise trifft die Beschuldigung die Armen und die unterbäuerlichen Schichten. Nur die ganz großen städtischen Hexenprozesse in den mainfränkischen und Trierer geistlichen Territorien ziehen so weite Kreise, dass auch Angehörige der Oberschicht angeklagt und hingerichtet werden; in den meisten Fällen enden die Prozesse, wenn höhergestellte Personen »besagt« werden.[295] Es muss schon ein erheblicher Druck seitens der Bevölkerung auf die Regierung vorliegen, wenn sie, um Prestigeverlust zu vermeiden, auch Anklagen gegen Mitglieder der Oberschicht zulässt.[296] Denn auf der Seite der Verfolgungswilligen finden sich geradezu *Bürgerinitiativen* zusammen, die die Obrigkeit in Petitionen bestürmen, Hexenprozesse durchzuführen.[297] Auch in den Dörfern Sydinghusen und Barkhusen finden sich um 1670 noch mittlere und größere Bauern, die neue Hexenprozesse in einer Bittschrift fordern.[298] Man muss sich klarmachen, dass die wechselseitigen Beschuldigungen zunächst vom »Volke« ausgingen. So beschreibt es auch der württembergische Reformator Johannes Brenz: »Da ist gleich Erommnes (i. e. Herr omnes, d. h. Herr Jedermann, H. D. K.) auff der bahn/ schreien vnd ruffen/ nur immer hinweg mit jhnen/ nur zum fewr zu.«[299] Die Aussagen in den Prozessen »enthüllen nicht nur ein Haßpotential von erschreckendem Ausmaß in Familien- und Nachbarschaftskonflikten, sondern auch seine Entladung im Willen zur physischen Vernichtung«.[300] Man konnte die Hexenprozesse in solchen Konflikten funktional einsetzen; sich die Feinde im Dorf vom Halse schaffen oder sie, falls man schon selbst angeklagt war, durch »Besagen« mit in den Tod reißen. Wer einmal in die Mühle eines Hexenprozesses geraten ist, hat kaum eine Chance davonzukommen. Die Hexe oder der Hexer werden so lange gefoltert, bis sie gestehen. 1634 beschreibt ein Gegner der Hexenprozesse, der protestantische Pfarrer Johann Matthäus Meyfart, wie durch die Marter unschuldige Personen zu Geständnissen gebracht werden:

> »Ich habe gesehen/welcher massen sie den festen Leib des Menschen zertrümmern/die Glieder von einander treiben/die Augen aus dem Heupte zwingen/die Füsse von den Schinbeinen reissen/ die Gelencke aus den Spannadern bewegen/die Schulterscheuben aus der Schauffel heben […]. Den Anfang macht der Peiniger/vnd

schraubet mit spöttischen Worten die Bein/vorwendend/es weren Braunschweigische Stiefeln. Ein tapfferer Herr vnd Mann/ein wackere Matron vnd Jungfraw/solte aus Schwachheit der Natur/wol tausendmal bekennen/ehe sie den vnfletigen/teuffelsmessigen/ vnd rabenwirdigen Henckern einen Fuß zu geschweigen die Bein betasten liesse. [...] Ich habe gesehen/(daß es Gott im Himmel erbarme/weil mein junges Blut damals geergert worden /) welcher gestalt ein Martermeister mit einem Schwefelknopff! die in der Marter hangende Person an heimlichen Orten gebrennet hat. Gros ist deine Gedult/Herr Jesu/in diesem Handel: Solte doch ein tapfferer Mann vnd Herr/ein erbar Matron vnd Jungfraw ein gantzjährige TodesNoth lieber außstehn/als solche Vnfläterey leiden. Zugeschweigen des Außtrieffelens von Oel vnd Butter/von Einlegung der heissen Eyer vnd dergleichen Stücken ...«

Meyfart beklagt, wie gering die Henker den von Gott gegebenen, kostbaren Leib des Menschen achten. Und er entsetzt sich über die biederen Handwerker, die immer noch neue Folterwerkzeuge erfinden wie »stachlichte Stüle«.[301]

Rebecca Lempin schmuggelt 1590 in Nördlingen einen Kassiber an ihren Mann aus dem Gefängnis: »O du mein auserwehlter schaz, sol ich mich so vnschuldig von dir scheiden muessen, – das sey Got ymer und ewig klagt, – man net eins [nötigt mich], es mueß eins reden, man hat mich gemartert [...] o du herzlieber schaz, wie geschicht meinem Herz, – o we, o we meiner armen waisen, – vater, schickh mir etwas, das ich sterb, ich mueß sonst an der marter verzagen, ...« Sie bittet um Gift.[302] Katharina Hernot schreibt 1627 in Köln: »Ist alles erlogen.« Sie ist noch ohne Tortur befragt worden und weist alle Beschuldigungen zurück. Sie hofft, aus dem Gefängnis wieder herauszukommen, damit sie sich verteidigen könne. Die Verteidigung gegen die Anschuldigungen, wenn das heimliche *Gemurmel* zum öffentlichen *Geschrei* zu werden droht oder schon geworden ist, gilt als die wichtigste Vorentscheidung für den Prozess. Erst wenn die Verteidigung der Ehre und des Ansehens misslingt, sind dem Verfahren Tür und Tor geöffnet.[303] Eine Verteidigung im Prozess selbst ist meistens zu spät, weil dann die Folter einsetzt. Die 20-jährige Agnes Klostermüllerin in München gibt dem gelehrten Juristen und bayerischen Kanzler, der sie befragt, Widerworte. »Als Herr Dr. Wagnereckh Lateinische Psalmen oder Verß uber sie gesprochen und den Namen Ihesu etlich malen genent, Sagt si, sy mög diesen Jesum nit, sunder well den haben, der si erschaffen und für sie am stamen des heiligen Creizes geliten.« Daraufhin wird sie aufgezogen, einmal »lähr« (leer) und 10-mal mit einem 50-pfündigen Stein an den Füßen. Es ist aber wieder nichts aus ihr herauszubringen. Ein westfälischer Bierbrauer fordert 1617 seinen Sohn auf, ihn zu rächen: »Sohn, ich befehle dir, meinen unschültigen Todt zu rächen, und so du einen redlichen blutstropffen von mir hast empfangen, so räche meinen Todt an Richter, Scheffen, Fronen und Commissarien, an den einen Schelmen wie an dem anderen am besten, wie du kanst etc.« Anna Maria Müller verflucht 1627 ihre Richter: »… sagt auch ausdrücklich, das bluetbadt möchte zuletzt über denen zusammenschlagen, welche die Leuth examinierten […].«[304]

II. Die Kritik an der Prozessführung und das »prinzipielle Argument«

Auch im magischen Weltbild geschieht vieles auf natürliche Weise, an bestimmten Punkten aber wird eine zusätzliche Erklärung herangezogen. Der Ethnologe Evans-Pritchard hat es in seiner klassischen Untersuchung über »Hexerei, Orakel und Magie bei den Zande« in Westafrika so beschrieben: Jeder Zande weiß, dass Termiten die Stützbalken eines Getreidespeichers zernagen. Irgendwann wird er einstürzen. Aber warum ist er eingestürzt, als gerade *diese* Personen darunter saßen? Der Glaube an die Hexerei liefert das fehlende Glied in zwei sich überschneidenden Kausalketten und eliminiert den »Zufall«. Ausgerechnet *jetzt* ist der Speicher eingestürzt, und irgendjemand hat den Leuten eingegeben, *gerade dann* unter ihm vor der Sonne Schutz zu suchen. Es war Hexerei im Spiel. Die Gegenmaßnahme gegen Hexerei aber ist nicht Analyse des Falls, sondern ein Handeln.[305]

Nicht anders als in Westafrika geht es 1631 im Amt Büren im Erzstift Paderborn zu: Jeder Bauer weiß, dass sein Pferd einmal stirbt. Aber warum verendet es gerade, als er sich geweigert hat, für die alte Frau Tutken zu pflügen? Sie hat es verhext oder vergiftet. Jetzt aber kommt der Unterschied, und dieser Unterschied macht die Sache nicht besser, sondern schlimmer: Das »schwartz Pulver« dafür hat ihr der leidige Satan gegeben. Sie hat nicht aus eigener Kraft gezaubert oder vergiftet, sondern die Kraft und die Mittel dafür vom Teufel erhalten. Sie ist von Gott abgefallen und eine Ketzerin. Denn in ihrem Richterspruch heißt es ausdrücklich, sie habe die Göttliche Majestät beleidigt und sei »darumb zu strafen«. Hier finden zwei kulturelle Milieus zusammen: Volkskultur und theologische Gelehrtenkultur.[306] Diese in sich verflochtene Logik, die Angst in Furcht verwandelt, das Objekt des

Handelns sichtbar macht und die handelnde Abreaktion an den »Verursachern« in Gang setzt, kann nur aufgebrochen werden, wenn vom »Handeln« zur kritischen Analyse übergegangen wird. So einfach ist das aber nicht, denn auch der Hexenverfolgung liegt eine gelehrte Analyse der Situation zugrunde. Sie stützt sich auf die Heilige Schrift, auf die Kommentare der großen Kirchenmänner wie Augustinus und Thomas von Aquin und letztlich auf ein bestimmtes Weltbild, eine Vorstellung vom Kosmos, in dem Hexerei eine anerkannte Möglichkeit ist.

Spätere, aufklärerische Begriffe wie »Hexenwahn« verstellen die Problematik; hier geht es nicht um »Wahn« oder »Aberglauben«, sondern um ein in sich geschlossenes Weltbild.[307]

Bei den Argumenten der Verfolgungsgegner muss man unterscheiden zwischen partieller und prinzipieller Kritik, auch wenn beide Formen oft vermischt sind.[308] Als *partielle Kritik* soll hier bezeichnet werden jede Kritik an der Prozessführung, wenn sie die Möglichkeit offenlässt, ob es überhaupt Hexen geben könne. Als *prinzipielle Kritik* aber werden jene Positionen benannt, die grundsätzlich die Möglichkeit der Hexerei verneinen.

Wir betrachten die gegensätzlichen Positionen von Johann Weyer und Johannes Brenz, gehen dann zu Friedrich von Spee über und enden mit Christian Thomasius und Balthasar Bekker. Ein Arzt vom Niederrhein, ein Lutheraner aus Württemberg, ein Jesuit, ein eleganter Professor aus Halle und ein niederländischer Cartesianer sollen nach ihrer Ansicht befragt werden. Dabei durchlaufen wir den Zeitraum von etwa 1560 bis 1710 und erreichen mit der »Cautio Criminalis« von Spee 1631/32 zugleich Höhepunkt und Krisis in der Auseinandersetzung um die Prozesse.

1. Johann Weyer, Johannes Brenz und die protestantische Hexenlehre

Rückblickend aus dem Jahre 1712, urteilt Prof. Dr. Christian Thomasius über Brenz und Weyer, sie hätten Streitigkeiten miteinander gehabt »wegen der Straffe derer Hexen«.[309] Im strikten Sinne ist der Reformator überhaupt kein Gegner der Hexenverfolgung. Er hält aber ein Argument bereit, das vorsichtige Zweifel am Sinn der Verfolgungen erkennen lässt. Denn was können diese Hexen wirklich bewirken? Legt man ihnen nicht eine zu große Macht bei?[310] Brenz hat seine Auffassung bereits in der 1539 gehaltenen Predigt »De grandine, Vom Hagel« geäußert; sie erscheint aber erst 1557 im Druck und steht bei der ersten großen Welle der Verfolgungen als zumindest abschwächende Position bereit.

Kann es überhaupt Hexen geben? Als Lutheraner verfährt Brenz nach dem Prinzip »sola scriptura«. Die Bibel, und sie allein, muss Auskunft geben. In der Bibel aber steht 2. Mos 22 v. 17 kurz und knapp: »Die Zauberinnen sollst Du nicht leben lassen.« Brenz zieht die Existenz der Hexen nicht in Zweifel, er bestreitet aber die Wirksamkeit ihres Tuns. Er will die Rolle Gottes stärken und die Rolle des Satans schwächen. Handhabe dazu gibt ihm das Buch Hiob, das in den Kapiteln 36–38 eindeutig Gott als den Herrn des Wetters und auch des Unwetters bezeichnet. Macht aber Gott das Wetter, dann können es die Unholde nicht machen. Zwar bleibt der Teufel Gottes »Henker und Stockmeister«, der durch Zulassung das Böse tut, weil Gott selber es nicht tun kann und will, aber sein irdisches Gefolge hat keinen wirklichen Anteil an diesem Treiben. Der Teufel lässt die ihm zugeschworenen Anhänger eine falsche kausale Zurechnung erleben. Sie denken »es sey ihres Wercks/wenn etwas böses geschehen und vollbracht worden/so es doch allein der Teuffel/durch verhengnuß Gottes/zu wegen bracht unnd außgericht hat«. Gott verfolgt durch seine Strafen einen ganz anderen Zweck, den nämlich »die frommen in ihrem glauben dardurch zu probieren/die Gottlosen aber jhrem verdienst nach/zustraffen«.[311] Der Bußaufruf steht im Zentrum von Brenz' Argumentation, nicht in erster Linie das Für und Wider angesichts von Hexenprozessen. Allerdings führt die Einschränkung durch das Buch Hiob bis auf einen

23 Hexen beim Wetterzauber
Radierung, vermutlich nach 1655

Punkt, an dem die Widersprüche seiner Position zutage treten. Denn tatsächlich kommt Brenz zu dem Schluss, dass das Verbrennen von Hexen kein wirksames Mittel gegen die von den Unwettern bewirkten Schäden sein kann. »Warum das? denn wenn schon alle Unholden zu äschen verbrennet würden/so würde doch Hagel/Donner und ungewitter darumb nicht auffhören/welches alles/wie gesagt/von Gott zugeschicket wirt.«[312]

Johann Weyer, der Leibarzt des Herzogs von Cleve und Jülich[313], der mit Brenz in den 60er Jahren des 16. Jahrhunderts über diese Fragen korrespondiert, legt seinen Finger genau auf diese Schwachstelle der Argumentation. Wenn die Hexen nicht wirklich Wetter machen können, warum soll man sie dann verbrennen? Brenz argumentiert vom

Verbrechen der Apostasie her, nicht vom wirklichen Schadenszauber. Weyer dagegen treibt den Ansatz von der »Verblendung« weiter, baut ihn aus und kommt auf die mangelnde Effizienz der Bemühungen zurück. Die sogenannten Unholde sind vom Teufel in »ihrer phantasey verderbt«, wenn sie sich etwas zugute halten, was sie gar nicht bewirken konnten. Daher kann ihr schlimmes Vorhaben auch kein »vollendeter Versuch« genannt werden. Das weltliche Recht – und hier beruft er sich auf den § 109 der *Carolina* – rede ja nicht von »denen/ welche solche Zauberwerck nit können«, sondern strafe nur jene, »welche die böse Zauberkunst gebrauchen«.[314] Weyer weiß auch, wo sie zu finden sind: nicht unter den armen und geistig schwachen Weiblein, sondern unter den gelehrten Magiern. Diese Zauberer wissen, was sie tun, und daher trifft sie auch die Härte des Gesetzes zurecht.[315] Wenn sich aber arme Frauen in ihrem melancholischen Sinn dem Teufel ergeben, so bedürfen sie nicht des Feuers, sondern einer guten Predigt. Und dann spricht der Arzt: Weyer hat die Vorstellungen vom Einfluss des Teufels auf die Phantasie mit der Lehre von den Temperamenten verbunden. Daher modellieren sich die aufsteigenden Traumbilder nach den Ausdünstungen des Körpers, und daher kommt es, dass die Choleriker vom Feuer, die Phlegmatiker vom Wasser träumen, die Melancholiker aber von »scheußlichen/erschröcklichen Teuffels-Angesichten (denn je die Melancholey der bösen geistern Spielhauß ist)«. Nur die Sanguiniker kommen auch im Schlafe besser weg: Sie träumen von lieblichen, lustigen und fröhlichen Dingen, vom Springen und vom Tanzen.[316]

Man ersieht aus dem Briefwechsel: Zuerst begrüßt Weyer den Reformator als einen Mitstreiter. Dann aber muss er einsehen, dass der Theologe an Exodus 22 nicht vorbeikommt: »Die Zauberinnen sollst du nicht leben lassen.« Aber auch Weyers Position ist nicht schlechthin *aufgeklärt*. In dem offen frauenfeindlichen Hexenhammer von 1487, der den Hexenstereotyp vorgezeichnet hat, sind die Frauen schon aufgrund ihres Geschlechts gleichsam als Triebtäterinnen, Einfallstor des Teufels. Bei Weyer bleiben sie es in verfeinerter Form: Nun ist es ihr melancholisches Gemüt und überhaupt ihr unbeständiges Temperament, das sie zum Opfer des Satans werden lässt.[317] Eine andere Wissenschaft nimmt sich ihrer an: Aus einem Fall für die Theologen werden sie nun zu einem Fall für Mediziner und Psychologen.

2. Friedrich von Spee und die Gewissensbedenken

Weyer scheut nicht davor zurück, dem Kaiser vorzuschlagen, die Hexenverbrennungen zu beenden. Geschickt appelliert er an eventuelle Gewissenszweifel: »So werden auch die Regenten vnd Obrigkeiten sich desto weniger fuer dem nagenden Wurm des gewissens zu fuerchten haben: Vnd wirdt endtlichen/so des Teuffels gewalt und reich/von tag zu tag je lenger je mehr abnemmen/fallen und brechen/dargegen aber das Reich unsers Herren Christi je lenger je weiter sich ausbreiten.«[318]

Diesen Bereich, die Frage nach den Pflichten einer christlichen Obrigkeit in Form eines »Gewissensbedenkens«, hat ein anderer ausgearbeitet: Friedrich von Spee. Als Christian Thomasius in seinem Werk »De Crimine Magiae« von 1701 den Autor der »Cautio Criminalis« von 1631 als seinen wichtigsten Vorläufer herausstellt, scheint es ihm unmöglich, dass es sich hier um einen Katholiken handeln könnte; er hält Spee für einen verkappten Protestanten. Erst in seiner Schrift von 1712 über den Inquisitionsprozess weiß er von Leibniz, dass Pater Spee ein Jesuit gewesen ist. Seine Verblüffung weist ihn als guten Kenner der Sachlage aus. Denn am Ende des 16. Jahrhunderts war eine Spaltung der zunächst überkonfessionellen Diskussion eingetreten: Katholiken durften sich nicht mehr auf die Argumente von Brenz und Weyer berufen. So verordnete es das bayerische Hofgutachen von 1590.[319] Daher blieb den katholischen Gegnern der Hexenverfolgung gar nichts anderes übrig, als sich auf die immanente Prozesskritik zu konzentrieren.[320] Diese Prozesskritik hat Spee geliefert. Sein Buch aber beginnt mit der Frage, ob es wirklich Hexen, Zauberinnen oder Unholde gebe.

Spee sagt: »Ich antworte: Ja.« Thomasius hält das für eine Vorsicht, um sich nicht dem Vorwurf des Atheismus auszusetzen.[321] Spee verweist auf die Autoritäten, man möge doch Remigius, Delrio, Bodinus und andere lesen. Doch wenig später fällt er seinen Gewährsleuten in den Rücken und wendet sich von ihren Werken ab, die er doch früher mit Eifer studiert hat. Bei Lichte besehen, unterminiert er ihre Position auch schon in seiner ersten Antwort. Denn er räumt ein, dass es wirklich »etliche Zauberer« auf der Welt gebe, keinesfalls aber jene

Massen, die inzwischen in »Glut und Asche« aufgegangen sind. Genauso hatte Weyer auch argumentiert. Spee hält sich an die katholischen Vorschriften und nennt ihn nicht; gekannt hat er ihn mit Sicherheit, denn er zitiert ja Bodin. Bodin aber hatte Weyer »confutiert« und musste daher seine Argumente abdrucken. So wirkten sie in der *Widerlegung* fort.

Spee fragt: »Ob die deutschen Fürsten recht daran tun, daß sie strenge gegen die Hexerei einschreiten?« Es sei ferne von ihm, die Obrigkeit tadeln zu wollen. Denn sie selbst höre nur auf ihre Ratgeber, die ihr – in alter Weise – vier gute Werke vorstellen. Die Hexenverfolgung säubere den Staat von einer großen Plage, sie verhindere vielfältige Schadensstiftung. Die Obrigkeit tue, was ihres Amtes sei (Röm 13), und sie zeige Eifer für die Ehre Gottes, da doch die Heilige Schrift gebiete, die Zauberer nicht am Leben zu lassen (2. Mos 22). Unterließen sie die erforderliche Strenge, so die allgemeine Auffassung, würden sie den Zorn Gottes auf ihr Land ziehen: »Sonderlich aber das wann die obrigkeit hinlässig, Gott selber khombt und durchgehendt strafft, Obrigkeit und Underthon, Statt, Länder und in summa allesampt miteinander …«[322] Jedoch – haben die Fürsten denn guten Erfolg mit diesem Vorgehen? Ach nein, sie verwüsten lediglich ihr Land. Aber dem kann abgeholfen werden; es gibt ja nicht nur die *alten Ratgeber und Autoritäten*, es gibt auch neue, die »gelindere Mittel« empfehlen. Hier taucht der Name des Ordensbruders Adam Tanner S. J. auf.

Alte und neue Autoritäten? Bisher hatte man unbesehen Binsfeld und Delrio geglaubt, »aber jetzt treten andere auf, die gewisse Einzelheiten einer gründlichen Nachprüfung unterziehn« – und also stehen sich zwei Lehrmeinungen gegenüber. Die Richter sollen auf jeden Fall auch die »neueren Schriftsteller« hören, vor allem dann, wenn nachgewiesen werden kann, dass bei diesen Prozessen durch die Folter zwangsläufig Unrecht geschieht. Jetzt zielt Spee direkt auf das Gewissen der Fürsten. Erst wenn der Fürst begreift, was in seinem Lande wirklich geschieht, »wird er entsetzt sein und arge Gewissensbisse fühlen, wenn sein Gewissen bis jetzt auch noch so seelenruhig und unbekümmert sein mag. Ich darf das nicht alles in der Öffentlichkeit aussprechen.«[323] Spee plädiert für ein Prozessverfahren der »völlig gefahrlosen

Art« und geht dabei bis zu dem Ratschlag, »ganz einfach überhaupt keine Hexenprozesse führen zu lassen«. Denn wenn die Gefahr besteht, dass mit dem Unkraut auch der Weizen ausgejätet wird, »dann darf auch das Unkraut nicht vertilgt werden«.[324] Das aber ist nach Matth 13, v. 24–30, das Gleichnis vom Unkraut auf dem Acker. Denn Kraut und Unkraut wachsen zugleich auf, das eine ist die Saat des Herrn, das andere die Saat des Bösen. Da kommen die Knechte vor den Hausvater und fragen ihn: »Willst du denn, daß wir hinausgehen und es ausjäten?« Da spricht der Herr: »Nein! auf daß ihr nicht zugleich den Weizen mit ausraufet, so ihr das Unkraut ausjätet.« Gemeinsam soll es wachsen bis zur Zeit der Ernte. Die Zeit der Ernte aber ist das Ende der Welt; dann kommen die Engel als die Schnitter und bringen Unkraut und Weizen zusammen ein. Erst dann wird aussortiert, wer in den Feuerofen kommt, da wird sein Heulen und Zähneklappern; die Gerechten aber werden leuchten wie die Sonne (Matth 13, v. 36–43). Ebendieses Gleichnis hatte Adam Tanner in seiner »Theologia scholastica« von 1627 benutzt,[325] denn niemand anders als die Obrigkeit ist mit den Knechten gemeint, die das Unkraut zur unrechten Zeit ausreißen wollen. Der Herr selbst wird richten im Jüngsten Gericht. Hören die Fürsten auf die richtigen Ratgeber? Spee entwirft das Bild eines idealen Geistlichen. Er soll nicht in die Prozessführung hineinwirken; die Sphären der Justiz und des Priesters bleiben getrennt. Und er soll durch sein Auftreten einen anderen Begriff des Christentums bezeugen, er soll einen Gott der Liebe, nicht einen Gott des Zornes predigen.

> »Es muß gezeigt werden, wie unser Gott nicht ist, wie die Götzen der Heiden, die von ihrem Zorn nicht lassen können. Daß er ein für alle Male von unbegreiflicher Liebe zum Menschengeschlecht erfüllt ist, die zu tief ist, als daß er nun noch das Versprechen seiner Zuneigung widerrufen könnte.«[326]

Dieser Übergang von einem Gott des Zornes, der Plagen und der Rache zu einem Gott der Liebe ist eine der größten kulturhistorischen Wandlungen in der Entwicklung des europäischen Denkens.[327] Es ist die Abkehr von einem Gott der »beleidigten Majestät« und die Hinwendung zu einem Gott der »unbegreiflichen Liebe«. Die Geistlichen sollen nicht die weltlichen Richter in ihrem fanatischen Eifer noch aufhetzen oder ihnen ganz und gar noch neue Foltermethoden vorschlagen,[328] sie sollen eine »heilige Tortur« der wirklichen Folter vorangehen lassen. Diese heilige Tortur kann nur gedeihen in einem Umfeld von Reue und Buße; mit »heilsamen Gewissensbissen« sollen die Sünder erweicht und mürbe gemacht werden. Vor dem eigenen Gewissen aber hat »hartnäckiges Verschweigen keine Statt mehr«. Wenn die Angeklagten also wirklich schuldig sind, würden sie es gestehen. Das ist die Probe, auf die Spee es ankommen lassen will.

Unter der Voraussetzung, dass die Tortur völlig abgeschafft wird, ist er sicher, dass sich im Klima von Reue und Buße die Plage der Hexerei von selbst auflöst. Im Rahmen dieser Überlegungen ist auch sein Satz zu lesen: »Persönlich kann ich unter Eid bezeugen, *daß ich jedenfalls bis jetzt noch keine verurteilte Hexe zum Scheiterhaufen geleitet habe, von der ich unter Berücksichtigung aller Gesichtspunkte aus Überzeugung hätte sagen können, sie sei wirklich schuldig gewesen.«*[329] Die Angeklagten sollen vor den »inneren Richter«, vor ihr Gewissen, gerufen werden, bevor man sie dem äußeren übergibt, und Spee kritisiert an den Ratschlägen der einschlägigen Hexenjäger, dass hier umgekehrt verfahren wird. Erst übergibt man die Angeklagten dem weltlichen Gericht mit seinen Torturen, dann erst erwartet man das »innere« Geständnis.[330] Zum Gegenbeweis schlägt er vor, die Obrigkeit möge doch ein beliebiges »Sonderverbrechen« erfinden, von dem das Volk Schaden befürchtet, das so geahndet würde wie jetzt die Hexerei. Er wolle sich lebend ins Feuer werfen lassen, wenn nicht in kürzester Zeit Deutschland von Verbrechern dieser Art so voll wäre wie jetzt von Zauberern und Hexen.[331] Noch aber wird weiter gefoltert und gebrannt.

»Unglückliche, was hast du gehofft?« Rhetorisch spricht Spee die Gemarterte an. »Warum hast du dich nicht gleich beim ersten Betreten des Kerkers für schuldig erklärt? Törichtes, verblendetes Weib, warum willst du den Tod so viele Male erleiden, wo du es nur einmal zu tun brauchtest? Nimm meinen Rat an, erkläre dich noch vor aller Marter für schuldig und stirb. Entrinnen wirst du nicht. Das ist letzten Endes die unselige Folge des frommen Eifers Deutschlands.«[332] Die Obrigkeit solle nicht verwundert sein, wenn er sie so leidenschaftlich ermahne; er gehöre nicht zu jenen, die der Prophet »stumme Hunde« nennt, die nicht zu bellen wüssten. Schlägt man bei Jesaja 56, v. 10, nach – denn darauf spielt Spee an –, wird es noch deutlicher: »Alle ihre Wächter sind blind, sie wissen alle nichts, stumme Hunde sind sie.« Er aber will bellen – und die Fürsten aufwecken. Damit nicht genug, in einem Anhang vergleicht Spee die Hexenverfolgung mit der Christenverfolgung unter Kaiser Nero im antiken Rom. Und als jesuitischer Fuchs druckt er zum Schluss eine feierliche Erklärung, dass natürlich alles, was der Heiligen Römischen Kirche in diesem Buch missfalle, nichtig, verdammt und verflucht sein solle.

Mutige Kämpfer gegen Hexenprozesse und Folter hat es auch schon vor Spee gegeben. Zu gedenken ist des Anton Praetorius, gebürtig 1560 aus – Lippstadt. Er wird 1586 Rektor der Lateinschule in Kamen und wirkt später als calvinistischer Hofprediger in Birstein in Hessen. 1597 ist er Mitglied einer Untersuchungskommission gegen vier der Hexerei angeklagte Frauen. Er erträgt die Schreie der gefolterten Opfer nicht – und wettert seinerseits gegen seine Obrigkeit, sie solle diese Prozesse einstellen. Der Schreiber der gräflichen Kanzlei berichtet von diesem erregten Zwischenfall, »weil der Pfarrer alhie hefftig dawieder gewesen, das man die Weiber peinigte, alß ist es dißmahl deßhalben underlaßen worden. Dan er mit großem Gestüm und Unbescheidenheit vor der Tür angepucht den Herrn Dominum außgefürdert und heftig CONTRA TORTURAM geredet.« Er kommt mit seinem Protest sogar durch, der Prozess wird eingestellt, aber die Frau stirbt wenig später an den Folgen der Folter.[333] Der Graf von Ysenburg-Büdingen ist über diesen ungebührlichen Auftritt seines Hofpredigers empört. Praetorius kommt zwar mit dem Leben davon, fällt aber in Ungnade und wird entlassen. 1602 schreibt er sein Werk »Gründlicher Bericht von Zauberei und Zauberern«, das 1629 schon die vierte Auflage erlebt. Das Buch ist 1602 noch nicht mehrheitsfähig; 1613, im Todesjahr von Praetorius, wird es nachgedruckt. 1629 sieht die Sache auch noch nicht viel besser aus. Denn es müssen nicht nur einzelne Streiter gegen die Hexenverfolgung aufstehen, es müssen sich auch besonnene Juristen finden, die diese Positionen umsetzen und sie den Fürsten nahebringen.

Spee hatte im Verfahren der Prozesskritik den Nachweis erbracht, dass die Hexen Produkte ihrer Prozesse waren. Der weltläufige Jesuit hatte wie sein Ordensbruder Adam Tanner die traurige Sonderstellung erkannt, die um 1620/30 Deutschland gegenüber anderen großen katholischen Ländern wie Italien und Spanien einnahm. Im Jahre 1630, noch vor Erscheinen des Buches und dem Eingreifen Gustav Adolfs in den Dreißigjährigen Krieg, treffen die Verfolgungsgegner und Verfolgungsbefürworter auf dem Regensburger Kurfürstentag zusammen. Ins Kreuzfeuer der Kritik geraten vor allem die ausgedehnten fränkischen Verfolgungen. Noch im gleichen Jahr griff der Kaiser in die Bamberger Prozesse ein und stoppte die Verfolgungen in Würzburg. Noch während des Schwedischen Krieges erschienen Teilübersetzungen von Spees Werk; 1635 trat der lutherische Pastor Johann Matthäus Meyfart mit seiner Kampfschrift hervor. Nach Beendigung des Krieges verbot Königin Christina von Schweden 1649 in ihren Gebieten die Verfolgung; auch als in Süddeutschland auf Druck der bäuerlichen Bevölkerung die Hexenprozesse wieder aufgenommen werden sollten, trat ein Gutachten der Universität Würzburg dagegen an. Die Zeit der großen Wellen der Hexenprozesse war vorbei.[334]

Dass Kurtrier, ehemals einer der Vorreiter der scharfen Verfolgungen, die Prozesse einstellte, erregte besonderes Aufsehen. Es bedeutet aber auch, dass die Obrigkeit sich gegen eine Allianz aus dem Begehren der Bevölkerung und den Interessen der Hexen-Kommissare durchsetzen musste. Ein Beispiel aus einem Ort unter der Doppelherrschaft Kurtrier/Nassau-Dillenburg zeigt die Schwierigkeiten, solche Prozesse zu beenden, wie unter einem Vergrößerungsglas.

Das Dorf Wehrheim war im Dreißigjährigen Krieg von Trier aus rekatholisiert worden; nach dem Frieden trat die Bevölkerung mehrheitlich zum lutherischen Bekenntnis über und ließ sich von Trier aus nur noch unwillig regieren, wenn alternierend mit nassauischen oder Trierer Behörden die Prozessführung geleitet wurde. 1652 fand noch eine Hinrichtung statt; dann stellte Trier trotz Bedenken Nassau-Dillenburgs die Prozesse ein. Dreißig Jahre lang wurde niemand mehr verfolgt, dann kam es zu einem wütenden Verfolgungsbegehren seitens der Bevölkerung im Jahre 1682, weil das Dorf durch Brände fast völlig zerstört wurde. In Trier begriff man nicht gleich, dass hier kein Brandstiftungs-, sondern ein Hexenprozess geführt werden sollte. Der Dillenburger Kommissar macht sich bei der evangelischen Bevölkerung beliebt, weil er einen Hexenprozess im alten Stil durchziehen will; sein Kollege aus Kurtrier verzögert den Prozess mit allen Tricks. Er dringt darauf, dass ein Verteidiger gestellt wird; schließlich übernimmt der Kommissar selbst das Amt des Defensors. Er weist – ganz im Sinne des Anton Praetorius – auf die schlechten Haftbedingungen hin: die Haft solle doch nicht schon eine Strafe sein. Vor allem habe sich die Gemeinde Wehrheim schon vor der Rechtsfindung verschworen, die Verdächtigen ganz und gar auszurotten; die Glaubwürdigkeit der »Zeugen« ist erschüttert.

Der Gemeindeausschuss erkennt sofort, dass damit ihr Hexenprozess in Frage gestellt werden soll. Trotz scharfer Proteste aus Trier lässt man im Januar 1683 überstürzt zwei Personen hinrichten. Im Grunde sind es Streitigkeiten um Hoheitsrechte: Die evangelische Wehrheimer Bevölkerung neigt derjenigen Obrigkeit zu, die ihr Verlangen nach Scheiterhaufen unterstützt. Der Dillenburger Amtsträger durchschaut die Strategie Triers, durch endlose Verschleppungen die Prozesskosten so ansteigen zu lassen, dass die Gemeinde sie nicht mehr zahlen kann. Schließlich geht es darum, die Prozesse nach der Ordnung der »Carolina« zu führen. Dillenburg hatte 1683 zugestanden, dass die Hexen nicht mehr nach Mittätern gefragt werden sollten, denn nur so konnten die Prozesslawinen gestoppt werden. Zugleich war man in Dillenburg besorgt, den Rückhalt zu verlieren; die Gemeinde drohte nämlich mit Steuerverweigerung und Auswanderung, wenn nicht in ihrem Sinne gegen die Hexen vorgegangen würde. Auch in Trier hatte man Angst, das ganze Territorium zu verlieren, wenn man der Bevölkerung nicht zu Willen sei. Die Verfolgungsgegner in Trier aber blieben fest. Seit 1688 verwandelte sich der Prozess mehr und mehr in einen Streit um die Verfahrenskosten; insofern war die Trierer Strategie aufgegangen. Die Finanzen waren die schwache Stelle der von den Gemeinden organisierten Hexenverfolgungen.

So kann man sagen: Weder liefen die Hexenprozesse sich tot, noch schliefen sie ein. Sie wurden aktiv abgebrochen von Obrigkeiten, die zu einer neuen Einsicht gekommen waren.[335]

Dem Wirken des Friedrich v. Spee hat Gottfried Wilhelm Leibniz in seiner »Theodizee« ein Denkmal gesetzt. Er schreibt: »Wie mir der Kurfürst von Mainz, Johann Philipp von Schönborn, berichtet hat, hielt sich dieser Pater gerade in Franken auf, als man dort wütend alle angeblichen Hexen verbrannte, und begleitete mehrere von ihnen zum Scheiterhaufen. Aus ihren Geständnissen und aus den von ihm angestellten Nachforschungen erkannte er ihre Unschuld, und das ging ihm so zu Herzen, daß er sich trotz der Gefahr, die das Aussprechen der Wahrheit damals mit sich brachte, zur Abfassung eines Werkes entschloß (ohne jedoch seinen Namen anzugeben), das reiche Früchte trug, und auch den Kurfürsten über diesen Punkt aufklärte. Sowie er zur Herrschaft gekommen war, stellte er die Verbrennungen ein, ihm folgten die Herzöge von Braunschweig und endlich die meisten anderen Fürsten und Staaten Deutschlands.«[336]

3. Kann es Hexen geben? Christian Thomasius und Balthasar Bekker

Friedrich v. Spee hatte aus der Kritik an den Hexenprozessen gefolgert, dass er jedenfalls »bis jetzt« noch keine Hexe gesehen habe, von der er hätte sagen können, sie sei schuldig gewesen. Auf die grundsätzliche Frage indes, ob es Hexen geben könne, hatte er – wenn auch strategisch nur schwer zu durchschauen – mit »ja« geantwortet.[337] Nicht anders hätte auch in Halle Professor Thomasius gedacht, jedenfalls bis 1694. Denn in diesem Jahre war er zum ersten Male mit einem Hexenprozess in Berührung gekommen; das war seines Amtes, denn seit einem Erlass von 1693 musste die Fakultät gutachterlich das Verfahren der Richter in Kapitalverbrechen überprüfen. Auch kurz vor 1700 immer noch Hexenprozesse? Ja, denn noch fehlte das letzte Glied in der Kette der Beweisführung. Zwar hatte die Kritik an der Prozessführung Früchte getragen, es war aber noch ungewiss, ob es überhaupt Hexen geben könne. So wurden Hexenprozesse noch das ganze 17. Jahrhundert und bis ins 18. Jahrhundert hinein geführt.

Auch in Lippstadt ist man noch bei der Sache, allerdings nicht mehr mit dem alten Elan. Dort wird von 1675 bis 1677 ein Prozess gegen das 8-jährige Mädchen Elisabeth Büdelmacher geführt, das nach dem Tode beider Eltern im Armenhaus wohnt. Ihre Aussagen zeigen das für die dortige Region gewohnte Bild. Sie hat drei Schritte zurücktreten und Gott verleugnen müssen. Sie sagt aus, sie bereue die Zauberei, und hoffe, wieder fromm zu werden. Als Achtjährige auf dem Hexentanzplatz bekommt sie, was ein kleines Mädchen aus dem Armenhaus sich vorstellt: wackere Kleider von Gold und Silber und – Zuckerkuchen. Der Teufel sitzt auf einem großen Stuhle, und die Hexen mussten ihn mit »Exzellenz« anreden. Der Teufel sei in schwarzer Mannsgestalt mit Hut und Federbusch erschienen, er habe sich aber mit ihr, »weil sie noch zu klein«, nicht vermischt. Wenn sie aber zu spät zum Tanze gekommen sei, habe er sie mit einer glühenden Peitsche geschlagen. Bei diesen Aussagen von Kindern handelt es sich zumeist um aus der Erwachsenenwelt aufgeraffte Vorstellungen, die in ihre Spiel- und Arbeitswelt übergegangen sind. Allmachtsphantasien heften sich an magische Praktiken, Selbststigmatisierung und Geltungsdrang kommen hinzu.[338]

Dem Gericht wird vom Inquisitor nahegelegt, »zu erkennen und zu sprechen, daß die Beklagtin mit dem Feuer von Leben zum Tod zu einem offenen Exempel und Schreck zu strafen und hinzurichte sey«. Doch das Gericht ist skrupulös. Das Kind Elisabeth Büdelmacher wird verurteilt, aus dem Lande gewiesen zu werden. Es muss Urfehde schwören, d. h. schwören, dass es niemals mehr etwas gegen die Bürger von Lippstadt unternehmen wird. Doch wo soll die Kleine nun hin? Am 14. Februar 1677 beschwert sich der Inquisitor, dass »die newlich per sententiam des Lands verwiesene Elisabeth Büdelmacher sich verkühnet, wieder hinein zu kommen, und also nicht allein ihren ayd der Urphede, sondern auch die hohe jurisdiction dieses ohrts violirt, welches aber, weil gar nicht zu dissimuliren, sondern propter scandalum et periculum consequentiae exemplariter zu bestrafen sei«.

Ist das nicht ein wunderschönes und dazu auch noch gelehrtes Beamtendeutsch?

Auch ihre Verführerin, Trina Pröppers, müsse zur Rechenschaft gezogen werden. Trina bleibt jedoch auf der Tortur standhaft, und anders als vor 50 Jahren, da man die Tortur so lange wiederholt hätte, bis sie gesteht, erkennt der Rat der Stadt nach eingeholtem Gutachten einer juristischen Fakultät, dass die Beklagte sich durch die überstandene

Tortur »purgiret« habe, so dass sich keine neuen Indizien »ad iterandam torturam« ergäben. Daher wird sie freigesprochen. Das Gutachten kam von der Universität Duisburg, nachdem ein anderes Gutachten der Universität Rinteln nicht zur Zufriedenheit des Rates ausgefallen war.[339] Die Hexenprozesse laufen noch weiter, aber im Verfahren der Aktenverschickung haben nun die zuständigen Universitäten ein Wort mitzureden.[340]

Auf dem Wege dieser Aktenverschickung kommt auch Christian Thomasius zu seiner Erleuchtung.[341] In Sachsen ist es der Jurist Benedikt Carpzov, der seine weithin anerkannte »Practica rerum criminalium«, was Hexen betrifft, ganz auf der Grundlage der Dämonologie Delrios aufbaut.[342] Als Thomasius nun sein Gutachten nach Akteneinsicht ausfertigt, erkennt er, Carpzov folgend, dass von der Angeklagten durch mäßige Folter ein Geständnis zu erzwingen sei. Zu seinem Ärger schließen sich seine Kollegen in der Fakultät diesem Gutachten nicht an. Die Sache wird für ihn noch peinlicher, weil er selbst in seiner »Teutschen Logic« gelehrt hatte, man müsse bei der Wahrheitsfindung das blinde Vertrauen auf menschliche Autorität und die eigene Übereilung im Urteilsschluss vermeiden. Da »verdroß es mich auf mich selbst«, dass er sein Votum auf die Autorität unvernünftiger Männer und einer »Hexe« gegründet hatte. Nun fügte es »die göttliche Vorsehung«, dass in den Jahren danach noch reichlich Hexenakten bei der juristischen Fakultät eingingen; mit denen beschäftigt sich Thomasius nun kritisch – und die Frucht dieser Arbeit ist seine Schrift »De Crimine Magiae« von 1701, verdeutscht 1704.

Thomasius sichtet die Literatur: Die meisten Schriften sowohl der protestantischen als auch der katholischen Gelehrten zu diesem Thema sind mit Fabeln von Hexen angefüllt. Es gibt aber auch Autoren, die das Laster der Zauberei leugnen: Johann Weyer, Antonius van Dale und Balthasar Bekker, ebenso Malebranche. Besonders weit habe sich Balthasar Bekker vorgewagt, damit aber nur den vielen Gegnern Gelegenheit gegeben, ihre Irrtümer weitläufig zu verteidigen. Viel klüger sei da der Autor der »Cautio Criminalis« vorgegangen. Thomasius' Schrift zeigt, wo der neue Stachel sitzt – nicht bei Spee, sondern bei Bekker. Denn Bekker habe, »wo nicht den Teuffel selbst, doch gewiß seine Macht und Wirckung über die Menschen in Zweiffel gezogen [...].«[343]

Thomasius bezieht sich auf die umfangreiche Schrift Bekkers von 1691, die sofort ins Deutsche übersetzt wurde: »Die bezauberte Welt: Oder Eine gründliche Untersuchung Des Allgemeinen Aberglaubens«, gedruckt 1693 in Amsterdam. Von Bekkers Position setzt Thomasius sich ab und statuiert, dass »zwar ein Teuffel ausser dem Menschen sey, und daß derselbe gleichsam von aussen, jedoch auf eine innerliche und unsichtbare Weise in den Gottlosen sein Werck treibe«. *Innerlich* treibt der Teufel als ein Geist sein Werk. Auf keinen Fall denkt Thomasius noch an einen »gehörnten Teufel«, der auf der Erde herumgeht und etwa mit Hexen und Zauberern Verträge abschließen könnte. Denn, so schreibt er 1702: »Ich kann es nicht glauben, daß er könne einen Leib annehmen, und in einer von diesen oder anderen Gestalten den Menschen erscheinen.«[344]

Mit »Hans Federwisch« ist es aus im Denken der gebildeten Schichten, ganz gleich, ob er in Rot, Schwarz oder Grün auftritt. Goethe wird ihm später als »Mephisto« wieder eine signifikante Gestalt verleihen, aber nun auf dem Theater und dort in einer neuen Rolle.

Thomasius tut sich schwer, eine Position gegen Bekker zu beziehen. Denn er ist kein Anhänger der cartesianischen Lehre von den zwei Substanzen, Geist und Körper, die nichts miteinander gemein haben, sondern vertraut einer »uhralten Geister-Philosophie«. Er könne daher auch verstehen, warum der Teufel ein Herr der Finsternis und ein Fürst in der Luft sei – das spielt auf Paulus' Brief an die Epheser 6, v. 12, an –, und er könne sich auch vorstellen, dass ein solcher Geist auf unsichtbare Weise vermittelst der Luft oder wässriger oder irdischer Körperchen in die gottlosen Menschen hineinwirke.[345] Tatsächlich hat Thomasius 1709 eine naturphilosophische Schrift herausgebracht,[346] in der er einen tätigen Geist in den Körpern postuliert und auf den englischen Paracelsus-Anhänger Fludd und letztlich auf Jacob Böhme zurückgeht. Es sieht ganz so aus, als habe Thomasius – wie viele andere – an der allzu strikten Trennung von Geist und Materie Anstoß genommen, die Descartes selbst ja nur mit seiner Hypothese von der Funktion der *glandula pinealis*, der Zirbeldrüse, überbrücken konnte. Denn Cartesius hatte sich mit einer Umdeutung des von Harvey entdeckten Blutkreislaufes geholfen, Blutkreislauf und Nervensystem miteinander verbunden und beide mit korpuskular aufgefassten »Lebensgeistern« erfüllt, die in der Zirbeldrüse zusammentreffen und aufeinander einwirken sollten.[347] Schon die zeitgenössische Medizin reagierte auf diese Hilfskonstruktion skeptisch, und da Thomasius dem fragwürdigen Dualismus von *res cogitans* und *res extensa* nicht folgen wollte, bemühte er sich nachzuweisen, dass der Satan des Neuen Testaments leiblos gewesen sein müsse, dass aber die Vorstellungen von einem leibhaftigen Teufel aus den »Catechismus bilderchen« herstammten. Der verkörperte Teufel war ein Vorurteil des Volkes, genährt von Altarbildern und massenhaft verbreitet von den Druckmedien.[348]

Trotz dieser Abgrenzung nimmt Thomasius Balthasar Bekker gegen den Vorwurf des »Atheismus« in Schutz, weil er das Argument der »frommen Männer« nicht mehr teilen will, wer den Teufel leugne, leugne auch Gott. Gegen Ende seines Werkes führt er sogar die »Hoffnung auf bessere Zeiten« auf Bekker zurück: »Denn ob ich es zwar nicht mit dem Cartesio halte, weil er in der Lehre von den Geistern zu sehr auff das andere Extremum gefallen, auch schon andere angemercket haben, wie ungereimt in diesem Stücke verfahren worden, so ist genung, daß durch die Cartesianische Philosophie die Scholastischen Grillen, worunter mit gutem Rechte die nichtige Einbildung von dem Laster der Zauberey zu rechnen, auff vielen Universitäten allbereit sind ausgemertzet worden, man hat auch so leicht nicht zu besorgen, daß sie in der Protestirenden Fürsten Landen zu ihren vorigen Ansehen wiederum gelangen werden.«[349] Die alten Ängste werden überwunden durch neue Einsichten, selbst wenn der Professor aus Halle ihnen nur zögernd folgt.

Ob mit oder ohne Bekker: Ein Fürst soll keine Klagen wegen Hexerei mehr entgegennehmen, und die »niedrige Obrigkeit« soll in Eigenverantwortung schon gar keine derartigen Prozesse mehr anstrengen. Auch die »mitlere Obrigkeit« soll keine Inquisitionsverfahren mehr durchführen, denn er, Thomasius, ist davon überzeugt, dass niemals hinreichende Indizien dafür vorhanden sein werden.[350] Tatsächlich klingen in den protestantischen Gebieten Deutschlands die Hexenprozesse seit 1700 allmählich ab; in den katholischen Gebieten schleppen sie sich noch weiter fort. Eine der letzten europäischen Hexen wird 1782, ein Jahr nach dem Erscheinen von Kants »Kritik der reinen Vernunft«, im Schweizer Kanton Glarus verbrannt. Ihr Tod gilt nun als

»Justizmord«.[351] In Preußen werden faktisch seit 1714 keine Anklagen wegen Hexerei mehr entgegengenommen. Es ist interessant zu sehen, dass das betreffende Edikt die theologische Letztbegründung einfach umgekehrt hat.

In den großen Verfolgungswellen von 1560–1630 mussten die Hexen verbrannt werden, um Gottes Zorn vom Lande abzuwenden. Nun heißt es, man müsse achtgeben, dass nicht in ungerechter Weise auf der Tortur oder gar bei der Hinrichtung Unschuldiger »Blutschulden auf das Land gebracht werden«.[352] Gott beobachtet noch immer seine irdische Justiz, nun aber unter einer neuen Optik, die den Gewissensbedenken von Pater Spee S. J. und Professor Thomasius folgt.

Dieser neue Blickwinkel hängt aber auch damit zusammen, dass in der zweiten Hälfte des 17. Jahrhunderts die Philosophie, die Kosmologie und damit auch das Gottesbild sich ändern. Dieser Wandel tritt zur Kritik an den Prozessverfahren hinzu und vollendet das Werk der *Stabilisierung*. Aus einer Erde mit ihrem Himmelsgewölbe, unter dem Hexen und Teufel ihren angestammten Platz haben, wird eine Welt und ein unendliches Universum, aus dem sie allmählich verschwinden. Neue Kosmologie und Philosophie arbeiten Hand in Hand. Der englische Historiker Keith Thomas hat diesen Aufbruch in eine neue Welt in seinem großen Werk über den Niedergang der Magie so beschrieben:

»Da ist erstens der intellektuelle Wandel, den die wissenschaftliche und philosophische Revolution des 17. Jahrhunderts hervorbrachte. Diese Wandlungen hatten einen entscheidenden Einfluß auf das Denken der Eliten, und von dort aus breiteten sie sich allmählich über Denken und Verhalten der ganzen Bevölkerung aus. Der Kernpunkt dieser Revolution war der Triumph der mechanistischen Philosophie. Sie drängte beides zurück: den scholastischen Aristotelianismus und die Neuplatonische Philosophie, die eine Zeitlang beinahe deren Platz eingenommen hätte. Mit dem Zusammenbruch der Theorie von der Entsprechung zwischen Mikrokosmos und Makrokosmos verschwand die intellektuelle Grundlage der Astrologie, der Chiromantik, der Alchemie, der Physiognomie, der Astralmagie und ihrer Verbündeten. Die Einsicht, daß das Universum unveränderlichen Naturgesetzen unterworfen war, beseitigte die Vorstellung von Wundern und schwächte den Glauben an handgreiflich-materielle Effekte des Gebets ebenso ab, wie den Glauben an unmittelbare göttliche Inspiration. Der Cartesianische Begriff von Materie verbannte Geister, ganz gleich ob gute oder böse, in eine rein mentale Welt. Das ›Besprechen‹ und Verzaubern hörte auf, eine sinnvolle Handlung zu sein.«[353]

Maßgeblichen Anteil daran, dass solche Konsequenzen aus der cartesianischen Philosophie gezogen wurden, hatte der reformierte Prediger Balthasar Bekker.[354] Sein Buch über die »Bezauberte Welt« von 1691/93 löste einen Sturm der Entrüstung bei den Theologen aus. Die Synode von Alkmaar setzte Bekker als Prediger ab, jede seelsorgerische Tätigkeit wurde ihm untersagt. So blieb ihm die Zeit, sein Werk zu vollenden.[355] Der erste Teil untersucht als vergleichende Religionsanalyse den Dämonenglauben bei Heiden, Juden, Muslimen und Christen. Das Papsttum kommt darin nicht besser und nicht schlechter weg als die Protestanten. Das Fortleben des Aberglaubens führt Bekker auf eine falsche Erziehung zurück. Schon als Kinder hören die Menschen vom Teufel. Gehen sie dann in die höhere Schule, lesen sie lateinische und griechische Autoren, die voll sind von abergläubischen Geschichten. Kommen sie auf die Universität, werden sie von der aristotelischen Kosmologie empfangen. Und hier legt er den Finger auf eine Bibelstelle, die für alle Befürworter des Hexenglaubens wichtig war, weil sie zu beweisen schien, dass Paulus' Brief an die Epheser – wir haben ihn schon bei Thomasius erwähnt gefunden – mit Aristoteles in Übereinstimmung stehen müsse, so dass der Text der Bibel sich mit einer der größten Autoritäten der Antike deckte. Nach Aristoteles bewegen sich die Planeten nicht frei im Raum, sondern sie sind an Sphären des Äthers geheftet, die von »Geistern« in Gang gehalten werden.

> »Diese Himmels-Gewölbe achtet er/daß sie durch Krafft beygefügter Geister/jährmonatlich und täglich/rund umb uns her gehen. Wer dieses vor wahr oder wahrscheinlich hält/der wird auch leichtlich glauben/daß sich die bösen Geister in der Lufft enthalten/weil andere Theile dieser Runde vor sie alzu rein seyn. Lieset ein solcher dann in der Schrifft von dem Fürsten, der in der Lufft

herrschet/Eph. 2.v.2 oder von bösen Geistern unter dem Himmel/ Eph. 6 v. 12 so zweifelt er nicht /Paulus müsse des Aristoteles Meynung seyn/und daß der Teufel oder die bösen Geister durch diese Worte zu verstehen seyn.«[356]

Denn was steht Eph. 6, v. 12, geschrieben?

»Denn wir haben nicht mit Fleisch und Blut zu kämpfen, sondern mit Fürsten und Gewaltigen, nämlich mit den Herren der Welt, die in der Finsternis dieser Welt herrschen, mit den bösen Geistern unter dem Himmel.«

So kommt das gelehrte Wissen zu dem Schluss, die Geister unter dem Himmel müssten, da sie doch auch die Planeten bewegen, einen Einfluss auf die Materie haben. Nichts im Denken der Gebildeten kann dann dem Aberglauben des Volkes entgegentreten, das ohnehin dem Teufel eine viel zu große Macht einräumt. An den Teufel hängen sich seine Helfershelfer mit ihrem *okus bokus*; die Folgen sind bekannt: »Entsteht ein plötzliches Ungewitter/ist jemand/der uns nicht allzu günstig ist/der Zauberei halben verdacht/dem wird also bald die Schuld davon gegeben.« Nun schreitet Bekker zur Widerlegung dieser Vorstellungen. Sie basiert strikt cartesianisch auf der Trennung von »geistigen« und »körperlichen« Substanzen. Denn was ist ein Geist, was kann er nur tun? »So verstehen wir nun durch Geist ein Wesen/das in allem unleiblich ist/und die geringste Gemeinschaft mit dem Leibe nicht haben kann.«[357] Diese Trennung von Geist und Materie, der als einziges Merkmal die Ausdehnung im Raume bleibt, führt zu einer radikalen Reduzierung des himmlischen Hofstaates. Außer Gott und der menschlichen Seele gibt es keine »Geister«, vor allem keine Geister mit »Körpern«. Alle geläufigen Aussagen über Hexen, Teufel und Dämonen sind aus philosophischen Gründen nichtig. Die armen verblendeten Leute behaupten, der Teufel habe sie durch die Luft getragen? Dann reden sie von etwas, was es nicht geben *kann*. Spee hatte gesagt: Alle diese Vorstellungen sind erfoltert. Bekker geht darüber hinaus: Alle diese Vorstellungen, ob erfoltert oder nicht, entsprechen nicht der philosophisch angeleiteten Vernunft: »Da ist kein Teufel/Engel noch Geist/durch menschliche Vernunfft außzufinden/noch daß sie gewiß im Wesen seyn; vielweniger/was ein solcher thun kan/und am allerwenigsten noch/ was er thut.«[358]

Spee hatte argumentiert: Schafft die Folter ab, und ihr werden das Land von der Plage der Hexerei reinigen. Bekker, im Vollbesitz der neuen Philosophie, geht von der physikalischen Unmöglichkeit der Hexerei aus. Angesichts dieser neuen Gewissheit hat sich die Beweislast verschoben. Nicht der Beklagte muss seine Unschuld, sondern der Ankläger muss angesichts des neuen Weltbildes den Sinn seiner Behauptung beweisen. Bekker ist sicher, dass er diesen Beweis nicht führen kann, sondern Unsinn redet. Obrigkeiten und Richter sollten daher die bestrafen, die andere wegen Hexerei beschuldigen, »und die Ankläger nur halb so viel peinigen/die Beschuldigung zu beweisen /als die anderen zu bekennen/ich bin wohlversichert/daß sie nicht viel Holtz darumb verbrennen sollten«.[359] Es dauerte aber noch einige Zeit, bis wirklich kein Holz mehr verbrannt wurde.

Als Liselotte von der Pfalz, Herzogin von Orléans, im Jahre 1719 ein schreckliches Unwetter erlebte, meinte sie spöttisch: »Wenn das in der grafschaft Lippe geschehen wäre, hätte man es vor hexenwerk gehalten; aber in Paris glaubt man keine hexen und brennt sie nicht; ich habe auch keinen Glauben daran.« Da tut sie der Grafschaft Lippe unrecht, denn kurz zuvor hatte man in dem *alten Hexennest* Lemgo einen Schlussstrich unter die Verfolgungen gesetzt und das »schwarze Buch«, in dem alle Hexereibeschuldigungen gesammelt wurden, öffentlich auf dem Marktplatz nun seinerseits verbrannt. Und gerade in Lemgo ging man schon in den dreißiger Jahren des 18. Jahrhunderts daran, die Epoche der Hexenverfolgungen wissenschaftlich aufzuarbeiten.[360]

Doch die Spruchakten um 1700 zeigen noch, wie erbittert diskutiert wurde und wie die Verfahren auf der Kippe stehen. Auch die Spruchpraxis der Universität Halle fällt nicht so eindeutig aus, wie man es bislang vermutet hatte.[361] Ein Überblick ergibt: Bis etwa 1720 erkennen die Spruchkollegien noch auf Folter oder gar auf Hinrichtung; etwa zwischen 1720 und 1750 verschwinden allmählich die Anweisungen auf Folter; seit der Mitte des 18. Jahrhunderts beginnt man vom »Hexenwahn« zu sprechen und betrachtet die Hexenverfolgung als überwunden. Inzwischen hat sich neben der Jurisprudenz auch die Wissenschaft als Kämpferin gegen den Hexenglauben etabliert. Im Umfeld des neuen Weltbildes gelten die alten Voraussetzungen als überholt; Balthasar Bekker hatte mit seinem schlecht geschriebenen, fast unlesbaren Werk einen Volltreffer gelandet, da das Buch innerhalb weniger Monate in die wichtigsten europäischen Sprachen übersetzt wurde.[362] Dabei gibt es allerdings regionale Unterschiede. Der »bayerische Hexenkrieg« von 1766 bis 1770 kann als ein »katholisches Nachhutgefecht« gelten, aber auch die Sprüche der Tübinger Fakultät zu Beginn des Jahrhunderts der Aufklärung bieten noch kein erfreuliches Bild.[363] Erst um 1740 herum gelten die Hexenprozesse als eine Schande der Vergangenheit. Ein Professor der Juristenfakultät Helmstedt betreibt 1767 historische Forschungen und beschreibt die ganze Erbarmungslosigkeit eines Falles von 1651. Doch wolle er die Männer dieses Verfahrens nicht tadeln; sie seien eben Kinder ihres Zeitalters gewesen. 1772 konstatiert der Moraltheologe J. P. Miller bei der Lektüre eines Hexenprozesses, dass alle Gerichtspersonen sehr gewissenhaft und guter Meinung zur Folter geschritten seien und die vermeintliche Hexe mit »ruhigem guten Gewissen« umgebracht hätten.[364] Nun aber habe die Weltweisheit und die Vernunft die Herrschaft angetreten – und Thomasius gilt nun doch als der große Verfechter der neuen Zeit. Nicht zuletzt deshalb, weil Friedrich der Große über ihn geschrieben hatte, zu Beginn des 18. Jahrhunderts hätte eine Frau, die das Unglück gehabt habe, alt zu werden, noch damit rechnen müssen, als Hexe verbrannt zu werden. Seit Thomasius könne das weibliche Geschlecht ruhig und sicher leben und in Frieden sterben.[365]

Wobei man bei dem notorischen Spötter und Verächter des weiblichen Geschlechts nicht ausschließen darf, dass er sich gelegentlich die Zeiten des Verbrennens zurückgewünscht hätte.

III. Eine neue Kosmologie

Die Untersuchung des Endes der Hexenprozesse hat uns vom juristischen Bereich auf ein anderes Terrain geführt: auf die Veränderung des Weltbildes, vorangetrieben durch Philosophie und Astronomie. Der Weg des Wissens von Nicolaus Copernicus über Galileo Galilei, Tycho Brahe und Johannes Kepler zu Isaac Newton fügt dem Werk der »Stabilisierung« einen neuen Aspekt hinzu, der Kultur und Mentalität einschneidend verändert. Der sichtbare Himmel ist nicht länger ein Ort des Schreckens und der Strafen Gottes, sondern ein Ort der Harmonie. Angesichts vorausberechenbarer Phänomene schien die Welt durch unwandelbare, allgemeine Gesetze erklärbar zu werden. Diese Veränderung der Kosmologie war allerdings ein Vorgang, der selbst nicht ohne Erschütterungen abging.

Was hatte Balthasar Bekker gesagt? Wer noch im herkömmlichen Weltbild befangen ist, für den hat der Teufel einen festen Platz am Himmel. Er ist jener Geist, der in der mittleren der drei *sublunaren* Sphären sein Unwesen treibt. Das ist belegt durch die Bibel, Eph 6, v. 12, und an diesem Punkt überschneidet sich das Wort der Schrift mit der aristotelischen Trennung der Welt in eine Planeten- und Fixsternsphäre *über dem Mond* und eine Sphäre *unter dem Mond*. Erst als diese Trennung durchbrochen wird, erst mit einer neuen mathematisch-physikalischen Berechnung der Bewegungen der Himmelskörper verschwindet die »sublunare« Sphäre und mit ihr die Heimat des Satans unter dem Himmel. Es verschwinden Kometen als Wunderzeichen, es verschwinden allmählich die Astralmagie und das Zauberwesen. Diese Öffnung zu einem neuen Weltbild hat einen doppelten Effekt: Rückwärtsgewandt zerstört sie langsam, aber sicher die Topographie des Bösen. Vorwärtsgewandt macht sie einen neuen Gottesbegriff erforderlich und führt im Vertrauen auf die Ordnung nach unverrückbaren Naturgesetzen in den Deismus des 18. Jahrhunderts. Es ist eine zwiefache Stabilisierung der Welt: »The quick and decisive triumph of this handful of scientists is one of the most amazing episodes in European history.«[366]

1. Galilei, Kepler und die Infiltration des copernicanischen Systems

Um die Veränderung des Weltbildes in der Stabilisierungsmoderne des 17. Jahrhunderts in ihren Ausmaßen begreifen zu können, gehen wir zurück in das Jahr 1610. Damals kommen zwei astronomische Schriften mit anscheinend ganz verschiedener Herkunft und Absicht heraus: Galileo Galileis »Sidereus Nuncius«, der »Sternenbote«, gedruckt in Venedig – und die Schrift Johannes Keplers »Warnung an die Gegener der Astrologie«, sie möchten »bey billiger Verwerfung der Sternguckerischen Aberglauben« *das Kind nicht mit dem Bade ausschütten*, geschrieben in Prag, gedruckt zu Frankfurt am Main.[367] Galileis Schrift ist gewidmet Cosimo de Medici und beginnt damit, dass er mit Hilfe eines neuartigen Fernrohres bislang unbekannte Fixsterne, Nebelsterne und nicht zuletzt die Jupitermonde – die »Mediceischen Gestirne« – entdeckt habe. Die Schrift Keplers ist gewidmet dem Markgrafen zu Baden und schaltet sich in den Streit über Wert und Unwert der Astrologie ein. Die eine Schrift erscheint auf den ersten Blick rückwärtsgewandt, die andere vorwärtsweisend. Und doch trügt dieses Bild.

Denn Kepler war durchaus nicht der Meinung, dass man bestimmte, einzelne Geschehnisse astrologisch vorhersagen könne; er wollte nur eine mögliche multikausale Einwirkung, eine Resonanz kosmischer Konstellationen in der Seele des Menschen nicht ausschließen.[368] Vorstellungen und Annahmen dieser Art führen uns in einen Bereich, der von älteren, allzu rationalen Wissenschaftsgeschichten oft ausgeblendet wird, die nur auf den Fortgang hin zu dem heute anerkannten Weltbild fixiert sind. Sie vernachlässigen ein Feld des *verloren-*

gegangenen Wissens, das doch zu seiner Zeit den erkenntnisleitenden Rahmen bildete, innerhalb dessen sich diese Erkenntnisfortschritte überhaupt erst vollziehen konnten. Johannes Kepler ist Anhänger des Copernicus, ja mit ihm vollendet sich eigentlich erst der Durchbruch des copernicanischen Weltbildes.[369] Seit seiner Studienzeit bei dem Tübinger Professor für Astronomie, Michael Mästlin, ist er mit der neuen Theorie vertraut, die nicht mehr die Erde, sondern die Sonne nahe zum Mittelpunkt der Welt rückt; Mästlin ließ seine Schüler die Argumente *pro* und *contra* diskutieren, nahm aber selbst nicht eindeutig Stellung. Anders der junge Kepler. Mit dem Erscheinen seiner Erstlingsschrift von 1596 über das »Weltgeheimnis«, »Mysterium Cosmographicum« stellt er sich auf die Seite der neuen Theorie.[370]

Galileo Galilei ist da viel vorsichtiger. Kepler teilt seinem Lehrer Mästlin im September 1597 mit, dass er zwei Exemplare seines Werkes nach Italien geschickt hat. Dort habe ein Mathematiker in Padua sie voller Dankbarkeit und mit Freuden aufgenommen, der selbst auch schon seit vielen Jahren der copernicanischen Häresie anhänge.[371] Galilei hatte Kepler für die Übersendung der Schrift schon im August gedankt. Zwar habe er bislang nur die Einleitung gelesen, daraus aber schon den Geist der Wahrheit ersehen. Er werde sich dem Werk nun in Ruhe widmen.

> »Dies aber werde ich um so lieber tun, als ich schon vor vielen Jahren zu der Auffassung des Kopernikus gelangte und von diesem Standpunkt aus die Ursache vieler Wirkungen in der Natur entdeckt habe, die ohne Zweifel nach der allgemein üblichen Hypothese unerklärlich sind. Viele Begründungen und auch Widerlegungen gegenteiliger Gründe verfaßte ich, was ich jedoch bisher nicht zu veröffentlichen wagte, abgeschreckt durch das Schicksal unseres Lehrers Kopernikus. Dieser verschaffte sich freilich bei einigen unsterblichen Ruhm, von unendlich vielen aber (so groß ist nämlich die Zahl der Toren) wurde er verlacht und ausgepfiffen. Ich würde jedenfalls wagen, meine Überlegungen an die Öffentlichkeit zu bringen, wenn es mehrere von Eurer Art gäbe.«[372]

Als er dies schreibt, ist Galilei (1564–1642) vierunddreißig Jahre alt; sein Briefpartner Kepler (1571–1630) ist sogar erst sechsundzwanzig. Kepler zeigt sich in einem langen Antwortbrief vom 13. Oktober hoch erfreut, einen Gesinnungsgenossen gefunden zu haben, und er fordert ihn auf, nun kühn die neue Auffassung zu bekräftigen. Die Gleichgesinnten aller Länder sollen Briefe austauschen, eine gelehrte Öffentlichkeit herstellen und die anderen Mathematiker auffordern, sich ihnen anzuschließen. »Auf diese Art und Weise kann er durch Vorzeigen dieses Briefes bei den Gelehrten die Annahme erwecken, alle Professoren der Mathematik wären allenthalben eines Sinnes. Auch Euer Brief dient mir dazu. Ist aber wirklich List nötig? Habt Vertrauen, Galilei, und tretet hervor! Wenn ich recht vermute, wollen nur wenige der hervorragenden Mathematiker Europas uns im Stich lassen. So voller Macht ist die Wahrheit. Falls Euch Italien für Veröffentlichungen weniger geeignet scheint und Ihr irgendwelche Hindernisse vor Euch habt, wird uns vielleicht Deutschland diese Freiheit einräumen.«[373] Das ist Keplers berühmtes »Confide Galilaee, et progrede«.[374] Doch Galilei antwortet dem stürmischen jungen Mann nicht mehr.

Erst 1610, nachdem er seine Entdeckungen mit dem Fernrohr gemacht hat, meldet er sich erneut bei Kepler und klagt über die Aristoteliker, die mit »der Hartnäckigkeit einer Natter« die Augen vor dem »Licht der Wahrheit« verschließen, weil sie nichts im Sinne hätten als ihre veralteten Bücher. Tatsächlich hatten sich die Professoren in Florenz geweigert, einen Blick durch das Perspektiv zu werfen; nach ihrer Auffassung nicht einmal ganz unbegründet, denn wie sollte ein durch Menschenhand gebautes Instrument dazu taugen, die himmlischen Erscheinungen zu erklären, die doch nach Aristoteles zu einer völlig anderen Welt und damit auch zu einer anderen »Physik« gehörten?[375] Galilei erwähnt, ihm sei ein Gerücht zu Ohren gekommen, in den Niederlanden habe man ein Augenglas entwickelt, mit dem man entfernte Gegenstände näher betrachten könne. Auf diese Nachricht hin habe er sich selbst einen solchen Tubus gebaut und ihn verbessert. Galilei erwähnt auch den Gewinn für die Schifffahrt; kein Wunder, hatte er doch seine »Erfindung« dem Rat von Venedig vorgeführt und dafür eine Erhöhung seiner Bezüge an der Universität Padua eingestrichen. Sicherlich konnte er das Geld gut gebrauchen, denn er hatte in Padua Marina

Gamba, eine Schönheit aus dem Armenviertel, kennengelernt, *una donna di facile costume*, wie man damals sagte, eine Frau, deren Kleider sich leicht lösen. Immerhin hatte die beiden drei Kinder miteinander.[376] Allerdings war man in der Lagunenstadt später erbost, als sich herausstellte, dass man diese Fernrohre auch anderswo käuflich erwerben konnte.

Galilei interessierte diese praktische Verwendung für Handel und Wandel kaum: »Ich kümmerte mich jedoch nicht um seine Nutzanwendung auf der Erde, sondern wandte mich Beobachtungen der Himmelskörper zu.« Und was sieht man dann? Der Mond ist nicht regelmäßig und vollkommen rund, sondern von Erhebungen überzogen, deren Spitzen im Sonnenlicht wie Gebirgskämme leuchten. Er scheint wie die Erde beschaffen zu sein.[377]

Richtet man das neue Gerät auf den Fixsternhimmel, findet man eine unglaubliche Anzahl neuer Sterne, die man bislang noch nie gesehen hatte. Galilei zeichnet sie im Bild des Orion ein. Vor allem die Milchstraße »ist nichts anderes, als eine Ansammlung von unzähligen, in Haufen gruppierter Sterne«. Am 7. Januar 1610 entdeckt Galilei neben dem Jupiter andere kleine Sternchen auf einer Linie – aber die sind gar nicht am Firmament *fixiert*, wie er zunächst annimmt, sondern sie bewegen sich um den Planeten herum und nehmen immer neue Konstellationen ein. Es sind vier Himmelskörper, die sich nie weiter vom Jupiter entfernen als bis zu einem bestimmten Winkelgrad. Galilei hat die Jupitermonde entdeckt.[378] Und da ist noch etwas, was er 1610 beobachtet, aber erst 1612 in einem Brief über die Sonnenflecken mitteilt: Nicht nur der Mond hat seine Phasen, auch die Venus erscheint bald sichel-, bald kreisförmig, je nachdem wie das Sonnenlicht, von der Erde aus gesehen, auf sie auftrifft. Das sei in Übereinstimmung mit der Auffassung der Pythagoreer und des Copernicus, »daß sie ihre Umdrehung um die Sonne vollführt, um die sich, als das Zentrum ihrer Umkreisungen, alle anderen Planeten drehen«.[379]

Kepler antwortet auf Galilei sofort mit einer kleinen Schrift, der »Unterredung mit dem Sternenboten«. Viele hätten sein Urteil über die neuen Entdeckungen aus Italien hören wollen, ja seine Majestät – gemeint ist Rudolf II. in Prag – habe ihn kürzlich nach der Natur der Flecken auf dem Monde befragt. Der Kaiser sei der Meinung, dass der

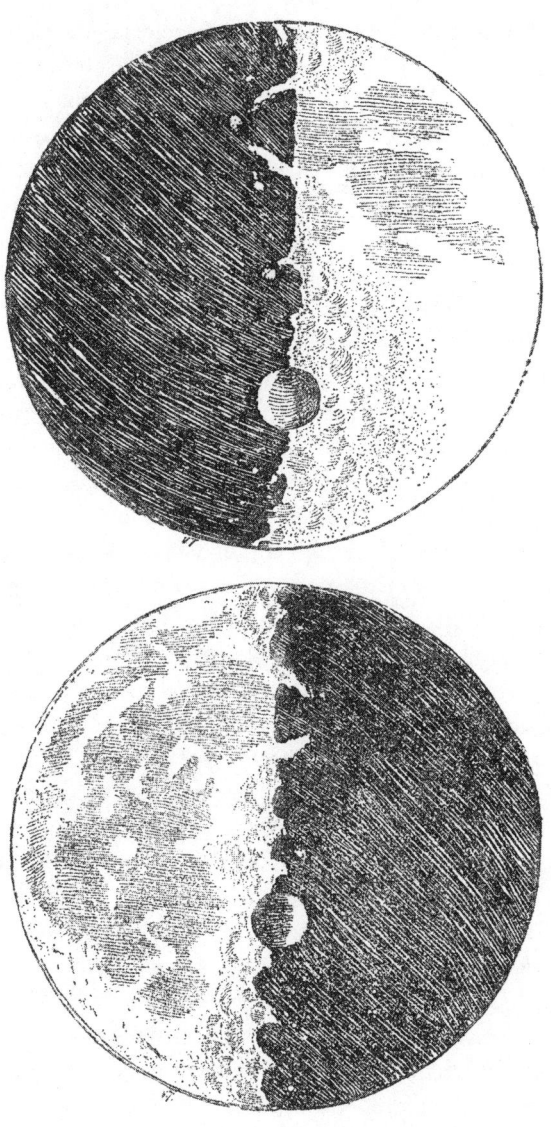

24 Mondzeichnungen Galileis

Mond die Kontinente der Erde zurückspiegele, ja er sei überzeugt davon, kürzlich Italien mit seinen anstoßenden Inseln dort gesehen zu haben. Leider stünde ihm, Kepler, kein Fernrohr zur Verfügung – er hätte wahrscheinlich auch nicht allzu viel damit anfangen können, denn in seiner Jugend hatte er die Blattern gehabt, die ihm fast das Augenlicht nahmen und ihn sein Leben lang kurzsichtig machten. Außerdem hatte ein angeborenes Augenleiden zur Folge, dass er das Gesehene vervielfacht empfand. Er war, was die Luchsäugigkeit betrifft, zum Astronomen nicht gerade geboren.[380] Andererseits war er es, der eine *Optik* geschrieben hatte und die Wirkungsweise der Linsen berechnen konnte, während Galilei eher herumexperimentierte.[381] Was die Beobachtungen betrifft, so blieben für Kepler viele Fragen offen. Warum sind die Berge auf dem Monde ringförmig und zeigen nicht die Struktur von Flusstälern wie auf der Erde? Wo doch sein Lehrer Mästlin von einer Atmosphäre des Mondes ausgehe, ja sogar Wolken und Regenfälle beobachtet haben wollte.[382] Bezüglich der vier Monde des Jupiter stellt Kepler die Frage, für wen dieses grandiose Himmelsschauspiel gemacht sei – wenn der Jupiter nicht bewohnt wäre. Gleichwohl gibt er der Erde den Vorzug, weil sie sich in einer idealen Entfernung von der Sonne befinde und innerhalb des Sonnensystems auf höchsten Ratschluss so plaziert sei, dass von ihr aus alle Planeten in ihrer Harmonie beobachtet werden können. Die Sonne aber ist das Herz der Welt, ein Symbol Gottes: »Denn wenn Gott auch keinen Leib hat und keiner Wohnung bedarf, so manifestiert er doch in der Sonne (am Himmel, wie es in der Schrift immer wieder heißt) mehr Kraft, um die Welt zu regieren, als in den anderen Himmelskörpern.«[383]

Der Briefwechsel zwischen den beiden Gelehrten wirft ein Schlaglicht zurück in das Jahr 1543. In diesem Jahre war mit einem Vorwort des Tübinger Theologen Andreas Osiander die Schrift »De revolutionibus orbium coelestium« des Nicolaus Copernicus erschienen. Wir sind es gewohnt – durch die sprichwörtlich gewordene, von Immanuel Kant später philosophisch geadelte *copernicanische Wende*[384] –, uns sein Werk als eine bahnbrechende Tat vorzustellen, die sogleich durchschlagend gewirkt habe. In der historischen Literatur, die sich nicht gerade mit der Kosmologie der frühen Neuzeit befasst, findet man diese Vorstellung auch weiterhin. Bei allgemeinen Betrachtungen über die zeitliche Verortung des Hexenglaubens im 16. und 17. Jahrhundert stößt man auf die bedauernden Worte, dies alles sei möglich gewesen, obwohl doch schon Amerika entdeckt sei und die *copernicanische Wende* stattgefunden habe.[385] Auch der Herausgeber vom »Zeytregister« des Hans Heberle drückt seine Verwunderung aus, dass in den Ulmer Ratsprotokollen noch viel von Hexerei und Zauberwesen zu finden sei. Und dabei hätten doch schon Galileis Arbeiten neue wissenschaftliche Erkenntnisse gebracht und Kepler habe sogar zeitweise in Ulm gelebt.[386] Ja, sicherlich. Aber Galilei und Kepler leben in einer anderen Welt als die Ratsherren der Stadt Ulm. Sie und nur sie leben in der Welt des Nicolaus Copernicus – die aber brauchte 80 Jahre, um sich überhaupt nur unter den Gelehrten durchzusetzen.

Woher wissen wir eigentlich, dass die Erde sich bewegt? Wir haben keine Sinneswahrnehmung, die uns darüber informiert. Wir haben uns daran gewöhnt, es den Autoritäten zu glauben und unseren gesunden Menschenverstand an den Nagel zu hängen. Denn ohne Beobachtungen am Himmel und ohne mathematische Berechnungen finden wir keinen Hinweis auf die Bewegung des Planeten Erde.[387] Alles spricht dafür, die Erde in den Mittelpunkt zu stellen und Mond, Sonne und Planeten um sie kreisen zu lassen.

Das Universum ist dann relativ klein, in sich geschlossen und besteht aus zwei konzentrischen Kugeln. Die innere Kugel wird vom Mond abgeschlossen und bezeichnet den Ort der Menschen; die äußere Kugel endet mit der Fixsternsphäre.[388] Es ist das Weltbild des Aristoteles in der Fassung des Ptolemäus, das, im Mittelalter mit dem christlichen Glauben in Einklang gebracht, eine kulturelle Dominanz erlangt hatte. Nach Aristoteles teilte die Innenseite der Mondsphäre das Universum in zwei völlig getrennte Regionen mit verschiedenen Arten von Materie und verschiedenen physikalischen Gesetzmäßigkeiten. Unter dem Monde strebt alles dem Weltmittelpunkt zu; über dem Monde verläuft alles in idealen Kreisbewegungen. Unter dem Mond ist die Welt des Wandels von Geburt und Tod, von Entstehen und Vergehen. Die Himmelsregion darüber ist ewig und ohne Veränderungen. Es ist die erhabene Region des Äthers, der *Quintessenz*, oder einer *prima materia*, die jedenfalls etwas anderes sein muss als Erde, Feuer, Luft und Wasser.[389] Aristoteles hatte die Majestät des Himmels kaum näher

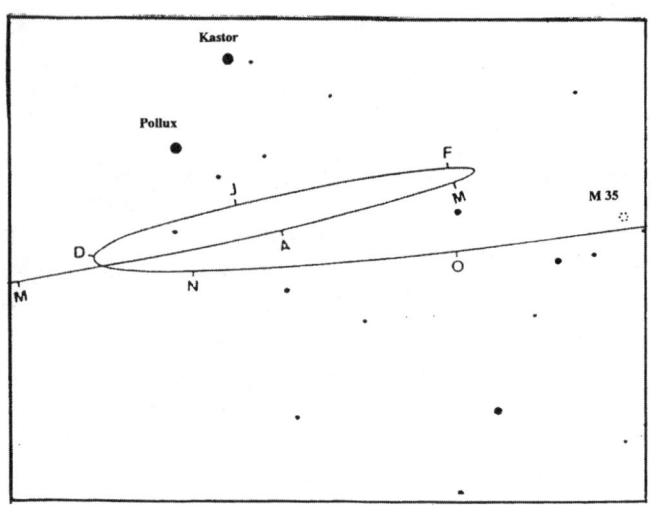

25 Vermeintliche Schleifenbahn des Mars im Winter 1992/93

bestimmt; das blieb den Theologen des Mittelalters vorbehalten. Lange
zuvor hatte der alexandrinische Astronom Ptolemäus (etwa 100–160
n. Chr.) auf dieser Grundlage das Problem der Unregelmäßigkeit der
Planetenbahnen zu lösen versucht. Seine »Große Zusammenstellung
der Mathematik« wurde 827 ins Arabische übertragen und ist unter
diesem Titel als »Almagest« in lateinischer Übersetzung im Abendland
bekannt geworden. Bekannt wurde damit auch ein Problem, das schon
die Antike beunruhigt hatte: Die »Planeten«, die Wanderer unter dem
gestirnten Himmel, verursachen nämlich Schwierigkeiten, wenn man
sie einfach nur um die Erde kreisen lässt. Beispielsweise scheint der
Mars in Schleifen zu rotieren; er zeigt rückläufige Bewegungen, die
mathematisch erklärt werden mussten.[390]

Eine Lösung war schon im dritten und zweiten vorchristlichen
Jahrhundert erwogen worden; man setzt die Planeten auf einen »Deferenten«, auf eine Kreisbahn um die Erde, und lässt sie in »Epizyklen«
auf dieser Kreisbahn ihrerseits rotieren.[391] Diese Epizyklentheorie
hatte Ptolemäus übernommen; sie herrschte bis in die Neuzeit hinein

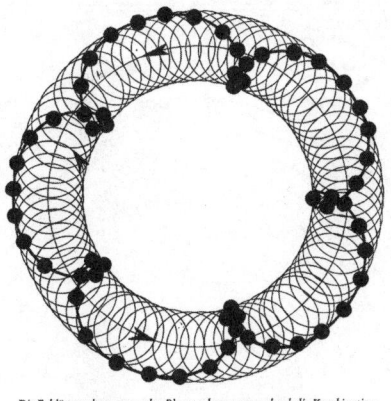

Die Erklärung der retrograden Planetenbewegungen durch die Kombination zweier Kreisbewegungen

26 Epizyklentheorie

und bot eine brauchbare Grundlage zur rein mathematischen Bestimmung der Planetenkonstellationen. Sie vertrat nicht den Anspruch, gezeigt zu haben, dass die Planeten sich in Wirklichkeit so bewegen.

Das Standard-Weltbild des Hoch- und Spätmittelalters hatte, in den Vorstellungen des Thomas v. Aquin und Dantes, etwa folgende Gestalt: Die Erde – bei Dante die Hölle – steht im Mittelpunkt des Universums, umgeben von den *sublunarischen* meteorologischen Sphären von Wasser, Luft und Feuer. Das erscheint plausibel, denn aus diesen drei Elementen setzen sich die Witterungsphänomene zusammen: Wind, Regen, Hagel und Schnee sowie Blitz und Donner. Dann folgt die Sphäre des Mondes, darauf der Merkur und die Venus. Die Sonne steht in der vierten Sphäre, hinter ihr kreisen Mars, Jupiter und Saturn. Jenseits des Saturns wölbt sich als achte Sphäre die Kugelschale des *Firmaments*, auf das die Fixsterne geheftet sind. Ebendeshalb heißen sie noch heute so, wenngleich wir längst ganz andere Vorstellungen von der Tiefe des Weltraumes haben. Dies alles kreist um die unbewegliche Erde und bezieht seine Bewegung aus dem *primum mobile* in einer neunten Kristallsphäre. Die ungeheure Geschwindigkeit der Umdrehung bekommt sie von Gott, dem »ersten Beweger« des Aristoteles.[392]

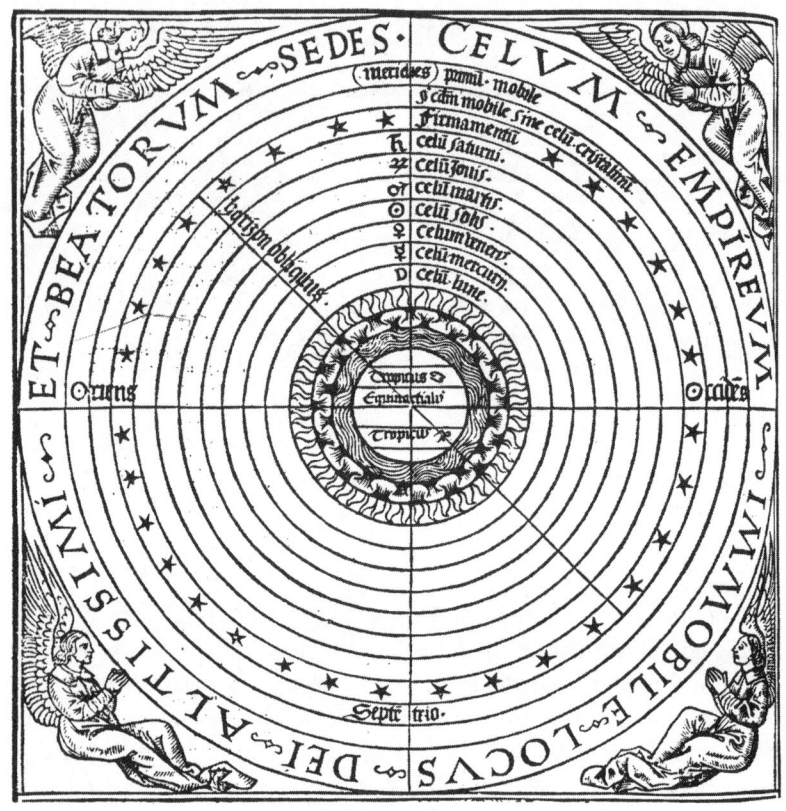

Holzschnitt aus Chasseuneux, Barth.: Catalogus gloriae mundi. 1546.

27 Mittelalterliches Weltbild. Holzschnitt aus Barth Casseuneux
Catalogus gloriae mundi. 1546

Der Schöpfer selbst bewohnt den »Feuerhimmel« oder das Empyreum.
In einem »Catalogus gloriae mundi« von 1546 – also drei Jahre nach
der Veröffentlichung des Copernicus – ist er genauer bezeichnet als:
»CELUM EMPIREUM IMMOBILE LOCUS DEI ALTISSIMI ET BEATO-
RUM SEDES«. Gott und die Seligen wohnen in unbewegter Ewigkeit
jenseits der äußersten Kristallsphäre. Diese dreht sich und setzt ihrer-

188

seits alle Himmelsbewegungen in Rotation. In diesem Weltbild verläuft die bewegende Kraft von außen nach innen: vom *primum mobile*
bis hinab zum Mond. Wir werden sehen, dass sich mit der Keplerschen
Revolution die Richtung dieser Kraft umkehrt: Nun muss sie in irgendeiner Weise von innen nach außen, von der Sonne zu den Planeten
wirken.[393]

Nun war zur Zeit des Copernicus dieses Weltbild nicht mehr unumstritten. Es gab nicht eine, sondern mehrere aristotelisch-ptolemäi-
sche Theorien. Dazu kamen die Humanisten mit ihrem Rückgriff auf
Platon und die Neuplatoniker. Schon die Pythagoreer hatten die reale
Welt als »Schatten« einer idealen Mathematik gedacht; die Neuplatoniker entwarfen eine mystische Mathematik, sie galt als der Schlüssel
zum Wesen Gottes und der Weltseele.[394] Mit dem Neuplatonismus eta-
blierte sich ein Sonnenkult, der es Copernicus erlaubte, in erhabenen
Worten die neue Stellung des Zentralgestirns zu preisen:

> »In der Mitte von allem thront die Sonne. Wie könnte es für die-
> sen Lichtkörper einen besseren Platz in diesem wunderschönen
> Tempel geben, als den, von dem aus er das Ganze auf einmal erhel-
> len kann? Mit Recht nennt man ihn die Leuchte, den Geist, den
> Beherrscher des Universums. […] Es ist, als befinde sich die Sonne
> auf einem königlichen Thron und herrsche über ihre Kinder, die
> sie umkreisen.«[395]

Nicolaus Copernicus (1473–1543) war in Thorn geboren und hatte an
der Jagiellonischen Universität Krakau studiert, die ein bedeutendes
Zentrum der Astronomie war. Auch als er in Bologna die Rechtswissen-
schaften belegte, ließ ihn die Himmelsmathematik nicht los. Als Dom-
herr in Frauenburg war er später vielfältig tätig, als Jurist, als Verwalter,
als Arzt und immer wieder als Astronom. Wir haben die Kalenderreform des Jahres 1582 erwähnt; sie war langfristig vorbereitet, und
1514 hatte auch Copernicus aus Rom schon eine Aufforderung zur
Mitarbeit bekommen.[396] Die Veröffentlichung seines Hauptwerkes »De
revolutionibus orbium coelestium libri sex« – »Sechs Bücher über die
Umwälzung der Himmelssphären«[397] – fällt in sein letztes Lebensjahr.
Copernicus hatte die Drucklegung hinausgezögert, seine Auffassung

allerdings zuvor schon in einer kleinen Schrift, dem »Commentariolus«, zwischen 1510 und 1514 deutlich gemacht.[398] Copernicus' Hauptschrift ist ein unrevolutionäres Werk mit revolutionären Konsequenzen, im Grunde war es ein ausführlicher Kommentar zum *Almagest* des Ptolemäus, den der gelehrte Humanist überprüfen und auf eine andere Grundlage stellen wollte. Das Buch ist nicht für eine breite Öffentlichkeit bestimmt. »Mathematische Dinge werden für Mathematiker geschrieben«, heißt es daher im Vorwort an Papst Paul III. Ein solches Vorwort wird aber kaum ohne Einwilligung des Empfängers zustande gekommen sein; es zeigt indirekt, dass den Renaissancepäpsten die Kalenderreform wichtiger gewesen sein muss als die eventuellen Konsequenzen für ein neues Weltbild.[399] Sieben Thesen hatte Copernicus schon im »Commentariolus« zur Diskussion gestellt; sie wurden etwa seit 1530 in der Gelehrtenwelt und auch in Rom zur Kenntnis genommen. Sie lauten vereinfacht:

1. *Die Himmelsbewegungen haben verschiedene Mittelpunkte.*
2. *Die Erde ist nicht der Mittelpunkt der Welt.*
3. *Der Mittelpunkt der Welt befindet sich in der Nähe der Sonne.*
4. *Der Abstand zwischen Erde und Fixsternsphäre ist unmessbar groß.*
5. *Der Erde ist eine tägliche Bewegung zu eigen, während der Fixsternhimmel ruht und sich nur scheinbar um sie dreht.*
6. *Ebenso ist die Sonnenbewegung nur eine scheinbare und entsteht durch die Jahresbewegung der Erde, der mehrere Bewegungen zu eigen sind.*
7. *Die relative Bewegung zwischen der Erde und allen anderen Planeten genügt, um die verschiedenartigsten Erscheinungen am Himmel zu erklären.*[400]

Fragte man jetzt nach der Entstehung der rückläufigen Bewegungen der Planeten, so ließen sich die »Epizykel« als Blickpunkte von der Erde her rekonstruieren. Die Unregelmäßigkeiten der Planetenbewegungen wurden nun nicht mehr durch geometrische Hilfskonstruktionen gedeutet, sondern als notwendige Folge der Erdbewegung erklärt.[401]

Doch diese Thesen waren außer für die besten Astronomen und Mathematiker jener Zeit nicht nachzuvollziehen. Nur winzige Schwie-

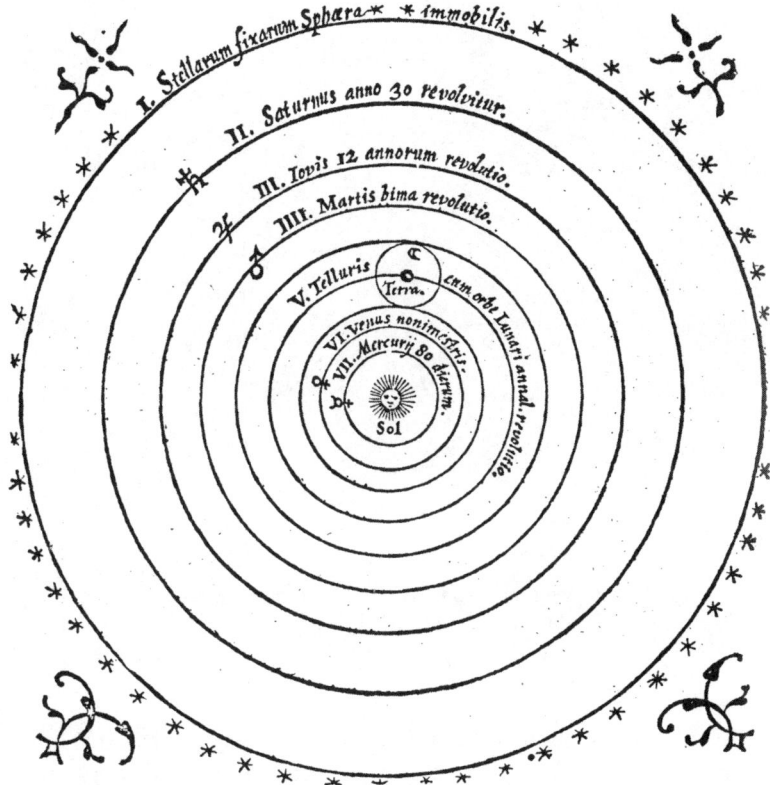

Copernicus, De revolutionibus. Amsterdam ³1715.

28 Heliozentrisches Weltbild des Copernicus, Amsterdam ³1715

rigkeiten wie der scheinbare Rücklauf von Planeten, die zwar schon seit der Antike, aber doch immer nur von einer kleinen Schar von Fachleuten überhaupt bemerkt wurden, standen mit dem geozentrischen Weltbild in Konflikt. Insofern gab es – wie Thomas S. Kuhn sagt – keine copernicanische Revolution, sondern eine *copernicanische Infiltration.* Copernicus wurde als »zweiter Ptolemäus« bewundert, ohne dass man seine zentralen Annahmen teilen musste. Man borgte sich Teile seiner

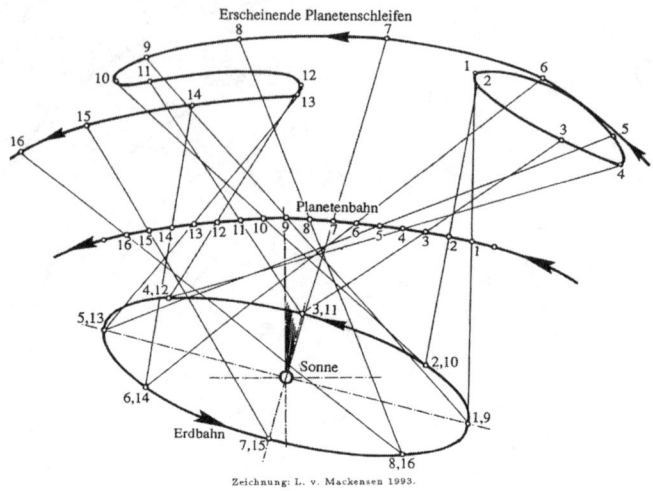

Zeichnung: L. v. Mackensen 1993.

29 Venusbewegung nach Copernicus: Schleifenbewegungen der
Planeten. Zeichnung L. v. Mackensen 1993

Berechnungen aus und akzeptierte sie, *obgleich* sie auf »falschen« Prämissen beruhten. Außerdem waren die Erklärungen bei Copernicus
nicht weniger kompliziert als bei Ptolemäus; auch er kam, was die sphä-
rische Bewegung der Erde um die Sonne betraf, ohne *Deferenten* und
Epizykel nicht aus. Schließlich hatte Andreas Osiander, der mit der
Drucklegung des großen Werkes betraut war, ein von Copernicus nicht
autorisiertes Vorwort beigefügt, das in gewohnter Weise den bloß hy-
pothetischen Charakter des neuen Weltbildes betonte.[402] Ob *Hypothese* oder *Realität* wurde daher diskutiert, denn den Astronomen war
die Formel von der »Rettung der Phänomene« wohlvertraut. Wie sollten die Unregelmäßigkeiten am Himmel mit den geläufigen Theorien
von den idealen Kreisbahnen in Einklang gebracht werden? Vieles
sprach für das ptolemäische Weltbild, anderes ließ sich besser mit dem
Heliozentrismus erklären.[403]

Einen dritten Weg hatte seit etwa 1580 das – vor allem von den gelehrten Jesuiten des 17. Jahrhunderts geschätzte – konkurrierende Weltmodell des dänischen Astronomen Tycho Brahe eingeschlagen, einem Meister der astronomischen Beobachtung. Es ließ die Planeten zwar um die Sonne, die Sonne aber um die Erde kreisen. Insofern kam es nicht mit der Bibel in Konflikt.[404] Tycho Brahe allerdings hatte an einem anderen Phänomen Anstoß genommen. Copernicus musste davon ausgehen, dass die Fixsterne so unermesslich weit von der Erde entfernt seien (vgl. die sieben Thesen aus dem *Commentariolus*, Punkt 4), dass sich trotz der Rotation der Erde um die Sonne keine Verschiebung der Fixsternorte erkennen ließ, die sogenannte Fixsternparallaxe.[405] Sie hatte schon in der Antike als schlagender Beweis gegen das heliozentrische System gegolten, denn wenn die Erde im Jahresverlauf um die Sonne kreiste, hätte doch der Blick auf die Sterne je nach Position in der Umlaufbahn ein anderer sein müssen. Die Copernicaner ihrerseits unterstellten, dass die Sterne von der Erde so weit entfernt standen, dass in Relation dazu die Umlaufbahn der Erde um die Sonne gleichsam zu einem Punkt zusammenschrumpfte.[406] Auch Tycho Brahe konnte dieses zu erwartende Phänomen bei noch so genauen Messungen nicht nachweisen; da er aber die von Copernicus vorausgesetzte Größe des Universums für undenkbar hielt – hinter dem letzten der damals bekannten Planeten, dem *Saturn*, musste sich eine ungeheure Lücke im Weltsystem auftun –, hatte er sein Kompromissmodell entworfen.[407] Doch auch Copernicus dachte noch in einer geschlossenen, endlichen Welt; die Konzeption eines unendlichen Universums wagte erst Giordano Bruno im Rückgriff auf Lukrez.[408] Dafür – allerdings auch für manche anderen Ketzereien: Er vertrat *atheistische* epikureische Lehren – wurde er im Jahre 1600 auf dem Campo dei Fiori in Rom verbrannt.[409] Dort steht heute sein Denkmal inmitten des täglichen Blumen- und Gemüsemarktes.

So war die Situation in der zweiten Hälfte des 16. Jahrhunderts: Wichtige Teile der copernicanischen Welt ließen sich empirisch nicht überprüfen, und an den Hochschulen dominierte der Aristotelismus. Und nach der Physik des Aristoteles war allein schon die Rotation der Erde eine Unmöglichkeit. Denn mussten nicht alle nicht fest mit der Erde verbundenen Körper hinter dieser Drehung zurückbleiben?[410]

Gleichwohl waren die neuen Lehren auch bei den astronomischen

Laien durchaus bekannt. Luther kanzelte sie in einer seiner Tischreden als unnütze Neuerungssucht ab, denn schließlich habe nach der Hl. Schrift Josua die Sonne für einige Zeit über dem Tale Gideon stillstehen lassen, nicht die Erde. Also müsse sich doch wohl die Sonne bewegt haben. Differenzierter äußerte sich Melanchthon: »Manche halten es für eine hervorragende Leistung, wenn sie verrückte Sachen machen, wie dieser sarmatische Sternforscher, der die Erde bewegt und die Sonne anhält. Wahrlich, weise Herrscher sollten die Zügellosigkeit der Geister zähmen.« Allerdings unterstützte der Reformator gleichzeitig das Tafelwerk des Erasmus Reinhold auf copernicanischer Grundlage und sprach später zurückhaltender über das neue Weltbild.[411]

Gehen wir wieder voran in das Jahr 1610, zu Galileis Entdeckungen mit dem Fernrohr. Was konnten sie zur Bestätigung des copernicanischen Systems beitragen? Beim Anblick des Mondes, seiner Krater und Gebirge wurde Galilei in seinen Zweifeln an der aristotelischen Physik bestärkt. Weder war der Mond eine ideale Kugel, noch war die Sonne makellos, denn 1610 hatte Galilei die Sonnenflecken beobachtet. Etwa zeitgleich waren Johann Fabricius (1587–1616) in Friesland und dem Jesuitenpater Christoph Scheiner (1575–1650) in Ingolstadt dunklere Flächen auf der Sonne aufgefallen. Die Beunruhigung war groß. Der Ordensgeneral schrieb an seinen verunsicherten Pater: »Ich habe den Aristoteles von Anfang bis Ende durchgelesen und nichts über Flecken auf der Sonne gefunden. Beruhige Dich, mein Sohn, und sei versichert, daß die Flecken Fehler in Deinen Gläsern oder in Deinen Augen sind, aber nicht in der Sonne.«[412] Galilei jedenfalls tendierte dazu, die Trennung zwischen sublunarem und supralunarem Raum mit ganz andersartigen Materien aufzugeben. Auch die »Mediceischen Gestirne« bestärkten ihn in seiner Auffassung, dass Jupiter und seine Trabanten von ähnlicher Art seien wie die Erde. Außerdem bildeten sie einen Beleg für die These des Copernicus, dass nicht alle Himmelskörper um den gleichen Mittelpunkt kreisen. Aber das hätte sich auch mit dem Modell Tycho Brahes vereinigen lassen. Die Phasen der Venus hingegen sprachen eindeutig gegen Ptolemäus, denn nach seinen Annahmen konnte es zwar die bekannte Sichelform, nicht aber eine runde Venuskugel geben.[413]

In seinem »Brief über die Sonnenflecken« hatte Galilei erstmals öffentlich für Copernicus Partei ergriffen. Die Argumente des päpstlichen Lagers sind an einem Schreiben des gelehrten Kardinals Bellarmin von 1615 an den Karmelitermönch Pater Foscarini ablesbar. Foscarini hatte sich für Galilei und Copernicus ausgesprochen und wollte nun die Meinung des Kardinals einholen. Der antwortet ihm – und Galilei indirekt gleich mit. Er täte gut daran, nur von einer Annahme zu sprechen, wie er denn dächte, dass Copernicus stets wohl gesprochen habe. Man sieht: Das relativierende Vorwort von Andreas Osiander hatte seine Wirkung nicht verfehlt.

»Wenn man sagt, die Annahme, daß die Erde sich bewege und die Sonne stillstehe, erkläre die Erscheinungen besser als Epizykel und Exzenter, hat man wohl gesprochen. Es liegt darin keine Gefahr und genügt für die Mathematiker. Wollte man aber behaupten, die Sonne befinde sich wirklich fest im Zentrum des Himmels und drehe sich lediglich um sich selbst, ohne von Osten nach Westen zu wandern, und die Erde befände sich in der dritten Sphäre und bewege sich sehr schnell um die Sonne, so ist das sehr gefährlich, nicht nur, weil es alle Theologen und scholastischen Philosophen aufbringt, sondern auch, weil es unsern heiligen Glauben beleidigt und die Heilige Schrift Lügen straft.«[414]

Zur Zeit der Gegenreformation ist man in Rom nicht mehr so gelassen wie noch 80 Jahre zuvor. 1616 wird Galilei zum ersten Male beim Hl. Offizium angezeigt; er bekommt von Bellarmin den Verweis, von seiner Lehre abzustehen.[415] 1624 wird Maffeo Barberini zu Papst Urban VIII. gewählt. Er scheint dem Weltbild des Copernicus nicht abgeneigt zu sein. Galilei schöpft neue Hoffnung und veröffentlicht 1632 sein berühmtestes Buch: den »Dialog über die beiden hauptsächlichsten Weltsysteme«. In diesem »Dialogo de Galileo Galilei delli due Massimi Sistemi del mondo, Tolemaico e Copernicano« spricht *Salviati* für Copernicus, *Simplicio* für Ptolemäus und Aristoteles, während *Sagredo*, der gebildete Laie, als Schiedsrichter fungiert, allerdings mit Hinneigung zu Copernicus. Wieder wird Galilei angeklagt, und nun muss der 70-Jährige endgültig abschwören. Listig hatte er sich damit verteidigt, sein Buch sei in

Dialogform geschrieben, so dass es nur verständlich wäre »wegen des natürlichen Gefallens, den ein jeder an seinem Scharfsinn findet«, dass auch die »falschen« oder nur *wahrscheinlichen* Argumente zwingend vorgetragen seien.[416] Der alte Astronom und Mathematiker unterschrieb am 22. Juni 1633 zu Rom seinen Widerruf mit eigener Hand. Sein »Dialog« kam auf den Index; seine Gefängnisstrafe wurde in Hausarrest umgewandelt, den er allerdings in seiner Villa in Arcetri im Kreise seiner Schüler verbringen durfte und in dem er seine wichtigsten Werke über die Mechanik der örtlichen Bewegungen schrieb.[417] Im Grunde hatte man ihm ein Schlupfloch gelassen. Die Römische Kirche war durch ihr eigenes Urteil weniger glimpflich davongekommen. Galilei hatte sich beim Verhör vom 12. April 1633 auf Kardinal Bellarmin berufen, der ihm die Lehre seines Systems »ex suppositione«, d. h. als Hypothese, nicht verboten habe.[418] Nun aber sollte er seiner Lehre in *jeglicher Form* abschwören.[419] Damit aber hatte sich die Kirche über lange Zeit selbst um die Möglichkeit gebracht, sich dem neuen Weltbild anzupassen.[420]

Galilei lebte noch bis 1642. Im Jahre 1737 wurde seine Asche in feierlicher Prozession in die Kirche Santa Croce in Florenz überführt, in der Italien seine großen Toten ehrt.[421] Und auch die Kirche zog bald nach. Schon im Jahre 1992 wurde von Papst Johannes Paul II. die Verurteilung des Galileo Galilei von der katholischen Kirche formell aufgehoben und das gegen ihn ergangene Urteil als Fehlentscheidung bezeichnet.[422]

Den ehrwürdigen Kardinälen, die Galileo verhörten, war es nicht entgangen, dass er über all diese Dinge mit einem Mathematiker in Deutschland korrespondiert hatte. Sehen wir uns also wieder nach seinem Briefpartner Johannes Kepler um. Wir hatten ihn verlassen, als er 1610/1611 begeistert auf Galileis »Sidereus Nuncius« reagierte. Johannes Kepler (1571–1630) ist 7 Jahre jünger als Galilei und stirbt 12 Jahre vor ihm. Zwar hat er sich nicht mit der römischen Inquisition herumzuschlagen; dafür aber wird er zum Opfer ihres ebenso unduldsamen protestantischen Gegenstücks. Seine Anfänge sind bescheiden; der schwächliche Knabe schien den Eltern für einen praktischen Beruf ungeeignet. So wurde er Theologiestudent am Tübinger Stift. Doch da er nichts unbefragt hinnahm, studierte er die Lehrmeinungen aller drei Konfessionen und neigte, was die von Luther gelehrte Realpräsenz

Christi beim Abendmahl betraf, dem Calvinismus zu, der in der Abend-
mahlsfeier nur einen Akt der Erinnerung zur Stärkung des Glaubens
der Gläubigen sah. Da er diese rationale Haltung in einer Art *Quer-
front* auch bei den Jesuiten wiederfand, weigerte er sich, die für die Lutheraner verbindliche Konkordienformel zu unterzeichnen. Württemberg kam für ihn daraufhin als Ort für eine Anstellung nicht mehr in
Frage; 1619 wurde er vom Abendmahl ausgeschlossen und war seither
im eigentlichen Sinne konfessionslos.[423]

1594 ging er als Mathematiklehrer in das mehrheitlich protestantische Graz in der Steiermark. Dort tat er, was man von ihm erwartete;
neben seinem Lehrberuf wurde er Kalendermacher und Astrologe. Kalender bestanden damals – wir hatten es schon bei Grimmelshausen
gesehen – nicht nur aus einem eigentlichen »Kalender« im heutigen
Sinne; wichtiger für die Käufer war die beigegebene »Praktik«. So
führte auch Kepler in seinen Kalendern auf, wie die Wetter- und Ernte-
aussichten waren und ob Krieg oder Seuchen drohten. An welchen
Tagen man sich zur Ader lassen sollte oder wann Hitze, Kälte, Hagel
und Gewitter zu erwarten waren. Mit seinen Prognosen hatte er Glück,
denn die vorausgesagten harten Winter, auch Bauernunruhen und die
Türkengefahr trafen wirklich ein; seinem Ansehen in Graz war das förderlich. Weniger förderlich war ihm unter Protestanten seine Anerkennung der »katholischen« Kalenderreform Papst Gregors XIII., der er als
Mathematiker und Astronom einfach zustimmen musste. Als die Gegenreformation in der Steiermark die Zügel in die Hand bekam, galt er
umgekehrt wieder als »Lutheraner« und wurde aus Graz ausgewiesen.
Stellungslos geworden, nahm er 1600 die Einladung Tycho Brahes nach
Prag an. 1596 war sein in Graz geschriebenes, in Tübingen gedrucktes
Werk »Mysterium cosmographicum« erschienen. Es zeigte auf seine
Weise, warum Kepler hoffnungslos, aber auch starrsinnig zwischen
allen dogmatischen Konfessionen festsaß. Denn Kepler betrachtete
seine Astronomie als den wirklichen Gottesdienst. Ein Fundament seiner überkonfessionellen Frömmigkeit war ihm die *Weisheit Salomonis* 11, v. 20: »Du aber hast alles nach Maß, Zahl und Gewicht geord-
net.«[424] Daraus leitete er ab, dass die erschaffene Natur mathematisch
strukturiert sei, und also mussten auch die Planetensphären in ihren
Abständen einem geometrischen Grundmuster folgen.

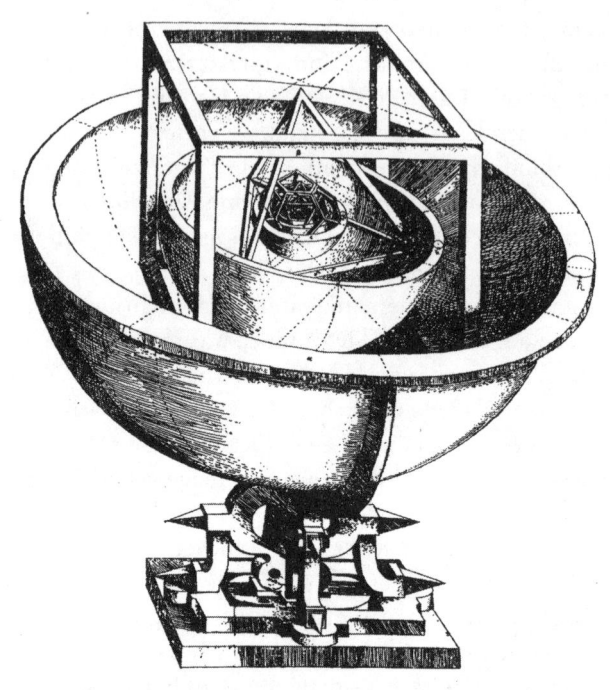

30 Kepler: Ausmaße der Planetensphären und ihre
Entfernungen aufgrund der fünf regulären geometrischen Körper
Kupferstich 1596

Nach dem aristotelisch-ptolemäischen Weltbild hatte es sieben
Wandelsterne gegeben, die um die Erde kreisten: Mond, Sonne, Merkur, Venus, Mars, Jupiter und Saturn. Nach Copernicus gab es nur noch
sechs Planeten mit fünf Zwischenräumen: Merkur, Venus, Erde, Mars,
Jupiter, Saturn. Wie waren sie harmonisch angeordnet? Denn der
Schöpfer, das wusste er aus Platons Timaios, hat nur das Schönste geschaffen.[425] Kepler ging von ganzzahligen Verhältnissen zu geometrischen Körpern über und fand heraus, dass sich die Zwischenräume
nach den fünf regelmäßigen Vielecken oder den *Platonischen Körpern*

darstellen ließen. Die ganze Welt ist von einer Kugelgestalt umschlossen. Darin ist ein großer Würfel eingezeichnet, der dem Abstand der Saturnsphäre von der des Jupiter analog ist; nun geht es über einen Tetraeder und andere Formen herab bis zu einem kleinen Oktaeder, das die Sphäre des Merkur um die unbewegte Sonne im Mittelpunkt umreißt.[426]

Kepler war auf der Suche nach dieser platonischen Gesamtschau des Kosmos, in dem die Phänomene in Analogie zu idealen Figuren gesetzt werden können; seine Darstellung der elliptischen Planetenbahnen, die aus heutiger Sicht als seine eigentliche Leistung gilt, war für ihn eher ein aufwendig zu berechnendes Übel, das diese Harmonie zu stören schien. Kepler war, nebenbei bemerkt, keineswegs kleinlich in seiner Selbsteinschätzung; hatte Gott doch sechstausend Jahre – seit dem Zeitpunkt der Schöpfung – auf einen Betrachter wie ihn warten müssen, der deren Maß und Zahl erkannte.[427] Allerdings zeigte es sich bald, dass die Maßverhältnisse so einfach nicht waren, wie er es in seinem Erstlingswerk angenommen hatte.

Kepler ist nun am Hof Kaiser Rudolfs II., an dem Tycho Brahe (1546–1601) als Chefastronom wirkt. Schon in früheren Jahren hatte er ein Angebot von Brahe bekommen, sein Assistent zu werden. Nun durfte er mit ihm zusammenarbeiten, ja er musste es, denn er war auf Brahes exakte Beobachtungen angewiesen. Diese Zusammenarbeit war nicht reibungslos, als aber der große Astronom schon 1601 starb, wurde Kepler sein Nachfolger und behielt auch die Verfügung über seine umfassenden Aufzeichnungen.[428] In vielen Punkten folgt er Tycho, so in seiner Schrift über den Kometen von 1607.[429] Der dänische Adlige mit seinem vom König großzügig ausgestatteten Observatorium auf der kleinen Sundinsel Hveen hatte schon 1577 erkannt, dass Kometen keine *meteorologischen* Erscheinungen sein können, wie Aristoteles angenommen hatte. Keineswegs entstehen sie aus Ausdünstungen der Erde und bewegen sich *unter dem Monde*, sondern es muss sich um interplanetarische Himmelskörper im Sonnensystem handeln. Allerdings verursachten die Kometen dann ein neues Problem: Da sie quer durch die »Kugelschalen« rasten, auf denen sich doch die Planeten bewegen sollten, konnte es gar keine materialen »Sphären« geben. Der mittelalterliche Kugelschalenkosmos löste sich auf; die Planeten bewegten sich nun plötzlich auf »Umlaufbahnen«.[430] Gegen Astrologie und Kometenfurcht gewandt, bedeutete das: Wenn Kometen so weit von der Erde entfernt sind – können sie dann für eine bestimmte Stadt oder ein Land etwas zu bedeuten haben? Unter dem Aspekt einer neuen Himmelsmechanik wurde zugleich eine ganz neue Fragestellung eröffnet, denn aus den von ihren *Sphären* umschlossenen Planeten sind nun *Körper* geworden. Was hält diese Himmelskörper eigentlich auf ihren Umlaufbahnen fest?[431]

Der entscheidende Schritt Keplers über Brahe hinaus bestand nicht allein darin, dass er das copernicanische Weltmodell zugrunde legte. Brahe und seine Mitarbeiter hatten, um ihr eigenes kosmologisches Modell zu beweisen, Berechnungen am gut zu beobachtenden Mars gemacht. Durch einen glücklichen Zufall hatte man Kepler die Ausarbeitung der Marstheorie übertragen. Ausgerechnet Mars hat aber die am stärksten von einem Kreis abweichende Bahn von allen Planeten, deren unerhörten Verlauf man nicht wegdisputieren konnte.[432] Kepler brach nun mit der bloß mathematischen Tradition der Bahnberechnungen und legte physikalische Erwägungen zugrunde. Sein alter Lehrer Mästlin in Tübingen mochte ihm darin nicht mehr folgen; Kepler aber war der Ansicht, dass die beiden Wissenschaften Astronomie und Physik zusammengeführt werden müssten.[433] Warum sollten sich die Planeten, wie noch bei Copernicus, um einen rein fiktiven Punkt im Raum drehen, der nur aus mathematischen Gründen gewählt war? Er nahm an, dass von der Sonne eine »Kraft« ausgehe; diese »Kraftstrahlen« reißen die Planeten mit und bringen sie zum Rotieren; zugleich scheinen sich die Planeten aber auch dem Zug der Sonne zu widersetzen.[434] Der Engländer William Gilbert (1544–1603) hatte über den Magnetismus geforscht und die Erde als einen großen Magneten betrachtet, der beispielsweise den Mond auf seiner Bahn festhielt. Diese Anregung greift Kepler auf.[435] Steht die Sonne exzentrisch in der Planetenbahn, muss ihre Kraft auf ihn stärker wirken, wenn er ihr näher kommt, und geringer sein, wenn er weiter von ihr entfernt ist. Die Geschwindigkeit der Planeten ist dann nicht mehr gleichförmig. Mit diesen Annahmen war Kepler zu den später nach ihm benannten *Gesetzen* gekommen:

1. *Die Bahn der Planeten ist eine Ellipse, in deren einem Brennpunkt sich der Mittelpunkt der Sonne befindet.* Kepler schreibt: »Die Sache liegt daher einfach so: Die Planetenbahn ist kein Kreis; sie geht auf beiden Seiten allmählich herein und dann wieder bis zum Umfang des Kreises im Perigäum hinaus. Eine solche Bahnform nennt man ein Oval.«[436]

2. *Die Verbindungslinie Sonne-Planet überstreicht in gleichen Zeiten gleiche Flächen.*[437]

3. *Die Quadrate der Umlaufzeiten der Planeten verhalten sich wie die Kuben ihrer mittleren Abstände von der Sonne.*[438]

Als 1619 Keplers Schrift über die *Weltharmonie* erscheint, kann er auf diese Entdeckungen schon wie selbstverständlich zurückblicken. »Des weiteren habe ich bewiesen, daß die Bahn eines Planeten elliptisch ist und daß die Sonne, die Quelle der Bewegung, in dem einen Brennpunkt dieser Ellipse steht.« Spekulieren kann man darüber, ob die Annahme einer »Eiform« oder einer »Ellipse« im Umfeld der manieristischen Ästhetik am Hofe Rudolfs II. mit ihrer Ablehnung des »selbstzufriedenen Kreises« nicht ganz so undenkbar war, so dass man hier auf eine wissenschaftliche Synergie von Kunst und Astronomie schließen könnte.[439] Und immer noch sucht Kepler nach den Tonleitern in Dur und Moll, in denen die Planeten, gleichsam für einen Zuhörer auf der Sonne – Gottvater, ihre erhabene Melodie ertönen lassen. Auch für die damaligen »Musiker von heute« hält er eine Aufgabe bereit:

> »Ist es unverschämt von mir, wenn ich von den einzelnen Komponisten unserer Zeit eine kunstgerechte Motette für meinen Lobpreis fordere? Einen geeigneten Text könnte der königliche Psalmist oder die übrigen Hl. Bücher liefern. Doch merkt wohl, daß am Himmel nicht mehr als sechs Stimmen zusammenklingen; denn der Mond summt für sich seine einstimmige Weise, bei der Erde, wie an einer Wiege sitzend. Liefert eure Beiträge; daß die Partitur sechsstimmig wird, darüber verspreche ich eifriger Wächter zu sein. Wer in meinem Werk dargestellte Himmelsmusik am besten ausdrückt, dem stellt Klio ein Blumengewinde in Aussicht und Urania verheißt ihm die Venus als Braut.«[440]

Als Kepler dies schreibt, herrscht seit einem Jahr Krieg im Heiligen Römischen Reich.

Er ist nun in Linz und hat ein zweites Mal geheiratet; eine Ehe, die glücklicher gewesen zu sein scheint als die erste. Seit 1618 verfertigt er auch wieder astrologische »Jahresprognostiken«; er versteht sich aber als »Politicus«, als vorsichtigen, überparteilichen Mahner, und stellt seine Horoskope unter den Vorbehalt, dass er Gottes Pläne nicht kenne.[441] Schon lange arbeitet er mit seinem tychonischen Material die »Rudolfinischen Tafeln« aus, einen Sternenkatalog, der die alten »Alfonsinischen Tafeln« aus der Zeit Alfons' von Kastilien von 1260 ersetzen soll. Da stört ihn der Rat der Stadt Leonberg in seiner Arbeit. Seine alte Mutter lebt dort; sie war, wie Kepler selber sagt, von beißendem Witz und streitsüchtig. Im gleichen Jahre 1616, als Galilei sich zum ersten Male vor der Inquisition verantworten muss, wird Keplers Mutter der Hexerei bezichtigt. Vorübergehend flüchtet sie zu ihrem Sohn nach Linz; eine Flucht galt immer als übles Zeichen und als eine halbe Schuldanerkenntnis. Als sie zurückkehrt, wird sie 1620 verhaftet. Etwa ein Jahr lang dauert ihr Prozess; ihr Sohn ist fast die ganze Zeit anwesend und kämpft gemeinsam mit einem Anwalt um das Leben seiner Mutter und die Ehre seiner Familie.

Die von Kepler redigierte Verteidigungsschrift versucht alle Anschuldigungen zu entkräften und die üblichen Hexenwerke, Schadenstrunk und Impotenzzauber, auf natürliche Ursachen zurückzuführen. Die Schrift ist nicht ohne Humor. War es auffällig, dass die alte Frau Kepler öfter in der Scheune von Michael Stahel gesehen wurde? Nein, denn sie hatte dort Früchte gelagert, und es sei doch so, dass »nit ihre Früchten deßen Vihe, aber wol sein Vihe ihre Früchten freßen könden.«[442] Gegen Ende weist die Verteidigung darauf hin, dass auf den Hexenjäger Jean Bodin »auch anderer seines gleichen *Scribenten*« in diesem hochlöblichen Herzogtum nicht gehört werde.[443] Der Herzog von Württemberg lässt die Prozessakten an die Juristische Fakultät der Universität Tübingen schicken. Dort befindet man, dass die Anklage zur Verurteilung noch nicht ausreichend sei, und ordnet an, man solle der Hexe die Folterwerkzeuge zeigen und einige anlegen. Die 73-Jährige fällt in Ohnmacht. Daraufhin entscheidet der Herzog im November 1621, dass sie sich durch diese »Schreckung« von der Anklage gereinigt habe. Sie kommt wieder auf freien Fuß und stirbt – in Folge der vierzehnmonatigen harten Kerkerhaft – aber schon im April 1622.[444] Ohne ihren energischen Sohn wäre der Prozess für sie sicherlich noch schlimmer ausgegangen.

Kepler gibt nun unter Mühen seine »Rudolfinischen Tafeln« zum Druck, die er schließlich 1628 Kaiser Ferdinand überreichen kann. Der Kaiser lässt ihm 2000 Gulden zuweisen – doch dieses Geld wird nie ausgezahlt. Die Jesuiten am Hof drängen den Gelehrten, zum Katholizismus überzutreten; Kepler aber möchte unabhängig bleiben. So bittet er im gleichen Jahr um seine Entlassung – und tritt in die Dienste Wallensteins. Denn der hatte sich bereit erklärt, Keplers inzwischen aufgelaufene Forderungen an die Hofkasse zu begleichen. Schon 1608 hatte Kepler ihm ein erstes Horoskop gestellt, 1624/25 folgt ein zweites. Damals hatte der Friedländer wissen wollen, woran er sterben werde oder ob er im Kriegswesen fortfahren solle.[445] Nun bot er dem Astronomen ein Jahresgehalt von 1000 Gulden an; natürlich erwartete er astrologische Gegenleistungen, wollte aber auch an seinem Hof in Sagan eine Elite-Universität gründen, für die Kepler den ersten Grundstein legen sollte.[446] Doch konfessionelle Querelen trieben den Gelehrten zwei Jahre später aus dem abgelegenen Sagan wieder fort. Wahrscheinlich wollte er auch immer noch ausstehende Besoldungen nun direkt beim Kaiser einfordern. Außerdem bedrohten schwedische Truppen Schlesien. Aus dieser Zeit stammt Keplers Ausspruch, in Deutschland habe man nur die Wahl zwischen einer Stadt, die schon zerstört sei, und einer Stadt, die noch zerstört werde. Am 8. Oktober reist der nun knapp 60-jährige Astronom nach Regensburg, zum Sitz des Reichstages. Dort kommt er überanstrengt und erkältet an. Sein Zustand verschlechtert sich, und am 15. November 1630 endet sein rastloses Arbeitsleben. Er wird auf dem evangelischen Friedhof außerhalb der Stadtmauern beigesetzt; Freunde stiften einen Gedenkstein. Auf dem stand ein Distichon, das er selbst verfasst haben soll:

Mensus eram coelos, nunc terrae metior umbras.
Mens coelestis erat, corporis umbra iacet.[447]

Die Himmel hat er ausgemessen – jetzt misst er den Schatten der Erde. Doch zwischen 1632 und 1634 ist Regensburg umkämpft; der Friedhof vor den Mauern wird verwüstet. So fehlt von Keplers Ruhestätte jede Spur. 1808 setzt man ihm in der Nähe des vermuteten Grabes ein Denkmal.[448]

2. Pierre Bayle, die Kometen und Isaac Newton

Nun war die träge, unbewegliche Erde zu einem glänzenden Planeten geworden, der um die Sonne herumwirbelte; ein Himmelskörper unter Himmelskörpern. Umgekehrt hatten Beobachtungen der Berge des Mondes und der Sonnenflecken die himmlische Sphäre ihrer ewigen Vollkommenheit beraubt.[449] Ihre andersartige Materie und ihre idealen Kreissphären waren dahin, die Planeten bewegten sich auf elliptischen Bahnen. Jupiter hatte seinerseits Monde. Doch das galt nur für eine Handvoll von Astronomen; Johannes Kepler und der Rat der Städte Ulm oder Leonberg lebten tatsächlich in verschiedenen Welten. Die guten Bürger suchen voller Angst den Himmel nach Wunderzeichen, nach »Prodigien«, ab; Kometen und Kometenfurcht beherrschen noch ihr Denken. Nur die Astronomen wissen, dass es sich anders verhält, dass Kometen nicht nahe der Erde entstehen und dass sie für niemanden etwas zu bedeuten haben.[450] Allmählich gelangt dieses hochspezialisierte Wissen – nicht unters Volk, sondern zunächst einmal in den Umkreis des Denkens der gebildeten Schichten. Die Vermittlung kommt zwar auch von den Astronomen, ebenso aber von Denkern, die das neue Wissen aufgreifen und es zu einem allgemein verständlichen Weltbild umformen.

Einer dieser Popularisatoren ist Pierre Bayle. Als hundert Jahre nach Tycho Brahes Beobachtungen von 1577 der Komet vom Dezember 1680 erscheint, betrachten ihn die meisten Menschen immer noch mit Angst und Schrecken. Ein Kometengedicht aus Nürnberg verbindet das geläufige Arsenal der Deutung – besonders die Form des langgezogenen Schweifes wurde als »Waffe« interpretiert und galt als symbolisches Vorzeichen eines Krieges – mit dem üblichen Bußaufruf. In dem Einblattdruck heißt es:

Ach es redet ohne Rede/ GOTT durch
diesen Straff-Propheten /Ruthe /Schwerdt /
Gifft stehen fertig /dich O böser Mensch zu
schlagen mit Krieg' Armut /Krankheit /
Sterben/und mit allen Jammer-Plagen /

wann du wirst verstockt beharren/in den
Lastern ohne Scheu;
wirst du aber dich bekehren/und mit
Herz- und Schmerzens Reu /
von dem Sündentod aufleben/so kanst du
Vergebung hoffen /Dann die Thür der
Gnaden GOTTES/stehet dir noch immer
offen.[451]

In diese Welt und ihre Denkweise schickt Pierre Bayle sein Buch; zugleich benutzt er den Kometen als willkommenen Anlass zu einer schon seit längerem geplanten Schrift gegen den Aberglauben im weitesten Sinne.

Wer war Pierre Bayle? Er stammte aus einer streng calvinistischen Pastorenfamilie, geboren 1647 in einem kleinen Ort im Südwesten Frankreichs. Durch das Edikt von Nantes von 1598 hatten die Hugenotten eine gewisse bürgerliche Gleichstellung erlangt, die aber im Laufe der Zeit mehr und mehr ausgehöhlt wurde. Den Schlusspunkt dieser gegenläufigen Entwicklung setzten 1685 die Erhebung des Katholizismus zur Staatsreligion und die Widerrufung des Toleranz-Ediktes unter Ludwig XIV. Auch Pierre Bayle hatte zunächst die Seiten gewechselt und trat als Zögling des Jesuitenkollegs von Toulouse 1669 zum Katholizismus über. Doch schon 1670 rekonvertierte er nach gründlicher Überprüfung seines neuen Glaubens. Dieser zweimalige Konfessionswechsel hat ihn sein Leben lang geprägt; er zeigte ihm, dass man bei größter subjektiver Aufrichtigkeit dennoch unsichere Entscheidungen treffen konnte. Aus der Sicht des Katholizismus war sein »Rückfall« fatal, denn nun musste er mit ernsthaften Strafen rechnen. Er ging

31 Der Komet von 1680 über Nürnberg. Nürnberger Einblattdruck, 1680

nach Genf, wurde später Hauslehrer in Rouen und Paris und gehörte seit 1674 der protestantischen Akademie in Sedan an. Die aber wurde im Vorfeld der Aufhebung des Edikts von Nantes schon 1681 geschlossen. Nun entzog er sich dem Zugriff der französischen Behörden endgültig, ging nach Rotterdam und lebte dort unbehelligt bis zu seinem Tode 1706. In Holland publizierte er auch 1682 sein erstes Werk, das Buch über die Kometen. Es wurde ein Erfolg, ebenso ein zweites Buch gegen die Verzerrungen des Calvinismus in der Darstellung eines ehemaligen Jesuiten. Doch sein Kontrahent genoss Protektion vom französischen Hof; das Werk Bayles wurde öffentlich vom Henker verbrannt, und da man seiner nicht habhaft werden konnte, kerkerte man seinen Bruder ein. Der verstarb nach mehrmonatiger Haft im Gefängnis; Bayle gab sich Mitschuld an seinem Tod – wurde aber zugleich in der Forderung nach religiöser Toleranz gestärkt, so dass er sich später auch mit den Calvinisten überwarf. Vom optimistischen Cartesianismus seiner Jugendjahre war nicht viel geblieben; Pierre Bayle wurde zum scharfzüngigen Skeptiker und zum Verfasser des berühmten »Dictionnaire historique et critique«.[452] Sein Schicksal ist das vieler anderer *Selbstdenker*: Aus dem Widerstreit der Autoritäten gelangte er zur Aufhebung aller Autorität.[453]

Zurück zu seinem Erstlingswerk über die Kometen. Es ist in Briefform gehalten und drückt auf den ersten Seiten die Verwunderung darüber aus, dass sein fiktiver Gesprächspartner – ein Doktor der Sorbonne – in diesem Punkte noch den »irrigen Wahn des Pöbels« teile, »der mit Gewalt haben will, daß die Kometen der Welt unzähliges Unglück androhen sollen«. Hingegen seien die Kometen Körper, die »sich nach ordentlichen Gesetzen der Natur richten, keineswegs aber Wunderzeichen, die ohne Regeln erfolgen«.[454] Bayles zentrales Argument gegen den Kometenglauben ist der neuen Kosmologie entlehnt; auch er argumentiert mit der großen Entfernung der Kometen von der Erde: Ein Gestirn, das sowohl von Christen als auch Heiden, Franzosen und Spaniern gesehen wird, kann kein Wunderzeichen sein, das einer einzelnen Nation oder gar einer einzelnen Stadt drohen will.[455] Der eigentliche Denkfehler aber ist philosophischer Art, er liegt in dem Fehlschluss, eine zeitliche Abfolge als Kausalität zu interpretieren. »Man muß sich wundern, wenn man bedenkt, daß ein Lehrsatz, der die allgemeine Ruhe so sehr gestört hat, keinen andern Grund gehabt als diesen: *post hoc, ergo propter hoc – das ist vorhergegangen, folglich hat dies folgen müssen*, dessen Unrichtigkeit man doch schon auf Schulen hat einsehen lernen.«[456] Er zeigt dann im Einzelnen, dass auf Kometen alles Mögliche folgen kann, Glück oder Unglück, Krieg oder Frieden, Pest oder Gesundheit – oder auch gar nichts. Historische Folgen haben historische Ursachen, die aus dem Willen der Menschen hervorgehen. Es war leicht, 1618 – als ein Komet erschien – einen großen Krieg vorauszusagen, dafür brauchte man als Zeichen keinen Kometen. Wer nur ein klein wenig Verstand hatte, konnte ahnen, dass es nicht gut gehen würde, wenn das Haus Habsburg nicht nur über den Leib, sondern auch über das Gewissen ganz Europas herrschen wollte.[457] In summa: Weder hat man Gründe *a priori* noch Gründe *a posteriori*, den Kometen irgendeine Kraft und Einwirkung auf irdisches Geschehen zuzuschreiben.[458] Diese logischen und empirischen Argumente verbinden sich mit einem theologischen – und jetzt zeigt es sich, dass die neue Kosmologie direkte Auswirkungen auf das Gottesbild hat.

Es ist der Allmacht Gottes überhaupt nicht gemäß, durch außerordentliche Zeichen zu wirken. »Der Größe Gottes steht nichts besser an, als beständig nach allgemeinen Regeln zu gehen.« Je weniger eine einmal gegebene Ordnung geändert werden muss, desto eher zeigt sie den großen Verstand und die weit vorausschauenden Absichten des Gesetzgebers an.[459]

Kometen sind keine von Gott geordneten Zeichen. Er gibt durch sie keine spezielle Botschaft, sondern er gibt ihnen »das Merkmal der Allgemeinheit«. Das Allgemeine aber sind die Naturgesetze. Seit wir Ferngläser besitzen und damit den Himmel absuchen, sind viele Kometen gesehen worden; es ist, als wolle Gott uns geradezu auffordern, dass wir ihre regelmäßigen Bahnen aufspüren. Zum Schluss wendet sich Pierre Bayle noch einmal an seinen fiktiven Briefpartner und teilt ihm seine Schlussfolgerung mit, dass nämlich Kometen »Körper sind, die ebenso alt sind, wie die Welt ist, die vermöge der Gesetze der Bewegung, nach welchen Gott die ungeheure Maschine der Welt regiert, bestimmt sind, von Zeit zu Zeit unserem Gesicht nahe zu kommen und uns das Sonnenlicht dergestalt gebrochen zuzusenden, daß wir einen langen Schweif von Strahlen entweder vorne an der Spitze oder von hinten gewahr werden, worüber man die Herren der königlichen Akademie der Wissenschaften zu Rate ziehen kann. Übrigens ist ihr Übergang in unsere Welt von keiner Folge, weder im guten noch im bösen, nicht mehr, als wenn ein Indianer eine Reise nach Europa tut. Indessen steht es jedem frei, nach den Bewegungen seiner Frömmigkeit bei dem Anblick dieser Erscheinung sich zu ängstigen, wie er will.«[460]

Im Jahr 1741 werden die »Verschiedenen Gedanken über die Kometen« auf Betreiben des Polyhistors, Journalisten, Ästhetikers und Theatermannes Johann Christoph Gottsched (1700–1766) ins Deutsche übertragen; ihm verdanken wir auch eine Übersetzung des »Historischen und kritischen Wörterbuches«.[461] Etwa gleichzeitig erscheint in Zedlers Lexikon der Band mit dem Buchstaben »C« wie Cometen. Der »Comet«, »Haar-« oder »Schwantz-Stern« wird etymologisch vom griechischen kómē (Hauptthaar) hergeleitet. Dann werden die Sterne traditionell in Planeten und Fixsterne unterteilt – und man staune! Die

32 Der große Komet von 1744 über Augsburg

Fixsterne »bewegen sich aber alle zusammen innerhalb 24. stunden einmahl um die Erde herum«. Es ist die nicht kleinzukriegende Evidenz, dass sich das Sternenheer um uns herumdreht. War das als Konzession an die Leser gedacht? Denn ganz nebenbei wird gesagt, dass diese Bewegung nur scheinbar sei,[462] und im Verlauf des Artikels wird klar, dass der Verfasser hinter Newton nicht zurückfallen möchte.

Die Erörterung, ob Kometen Unglück bedeuten, ist bemerkenswert knapp. Sie resümiert die Punkte, die auch Pierre Bayle genannt hatte. Die Kometen sind Weltkörper mit einer regulären Bewegung. Wir sehen sie aber nur, wenn sie uns näher kommen. Warum sollen diese Zeiten unglücklicher sein als jene, in denen wir den Kometen nicht erblicken? Außerdem: Die Erde ist groß, und es tragen sich auf ihr täglich

Vorfälle und Veränderungen zu, ob ein Komet nun erscheint oder nicht. Und wie verhält man sich richtig? »Verständige Leute lassen auch daher bey Erscheinung eines Cometen alle Furcht verschwinden, und bemühen sich vielmehr durch genaue *Observationes* hinter die Bewegung derer Cometen und deren Natur zu kommen, und dadurch die *Astronomie* und Physic in bessern Stand zu setzen.« Allerdings räumt der Verfasser ein, dass man, um seine *Curiosité* zu befriedigen, schon »*accurate Astronomische Instrumente*« haben müsse.[463] Indes: Die Furcht ist nun veraltet, der aufgeklärte Mensch blickt beobachtend auf den Himmel. Ein Kupferstich aus Augsburg zeigt 1744 zwar immer noch eine gedeutete »Gestalt« im Zentrum des Kometen, zugleich aber eine Menschenmenge, die ihre Fernrohre auf ihn richtet.[464]

Denn der Kernpunkt des Artikels ist der Triumph der Prophezeiungen über die Wiederkehr eines Kometen. Seit Isaac Newtons Gravitationsgesetz und den Berechnungen Edmond Halleys, der dieses Gesetz erstmals auf einen speziellen Fall – eben auf den großen Kometen von 1682 – angewandt hatte, begann man, die Bahnen dieser Himmelskörper in neuem Lichte zu betrachten. Edmond Halley (1656–1742), Sohn eines begüterten Seifensieders aus der Umgebung von London, war schon früh durch seine wissenschaftlichen Talente aufgefallen. Die englische Marine schickte den 20-Jährigen auf die Insel St. Helena – es ist der spätere Verbannungsort Napoleons –, damit er den südlichen Sternhimmel kartographiere. Als er nach zwei Jahren zurückkehrte, war er berühmt und wurde als *neuer Tycho* in die erlauchte Royal Society aufgenommen. In zäher Kleinarbeit analysierte er nun seine Beobachtungen von 1682. Er kam zu dem Ergebnis, dass dieser Komet derselbe sein musste, den Kepler 1607 beschrieben hatte. Und dessen Bahn stimmte wiederum mit Hinweisen aus dem Jahr 1531 überein. Später rundete sich das Bild durch Aufzeichnungen von 1456 und 1305 ab: Der Komet von 1682 durchlief keine Parabel, sondern eine elliptische Bahn und näherte sich der Erde im Schnitt alle 76 Jahre. Halley hatte einen vom Sonnensystem »eingefangenen« Kometen entdeckt,[465] und er wagte die Prognose, dass der Himmelskörper im Jahre 1758 wiederkommen werde. Tatsächlich wurde er am Weihnachtstag 1758 gefunden – und zwar nicht von professionellen Astronomen, sondern von einer Lieblingsfigur der Aufklärung: von einem »gelehrten Bauern«, Johann Georg Palitzsch – »*ein Bauer von Beruf, ein Astronom aus Berufung*«, wie der britische Astronom John Herschel aus dem Rückblick des 19. Jahrhunderts urteilte –, der sich auf seinem Gutshof in der Nähe von Dresden als Amateurastronom betätigte.[466] Der Halleysche Komet war geboren. Es ist die Berechenbarkeit der Bewegungen der Himmelskörper, die den endgültigen Durchbruch des neuen Weltbildes bringt.[467] Es ist das Werk Isaac Newtons (1642–1727).

Das Geleitwort Edmond Halleys zu Newtons Hauptwerk, der 1687 veröffentlichten »Philosophiae naturalis principia mathematica« – der mathematischen Grundlagen der Naturphilosophie –, verkündet den Triumph des neuen Wissens:

> »Aufgedeckt ist des bezwungenen Himmels tiefstes Geheimnis,
> und bekannt ist die Kraft, die die fernsten Welten im Kreis dreht.
> Die Sonne auf hohem Throne ziehet in krummer Bahn
> alles zu sich hin; sie hindert die Wagen der Sterne
> gradlinig zu gehn durch die weiten und leeren Räume,
> und zwingt sie um sich her in feste, je einzelne Kreise.
> Der furchterregenden Kometen krummlinige Bahnen
> kennen wir jetzt, nicht länger erschreckt uns der Anblick
> und die Erscheinung all dieser beschweiften Gestirne.«[468]

Hier ist im poetischen Lobpreis das Grundproblem festgehalten, das nach einer Erklärung verlangte. Wie kommt es zu den *krummlinigen Bahnen* der Himmelskörper? Für die aristotelischen Himmelssphären war die Kreisbewegung kein Problem; sie gehörte zu der andersartigen Physik jener Welt jenseits des Mondes. Kepler, der bereits diese Sphären beseitigt und erkannt hatte, dass sich die Himmelskörper im leeren Raum bewegen, hatte eine immaterielle Kraft der Sonne zugewiesen und sie mit dem Magnetismus in Verbindung gebracht. Was immer sie sein mochte, entscheidend war, dass sich diese Kraft berechnen ließ. Es musste eine nach Zahl und Gesetz geordnete *höhere Natur* allen sichtbaren Phänomenen zugrunde liegen. Quantifizierung, die Messung des Messbaren, war auch für Galileo Galilei der Punkt gewesen, an dem er sich von der scholastischen Philosophie verabschiedete. Nun ging es nicht mehr um »verborgene Qualitäten« der Materie, sondern um in mathematischen Formeln erfassbare Aussagen über sie – selbst wenn diese *Ursachen* in ihrer Immaterialität vorerst unbekannt blieben.[469] Die Aristoteliker hatten vom *primum mobile* herab den Sphären bewegende Geister hinzugefügt; wenn es sie nicht gab, stellte sich umgekehrt die Frage, ob eine Bewegung überhaupt einer immanenten Kraft bedarf. Können Körper in immerwährender Bewegung verharren, sofern sie nicht auf äußere Widerstände treffen? Hier hatte Galilei angesetzt und einen Trägheitsbegriff formuliert, der darauf hinausläuft, dass ein von allen äußeren Einflüssen isolierter Körper sich in Ruhe befindet oder in gleichförmiger Bewegung verharrt.[470] Diese Ansätze Galileis und Keplers hat Isaac Newton ausgearbeitet.

Er übernimmt den Grundgedanken: Jede Bewegung ist ein natürlicher Trägheitszustand, der keine Krafteinwirkung zu seiner *Erhaltung* braucht[471], sondern nur zur *Veränderung* seiner Geschwindigkeit. Ein Körper ist entweder in Ruhe oder in einer gleichförmig-geradlinigen Bewegung. Eine Veränderung seines Zustandes setzt eine von außen »eingedrückte Kraft« voraus. Das gilt auch für die Planeten, die ohne diese Kraft geradlinig-gleichförmig durch das All wandern würden. Worin besteht sie? Newton antwortet, es sei »jene Kraft, wie sie auch beschaffen sein mag, durch die die Planeten beständig von geradlinigen Bewegungen nach innen abgelenkt und gezwungen werden, auf gekrümmten Bahnen umzulaufen«.[472]

1. Auf eine solche Idee wäre vor dem Ende des 16. Jahrhunderts kaum jemand gekommen, denn sie widersprach nicht nur der Alltagserfahrung, sondern eine gleichförmig-geradlinige Bewegung vertrug sich auch nicht mit dem Modell eines begrenzten Kosmos. Ein so bewegter Körper musste nicht nur aus »dieser Welt«, sondern schließlich aus dem Raum herausfallen.[473] Giordano Brunos Vorstellung von einem unendlich ausgedehnten Universum ohne Allmittelpunkt[474] war eine der Voraussetzungen dieser neuen Himmelsmechanik. Alexandre Koyré hat in seinem klassischen Werk »Von der geschlossenen Welt zum unendlichen Universum« die Raumkonzeptionen dargestellt, die seit dem Spätmittelalter – seit Nikolaus von Kues[475] – diskutiert wurden. Ist der Raum unendlich? Die Welt des Copernicus war schon weit ausgedehnt, aber noch endlich; allerdings war auch der aristotelische

und ptolemäische Kosmos nicht jenes anheimelnde kleine Ding, das wir auf den mittelalterlichen Miniaturen dargestellt sehen.[476] In Frage stand: Was befand sich außerhalb des letzten aristotelischen Himmels? Das Nichts?[477] 1584 lehrte Giordano Bruno, der in Paris und London Bewunderung erregt hatte, der aber auch die deutschen Universitäten Wittenberg und Helmstedt nicht verschmähte, die Unendlichkeit des Universums zu Ehren Gottes – denn man tue der unendlichen Ursache unrecht mit der Behauptung, sie habe nur eine endliche Wirkung hervorgerufen. Der Weltraum ist der Raum der unendlichen Fülle Gottes. Diese Denker empfanden die Verdrängung der Erde aus dem Mittelpunkt der Welt nicht als Degradierung; mit Genugtuung wurde sie in den Rang eines Himmelskörpers erhoben, der mit einem unendlichen Universum kommuniziert.[478]

2. Womit ist dieser unendliche Raum erfüllt? Descartes hatte in seiner Zwei-Substanzen-Lehre die Materie mit Ausdehnung gleichgesetzt; einen leeren Raum konnte es für ihn nicht geben. Andererseits ist dieser Raum überall gleichförmig und unendlich, angefüllt mit einer feinsten Materie, die Wirbel bildet. Descartes hatte die Kreisbewegung der Himmelskörper durch seine Theorie der »Wirbel« zu erklären versucht; diese dünne, korpuskular strukturierte Flüssigkeit sollte den Mond, die Planeten, aber auch Kometen mit sich herumtragen.[479] Die Bewegungen konnten dann durch unmittelbaren Druck und Stoß erklärt werden. Auch hier gab es zwar keine Trennung zwischen einer irdischen und einer himmlischen Welt mehr,[480] doch Descartes hinterließ ein Problem. Zwar ist Materie ohne Ausdehnung im Raum undenkbar; aber kann es deswegen nicht Raum ohne Materie geben?[481] Die Wirbelhypothese – schreibt Newton, ohne Descartes an dieser Stelle zu nennen – gerate doch in erhebliche Schwierigkeiten. Denn die Beschaffenheit des Weltraumes oberhalb der Atmosphäre der Erde gleiche einem Vakuum, wie Robert Boyle (1627–1691) es vermittelst der Luftpumpe erzeugt habe. Alle Körper müssen sich in diesem leeren Raum frei bewegen. Sein Landsmann Roger Cotes assistiert ihm im Vorwort zur zweiten Ausgabe der »Principia«, die Cartesianer seien zwar eher zu loben als die Aristoteliker, versänken aber in Träumereien, wenn es gelte, die wahre Beschaffenheit der Dinge zu erkennen.[482]

3. Newton fragt: »Was findet sich an von Materie nahezu leeren Orten, und wie kommt es, daß die Sonne und die Planeten gegeneinander schwer sind, obwohl sich keine dichte Materie zwischen ihnen befindet?«[483] Wie werden Planeten innerhalb bestimmter Grenzen in freien Räumen »festgehalten«?[484] Newtons Lösung kennen wir schon: Auf die gleichförmig-geradlinige Bewegung wirkt eine »Kraft« ein, die die gerade Linie zum Kreis umbiegt.

Er hat diesen Vorgang mit einem Gedankenexperiment illustriert. Werfen wir einen Stein, so wird er durch seine »Schwere« aus der zunächst geradlinigen Bahn herausgezwungen, durchläuft einen krummen Bogen und fällt schließlich auf die Erde. Je höher die Wurfgeschwindigkeit, desto weiter fliegt der Stein. Feuerte man nun von der Spitze eines sehr hohen Berges ein Projektil ab und vernachlässigte man den Luftwiderstand, so würde bei entsprechender Kraftaufwendung der Körper die Erde einmal umrunden und ohne Verlust an Geschwindigkeit an seinem Ausgangspunkt wieder anlangen – oder schließlich sogar in den Weltraum hinausfliegen. In den Worten Newtons:

> »Denken wir uns nun Körper, welche aus höheren Punkten längs horizontaler Linien fortgeworfen werden, und zwar aus Punkten, welche 5, 10, 100, 1000 oder mehr Meilen und eben so viel Erdhalbmesser hoch liegen; so werden sie nach ihrer verschiedenen Geschwindigkeit und nach der in den einzelnen Punkten stattfindenden Kraft der Schwere Erdbogen beschreiben, die entweder kon- oder exzentrisch sind, und in diesen Bahnen werden die Körper fortfahren, nach der Weise der Planeten die Himmel zu durchwandern.«[485]

Damit hatte Newton praktisch schon die Theorie eines Erdsatelliten entwickelt. Seine Lösung zerlegt die scheinbar so einleuchtende *natürliche* Kreisbewegung der Himmelskörper in zwei Kräfte: in eine der Materie immanente Trägheit, die ihn im Zustand der Ruhe oder der gleichförmig-geradlinigen Bewegung verharren lässt, und eine Zentripetalkraft, die ihm von außen her *eingedrückt* wird.[486] Die Zentripetalkraft nennt er später »Schwere«; die Ursache der Schwere aber ist die Gravitation, mit der sich Körper wechselseitig anziehen. Schwer ist der

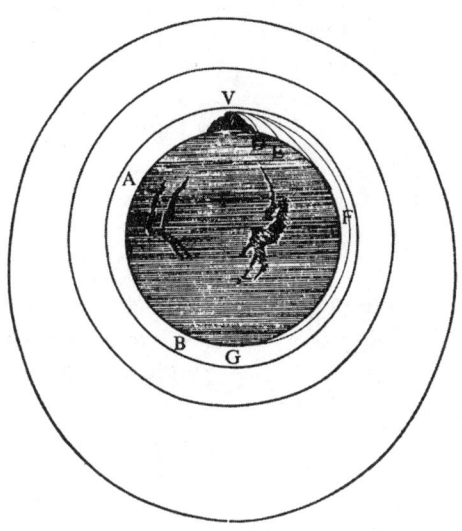

33 Sambursky: Die Bahnen eines mit verschiedenen
Anfangsgeschwindigkeiten von der Erde aus
abgeschossenen Körpers

Mond zur Erde hin, schwer sind aber auch Jupiter und Saturn gegeneinander. Auch die Gezeiten des Meeres sind durch die Gravitation bedingt.[487]

4. Und jetzt tut Newton einen entscheidenden methodischen Schritt: Er
hat gezeigt, dass sich diese Kraft zwar berechnen lässt, räumt aber ein,
dass er über ihre Ursache (noch) nichts aussagen kann.

»Bis hierher habe ich die Naturerscheinungen des Weltraums und
unseres Meeres, die durch die Kraft der Schwere zustande kommen, dargelegt, aber die Ursache der Schwere habe ich noch nicht
bezeichnet.[…]Eine theoretische Erklärung für diese Eigenschaften der Schwere habe ich aus den Naturerscheinungen noch nicht
ableiten können, und bloße Hypothesen denke ich mir nicht aus.

215

Was immer nämlich sich nicht aus Naturerscheinungen ableiten lässt, muss *Hypothese* genannt werden, und Hypothesen, sei es metaphysische, sei es physische, sei es solche über verborgene Eigenschaften, sei es solche über Mechanik, haben in der *experimentellen Philosophie* keinen Platz. In der Philosophie werden Lehrsätze aus Naturerscheinungen abgeleitet und durch Induktion allgemeingültig gemacht.«[488]

Das ist Newtons berühmter Satz *Hypotheses non fingo*. Seine mathematisierte Naturphilosophie stellt ein Gravitationsgesetz auf. Es lautet in einer Fassung, in der man es in jedem Physiklehrbuch findet:

$$F = G \frac{m_1 \, m_2}{r_2}$$

Dabei ist F der Betrag für die Anziehungskraft zwischen zwei Körpern mit der Masse m_1 und m_2, deren Schwerpunkte den Abstand r haben.[489] Bezogen auf das Sonnensystem wäre dann m_1 die Masse der Sonne, m_2 die eines Planeten und G eine aus dem Volumen und der Dichte der Erde zu ermittelnde Gravitationskonstante, die erst später von Henry Cavendish (1731–1810) zum ersten Male annähernd bestimmt wurde. Newtons Gesetz besagt ganz allgemein: Zwei Körper ziehen sich mit einer Kraft an, die dem Produkt ihrer Massen unmittelbar, dem Quadrat ihrer Entfernung umgekehrt proportional ist. So erscheint Newton als Apostel der mathematisierbaren Experimentalphysik, und so ist er von der Fachdisziplin Physik auch rezipiert worden.

Hypotheses non fingo. Aber war Newton nicht doch umgetrieben in der Suche nach der *Ursache* der Gravitation? Denn kaum hat er diesen Satz ausgesprochen, fügt er Überlegungen über ein »äußerst feines immaterielles Prinzip« an, das alle Körper durchdringt und die verschiedensten Phänomene bewirken könne. Will Newton zu einer Ätherhypothese Zuflucht nehmen? Aber wäre das Problem der Fernwirkung der Attraktion dann nicht lediglich auf kleinste Distanzen verlagert?[490] Neben dem passiven Prinzip der Schwerkraft denkt Newton an ein aktives Prinzip, das für die Gravitation verantwortlich ist; er lehnt es aber ab, es als wesentliche Eigenschaft der Materie zu denken.[491] Was ist es aber dann? Letztlich führt Newton ein Argument theologischer Natur ein; es stammt aus dem gedanklichen Umfeld der Cambridger Platonisten: Würde nicht Gottes Wirken auf einen initialen Schöpfungsakt beschränkt, wenn die Materie sich von da an gleichsam von selbst bewegen könnte?[492] Das *immaterielle Agens* der Gravitation führt auf einen Gottesbegriff, der mehr ist als eine bloß platonische Weltseele, er ist der »Herr aller Dinge«. Gott entbehrt zwar jeder Körperlichkeit und jeder körperlichen Gestalt, man kann ihn nicht sehen oder hören. Aber er ist *immer* und *überall*. Er ist lebendig und allwissend; er ist nicht »die Zeit« und »der Raum«; aber dadurch, dass er *ist*, bringt er Raum und Zeit zum Sein.[493] Dieses *Sein* schien dringend gebraucht zu werden, denn Newton hatte errechnet, dass es im Sonnensystem Störungen in den Umlaufbahnen gab; insbesondere bei den massereichen Planeten Jupiter und Saturn, die sich wechselseitig anziehen. War das System instabil? Gab es Bewegungsverluste? An diesem Punkt musste nun Gott persönlich eingreifen und die Bewegung des Universums wieder herstellen.[494]

Was der Experimentalphysiker Newton ablehnte, Hypothesen über experimentell nicht nachgewiesene Phänomene aufzustellen, das kompensierte der Metaphysiker und Theologe Newton. Mit der spiritualistischen Deutung der Fernwirkungskräfte gelangte er zu einer Dynamisierung des Universums, die von der Omnipräsenz Gottes im Naturgeschehen ausgeht. Raum und Zeit erscheinen als göttliche Attribute; seine Existenz ist gleichmäßig in allen Punkten des Raumes und in allen Momenten der Zeit.[495]

Gottfried Wilhelm Leibniz – mit dem Newton ohnehin in einem zuerst gütlichen, später erbitterten Prioritätenstreit um die Entwicklung der Differentialrechnung stand[496] – spottete über den arbeitsamen Gott Newtons, er habe wohl Ursache, »seine Uhr von Zeit zu Zeit aufzuziehen, in Ermangelung deßen sie ihre Bewegung nicht fortsetzen könnte«.[497] Alexandre Koyré hat die beiden Gottesbegriffe in zwei biblischen Bildern erläutert: Newtons Gott war der Gott des »Werktages«, Leibnizens Gott war der Gott des *Sabbats*. Er hatte die beste aller möglichen Welten geschaffen und brauchte deshalb nicht mehr in ihr zu ihrer Erhaltung zu wirken.[498] Die Kontroverse, die zwischen den Anhängern Newtons und Leibniz' ausgetragen wurde, nahm einen unvorhergesehenen Verlauf. Jeder Fortschritt der Newtonschen Wissenschaft erbrachte den Beweis für die Behauptung seines Gegners Leibniz. Die Unregelmäßigkeiten der Planetenbahnen waren geringer, als man zunächst angenommen hatte, »die bewegende Kraft des Universums, seine *vis viva*, verminderte sich nicht; die Weltenuhr mußte weder aufgezogen noch repariert werden«. Gottes Welt ist eine perfekte *Maschine*; nur vom Menschen gebaute Maschinen bedürfen der Nachbesserung.[499]

Einer der verblüffendsten Effekte der *Stabilisierungsmoderne* in der europäischen Kulturgeschichte, so hatte Theodore K. Rabb gesagt, war dieser entscheidende Triumph einer Handvoll Wissenschaftler. Sie machten aus einer Welt der Panik, des angstvollen Blicks zum Himmel eine Welt der gesetzmäßig geregelten Ordnung, hinter der ein Schöpfer stand, der – auf welche Weise auch immer – Garant dieser Ordnung war. Die Wissenschaft des 17. Jahrhunderts hatte die aristotelischen Barrieren zwischen Himmel und Welt eingerissen; sie hat die Ordnung des Himmels auf die Erde heruntergebracht. In Frage wird später stehen, ob das irdische *Leben* nicht gegen diese *Ordnung* rebellieren sollte.[500] Doch zunächst einmal triumphierte die Ordnung. Denn welch ein Unterschied in der Rezeption, wenn man die Zeit um 1630 mit der um 1680 vergleicht: Galilei und Kepler hatten noch mit den kirchlichen Autoritäten zu kämpfen – Newton ist zwar nicht unumstritten, seit Beginn des 18. Jahrhunderts aber wird er zum Vorbild neuer Wissenschaftlichkeit, wobei allerdings der Newtonianismus des 18. Jahrhunderts nicht unbedingt mit der Naturphilosophie Newtons selbst übereinstimmt.[501] Weniger als dreißig Jahre nach der Verurteilung Galileis von 1633 segnen die beiden mächtigsten Könige Europas in England und Frankreich die neuen Wissenschaften mit eigens für sie gegründeten Akademien ab.[502] Die Gründungsurkunde der *Royal Society* von 1660 betont die neue Bedeutung der Naturwissenschaften in den feierlichen Worten Karls II.

»Nachdem wir Uns schon seit langem für Uns entschlossen haben, das Wohlergehen sowohl der Künste und Wissenschaften als auch Unserer Territorien und Kolonien zu fördern, und zwar aus Unserer fürstlichen Liebe zu allen Wissensarten und insbesondere zu naturwissenschaftlichen Studien, vor allem denjenigen, die danach streben, durch materielle Experimente die Naturwissenschaft entweder zu reformieren oder zu verbessern; damit also solche Studien, die noch nirgends genügend gepflegt werden, in Unseren Herrschaftsgebieten gedeihen und damit die Welt der Gelehrten Uns nicht nur als Verteidiger des Glaubens, sondern auch als Patron und Förderer nützlichen Wissens aller Arten anerkennt: Wißt, daß Wir durch Unsere besondere Gnade, sicheres Wissen und einfache Anweisung verfügt und gewährt haben und für Uns, Unsere Erben und Nachfolger hiermit verfügen und gewähren, daß es für immer eine Society geben soll, bestehend aus einem Präsidenten, einem Rat und Mitgliedern, die der Präsident, der Rat und die Mitglieder der Royal Society von London heißen sollen, mit dem Zweck, die Kenntnis der Natur zu fördern.«[503]

1672 wird Isaac Newton zum Mitglied gewählt; 1703 wird er Präsident der Society, ein Amt, das er zäh verteidigt und bis zu seinem Tode nicht wieder abgibt. 1705 wird er geadelt. 1735 dichtet Alexander Pope seinen berühmten Zweizeiler:

»Nature and Nature's laws lay hid in night:
God said, let Newton be, and all was light.«[504]

Aber diese Stabilisierung war nur zu haben nach einer grundstürzenden Erschütterung. Welch ein Unterschied zu den berühmten Versen des John Donne, geschrieben 1611, als zu den bereits üblichen Klagen über das copernicanische System auch noch die Entdeckungen mit dem Fernrohr hinzugekommen waren:

»Und neue Theorie stellt, was da ist, in Frage.
Das Element des Feuers wird als Plage
Vernichtet. Sonn' und Erde so verstreut,
Daß sich des Menschen Blick zu suchen scheut.
Und frei bekennt man: diese Welt ist nun vertan.
Am Firmament und unter der Planeten Schar

Sucht man nach neuen. Diese wird der Einsicht bar
Zerstückelt zu Atomen, Splittern, Scherben
Und liegt zusammenhaltlos im Verderben,
Nichts als Funktion, nichts als Bezug.«[505]

Mit diesen Klagen ist es nun vorbei. Die alte Ordnung war in eine neue
Ordnung zusammengestürzt.

Neue Religionen und neue Philosophien

I. Der Gott der Liebe

Die neuen Naturwissenschaften lehren einen Gott der wohlgeordneten Schöpfung.

Die Frömmigkeitsbewegung während und nach dem Dreißigjährigen Krieg lehrt die Verinnerlichung des religiösen Gefühls und die Liebe Gottes. Dieser Übergang von einem Gott des Zornes und der Plagen, von einem Gott der streitenden Konfessionen zu einem Gott der Liebe ist, um es zu wiederholen, eine der großen kulturellen Errungenschaften in der Stabilisierungsmoderne des 17. Jahrhunderts. Der Aufbruch der Laien schon während des Großen Krieges hatte eine »Reformorthodoxie« hervorgerufen, die den Boden für den Pietismus bereitete.[506] Denn im *Pietismus* kulminiert diese Frömmigkeitsbewegung in Deutschland.

Die auffälligste Erneuerung kommt von den Sekten, nicht von den großen Kirchen. Der Pietismus, um seiner neuen religiösen Erfahrung Ausdruck zu verleihen, ringt um das Wort und schafft sich einen neuen Wortschatz. Wenn wir heute sagen: »es ging mir durch und durch«, dann wissen wir nicht mehr, dass den Pietisten das einfache »durch« nicht genügte. Den Durchbruch der Seele zu Gott oder das Durchdrungensein der Seele von Gott musste eine Steigerung ausdrücken: *durch und durch*. ER ging mir durch und durch. Alle Wortbildungen mit durch – von »durchdringen« bis »durchwehen« oder »durchziehen« – stammen aus dem Vokabular der Pietisten. Luther selbst war sprachgewaltig und knüpfte an die Mystiker des späten Mittelalters an. Die Sprache der Pietisten bringt einen neuen Verinnerlichungsschub in das Vokabular der Orthodoxie; sie hat erhebliche kulturelle Auswirkungen, denn dieser Wortschatz ist in die Sprache der deutschen Klassik eingegangen.[507] Der Pietismus illuminiert die letzten Jahrzehnte des

17. und das erste Drittel des 18. Jahrhunderts, dann wird er von der Philosophie unterhöhlt und abgelöst. Denn die Pietisten blieben theologische Eiferer, und was gar nicht fehlen konnte: Sie ritualisierten ihre inneren Erfahrungen und trugen sie demonstrativ nach außen. Sie modellierten ihre »Persona«, sei es mit dem systematischen Kopfhängenlassen – das betraf diese Welt –, sei es mit dem »Himmelsblick« – der deutete auf die künftige Seligkeit.[508] Der Vorwurf der Heuchelei konnte gar nicht ausbleiben; schon vor der Mitte des 18. Jahrhunderts haben – gerade in Preußen – die Pietisten ihre große Zeit hinter sich; nun sind es die »Philosophen«, die sich *durch und durch setzen*.

Der Westfälische Frieden hatte 1648 den streitenden Konfessionen die Waffen aus der Hand genommen. Doch das war nur ein erster Schritt. Nach und nach veränderten sie sich, teils durch eigene Einsicht, teils unter dem Druck der Philosophie. Carl Schmitt hat diesen Aufstand der Philosophen in seiner These von den »Zentralgebieten« und der Suche nach einer »neutralen Sphäre« dargelegt. Er meint damit, dass die diskutierenden Eliten ein bestimmtes Problemfeld als *Zentralgebiet* anerkennen. Dort konzentrieren sich ihre Bemühungen, von dort her sollen auch alle anderen Probleme gelöst werden. Erweist es sich aber, dass das Zentralgebiet in unlösbare Verstrickungen führt, dann sucht man nach einer »neutralen Sphäre«.

»Nach den aussichtslosen theologischen Disputationen und Streitigkeiten des 16. Jahrhunderts suchte die europäische Menschheit ein neutrales Gebiet, in welchem der Streit aufhörte, und wo man sich verständigen, einigen und gegenseitig überzeugen konnte. Man sah daher von den umstrittenen Begriffen und Argumentationen der überlieferten christlichen Theologie ab und konstruierte ein ›natürliches‹ System der Theologie, der Metaphysik, der Moral und des Rechts. Der geistesgeschichtliche Vorgang ist von Dilthey in einer mit Recht berühmten Darlegung geschildert worden, in der vor allem die große Bedeutung der stoischen Tradition hervorgehoben ist. Aber das Wesentliche scheint mir doch darin zu liegen, daß das bisherige Zentralgebiet, die Theologie, verlassen wird, weil es Streitgebiet ist, und daß man ein anderes neutrales Gebiet aufsucht.«[509]

Theologen können endlos weiterstreiten, weil sie sich nicht mit Gründen widerlegen, sondern mit Schriftzitaten. Die aber sind vielfältig auslegbar und korrumpierbar – oder schlechthin kontradiktorisch. Erst wenn man ihnen nicht nur die *Waffen aus der Hand nimmt*, sondern auch noch ihre *Heiligen Schriften* einer kritischen Lektüre unterzieht, bereitet sich der Übergang auf das neue Terrain der Philosophie vor. Die kulturelle Leistung Europas vollzieht sich in diesen zwei Schritten, die sich wechselseitig durchdringen; nicht nur mildert sich das Gottesbild, der theologische Diskurs der Offenbarungsreligion wird insgesamt zurückgedrängt. Als Hintergrundtheorem bleibt er auch in den neuen Philosophien bestehen, aber er dominiert nicht mehr das Denken. Den Schlusspunkt in dieser Entwicklung werden später Immanuel Kants drei »Kritiken« und seine Schrift »Die Religion innerhalb der Grenzen der bloßen Vernunft« von 1793 setzen. Dem Jahrhundert Luthers wäre schon dieser Titel ein Skandal gewesen, denn natürlich hätte nicht die Vernunft der Religion, sondern nur die Religion der Vernunft Grenzen setzen können.

Wir werden diese zwei Schritte, die Veränderung des Gottesbildes und den Übergang vom religiösen in den metaphysischen Diskurs, an zwei Problemkreisen verdeutlichen, die sich zeitlich zum Teil überschneiden: an der Lehre von der »Wiederbringung aller Dinge« des radikalen Pietisten und Mystikers Johann Wilhelm Petersen und an der Leibnizschen »Theodizee«.

J. W. Petersen ist ein krasser Außenseiter und heute nur Pietismus-Spezialisten bekannt – Gottfried Wilhelm Leibniz bedarf keiner besonderen Ankündigung. Beiläufig wollen wir noch eines speziellen Irrwischs gedenken. Es ist der Atheist und Religionsspötter Matthias Knutzen. Wir tun es nicht um seiner selbst willen, sondern weil hier in volkstümlicher Form Gedanken auftauchen, die in anderer Weise auch bei erlauchteren Geistern in der Luft liegen: Es ist das Projekt der Vereinigung und Vereinfachung der christlichen Konfessionen, ja selbst der christlichen und der nichtchristlichen Religionen. Der englische Diplomat Herbert von Cherbury (1581–1648) hat es schon während des Dreißigjährigen Krieges entworfen; Baruch de Spinoza zu Amsterdam argumentiert in eine ähnliche Richtung. Der Pietist Philipp Jacob Spener träumt davon – in seiner Nachfolge natürlich auch Johann Wilhelm

Petersen. Aber Spener und Petersen können sich diesen Religionsfrieden nur als ein Bekehrungswerk vorstellen, in das, ob sie wollen oder nicht, auch die Juden mit einbezogen werden müssen. Herbert v. Cherbury und Spinoza gehen andere Wege. Diese großen Projekte sind gescheitert; was bleibt, ist der Gedanke der Toleranz, der schließlich dahin führt, dass ein preußischer König verkündet, in seinen Landen müsse *ein jeder nach seiner Façon selig werden.*

1. Johann Wilhelm Petersen und die »Wiederbringung aller«

Zunächst das pietistische Umfeld. Der Augsburger Religionsfrieden von 1555 hatte ein Nebeneinander zweier Konfessionen im Deutschen Reiche festgeschrieben. Doch dieser Friede war auch die Ursache neuer Konflikte geworden, zumal die Gegenreformation das Konfessionalisierungswerk ihrerseits verstärkte. Man schätzt, dass um 1570 etwa 40% der Europäer lutherisch oder calvinistisch waren; um 1650 waren es nur noch 22%. Erst im Rückblick wurde die Bedeutung Hollands und Englands deutlich: Die beiden ökonomisch stärksten Mächte haben die Rekatholisierung Europas abgewehrt.[510] Das betrifft das äußere Verhältnis der Konfessionen zueinander; die eher ambivalenten Resultate der jeweiligen »inneren Mission«, der Erfassung der Seelen der Gläubigen, hatten wir bereits erwähnt. (Vgl. den Exkurs über die drei großen Glaubensbekenntnisse, S. 107 ff.) So hatte sich auch eine tiefverwurzelte protestantische Volksfrömmigkeit im Sinne Luthers nicht durchsetzen können; das Verständnis des neuen Glaubens stieß an seine alltäglichen Grenzen.[511] Es waren einzelne, die den erneuten Reformbedarf verkündeten.

Zur Ostermesse des Jahres 1605 veröffentlichte der Paracelsus-Anhänger, Theologe und Alchimist Johann Arndt seine »Vier Bücher vom wahren Christentum«, ein Werk, das in unzähligen Auflagen nachgedruckt wurde. Arndt kämpft gegen eine bloß äußerliche Auffassung von der Buße und fordert eine wirkliche Innerlichkeit: »Denn

Buße ist nicht allein, wenn man den groben äußerlichen Sünden Urlaub giebt, und davon abläßt: sondern wenn man in sich selbst geht, den innersten Grund seines Herzens ändert und bessert und sich abwendet von seiner eigenen Liebe zu Gottes Liebe, von der Welt und allen weltlichen Lüsten zum geistlichen himmlischen Leben, und durch den Glauben des Verdienstes Christi teilhaftig wird.«[512] 1619 schreibt der den *Rosenkreuzern* zugerechnete Johann Valentin Andreae sein satirisches Pamphlet »Lutherus«. Luther begegnet einem Räuber, einem akademischen Sophisten und einem Sittenlosen, die sich alle freudig zu ihm bekennen: der Räuber – gemeint sind die Säkularisierungen der protestantischen Fürsten –, weil er sich am Kirchengut bereichert hat, der Sophist, weil ihn keine Autorität mehr bindet, der Sittenlose, weil er glaubt, dass nun alles Gesetz aufgehoben sei.[513]

Die geheimnisvolle Gesellschaft der »Rosenkreuzer« bestand eigentlich nur aus einer kleinen Gruppe im literarischen Untergrund, deren Manifeste – die »Fama Fraternitatis oder Brüderschaft des Hochlöblichen Ordens des R. C.« von 1614, die ein Jahr später erschienene »Confessio Fraternitatis« und die »Chymische Hochzeit Christiani Rosenkreuz« von 1616 – eine ungeahnte Reaktion auslösten. Bis 1630 erschienen über 300 Schriften, auch außerhalb Deutschlands, die diese Gedanken aufgriffen. Kein Geringerer als René Descartes suchte, als er sich in Deutschland aufhielt, nach diesem verborgenen Orden, denn in diesen Schriften verbindet sich ein moralischer Reformanspruch mit einer kabbalistisch-magischen Wissenschaft auf christlicher Grundlage.[514] Da die gelehrte Welt – so die Manifeste – dem »Bruder Rosenkreuz« sein allumfassendes Wissen nicht abnahm, habe er es an eine kleine Gruppe von Eingeweihten weitergegeben. Die Gegner versuchten denn auch, das Ganze als Fiktion zu entlarven.[515] Doch das Zukunftsweisende war die Idee einer »Christlichen Sozietät«, der Traum von einer überkonfessionellen Bruderschaft, die die Reformbestrebungen insgeheim oder halb-öffentlich in die Hand nahm.[516]

Dieser mystische Spiritualismus, der sich streckenweise mit dem Pietismus durchkreuzt, fand einen seiner Hauptvertreter in dem schlesischen Schuhmacher Jacob Böhme (1575–1624) aus Görlitz. Er lehrte – nicht aus sich selbst, sondern *durch Gott in ihm*[517]: Im göttlichen »Ungrund« sind Zorn und Liebe zunächst ungeschieden. »Denn Gott ist alles. Er ist Finsternis und Licht, Liebe und Zorn, Feuer und Licht. Aber er nennet sich alleine Gott nach dem Lichte seiner Liebe.«[518] Aus diesem Ganzen hat der Engel Lucifer sich abgeschieden und sich aus den grimmigen Qualitäten einen »Corpus« gegeben. Gott konnte ihn nicht daran hindern, denn er war ja einmal ein Teil der Gottheit gewesen.[519] Gutes und Böses, Liebe und Zorn findet Jacob Böhme in allen Dingen[520]; er hat den Konflikt im Menschen zu einem universalen Drama gestaltet, das in einer »Wiederbringung« des im Sündenfall Adams Verlorenen gipfelt. Der Wille des Schöpfers und die neugeborene Liebe des Erlösers werden am Ende der Zeiten ein neues Sein errichten, von Tod und Zorn geschieden »und sollte die neue Wiedergeburt außer diesem Loco in Gott ewig grünen und wieder himmlische Frucht tragen«.[521] Die Gedanken Böhmes, die zwischen Mystik und Pantheismus changieren[522], gelangten über die Niederlande nach England; dort wurden sie im Kreis der »Philadelphier« aufgenommen und gelangten zu Mrs. Jane Leade, deren Lehre von der »Wiederbringung aller« wieder zurück auf den deutschen Pietismus wirkte.[523]

Der Pietismus findet seinen ersten großen Wortführer in Philipp Jakob Spener (1635–1705). Sein Lebensweg führt ihn aus Rappoltsweiler im Elsass über Straßburg, Frankfurt am Main und Dresden nach Berlin. Dort ist er zuletzt Pfarrer und Propst an der St. Nicolaikirche. Im vierzigsten Lebensjahr veröffentlicht er 1675 in Frankfurt eine kleine Schrift, die große Auswirkungen haben sollte. »PIA DESIDERIA: oder Hertzliches Verlangen/ Nach Gottgefälliger Besserung der wahren evangelischen Kirchen/ sampt einigen dahin einfältig abzweckenden Christlichen Vorschlägen [...].«

Speners Sorge um die lutherische Christenheit nennt noch die traditionellen Gegner, den Papst und die Türken. Er klagt aber auch die eigene Obrigkeit an, die in ihrem orthodoxen Kirchenregiment zum Cäsaropapismus verkommen sei.[524] Seinen Hauptstoß jedoch führt er gegen den geistlichen Stand. Er prangert leere Gelehrsamkeit und zänkische Kontroverstheologie an und geißelt die unter Protestanten offenbar unausrottbare Trunksucht. Und sind sie nicht allesamt Streithähne und Prozesshansel? Nebenbei fordert er eine andere Verteilung der Güter: Hatten nicht die ersten Christen ihr Eigentum in gemeinsamer Liebe? Besteht denn das Christentum allein darin, getauft zu sein, die Predigt zu hören und Beichte und Abendmahl zu empfangen? Denn Beichte und Absolution wirken nicht automatisch; es muss eine bußfertige Gesinnung dabei sein, sonst gerate man auf den papistischen Irrtum der Wirksamkeit der Gnade durch den sakramentalen Vollzug.[525] Die Prediger sind keine wirklichen Vorbilder, und ihre Amtsführung verhilft den Gläubigen nicht zur Hinwendung zu Gott. An dieser Stelle nehmen die »PIA DESIDERIA« eine für den heutigen Leser verblüffende Wendung. Wer ärgert sich über diese Missstände in der christlichen Kirche am meisten? Speners Antwort: *Die Juden.*

Bevor wir seine Erklärung abwarten, müssen wir uns nach den Juden in Deutschland umsehen. Wir müssen uns wirklich *umsehen*, denn die Zahl der jüdischen Gemeinden – nach den großen spätmittelalterlichen Vertreibungswellen[526] – ist gering. Als Spener seine Schrift herausbringt, leben in Frankfurt am Main etwa 2000 Juden. Ihre Zahl war zwischenzeitlich nach dem Pogrom des sogenannten »Fettmilch-Aufstandes« im Jahre 1614 auf unter 1000 abgesunken. Der von dem Lebkuchenbäcker Vinzenz Fettmilch angeführte Pogrom war entstanden aus dem Streit um die Bestätigung der Privilegien der Reichsstadt Frankfurt bei der Wahl des Erzherzogs Matthias zum Römischen Kaiser von 1612. Da der Rat der Stadt eine Neuverhandlung über die inhaltliche Ausgestaltung der Privilegien nicht angestrebt hatte, wurden auch die Juden in ihren Rechten bestätigt. Die Zünfte aber klagten über zu hohe Zinsen. Darauf beschied ihnen der Magistrat, sie sollten sich entweder mit dem höheren Zinssatz einverstanden erklären oder es den Juden gestatten, in größerem Umfang als bisher Handel und Gewerbe zu treiben. Darauf aber ließen sich die Zünfte nicht ein. Aus Angst vor Gewaltaktionen hatten die Patrizier die Stadt vorsorglich verlassen, so dass sich der Aufstand vor allem gegen die Juden richtete. Schließlich drangen Zunftangehörige mordend und plündernd in die Judengassen ein und zwangen die Juden zum Verlassen der Stadt. Erst unter dem Druck des Kaisers brach die Bewegung zusammen; die Juden wurden feierlich wieder in die Stadt eingeholt, Fettmilch und andere Rädelsführer des Pogroms hingerichtet.[527] Insgesamt gibt es in der zweiten Hälfte des 17. Jahrhunderts im Heiligen Römischen Reich mit einer Einwohnerzahl von etwa 15 Millionen um die 60 000 Juden. Eine verschwindende Minderheit also, die nur regional, etwa in Worms, um diese Zeit 10% der Einwohnerschaft ausmachte.[528]

Diese marginale Gruppe indes hat für die Christen eine nicht zu unterschätzende heilsgeschichtliche Qualität. Denn wie blickt der fromme Pietist auf die jüdischen Gemeinden? In chiliastischer Perspektive. Spener zweifelt nicht daran, dass »unsere Tage von den letzten und recht schwere zeiten seyen«.[529] Das selige Ende der Welt kann aber nur kommen, wenn sich die Juden zu Christus bekehren. Diese Heimkehr Israels liest er aus dem Brief des Paulus an die Römer, Kapitel 11, v. 25,26, heraus. Das dort vom Apostel enthüllte *Geheimnis* der Heilsgeschichte lautet: »Damit ihr euch nicht auf eigene Einsicht verlaßt, Brüder, sollt ihr dieses Geheimnis wissen: Verstockung liegt auf einem Teil Israels, bis die Heiden in voller Zahl das Heil erlangt haben; dann wird ganz Israel gerettet werden, wie es in der Schrift heißt: Der Retter wird aus Zion kommen,/er wird alle Gottlosigkeit von Jakob entfernen.«[530]

Das 11. Kapitel des Römerbriefes schildert ein welthistorisches Eifersuchtsdrama aus paulinischer Sicht: Es ist die Geschichte von Gottes erster und Gottes zweiter Liebe. Die ursprüngliche Liebe Gottes kehrt sich von Israel ab und wendet sich den Heidenchristen, den Römern, zu. Doch nur durch die Verstocktheit der Juden, die Jesus als den Christus, den Erlöser nicht anerkennen, ist das Heil überhaupt zu den Heiden gekommen. Dafür sollen sie den Juden ewig dankbar sein. Wenn aber alle Heiden bekehrt sind, wendet sich Gott zu seinem erstgeborenen Volk zurück. Daher des Paulus eigentümliche Dialektik an dieser Stelle: »Vom Evangelium her gesehen sind sie (die Juden) die Feinde Gottes, und das um euretwillen; von ihrer Erwählung her gesehen sind sie von Gott geliebt, und das um der Väter willen« (Röm 11, v. 28).[531]

Spener argumentiert nun so: Wenn sich die Christen unchristlich aufführen, werden die Juden überhaupt keinen Anreiz zur Bekehrung haben; sie werden Jesus für einen bösen Menschen halten und auf seine Lehre nach dem Verhalten der Christen schließen. Zugleich kommen Spener Zweifel über den Sinn des Bekehrungseifers, denn er führt Meinungen an, die der Auffassung sind, diese Verheißung sei schon mit den seit der Apostel Zeiten bekehrten Juden zur Genüge erfüllt. Schließlich zieht er sich auf einen frommen Wettstreit um eine aus Juden und Christen gesammelte allgemeine Kirche zurück – nur das

»ärgernüß deß Antichristischen Roms« soll wirklich abgetan werden: »Vielmehr ist zu hoffen/ daß mit heiligem eiffer gleichsam in die Wette die gesamte auß Juden und Heyden versamlete Kirche GOtt in einem glauben und dessen reichen früchten dienen/ und sich an einander erbauen werde.«[532] Insofern weicht der Pietismus auch in diesem Punkt von dem orthodoxen Christentum ab, das eine Tolerierung der Juden im günstigsten Fall damit begründete, dass sie in ihrem Stand der »Ungnade« – da sie Christus als den Messias nicht anerkannt hatten – als Objekte der Bekehrung im christlichen Heilsplan vorgesehen waren.[533]

Diese kommende Einheitskirche soll sich an die frühe Christenheit anlehnen. Jeder Hausvater soll selbst die Bibel oder wenigstens das Neue Testament lesen oder sich vorlesen lassen. Nach der alten apostolischen Art sollen wieder Kirchenversammlungen stattfinden, die strittige Fragen klären. »Collegia pietatis«, Erbauungs- und Gemeinschaftsstunden, sollen das »Gewohnheitschristentum« aufbrechen und zu einer wirklichen Verinnerlichung des Glaubenserlebnisses führen. Die *Collegia* sollen auch auf Universitäten übertragen werden und so auf die Ausbildung der Prediger einwirken.[534] Die Studenten könnten dann brüderliche Verbindungen bilden und sich selbst wechselseitig an Gottes Wort »erinnern«. Die Gnadenmittel sollen sichtbare ethische Konsequenzen haben, denn Spener will ein Christentum der Tat. Von kunstvollen Barockpredigten hält er nicht viel: »Das Wort des HERRN« solle »einfältig aber gewaltig« verkündet werden. So wie Luther die Predigten des Mystikers Tauler empfohlen habe, so erinnert Spener zum Beschluss an die Herzensfrömmigkeit des Johann Arndt und empfiehlt dessen »Bücher vom wahren Christentum«.[535]

Bei allen diesen Erneuerungen blieb Spener immer der Mann einer wenn auch erneuerten Kirche; die Kritik der radikalen Spiritualen, die die Kirche überhaupt mit »Babel« gleichsetzten, mochte er nicht teilen. Es war auch so schon schwierig genug, seine Ideen gegen die orthodoxen Theologen der verschiedenen Landeskirchen durchzusetzen. Die radikalen Pietisten waren dabei mehr als hinderlich, weil sie der Orthodoxie eine breitere Angriffsfläche boten; dennoch brach er, bei allen Distanzierungen, den Kontakt zu ihnen niemals ab. Zu seinen sehr eigenständigen Schäfchen in Frankfurt am Main gehört die tiefreligiöse Johanna Eleonore von Merlau (1644–1724). Sie ist von der französischen Mystikerin Antoinette Bourignon und ihrem Propagandisten Pierre Poiret beeinflusst. Sie hält eigene »separatistische« Veranstaltungen – Bibelkreise bewusst außerhalb der Amtskirche – und sogar Bibelstunden für Mädchen ab. Das ist unerhört, und dafür soll sie 1678 aus Frankfurt ausgewiesen werden; Spener kann das eben noch verhindern. 1679 verlässt sie dann zeitweise freiwillig die Stadt und heiratet 1680 unter den wohlwollenden Augen Speners Johann Wilhelm Petersen (1649–1727), der damals Hofprediger in Eutin ist. Doch hören wir ihn selbst. Wir lesen aus Petersens Autobiographie, die nach Barockmanier schon den halben Lebenslauf im Titel trägt:

Das Leben JO. WILHELMI PETERSEN, Der Heil. Schrifft *Doctoris*, Vormahls *Professoris* zu Rostock, nachgehends Predigers in Hannover an St. Egidii Kirche, darnach des Bischoffs in Lübeck *Superintendentis* und Hof-Predigers, endlich *Superintendentis* in Lüneburg. Als Zeugens der Warheit Christi und seines Reiches, nach seiner grossen *Oeconomie* in der Wiederbringung aller Dinge. Gedruckt zu Ende des Jahrs 1717. Auf Kosten guter Freunde.

Ein ganzes Zeitpanorama tut sich auf; wir erfahren etwas über den Werdegang eines gebildeten Bürgers in der zweiten Hälfte des 17. Jahrhunderts, mit allen seinen intellektuellen Netzwerken und Verbindungen. Den Eingang in diese Welt hat Johann Wilhelm zu Osnabrück am 1. Juni 1649 gefunden. In Osnabrück sind zu dieser Zeit die Delegationen der großen Friedenskonferenz noch anwesend. Als der Knabe zur Taufe getragen wird, ist gerade der päpstliche Nuntius, der spätere Papst Alexander VII., ebenfalls in der Kirche und spricht über ihn die bedeutenden Worte »Tu eris filius Pacis«. Das *Kind des Friedens* wächst in einer frommen Familie auf, die aus den vormals Spanischen Niederlanden stammt. Der Rekatholisierung unter dem Herzog von Alba hat sie die Auswanderung vorgezogen und ist nach Tönningen in Holstein gelangt, wo sie angesehene Beamte im Landesdienst hervorbrachte. Sprechen und Schreiben lernt der Junge zugleich mit dem Beten, denn seine Mutter ist eine »große Beterin«. Beten ist nicht nur fromm, sondern auch praktisch, denn sie sagt ihm, dass man durch ein Gebet von

Gott alles erlangen könne. Als er schon auf die Lateinschule geht und gerne ein Buch kaufen möchte, es ihm aber an Geld fehlt, versucht er es. Und siehe da! Als er nach dem Gebet sich umschaut, liegt ein Häuflein Geld nicht weit von ihm auf einer Bank. Gott hat sein kindliches Gebet erhört. Als er nun aber glaubt, ein einfaches Mittel gefunden zu haben, um immer an Geld zu kommen, »da hab ichs nicht gefunden nach der weisen Regierung GOttes«.[536] Es ist – wir werden es noch sehen – ein Lebenslauf, in den GOttes Vorsehung immer wieder unmittelbar hineinregiert.

Auf der Lateinschule ist der kleine Streber so fleißig, dass er ältere Schüler beschämt und ihnen vom Konrektor als Exempel vorgehalten wird. Der sagt ihm *in der Sprache Kanaans*, er werde die »Krone« davontragen und den anderen »Sand in die Augen werfen«. Ungerührt berichtet er, dass die Mitschüler um seinetwillen Schläge bekommen, wenn sie ihre Lektionen nicht so gut hersagen können. Sie rächen sich und malen eine mit Sand bestreute Krone an die Tafel: »Diß ist *Petersens* seine Crone, und der Sand, den er uns in die Augen streuen soll.« Sie verprügeln ihn und stoßen ihn eine Treppe hinunter – aber GOtt hat ihn bewahrt, dass er sich nicht den Hals dabei gebrochen hat. So vergeht seine Schulzeit mit Schlägen, nicht von den Lehrern, sondern von seinen kleinen Kollegen, und er wird etwas vorsichtiger, mit seinem Wissen zu prunken. Es hilft aber nichts; in der Prima kann er schon »*ex tempore* eine Lateinische *Oration*« halten und wird ganz nebenbei zum Poeten – auf Lateinisch. 1669 bezieht er die Universität Gießen; später geht er nach Rostock. Er macht seinen Magister, bekommt Stipendien für Hochbegabte und mischt sich schon in die üblichen theologischen Kontroversen ein. Wo immer er hinkommt, sucht er Streitgespräche. In Bad Wildungen legt er sich mit einem Calvinisten an und bekämpft dessen Lehre von der absoluten Gnadenwahl. Ist Christus nur für die Erwählten gestorben oder für alle – nicht nur für die frommen Schafe, sondern auch für die »Böcke«? Hier klingt schon seine spätere Lehre von der »Rettung aller« an, und der junge fromme Mann wird grob. Woher wisse sein Gegner denn, ob er nicht selbst zu den Böcken gehöre?[537] Mit der Prädestinationslehre schlägt er sich noch lange herum; nebenbei liest er zur Vervollständigung seiner Bildung von Hugo Grotius »De Jure Belli & Pacis«.

Er ist nun habilitiert, und seine Lehrer empfehlen ihn dem Herrn D. Spener in Frankfurt. Bei Spener lernt er, dass die buchstäbliche Kenntnis der Bibel nicht ausreicht und dass der Vorstoß zur Wahrheit eine ganz andere Sache ist. Es gibt da auch im Umkreis von Spener eine adelige Frauensperson, die ihn interessiert. Sie hat, wie er selbst, nicht nur Griechisch und Latein, sondern auch Hebräisch gelernt. Spener schreibt ihm ein Zettelchen mit ihrer Adresse, und nun geht er zu ihr – natürlich um zu disputieren. Sie aber findet seinen gelehrten Hochmut unchristlich und schreibt ihm gleich ein Büchlein mit Anweisungen zur rechten Gottseligkeit. Petersen ist beeindruckt. Bei Spener lernt er vieles, was er auf den Universitäten nicht gehört hat – eine endzeitliche Geschichtsperspektive. Die Bedrückung der Evangelischen durch das Papsttum werde noch zunehmen, bis es zu Roms Fall komme. »Hingegen aber die Juden noch bekehret werden würden, worauf eine bessere Kirche auf Erden aufgienge, und es am Abend dieser Welt noch Licht werden würde, [...].«[538] So wird sich auch Petersen später als Apostel der Juden versuchen.

Er liest nun Jacob Böhme und hält sich an den Satz des Paulus: »Prüfet alles, und das Gute behaltet«. In Lübeck kommt eine Gruppe der *Tremulos* aus England an – es sind die »Shaker« oder »Zitterer«, eine radikale Abspaltung der Quäker, die später in die Neue Welt auswandern. Da sie aber kein Deutsch verstehen und er kein Englisch, kann er sich mit ihnen leider nicht streiten. Bedauerlich ist auch, dass er den berühmten Quirinus Kuhlmann bei seiner Durchreise verpasst hat. Der Böhme-Schüler hat uns den wortgewaltigen, mit kaum noch dechiffrierbaren Sprachspielen und einer Privatmystik durchsetzten »Kühl Psalter« hinterlassen. Petersen notiert, er habe wohl ein »gar zu freyes Leben geführt«. Das ist richtig; er hatte seine verschiedenen Frauen und Kinder in seine egozentrische Heilsgeschichte gleich mit eingebaut. Seine Reisen führten ihn nach Konstantinopel und schließlich nach Russland, wo er den Zaren für seine Vision eines Endreiches gewinnen will. Indes, die dortigen orthodoxen Lutheraner schwärzen ihn an, und so endet er in Moskau als Ketzer auf dem Scheiterhaufen. Das findet Petersen nicht wohlgetan, habe Kuhlmann doch seine Misstritte vor seinem Ende erkannt und bereut.[539]

Eine Kostprobe aus dem 6. (81.) Kühlpsalm.

»1. Aus, A.U.S. mit dir, durchA.U.S. verblendte VVelt!
A.U.S. aus mit dem, das tA.U.S.end netz uns stellt!
Ihr hemmt umsunst, di ihr uns dunst verkaufft!
Fliht falsche, fliht, das ihr dem zorn entlaufft!
Gott hat durch euch *VVin, Rom, Madrit* verblendt!
Das Vorspil ist so unerkennt vollendt!
Triumpf! Hosann! Das wesen kommt gerennt.

2. *Frolokkt mit mir, di ihr mit mir betrübt!*
Mein schwartz wird nun durch allen kreis gelibt.
Kein sammet strahlt so schoen in lichtblaugold,
VVi mir mein leid erwekket freud und hold.
Kein Silberstükk ist meiner schwaertze gleich;
Di Sonn entsonnt ob meines Goldes Reich:
Di Majestaet der Printzen wird hir bleich.

3. VVi Brüder VVi? Was dinet nun eur zorn?
Mein fallen zirt! Es waechst mein horn wi korn.
Einfaeltiger hat noch kein Mensch gethan:
Ihr wart zuklug vor diese VVunderbahn.
Ich sah auf Gott, und folgte wi ein kind,
Sich folgen selbst war mir di groeste Sünd:
Drum bleibt dis VVerk euch allen unergründt.

4. Ich lige krank an seltner Libeslust:
Der Schoepffer wird auch dem Geschoepff bewust.
VVas Salomon in hoechster VVeisheit singt,
Beweset gantz, weil es zum wesen dringt.
Ihr wekktet mich zur rechten unzeit auf,
Verhindertet den Vorbedeutungslauf:
Doch eilt ich fort, und pfeilt hoechsthurtigst drauf.«[540]

Auch Petersen überlegt bisweilen, ob er nicht pfeilschnell davoneilen sollte. Er hatte sich mit einigen Jesuiten über die Priesterehe gezankt und dabei einfließen lassen, die Päpstler griffen, da ihnen das Heiraten verboten sei, zu unrechten Mitteln, nämlich *ad Masculorum Venerem* – zur Homosexualität. Zwei katholische Domherren wenden sich empört an den Kaiser und erwirken ein Schreiben an den Lübecker Magistrat. Vorsichtshalber tritt Petersen eine Reise nach Eutin an; als er aber hört, seine Feinde hätten ausgesprengt, er habe die Flucht ergriffen, kehrt er wieder um. »Ich aber gieng darauf öffentlich auf der Gassen, unter dem Schirm GOTTes und meines guten Gewissens und ließ mich von allen sehen.«[541] Lübeck wird ihm aber nun doch ein zu heißes Pflaster, zumal er auch noch in einen Streit um die »künfftige Bekehrung der Juden« verwickelt ist. Aber was tut GOtt? Er gibt der Stadt Hannover ein, ihn an die Ägidienkirche zu ziehen. Doch das Hannoversche Zwischenspiel bleibt eine Episode; bald wird er schon wieder nach Rantzau in Holstein berufen.

Hier begegnen ihm Reste von Zauberei. Wir sind im Jahr 1679 und dürfen nicht vergessen, dass immer noch Hexen verbrannt werden. Einem Kammerjunker hat man 500 Taler gestohlen. Der weiß nichts Besseres zu tun, als sich an einen zauberkundigen Schmied zu wenden, der mit den Mitteln der beschwörenden Fernmagie dem Dieb »das Auge ausschlagen« soll. Dafür müssen besondere Nägel gemacht werden. Um das Werk richtig zu verrichten, muss der Schmied des Mitternachts nackend aufstehen, rücklings aus der Hütte treten und auf freiem Felde einen großen Blasebalg treten. Zwei höllische Hunde kommen dazu und blasen in die Flammen. Die Leute in dem Dorf Zernickow klagen über das erschröckliche Geheul, das sie beim Schmieden gehört haben wollen. Der Herzog lässt seinen Prediger holen, um Licht in die Sache zu bringen. Doch Petersen ist vorsichtig, dies sei doch eine schwierige Materie. Haben die Leute aus dem Dorf getreulich berichtet? Der Bischof wird hinzugezogen, und nun bricht die Hofgesellschaft nach Zernickow auf. Der Schmied ist schon weggelaufen; seine Frau bittet darum, den neuen Blasebalg zu verschonen. Doch Petersen entgegnet, das käme nicht in Frage, der Teufel hätte seine Hand auf diesem Gerät gehabt. Die Hütte wird verbrannt, der Blasebalg ins tiefe Wasser geworfen. Petersen predigt währenddessen dazu, und da es ge-

34 Johann Wilhelm und Johanna Eleonore Petersen

rade um die Weihnachtszeit ist, vergleicht er die Hütte Gottes bei den
Menschen mit der Hütte des Teufels in Zernickow. Hütte und Blasebalg
werden zerstört, doch weder der Schmied noch seine Frau werden wegen Hexerei angeklagt. Stattdessen macht Petersen eine gelehrte historische Anmerkung, denn der Ort des Geschehens ist kein Zufall: Hier
wurde vormals der *Zernebog*, der Gott der alten Holsteiner, verehrt.

Nun trägt sich Petersen mit Heiratsplänen. Eine vornehme Lübe-
ckerin wird ihm im vollen Schmuck vorgestellt. Doch der fromme
Mann befindet, sie sei für einen Prediger zu »prächtig«. Nun fällt ihm
das Fräulein von Merlau wieder ein, denn keine andere war es gewesen,
die ihm das seelsorgerische Büchlein geschrieben hatte. Spener wird
eingeschaltet, der soll die Ehe vermitteln. Doch der adlige Vater des
adligen Fräuleins will sie nicht an einen schlichten Superintendenten
geben. Was tut Petersen? Er übt Gebetsmagie und bittet seinen GOtt
auf den Knien, dass er den Vater ängstigen möge, damit er in die Ehe
einwillige. Tatsächlich schreibt der alte v. Merlau an seine Tochter, ihm
sei so Angst geworden – da weiß Petersen, dass sein GOtt ihm wieder
geholfen hat.[542] Per Schiff geht es nun den Rhein hinunter, denn der

Bräutigam will nicht, dass seine Eheliebste über die beschwerlichen Berge bei Kassel reisen muss. In Wirklichkeit will er selber nach Holland, um da nach Herzenslust – zu disputieren und zu zanken.

Das junge Paar etabliert sich in dieser Welt des Holsteinischen Adels und der unaufhörlichen Religionsstreitigkeiten. Beide studieren eifrig die Bibel, um 1685 herum vor allem deren dunkelstes Buch, die Apokalypse des Johannes. Im Jahre 1686 beschließt Petersen, den Doktorgrad zu erwerben. Worüber schreibt er? Über die »Hoffnung Israels und ihrer Bekehrung in der letzten Zeit«.[543] Selbstkritisch räumt er ein, er habe damals die volle Wahrheit »von der Wiederbringung aller Dinge« noch nicht erkannt. Nach einigen Querelen bei seiner Vocation wird er nach Lüneburg berufen; der dortige Amtsinhaber jedoch will nicht weichen. Die beiden Streithähne reden sich standesgemäß an: »Wo stehet es in der Schrifft, daß *D. Petersen* soll *Superintendent* in Lüneburg werden? ich versetzte: Wo stehet in der Schrifft geschrieben, daß der Herr Sandhagen soll *Superintendent* in Lüneburg bleiben?«[544] 1688 tritt Petersen sein Amt in Lüneburg an. Auch sein Vorgänger Sandhagen hatte schon von der »Hoffnung auf bessere Zeiten« gepredigt. Sind es die 1000 Jahre, von denen die Apokalypse spricht? Petersen beginnt seine Erwartung eines Tausendjährigen Reiches von der Kanzel zu verkünden.

Nun aber kommt die Bewährungsprobe seines Lebens. Im März 1691 macht er die Bekanntschaft der Rosamunda Juliana von Asseburg, die Visionen und Offenbarungen hat und darüber ein anonymes Sendschreiben ausgehen lässt. Petersen nimmt sie in sein Haus auf; seine Widersacher verbreiten, er hätte einer neuen Prophetin Unterschlupf geboten. Das auserwählte Fräulein hätte einen »*diabolus incubum,* der des Nachts zu ihr käme, und was dergleichen böse Dinge mehr waren«. Kann es heutzutage noch Offenbarungen geben? Die alte Kurfürstin zu Hannover will die Asseburgerin sehen und glaubt an ihre Durchdrungenheit von Gott. Petersen in seiner Offenbarungs-Euphorie fällt wegen seltsamen Betragens auf. Als Schüler auf der Gasse vorbeiziehen und das Lied »Evolemus, evolemus« singen, beginnt der Herr Superintendent zu hüpfen und zu springen und denkt, so werde auch er einmal erlöst gen Himmel fliegen. Doch so einfach kommt er nicht davon. Nun muss Spener wieder helfen. Der schlägt ein öffentliches Colloquium vor, auf dem Petersen seine Meinung von der Apokalypse dartun könne.

Es gibt einen endlosen Streit vor dem Konsistorium. Sind die Eingebungen der Rosamunda Juliana göttlich oder nicht? Petersen gibt an, sie habe schon in früher Jugend von Dingen gesprochen, die den Verstand eines Kindes weit überträfen; so könne ihre Rede nur göttlichen Ursprungs sein. Seine Widersacher murmeln etwas von falschen Propheten.[545] Man will von ihm wissen, was denn der Unterschied zwischen seiner Lehre von den letzten Dingen und dem jüdischen Messianismus sei. »Antwort: Die Juden *statuirten*, als ein unerleuchtetes Volck, welches JEsum Christum, den GOtt-Menschen, nicht erkennete, ein irrdisches Reich, obgleich einige unter ihnen, was *subtiler* giengen. Ich aber lehrete ein Reich, das, wie Daniel lehret, vom Himmel würde aufgerichtet, ein Reich, das nicht von dieser Welt wäre, wie Christus sagte; ein Reich, darinnen Gerechtigkeit und Friede sich küssen sollen, und dass der Geist über das gantze Hauß Israel wird ausgegossen werden.«[546] Petersens Selige werden mit Abraham, Isaak und Jakob an einem Tische sitzen und einen ganz unvergleichlichen Wein verkosten. Gründlich erörtert er die Qualität dieses himmlischen Tröpfchens.[547]

Den Lüneburgern wird es zu bunt; 1692 wird Petersen des Amtes enthoben. Seither lebt das Paar zurückgezogen auf dem Gut Niederodleben bei Magdeburg; ein Zufluchtsort, den der preußische Oberkammerpräsident, Dodo von Knyphausen, ihnen vermittelt hatte. Unterstützt von zahlreichen Gönnern, widmet sich das erleuchtete Ehepaar nun ganz der geistlichen Schriftstellerei.[548] Denn auch in Berlin war man auf die Asseburgischen Offenbarungen und ihren Verteidiger aufmerksam geworden. Der Kammerpräsident verschafft ihm das Wohlwollen des Kurfürsten Friedrich III. – nebst einer jährlichen Pension von 700 Gulden. Hocherfreut schreibt Petersen an seine Eheliebste, da sehe man doch, wie GOtt für sie sorge. Die Vorsehung hat es aber noch besser mit ihm gemeint. In Magdeburg war er dabei, als der Kurfürst in diese vom Krieg immer noch gezeichnete Stadt kommt, um sich vom Magistrat huldigen zu lassen. Petersen, nicht umsonst gewesener Professor der Poeterei in Rostock, dichtet ein lateinisches *Carmen Heroicum*, das die Excellenz von Danckelmann dem Fürsten überreicht.[549] Doch das Gedicht hat eine Nachgeschichte, die es erst vollends wunderbar macht. Wenn in der Sprache der Pietisten eine »Crone« geweissagt wird, ist es zumeist geistlich gedacht: die Krone des ewigen Lebens.

Nun aber begibt es sich im Jahre 1701, dass der Kurfürst tatsächlich zum König in Preußen erhoben wird. Sofort zieht Petersen sein altes Huldigungsgedicht heraus und trägt vor allen Räten des Königs noch einmal die Passagen vor, in denen er eine »Königliche Crone« prophezeit hatte.[550] Nun ist er am Hof in Berlin ein gern gesehener Gast.

Seine Poeterei führt auch dazu, dass er und seine Eheliebste in den Nürnberger Dichter-Orden der »Blumen-Gesellschaft oder Pegnitz-Schäfer« aufgenommen werden; er bekommt den Namen *Petrophylus*, sie den Namen *Phoebe*. Doch 1701 warten neue Streitigkeiten auf ihn. In Halberstadt steht ein gewisser Johann Friedrich *Corvinus* gegen ihn auf – ein rechter Rabe, wie Petersen, *nomen est omen*, hinzufügt. Der wettert gegen ihn mit einem Argument, das oft gegen die Pietisten vorgebracht wurde: Sie seien geheime Anhänger der Wiedertäufer, des Johann von Leiden und des Knipperdolling, die über ein Jahrhundert zuvor, 1535, die Stadt Münster beherrscht hatten. Sie hatten dort die Gütergemeinschaft in einem endzeitlichen Reich errichtet, in dem das gesellschaftliche Leben von der Hl. Schrift geregelt war – auch die Polygamie, die übrigens nichts mit der wüsten Greuelpropaganda zu tun hatte, die sich über die Wiedertäufer ergoss.[551] Doch der Schimpfname war geblieben; Petersen distanziert sich sofort von Schwarmgeistern und Aufrührern. Für seine Freunde am Berliner Hof wird er nur desto interessanter. Sie arrangieren es so, dass er im Beisein der Königin Sophie Charlotte, die in allen diesen Dingen bewandert ist, mit dem Geheimen Rat von Fuchs über einen seiner Lieblingsgegenstände disputieren darf. Der Herr von Fuchs gibt ihm das Stichwort und sagt, er habe nie geglaubt, dass die Strafen in der Hölle unendlich lange dauern sollten. Nun ist Petersen in vertrautem Fahrwasser und führt aus, das sei ja gerade der Kern seiner Lehre von der »Wiederbringung aller Dinge«: Die Höllenstrafen können nicht EWIG dauern. Nun wird sein Buch in allen Berliner Buchläden ausgelegt – wieder ein Beweis für die Vorsehung seines GOttes.

Petersens dreibändiges Werk über die »Apokatastasis Panton«, über die »Wiederbringung aller« – erschienen 1700–1710 –, ist eigentlich eine Zusammenfassung von vielen kleineren Schriften. Es nimmt die Lehre des Kirchenvaters Origenes auf, der die Wendung des Paulus 1. Korinther 15, v. 28 – Gott werde am Ende »alles in allem« sein –, so auslegt, dass dann aber auch der »letzte Feind« – Satan – gerettet werden müsse.

»Die ›Vernichtung des letzten Feindes‹ ist aber so zu verstehen, daß nicht seine von Gott geschaffene Substanz vergeht, sondern seine feindliche Willensrichtung, die nicht von Gott, sondern von ihm selbst stammt. Er wird also vernichtet, nicht um (künftig) nicht zu sein, sondern um (künftig) nicht (mehr) ›Feind‹ und ›Tod‹ zu sein. Denn dem Allmächtigen ›ist nichts unmöglich.‹« Das sind die Worte des Origenes.[552] Origenes spielt in der Kirchengeschichte eine zwiespältige Rolle: Einerseits ist er anerkannter Kirchenvater; andererseits Ketzer. Im 18. Jahrhundert wird er zum untergründigen Widersacher des strengen Augustinus. Denn dem fällt im Endgericht die Welt in Himmel und Hölle auseinander. Seine Hölle währet ewig, und ewig werden die Sünder darin gepeinigt. Ja, er polemisiert sogar gegen »das falsche Mitleid derer, die nicht an ewige Höllenstrafen glauben«.[553] Im späten 17. und frühen 18. Jahrhundert wendet sich das Blatt. Man kann diese Wandlung der Mentalität an einer Geschichte ablesen, die Petersen in seiner Autobiographie erzählt.

»Es sagte zu mir ein vornehmer Herr in Berlin, daß, wenn er in den Predigten gehöret von der allgemeinen Liebe, und von der Barmhertzigkeit GOttes predigen, und wiederum in derselben Predigt gehöret, daß die allermeisten unendlich ewig würden gequälet werden, er solches nicht habe reimen können. […] Als er aber nachgehends die Lehre von der Wiederbringung recht gefasset, und daß die arme sündige Creatur wegen ihrer Sünden, wie sie verdienet, ihre Straffe nach dem Tode empfienge, aber noch endlich Barmhertzigkeit erlangete, und also die Unendlichkeit der Straffe nicht seyn würde, da habe er Friede gefunden in seiner Seele, und habe sich gestillet, und die Schrifft recht lieb gewonnen.«[554]

Der Adel und das gebildete Bürgertum, sofern sie sich Sorgen über den »zweiten Tod« nach dem ersten machen, wollen nicht mehr hören, dass sie ewig in der Hölle geschmort und gebraten werden, drastische Bilder, mit denen man das Volk geschreckt hatte. Die alte Hölle beginnt aus der Mode zu kommen. Dass sie gleichwohl noch virulent ist, zeigen die Gedichte des Justus Georg Schottelius (1612–1676); er schrieb eine Deutsche Grammatik, er war Theatermann und zugleich barocker Universalgelehrter:

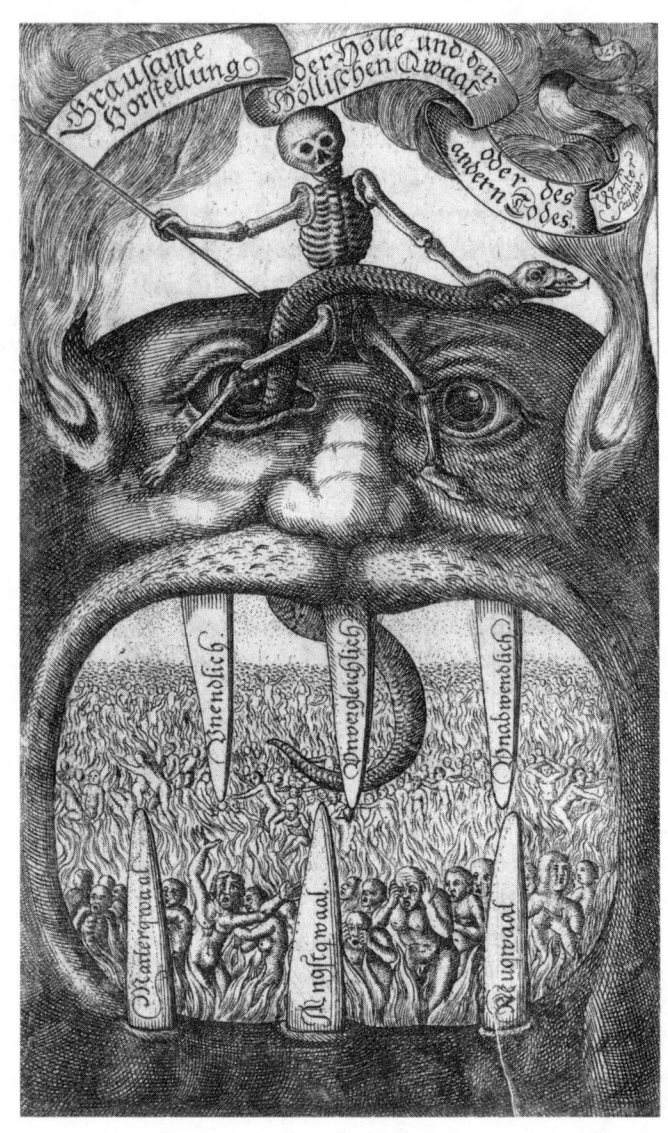

35 Schottelius: Darstellung der Höllenqualen

XXI.

HAstu auf der rechten Seit hundert Jahr
lang ausgestanden/
Pech und schwartzer Flammen Qwaal / hofst
und denkst/ es sei verhanden
Numehr eine Linderung / wirft man dich zur
linken Seit
In die Schwefel Proddelfluht / so zur Angst
noch mehr bereit.

Hastu auf der rechten Seit hundert Jahr-
lang ausgestanden) Weil man die Ewigkeit nicht
be-

36 Schottelius: Darstellung der Höllenqualen

XXII.

WAn du nun haſt tauſend Jahr dieſe Schwe-
felhitz erlitten/
Höchſtverſchmertzlichſt/hoffeſt nun/es ſei Dul-
den/Seuftzen/Bitten/
Endlich zur Erlinderung Uhrſach/ und ein kleines End/
Dan mit Grimm man dich herum hin auf deinen Rücken wendt.

Wan du nun haſt tauſend Jahr dieſe Schwe-
felhitz erlitten)   Vorhin hat der Verdamter hundert

37 Schottelius: Darstellung der Höllenqualen

XXIII.

Lauter glüend Eisen wird nun aufs neu dein
Marter Bette/
Da du rüklings dich hinstrekst / ängstlich ligst
auf dieser Stete
Zwantzig tausend Jahre lang/ Flammenfunken/
schwartz und dikk
Qwellen auß dem Bauche dir / dringen unten
ein zum Rükk.

Lauter glüend Eisen rc.)   Der Verdamter
Gottloser hat nunmehr hundert Jahr auf einer Seite
in

38 Schottelius: Darstellung der Höllenqualen

XXIV.

WAn du nun auf deinem Rükk diese grau-
　　samst-lange Zeiten
Allerschmertzlichst zugebracht / ängstest dich
　　noch eins von weiten/
Ob nicht nun die Linderung/ ob nicht Ende-
　　rung einmahl/
Endlich doch/ ach endlich doch sei verhanden bei
　　der Qwaal!

Hundert Tausend Jahr auff dem Bauche. H.W.P.

Wan du nun auf deinem Rükk) Man be-
benke was für eine Noht und Ungelegenheit es einem
　　　　　G iij　　　　　　　gebe/

39　Schottelius: Darstellung der Höllenqualen

Johann Georg Schottelius:

Grausame Beschreibung und Vorstellung Der Hölle Und der Höllischen Qwal/ Oder Des andern und ewigen Todes. In teutscher Sprache nachdenklich/ und also vor die Augen gelegt/ daß einem gottlosen Menschen gleichsam die höllischen Funken annoch in dieser Welt ins Gewissen stieben vnd Rükk-Gedanken zur Ewigkeit erwekken können. Mit etzlichen Schrekkniß-vollen Kupfferstükken zugleich vorgebildet. Wolfenbüttel/ In Verlegung CONRADI BUNONIS seel. Erben im Jahr 1676.

Oben auf dem weit aufgesperrten Höllenrachen sitzt der »Andere Tod«, d. h. der ewige Tod nach dem Jüngsten Gericht. In der Hand hält er das Gewissen, den »Höllenwurm«, der nicht stirbt in jenem Feuer, das nicht erlischt (Jes 66, v. 24). Die Beschriftung der sechs großen Zähne erklärt Justus Georg Schottelius folgendermaßen:

»Was in dem Grunde und Boden/ in denen grossen brennenden Schwefel-Pfulen der Hölle für ewigwehrende Marter/ Angst/ und Betrubniß vorhanden/ solches steht geschrieben auff denen unten herausstehenden drei grossen Bakken Zähnen/ als die brennende Marterqwaal/ die drukkende Angstqwal/ und die beissende Reueqwaal: welchen die drei andere oben heraußragenden grosse HöllenZähne gleichfals zustimmen/ und durch den grausamen Zusammenbiß und Zuschluß des erschrecklichen Höllen-Rachens andeuten/ wie alles unaußsprechliche Qwaalwesen sein und bleiben müsse/ unendlich/ unvergleichlich/ unabwendlich: Oh weh/ und ewig weh! wegen dieser Unendlichkeit/ Unvergleichlichkeit Unabwendlichkeit: Darin zugleich die allergrausamste bitterste Verzweiflung mit eingeschlossen bleibet. In den Höllen Rachen kan man zwar hinein schauen/ und die in feuriger Angst und Qwaal winselnden Menschen erblikken/ aber wie man nicht kan das Ende/ also kan man auch keine Enderung ersehen/ und wird alles mit der allergrausamsten Ewigkeit um- und eingeschlossen.«[555]

In den Lehrgedichten heißt es:

>»Allerkläglichst Winselbrunst/überschmertzlichst
Heulgewitter /
Karmenvoller Wimmerwind/schluchtzen und ein
Seuftzgeknitter /
füllet diese Höllenluft /schallen hindurch ewiglich /
Daß die Ohren gellen stets/Haar zu Berge beugen sich.«

Schon die »Sozinianer«, die Anhänger des Italieners Faustus Sozini (1539–1604) aus Siena – einer antitrinitarischen Sekte, die schließlich in Polen untergekrochen war –, hatten die Auslöschung der Verdammten, nicht aber ihre ewige Qual gelehrt.[556] Aber Petersen überbietet sie mühelos: Wieder lässt ihn ein »großer Herr« an sein Krankenlager rufen. Er hatte mit den Sozinianern geglaubt, dass die Gottlosen in der Hölle vernichtet würden, und das sei ihm immer noch tröstlicher gewesen als der Gedanke, dass sie ewig gepeinigt werden sollten. Als er nun von Petersen hört, die Gottlosen würden in ihrem Wesen durchaus nicht »zernichtet«, sondern nach einer angemessenen Strafzeit schließlich erlöst, preist er nun diese Wahrheit mit Herz und mit Mund.

Denn das ist Petersens Einsicht: Es müssen mehr Menschen selig werden, als man bislang geglaubt hatte. Die alten harten Zeiten der Konfessionskriege, in denen die Kontrahenten sich in geistlicher Bosheit wechselseitig die Hölle an den Hals gewünscht hatten, weichen auf.

Sind die Verfechter der ewigen Höllenstrafen nicht pervers? Petersen schreibt es im Vorwort zum dritten Band seiner *Apokatastasis* nieder: »Ich weiß auch nicht/ warum solche harte Gemüther der Widersacher so sehr auff die Unendlichkeit der Straffen dringen: Haben sie denn eine Lust an solcher unendlichen Straffe? Solten sie ihren armen Mitgeschöpfen nicht wünschen/ daß sie auß der Macht der Höllen/ worin sie GOtt nicht dancken/ mögten einmal zum Lobe GOttes erlöset werden?«[557] Gott ist die Liebe. Das lehren auch die orthodoxen Lutheraner. Aber wen liebt Gott? Zunächst und zumeist sich selbst, denn der Vollkommene kann nur das Vollkommene lieben. Zu dieser Liebe gehört es, dass er seinen Kreaturen die Gnade anbietet. Wird die aber ausgeschlagen, ist er unerbittlich in seinem Zorn. Das wollen Pietisten vom Schlage Petersens nicht mehr akzeptieren. Für einen ihrer Gegner ist der Fall klar. Nicht die Altgläubigen sind pervers, sondern die Neuerer leiden an einer Gemütskrankheit. In ihrer *tendresse* können sie es nicht mehr ertragen, dass Gott als harter Richter auftritt. Sie wollen sich Gott einfach nicht mehr als einen Henker vorstellen. Nur wenn sie annehmen dürfen, dass die Sünder im Feuer lediglich ein wenig »mürbe« gebraten werden, dann geht ihnen der Mund zum Lobpreis Gottes über.[558]

In solchen Religionsstreitigkeiten verbringen Johann Wilhelm und Eleonora Petersen ihr Leben. Für ihren Gott der Liebe und seine Rettung der Kreaturen in der »Wiederbringung aller« kämpfen sie. Die Petersens sind fest überzeugt davon, dass sie die Wahrheit des Herrn verkünden. Den Beweis dafür finden sie nicht nur in der Schrift, sondern in der Vorsehung, die GOtt ihrem Lebensweg angedeihen lässt. Eine Anzahl von gleichgesinnten Freunden unterstützt den HErrn dabei. Wir schließen nun Petersens Lebensbeschreibung, die uns in dieses gesellschaftliche Umfeld und in ihr Denken eingeführt hat. Wir schließen sie nicht, ohne noch einmal auf das Ende der Zeiten zu kommen. Denn sein ganzes Weltbild ist von der Apokalypse des Johannes und dem kommenden Reich des Friedens bestimmt. Zwei große Ereignisse stehen noch bevor: der Fall »Babels« – das ist Rom – und die Bekehrung der Juden. Hartnäckig kommt Petersen immer wieder darauf zurück. Als er einmal auf Reisen in Prag war, habe er in einem Wirtshaus auf der kleinen Seite mit seiner Eheliebsten gelehrt disputiert – natürlich über die letzten Dinge. Und die Juden, die ins Wirtshaus zu ihnen gekommen seien, hätten gerne mit angehört, was sie über den *Messias* zu sagen wussten; sie hätten ihnen sogar Wagen und Pferde verschafft, damit sie nach Karlsbad weiterreisen konnten.[559] Das scheint ihm ein gutes Vorzeichen für die endzeitliche Vereinigung von Judentum und Christentum gewesen zu sein.

2. Religiöser Minimalismus. Matthias Knutzen, Herbert von Cherbury und Benedictus de Spinoza

Am Sonnabend, dem 5. September 1674, ereignet sich in der kleinen sächsischen Residenz- und Universitätsstadt Jena etwas Ungeheuerliches. Man fand während der Beichte nahe bei den Stühlen der Professoren in der Kirche zwei atheistische Traktate. Aber damit nicht genug: In der Kutsche des Fürstlichen Herrn Hofpredigers Johann Schlemmius lag eine lateinische Epistel, »Amicus, Amicis, Amica« – »Freundliche Wünsche eines Freundes für seine Freunde«. Am darauffolgenden Sonntag aber wurde Johann Ludwig Neuenhan, dem Buchhändler, Fürstlichen Bibliothekar und Herausgeber der städtischen Zeitung, ein Drohbrief ins Haus geworfen, während er bei der Frühpredigt war:

> »Hochgeehrter Herr/ Thun ihm hiemit zu wissen/ daß alhie zu Jena gewisse Leute/ und zwar an der Zahl 700/ theils Bürger/ theils auch *Studiosi* sich auffhalten /welche von dieser Lehre wovon das eingelegte *Colloquium* handelt zugethan seyn. Gebieten Ihm demnach solches *Colloquium* mit ehesten in die Avisen zusetzen/ oder wir werden ihn/ nach Eurer Schrifft zu reden (massen der Tod ein Schlaff ist) durch eine Wind=Büchse auff offentlicher Strasse schlaffen legen. Gehabt euch wohl/ und bleibet günstig dem/der Euch warnet
> Hanß Friedrich von Vernunfft.«

Der Unbekannte verlangt, dass seine Pamphlete abgedruckt werden, sonst werde er ihn klammheimlich mit einem Luftgewehr erschießen. Woher wissen wir von diesem rabiaten Burschen? Seine neue Sekte der »Gewissener«, die angeblich in Jena siebenhundert Anhänger haben soll, hat er frei erfunden. Obwohl diese Flugschriften sogleich bei der Obrigkeit abgeliefert wurden, ist nicht auszuschließen, dass einige Studenten sich eine Abschrift gemacht hatten. Denn es war ein Brief nach Regensburg abgegangen, ausgerechnet an die Stadt mit dem Sitz des Permanenten Reichstages, der von diesen Vorfällen berichtet. Zurecht fürchtet man um den guten Ruf der Universität, daher fordert Herzog Bernhard von Sachsen am 22. Oktober den Senat der Jenaer Universität auf, der Sache nachzugehen.[560] Einer der angesprochenen »Lieben Andächtigen und Getreuen« erfüllt das fürstliche Gebot sogleich, ja eigentlich übererfüllt er es: Es ist der SS. Theol. D. und Prof. Publ. Johannes Musäus. In seiner Widerlegungsschrift, die zwei Auflagen, 1674 und 1675, erlebt hat, wird die Affäre um den wandernden »Atheisten« Matthias Knutzen überhaupt erst öffentlich. Darum also wissen wir von ihm: Weil der fromme Glaubenseifer eines lutherischen Orthodoxen ihn uns aufbewahrt hat wie eine Fliege im Bernstein. Sogar seine Flugschriften werden um des Widerlegens willen abgedruckt. Damit hat Musäus etwas besorgt, wovon Knutzen nur träumen konnte – den Druck seiner Texte. Er selbst hatte sie nur mit der Hand mühsam vervielfältigt; von Hand wurden sie auch kopiert und weiter verbreitet. Knutzen behauptet, sein Grundtext sei mehr als tausendmal abgeschrieben worden.[561]

Musäus ist überzeugt davon, dass hier der Teufel seine Hand im Spiel hat. Denn der Verderber ärgerte sich schon immer über das gute Gedeihen der Universität und den Fleiß ihrer Professoren. Da man in den Gasthöfen hat nachforschen lassen, kommt ein Steckbrief zustande. Auch der Zeitungsmann der Stadt hat ihn gesehen und sagt aus, »daß er kleiner Statur, hager/ schwartzbraun im Gesichte/ und schwartzbraun Haar gehabt/ sey gekleidet gewesen in braune Tuch/ auff die Arth/ wie die aus Preussen ankommenden Studiosi pflegen gekleidet zu seyn/ hat einen braunen engen Rock an/und einen braunen Mantel ümbgehabt. In der Hand hab er einen braunen Stab/ etwan guten Fingers dicke/ gehabt/ worauff oben ein klein eisern Hämmerlein gewesen/ womit er den Stab gefasset.«[562] Ob Nietzsche von diesem Theologen mit dem Hammer wusste? Ganz auszuschließen ist es nicht, denn Knutzen hat eine Erinnerungsspur bis in das 19. Jahrhundert hinter sich hergezogen.[563]

Von Jena aus ist er nach Coburg gegangen und hat sich am 14. September vergeblich um eine Stelle als Hauslehrer bemüht. Auch dort hat er seine Schriften hinterlassen und ist in Richtung Nürnberg gewandert. Am 19. September hat man ihn in Altdorf gesehen, in der zu Nürnberg gehörigen Universität. Dort hat er auf einer Wiese vor dem

Tor den Schulmeister Steffan Grösel angesprochen, der zusammen mit dem Hirten-Michel unterwegs war, und hat sie gefragt, wer von beiden lesen könne. »Als nun der Schulmeister solches von sich bezeuget/ gab ihm selbiger anfänglich ein Teutsches/ und balden darauf auch ein Lateinisch *scriptum*, ihn zugleich ermahnend/ daß er jenes für sich selbst lesen/dieses aber einem Studenten in Altdorff zustellen solte/ es würde ein Gelächter darüber geben.« Dann habe er nach dem Weg gefragt und sei sehr schnell davongeeilt. Dieser Religionsspötter hat auf seine Weise die Schlussfolgerungen aus dem Kampf der Konfessionen gezogen. Denn seine lateinische Schrift beginnt mit der Bemerkung, obwohl die Christen doch wie die Wagenräder »geschmiert« seien – er liebt das Wortspiel mit »gesalbt« und »geschmiert« = »angeschmiert« –, gibt es doch nur Zank und Streit unter ihnen. Das wundere ihn aber nicht mehr, seit er eingesehen habe, dass das Gesetzbuch ihres Glaubens, die sogenannte Bibel, in sich selbst widersprüchlich sei. Wird nicht den Christen erzählt, dass die Toten auferstehen werden? Was aber steht bei Prediger Salomo 3, v. 19? Es sind die gleichen Verse, die auch Mutter Kepler stutzig gemacht hatten: dass der Mensch dahinfahre wie das unvernünftige Vieh. Matthias Knutzen hat eine gelehrte Abhandlung über den Koran gelesen; der christliche Autor befindet, die Heilige Schrift der Türken sei konfus und ohne jeden Zusammenhang und Aufbau.

Dasselbe Urteil fällt Knutzen nun über den »christlichen Koran«, die Bibel. Sie sei um keinen Deut besser. Um keinen Deut besser allerdings ist auch Knutzens Bibelkritik. Er nimmt alles wortwörtlich: in einer Zeit der noch gängigen Lehre von der Verbalinspiration hat diese Kritik jedoch ihre Überzeugungskraft. Denn kann Gott sich widersprechen? Auf diese Weise rühmt sich Knutzen, an die 600 Widersprüche in der Bibel nachzuweisen. Für wen sind diese Widersprüche aufgezählt? Wer lacht, wenn er erfährt, dass es keinen Teufel gibt, weil er ja nach Luk 8, v. 33, durch Christi Exorzismus in die Säue gefahren sei und sich über den Abgrund in den See gestürzt habe? Kurzum: Der Teufel ist ersoffen. Und was hat es mit Christi Geburt auf sich? Sie ist doch bei Nacht geschehen; hat man da genau sehen und berichten können? Gelogen wird doch schon von einem Haus zum andern; wie viel mehr wird man lügen über etwas, was weit von uns weg und vor 1673 Jahren geschehen sein soll.[564] Dieser »Scurra oder Spötter« kann sich seiner Klientel sicher sein; es sind die Gebildeten und Halbgebildeten, auch das einfache Volk, das sich heimlich über die Religion lustig macht.[565]

Dann aber wird Knutzen plötzlich ernsthaft, denn jetzt folgt seine eigentliche Botschaft. Die Christen sollen sich nicht mehr an die verwirrte Schrift halten, sondern nur noch an ihr Gewissen. Daher nennt er auch die von ihm zu gründende Sekte die »Gewissener«. Das Gewissen nämlich hat die Natur allen Menschen mitgegeben, sogar die Bibel bezeugt es in Röm 2, v. 14 und 15. Das Gewissen aber lehrt uns die Formel des römischen Juristen Ulpian im 1. Buch der Rechtsregeln: »Die Gebote des Rechts sind folgende: ehrenhaft leben, den Nächsten nicht verletzen und jedem das Seine zukommen lassen.«[566] Wer sich nicht daran hält, dem wird sein Leben eine Unzahl von Plagen, ja die Hölle selbst sein. Wer aber danach lebt, dem wird das Gewissen der Himmel sein. Andere Himmel und Höllen sind nicht zu erwarten. Dieses Bekenntnis:

EHRLICH LEBEN,
NIEMANDEN BELEIDIGEN,
EINEM JEDEN DAS SEINE GEBEN,

ist ihm so wichtig, dass er es immer wiederholt. Seine Auffassung vom Gewissen als dem einzigen Himmel und der wirklichen Hölle entstammt den Sprüchen Salomonis 15, v. 15: »Ein Betrübter hat nimmer einen guten Tag; aber ein guter Mut ist ein täglich Wohlleben.« Dass das schlechte Gewissen aber die Hölle selbst sei »und keine andere zu erwarten« ist, hat er von keinem Geringeren als von Martin Luther, *T. XI. Germ. Wittenb. p. m.249 B. p. p.* Denn der führt in seiner Genesis-Vorlesung zu jenem Spruch des Salomo aus, die Hölle sei nichts anderes als der Zorn Gottes.[567]

Der brave Johann Musäus, der doch so gründlich in seiner Widerlegung dieses »Atheisten« vorgeht, erwähnt mit keinem Wort das zweckentfremdete Luther-Zitat. Er macht etwas anderes stattdessen; er schaut sich um, in welche Reihe von Gegnern des orthodoxen Glaubens er Knutzen einordnen kann. An erster Stelle regiert Herbert v. Cherbury, oft genannt als einer der Gründerväter des Deismus. Dieser englische Adlige hat ein bewegtes Leben geführt, nahm Kriegsdienste unter Moritz von Oranien und war 1616 Gesandter in Frankreich. Dort traf er mit Montaigne zusammen und bildete in seinem Werk »De religione gentilium« von 1645 die Vorstellung aus, es müssten sich, so wie es im Denken der römischen Stoiker vorgebildet war,[568] *notitiae communes* finden lassen, gemeinsame Vorstellungen, in denen alle Menschen instinktiv übereinstimmten und mit denen sie die Religionsstreitigkeiten beenden könnten. Seine fünf Punkte werden von Musäus aufgeführt; da kannte er sich aus, denn er hatte im Jahre 1667 gegen Cherbury in einer Streitschrift die Frage aufgeworfen, ob denn dieses »natürliche Licht« und die gesunde Vernunft, selbst wenn man sonst ganz gut damit leben könne, auch zur *Seligkeit* hinreichend seien.[569] Cherburys Grundsätze lauten:

»I. *Esse aliquod supremum numen,* oder daß ein Gott sey.
II. *Numen illud coli debere,* oder daß man Gott ehren solle.
III. *Virtutem cum pietate conjunctam optimam esse rationem cultus divini,* daß die Tugend/ mit der Gottseeligkeit verknüpfft/ der beste Gottesdienst sey.
IV. *Resipiscendum esse à peccatis,* daß man die begangene Sünde bereuen müsse.
V. *Dari praemium vel poenam post hanc vitam,* daß nach diesem Leben eine Belohnung der Frommen und Bestraffung der Bösen sey.«

Aber von diesen Artikeln der *Naturalisten* sei der Satansgeist Knutzen doch weit entfernt. Denn er postuliere:

»I. *Non esse Deum,* es sey kein Gott.
II. *Non esse Diabolum,* es sey kein Teuffel.«[570]

Scharf schließt Musäus, wenn jemand weder an Gott noch Teufel glaube, könne er gar kein »Gewissen« haben. Denn jedes Gewissen beziehe sich auf einen obersten Richter, der belohne oder strafe; an sich sei es kraftlos, ohne Einfluss auf die Affekte, wenn nicht diese beiden Sanktionsinstanzen dazukämen. Dass Knutzen auch noch Geistliche und Obrigkeit abschaffen will und zwischen Ehe und Hurerei keinen Unterschied sieht, macht ihn vollends suspekt. Indes: Knutzen hat es –

im Gegensatz zu Musäus – bis zu einer Eintragung in das historische und kritische Wörterbuch des Pierre Bayle gebracht, der genüsslich ausführt, »les folies de cet Allemand« zeigten, dass es ein »Licht des Gewissens gebe«, auch wenn die Vorstellung von Gott und eines Lebens nach dem Tode zu verschwimmen begännen.[571] Gegen solche Greuel zieht Musäus polemisch zu Felde; und weil er ein belesener Mann ist, kennt er auch Schriften, die in der einen oder andren Weise Ähnliches behaupten. Zwei »Duckmäuser«, die ihre Namen nicht nennen wollen und ihre Schriften anonym ausgehen lassen, werden noch besonders bedacht. Da ist zum einen der Amsterdamer Arzt Lodewijk Meyer, den auch Leibniz in der »Theodizee« erwähnt,[572] der eine Schrift mit dem Titel »Philosophia s. scripturae interpres« verfasst hatte.[573] Der fromme Musäus ist ungehalten, denn hier mache jemand die Philosophie zur Richtschnur, wie die Hl. Schrift ausgelegt werden müsse. Ein Studiosus der Theologie, so behaupte Meyer, solle frei sein von vorgefassten Meinungen, sich dem cartesianischen Zweifel anschließen und nur nach der Vernunft urteilen. Der andere, der Verfasser eines gewissen »Tractatus Theologico-Politicus«, sei aber noch schlimmer.

In meinem Mikrofilm-Ausdruck des Werkes von Musäus ist in zierlicher Handschrift am Rand hinzugefügt: *Spinoza, Amstelod. 1670*. Auch dieser Anonymus ziehe alles in Zweifel, was der Vernunft widerspreche. Was solle denn – jammert Musäus – von der Hl. Schrift am Ende noch übrig bleiben? Denn sie handle von hohen Glaubens-Geheimnissen, »welche die natürliche Vernunft nicht verstehen oder fassen« könne. Dieser Autor unterziehe auch das Alte und das Neue Testament einer Kritik, und endlich schreibe er unverhohlen, »Gottes Wort bestehe nicht in Papier und Dinte/nicht in einer gewissen Anzahl Bücher/ sondern es sey in die Hertzen der Menschen geschrieben«. Es ist entsetzlich: Den Propheten könne man keinen Glauben schenken, denn sie haben nur nach ihrer Phantasie und ihren vorgefassten Meinungen prophezeit. Die Wunder im Alten oder Neuen Testament seien entweder natürliche Dinge, die man fälschlicherweise für Wunder gehalten habe, oder die Schrift selbst sei verfälscht. Die von Mose geschriebenen Bücher seien gar nicht mehr vorhanden; was wir jetzt hätten, seien Berichte, lange Zeit später niedergeschrieben. Überhaupt seien die Bücher des Alten Testamentes erst nach dem Babylonischen Exil zusammengetragen. Und die heiligen Apostel hätten auch nicht aus göttlicher Eingebung gesprochen, sondern so, wie sie es für richtig hielten, um den Menschen verständlich zu sein. Johannes Musäus mitsamt seiner von Luther ererbten Lehre von der göttlichen Verbalinspiration der Bibel ist fassungslos.[574] Was dann vom ganzen Glauben noch übrigbliebe, ließe sich in einem einzigen Satz ausdrücken: »Du solt Gott über alles/ und den Nechsten als dich selbst lieben; und seyn also die Hertzen der Menschen die rechte Göttliche Schrifft/die Gott mit seiner *idea*, als einem Bilde seiner Gottheit bezeichnet habe.« Sogleich kommt er noch einmal auf Herbert von Cherbury zurück. Der habe etliche Jahre vorher schon dasselbe gesagt und den ganzen Glauben auf seine fünf Punkte reduziert. Und alles, was darüber hinausginge, was die Juden aus ihren Schriften, die Christen aus dem Neuen Testament, die Türken aus dem Koran noch als besondere Glaubenslehren ausgäben, das sei zweifelhaft und ungewiss.[575]

Dieses Entsetzen der Orthodoxen muss man sich vor Augen führen, um den fiktiven Grabspruch zu verstehen, den ein niederländischer Pfarrer noch 1719 verfasste:

»Speie auf dieses Grab. Hier liegt Spinoza.
Wäre seine Lehre dort auch begraben!
Schüfe dieser Gestank keine Seelenpest mehr.«[576]

Spinoza wurde am 24. November 1632 in Amsterdam geboren. Seine Familie stammte aus Portugal und gehörte zu den sogenannten Maranen, Juden, die man gezwungen hatte, den christlichen Glauben anzunehmen. Die Inquisition unterstellte ihnen aber weiterhin, dass sie heimlich dem alten Glauben anhingen. Eine größere Gruppe von ihnen wanderte nach Amsterdam aus; dort genossen sie eine relative Glaubensfreiheit. 1597 wurde eine Synagoge errichtet. Der junge Baruch sollte wohl zusammen mit seinem Bruder die Geschäfte des Vaters übernehmen – »Bento & Gabriel de Spinoza«. Der angehende Kaufmann aber studierte auf eigene Faust und disputierte mit den Mennoniten und mit Freunden, die von Descartes beeinflusst waren. Zudem gab es auch unorthodoxe Strömungen im sephardischen Amsterdamer Judentum, so dass Spinoza in einer geistig liberalen Umgebung aufwuchs und schließlich auch Latein lernte. Warum er aus der jüdischen Gemeinde exkommuniziert wurde, ist bis heute umstritten.[577] Wir wollen aber an dieser Stelle die unsterblichen Worte einflechten, in denen Heinrich Heine – aus dem 19. Jahrhundert rückblickend – dieses Vorfalls gedenkt:

»Teurer Leser, wenn du mal nach Amsterdam kömmst, so laß dir dort von dem Lohnlakeien die spanische Synagoge zeigen. Diese ist ein schönes Gebäude, und das Dach ruht auf vier kolossalen Pfeilern, und in der Mitte steht die Kanzel, wo einst der Bannfluch ausgesprochen wurde über den Verächter des mosaischen Gesetzes, den Hidalgo Don Benedikt des Spinoza. Bei dieser Gelegenheit wurde auf einem Bockshorne geblasen, welches Schofar heißt. Es muß eine furchtbare Bewandnis haben mit diesem Horne. Denn wie ich mal in dem Leben des Salomon Maimon gelesen, suchte einst der Rabbi von Altona ihn, den Schüler Kants, wieder zum alten Glauben zurückzuführen, und als derselbe bei seinen philosophischen Ketzereien halsstarrig beharrte, wurde er drohend und zeigte ihm den Schofar, mit den finsteren Worten: ›weißt du, was das ist?‹ Als aber der Schüler Kants sehr gelassen antwortete: ›es ist das Horn eines Bockes!‹ da fiel der Rabbi rücklings zu Boden vor Entsetzen.«[578]

Ist die Exkommunikation Spinozas ähnlich verlaufen? Um eine Wiederaufnahme in die Gemeinde hat er sich nicht bemüht. Das Geschäft konnte er nun nicht mehr weiterführen; er latinisierte seinen Namen in *Benedictus de Spinoza* und verdiente seinen Lebensunterhalt mit dem Schleifen von Gläsern für optische Instrumente. Sein Hauptwerk ist die »Ethik« – *Ethica Ordine Geometrico demonstrata*, die 1677 postum erscheint. Wir werden später darauf zurückkommen, denn dieses Werk ist aus der Geschichte des Deutschen Idealismus nicht wegzudenken. Hier geht es nur um den »Theologisch-Politischen Traktat«, eine Schrift, die 1670 noch zu Lebzeiten Spinozas erschien. Nicht nur war kein Verfasser genannt, auch der Druckort und der Name des Druckers waren fingiert. Spinoza hat noch miterlebt, dass sein Buch 1674 verboten wurde, gemeinsam mit dem »Leviathan« des Thomas Hobbes und der Schrift seines Freundes Lodewijk Meyer. Seinen Siegelring mit der Devise »Caute« – *sieh dich vor!* – trug er nicht umsonst. Der Traktat erörtert die politischen Vorbedingungen für ein freies Philosophieren und Denken; er bricht ab mit dem Entwurf für einen »freien Staat«. Um dieses Staatswesen zu errichten, ist es aber notwendig, zunächst die verschiedenen Religionen und Konfessionen in ihren konkurrierenden Kulten und Machtansprüchen aus dem Bereich des Politischen herauszuhalten. Da fallen Sätze, die tatsächlich Matthias Knutzen abgeschrieben haben könnte. Spinoza sagt:

> »Ich habe mich oft darüber gewundert, daß Leute, die sich rühmen, die christliche Religion zu bekennen, also Liebe, Freude, Frieden, Mäßigung und Treue gegen jedermann, dennoch in der feindseligsten Weise miteinander streiten und täglich den bittersten Haß gegeneinander auslassen, so daß man ihren Glauben leichter hieraus als an jenen Tugenden erkennt. Schon lange ist es so weit gekommen, daß man jeden, ob Christ, Türke, Jude oder Heide, nur an seiner äußeren Erscheinung und an seinem Kult erkennen kann oder daran, daß er diese oder jene Kirche besucht, oder endlich daran, daß er dieser oder jener Anschauung zugetan ist und auf die Worte dieses oder jenes Meisters zu schwören pflegt. Im übrigen ist der Lebenswandel bei allen der gleiche.«[579]

Dieser schlimme Zustand rühre aber daher, dass das gemeine Volk, missleitet von den Theologen, den eigentlichen Sinn der heiligen Schriften nicht erkenne:

> »Es ist zwar in aller Munde, daß die Heilige Schrift das Wort Gottes sei, das die Menschen die wahre Glückseligkeit oder den Weg des Heils lehrt. Tatsächlich aber denkt man ganz anders. Denn das gewöhnliche Volk scheint um nichts weniger besorgt zu sein, als nach den Lehren der Heiligen Schrift zu leben, und wir sehen, daß fast alle ihre Hirngespinste für das Wort Gottes ausgeben und an nichts anderes denken, als unter dem Vorwand der Religion die übrigen zu zwingen, ihre Meinung zu teilen. Wir sehen, sage ich, daß die Theologen meistens darauf bedacht gewesen sind, ihre Erfindungen und Einfälle aus der Heiligen Schrift herauszupressen und sie auf göttliche Autorität zu stützen.«[580]

Wenn die Menschen die Herren ihres Schicksals wären und alle ihre Angelegenheiten nach einem Plan machen könnten und ihnen das Glück jederzeit günstig wäre, stünden sie nicht unter der Herrschaft des Aberglaubens. So aber schwanken sie zwischen Furcht und Hoffnung, sind oft ratlos und klammern sich an die Äußerlichkeiten der verschiedenen Kulte. Die Theologen nutzen diese Furcht aus und missbrauchen die Autorität der heiligen Schriften, um ihre Machtansprüche durchzusetzen und andere Menschen zu drangsalieren. In ihrem Ehrgeiz und ihrer Ruchlosigkeit haben sie ihre »Hirngespinste« als das Wort des Heiligen Geistes ausgegeben und verteidigen es nun mit allen Mitteln. Legt man der Schrifterklärung hingegen die »Methode der Naturerklärung« zugrunde[581], dann wird man sehen, dass die Schrift etwas ganz Einfaches lehrt. Der erste apostolische Brief des Johannes sage es klar und deutlich: »Wer liebt (nämlich den Nächsten), der ist von Gott geboren und kennt Gott: wer nicht liebt, der kennt Gott nicht, denn Gott ist die Liebe.« Die Gläubigen erkennt man an ihren guten Werken gegen die Nächsten und an sonst nichts.[582] Das ist der ganze Inhalt des Glaubens, den Spinoza nun in sieben Punkten komprimiert.

1. *Es gibt einen Gott.*
2. *Gott ist einzig.*
3. *Gott ist allgegenwärtig.*
4. *Gott hat das höchste Recht und die höchste Herrschaft.*
5. *Die Verehrung Gottes und der Gehorsam gegen ihn besteht bloß in der Gerechtigkeit und in der Liebe oder Nächstenliebe.*
6. *Alle, die in dieser Weise Gott gehorchen, sind selig.*
7. *Gott verzeiht dem Reuigen die Sünden.*[583]

So ist das Gebiet des Glaubens abgesteckt. Der »Theologisch-Politische Traktat« schließt damit aber nicht ab, denn nun wird gezeigt, dass der Bereich der Philosophie vom Glauben völlig unabhängig ist. Es sind zwei verschiedene Zugangsweisen zur Wahrheit; weder ist die Theologie der Vernunft noch die Vernunft der Theologie dienstbar. Spinoza geht zur Staatslehre über, die wiederum darauf beruht, dass die Religionen schon in dieser Weise gebändigt sind. Die Sicherheit des Staates ist dann am besten gewährleistet, wenn »Frömmigkeit und Religion bloß in der Übung der Liebe und Billigkeit bestehen«. Die oberste Gewalt soll nur Handlungen beurteilen, nicht das Denken. Abgesehen davon, dass »Gesetze über spekulative Dinge völlig nutzlos sind«, soll jedem Bürger zugestanden werden, »zu denken, was er will, und zu sagen, was er denkt«.[584]

Das ist noch nicht Spinozas eigentliche Philosophie; es ist nur ihre gesellschaftliche Vorbedingung. Diese Grundlage aber besteht wesentlich in der Trennung der Religionen von ihren Kulten. Das Minimalprogramm einer Religion der Liebe, auf das sich alle Bekenntnisse sollen verständigen können, ist allein geeignet, Stabilität und Freiheit zustande zu bringen. Die in dieser Weise auf ihren theologisch-ethischen Kern reduzierten heiligen Schriften sollen keinesfalls abgetan werden. In dieser – und nur in dieser – Fassung sind sie nützlich, denn die Offenbarung zeigt der Masse der Menschen den rechten Weg zur Gnade Gottes. Denn nur wenige sind dazu imstande, durch die bloße Leitung der Vernunft eine tugendhafte Lebensführung zu erreichen. Wir müssten »an dem Heil fast aller Menschen zweifeln, wenn wir das Zeugnis der Schrift nicht hätten«.[585] Den meisten Zeitgenossen Spinozas war diese Lehre unvereinbar mit dem, was sie unter ihrem »Glauben« verstanden. Doch die philosophische Anstrengung wirkte untergründig weiter; das Problem, den Glauben von seinem rituellen Beiwerk zu reinigen, wird im 18. Jahrhundert fortgeführt. Es sind nur wenige, die es aussprechen, und sie wissen, dass sie eine Minderheit sind:

> »Zu allen Zeiten hat die große Masse der Menschen ihre Gottesverehrung in bloße äußere Formen verlegt; die echte Frömmigkeit, das heißt: Licht und Tugend, sind niemals das Erbteil der Menge gewesen. Das ist auch nicht weiter erstaunlich, denn nichts entspricht besser der menschlichen Schwachheit. Das Äußere drängt sich uns auf, das Innerliche dagegen verlangt eine Erörterung, zu der nur wenige imstande sind.«

Das ist nicht mehr Spinoza, das sind die ersten Sätze aus Leibniz' »Theodizee«.

II. Gott in der besten aller Welten

1. Die »Theodizee« des Gottfried Wilhelm Leibniz

Leibniz hat seine »Theodizee« im Jahre 1710 veröffentlicht. Was eine »Theodizee« ist, hat später Immanuel Kant knapp und kurz auf den Begriff gebracht: »Unter einer Theodicee versteht man die Vertheidigung der höchsten Weisheit des Welturhebers gegen die Anklage, welche die Vernunft aus dem Zweckwidrigen in der Welt gegen jene erhebt.«[586] Nichts Geringeres als diese Verteidigung Gottes angesichts der Übel in der Welt nimmt Leibniz auf sich. Er schickt sich an, zentrale theologische Fragen metaphysisch zu beantworten, aber so, dass durch das »natürliche Licht« der Vernunft die christliche Religion in ihrer Gesamtheit mit Dogmen, Offenbarungen und Wundern rational begründet wird. Keineswegs schließt sich Leibniz den Bemühungen des Herbert v. Cherbury und Benedictus de Spinoza an, die Religionen auf ihren natürlich-rationalen Kern zu reduzieren.[587] Es geht um große Dinge, um die *Güte Gottes, die Freiheit des Menschen und den Ursprung des Übels.*[588]

Der Professorensohn Gottfried Wilhelm Leibniz ist 1646 in Leipzig geboren. Als er mit 15 Jahren die Universität bezieht, hat er schon in der Bibliothek seines Vaters die alten Autoren gelesen. Mit Aristoteles und den Scholastikern des Mittelalters kennt er sich aus. 1667, drei Jahre später, als Matthias Knutzen dort seine atheistischen Spottschriften verteilt hatte, promoviert er an der Nürnberger Universität Altdorf so glänzend, dass ihm eine Professur angeboten wird. Doch der Jurist, der sich für die »Lullysche Kunst«, eine kombinatorische Universalmathematik, interessiert, geht in kurmainzische Dienste. Dort hat er vom Kurfürsten Johann Philipp von Schönborn vom segensreichen Wirken des Pater Spee S. J. gegen die Hexenverfolgung gehört.[589] In Nürnberg zählen »Rosenkreuzer« und Alchimisten[590] zu seinen Freunden. Er liest deren Schriften, wohl wissend, dass der geheime Orden eine Fiktion ist; gleichwohl wird auch er von den Weltverbrüderungsplänen angezogen.[591] Leibnizens Lehr- und Wanderjahre bringen ihn nach Paris und London. In Paris hält er sich von 1672 bis 1676 auf; dort wird er mit der großen Politik konfrontiert. Sein Kurfürst befürchtet eine europäische Ausweitung des bereits anlaufenden Angriffs Ludwigs XIV. auf das reiche Holland und schlägt als gesamteuropäische Mission stattdessen die Vertreibung der Türken vom Kontinent und einen Seeangriff auf Konstantinopel vor. Leibniz entwirft auf eigene Faust den weiter reichenden *Ägyptischen Plan*, ein Projekt, das die merkantilistischen Energien Frankreichs zum Flankenangriff gegen die Türken umlenken und nebenbei durch die Öffnung des Seeweges durch die Landenge von Suez den Handel mit Fernost beflügeln soll. Doch es ist bereits zu spät. Dass dem Projekt des *Consilium Aegyptiacum* eine achselzuckende Ablehnung seitens des französischen Staatsministers zuteil geworden sein soll – »Sie wissen, daß heilige Kriege seit Ludwig dem Heiligen aufgehört haben, Mode zu sein«[592] –, ist eine immer weitergetragene Legende. Sie galt auch gar nicht dem Plan Leibnizens, der sehr wohl in die Anstrengungen zur Hebung des französischen Levantehandels gepasst hätte. Später hat man sich allerdings mit den Türken verständigt und wollte auch auf den Feind im Rücken der Habsburger nicht verzichten.[593]

Für Leibniz wichtiger ist indes das geistige Umfeld in Paris. Er trifft sich dort mit den bedeutenden Männern der Wissenschaft. In London lernt er den Chemiker Robert Boyle kennen. Überall werden nun in Wiederaufnahme der Renaissance-Tradition Akademien gegründet; Leibniz kennt die *Royal Society* in London und die *Académie des Sciences* in Paris aus eigener Anschauung. Schon 1668 hatte er einen Plan für Mainz entworfen. Als er 1676 in Hannoversche Dienste tritt, verfolgt er dort seine Absichten weiter. Aber erst durch Kontakte nach Berlin hat er im Jahre 1700 Erfolg und wird zum Gründer und ersten Präsidenten der Berliner Sozietät der Wissenschaften.[594] Ihre Hand mit im Spiel hat die wissbegierige und gelehrte Kurfürstin Sophie Charlotte.

Doch nach ihrem frühen Tod 1705 versandet die Berliner Akademie wieder, um dann unter Friedrich Wilhelm I. gänzlich zu verkommen. Leibniz gibt nicht auf und versucht es später in Wien noch einmal.

Sophie Charlotte war die Tochter der Hannoverschen Fürstin Sophie, die ihrerseits der Ehe des vertriebenen »Winterkönigs« Friedrichs V. von der Pfalz mit einer Stuart entstammte. Die junge Prinzessin blieb zeitlebens Leibniz' Schülerin. Als sie den eben zum König gekrönten Friedrich I. von Brandenburg-Preußen heiratet, zieht sie Leibniz an den Berliner Hof. Dem repräsentationsfreudigen König ist es nur recht, wenn seine Residenzstadt aufgewertet wird. Das Klima am Hofe ist tolerant; der König hat erkannt, dass es für das seit 1613 calvinistische Haus Hohenzollern ein wichtiger Rückhalt ist, wenn es gegen die orthodoxen Lutheraner ein Bündnis mit den Pietisten eingeht. Auf diesem Wege war Spener 1691 Propst der Nicolaikirche geworden, und Gottfried Arnold, der angefeindete Verfasser der »Unparteiischen Kirchen- und Ketzerhistorie«, wurde Superintendent in Perleberg.[595] Über dieses Netzwerk war auch der Ruf Johann Wilhelm Petersens nach Berlin gedrungen; wir haben nicht unerwähnt gelassen, dass er im Beisein der Königin über die Endlichkeit der Höllenstrafen disputieren durfte. Doch das ist längst nicht alles. Sophie Charlotte lässt auch brisantere Streitgespräche zwischen ihrem calvinistischen Prediger Beausobre und Freigeistern wie dem Engländer John Toland halten.[596] Toland, ein gebürtiger Ire, hatte sich auf die Seite der Hannoverschen Erbfolge in England geschlagen und war daher ein gern gesehener Gast. Aufzeichnungen von Beausobre geben einen Eindruck von diesen Gesprächen – sicherlich parteiisch gefärbt, denn er führt an, John Toland in einen Streit um die Echtheit der Bücher des Neuen Testamentes verwickelt zu haben, bei dem vor allem er selbst glänzend abschneidet.[597] Toland wiederum rühmt die Gedankenfreiheit und elegante Gelehrsamkeit am Berliner Hofe und bedankt sich bei der Königin mit den »Briefen an Serena«.[598]

Ihren Hof-Philosophen Leibniz bedrängt Sophie Charlotte mit immer neuen Fragen; der schreibt ihr zurück: »*Madame*, es ist unmöglich, Sie zufriedenzustellen; Sie fragen nach dem Warum des Warum.« Sie fragt nach dem *pourquoi du pourquoi*, denn natürlich parliert man französisch.[599] Sie ist geistreich und witzig. Ihren etwas verwachsenen und zu zierlich geratenen Herrn Gemahl nennt sie den »kleinen Äsop«, denn der Überlieferung nach war der römische Fabeldichter bucklig gewesen. Als Leibniz ihr die Infinitesimalrechnung erklären muss, schreibt sie an ihre Hofdame, das Fräulein von Pöllnitz: »Leibniz hielt mir einen Vortrag über die unendlich kleinen Größen. Wer kennte diese Wesen besser als ich?«[600] Von Oktober 1701 bis zum Neujahr 1702 lebt Leibniz in unmittelbarer Nähe der Königin[601]; ein Gegenstand ihrer täglichen Gespräche war der 1697 erschienene »Dictionnaire« des Pierre Bayle[602], jenes historische und kritische Wörterbuch – wir hatten es schon erwähnt –, das alles vermeintlich sicher Gewusste skeptisch zu unterminieren suchte. Diskussionsstoff gab es also genug.

Wir stellen uns vor, dass Sophie Charlotte und ihr Philosoph den Artikel »Manichäer« des Wörterbuches gemeinsam lesen und erörtern. Die Annahme ist nicht willkürlich, denn die §§ 145–156 der »Theodizee« sehen ganz so aus, als ob sie philosophische Antworten auf königliche Fragen wären. Leibniz bestätigt es in einem Brief von 1710 selbst: Der größte Teil der »Theodizee« sei stückweise geschrieben, als er sich bei der Königin befand und mit ihr gemeinsam das Lexikon und andere Werke von Pierre Bayle erörterte. »Ich pflegte bei den Diskussionen auf die Einwände Hrn. Bayles zu antworten und der Königin zu zeigen, daß sie nicht so stark seien, wie gewisse, der Religion wenig geneigte Leute sie glauben machen wollten. Ihre Majestät befahl mir öfter, meine Antworten schriftlich aufzusetzen, damit man sie aufmerksamer überdenken könne.«[603] Später habe er dann auf Drängen von Freunden hin das Werk zu einem Buch zusammengefasst.

Manichäer? Der spätantike Manichäismus, zurückgehend auf den Religionsstifter Mani, der um 275 n. Chr. im Kerker starb, war eine ernsthafte intellektuelle Herausforderung für das frühe Christentum – und er ist es immer geblieben – bis hin zu Jakob Böhme und zum späten Schelling. Der Manichäismus anerkannte das Christentum als Erlösungsreligion; er verschärfte aber die Frage, wovon denn die Christen erlöst werden wollten. Vom Bösen? Dann musste das Böse eine reale Macht sein. Die Welt ist ein wirklicher Dualismus zweier sich bekämpfender Prinzipien. Der junge Augustinus war von dieser Lehre fasziniert; er wandte sich später von ihr ab, ihre Überwindung ist aber gleichbedeutend mit der Genese der christlichen Variante des Theodizee-Problems.[604] Denn wenn nur das eine Prinzip – das Gute – allmächtig ist, wie ist dann das Böse in die Welt gekommen, und welche Rolle spielt die menschliche Freiheit in diesem Prozess? Ist das gute Prinzip nicht letztlich Ursache auch des Bösen? Aber ist es dann noch gut? Oder wenn es gut ist, war es etwa nicht allmächtig, so dass es das Böse zulassen musste? Oder ist der Mensch des Sündenfalls die alleinige Ursache des Bösen? Aber konnte Gott denn nicht im voraus wissen, dass seine Kreatur sündigen würde?

Vordergründig lobt und preist Pierre Bayle, dass Augustinus sich vom manichäischen Dualismus abgewandt habe – doch dann schlägt er zu. Die Annahme eines gleichgewichtigen Dualismus von Gut und Böse in der Welt sei doch nur schwer zu widerlegen. Wenn man die Welt nur aus einem – guten – Prinzip erkläre, komme man zwar zu einem schönen Systembau, und die Dualisten wären bald in die Flucht geschlagen. Doch zu einem guten System gehört zweierlei: »Erstens, daß die Begriffe deutlich sind, und zweitens, daß es die Erfahrungen erklären kann.« Kurzum: Die Manichäer argumentieren nicht *a priori*, sondern *a posteriori*, von der Erfahrung her. Und die besagt: Die Welt ist schlecht.

»Der Mensch ist böse und unglücklich; jedermann weiß es durch das, was in seinem Inneren vor sich geht, und durch den Umgang, den er zwangsläufig mit seinem Nächsten hat. Es genügen fünf oder sechs Jahre, (a) um von diesen zwei Punkten vollkommen überzeugt zu sein; wer lange lebt und stark in Geschäfte verwickelt ist, erkennt dies noch klarer. Reisende lehren es täglich; sie zeigen überall Monumente des Unglücks und der Bosheit des Menschen. Überall sind Gefängnisse und Krankenhäuser, überall Galgen und Bettler. […] Ohne daß sie ihre Studierstube verlassen, erwerben Gelehrte die meiste Einsicht über diese zwei Punkte, denn sie lassen, wenn sie die Geschichte studieren, alle Jahrhunderte und alle Länder der Welt vor unseren Augen vorüberziehen. Die Geschichte ist eigentlich nichts als eine Sammlung der Verbrechen und Unglücksfälle des menschlichen Geschlechts.«[605]

40 Sophie Charlotte und Leibniz im Gespräch
Holzschnitt von Adolph Menzel

Bayle räumt ein, dass moralische und physische Übel nicht alles sind, es gebe auch das Gute und die Tugenden. Dann wäre die Geschichte bestenfalls eine Vermischung von beidem. Das will erst einmal widerlegt sein. Gemeinsam mit Sophie Charlotte sind wir gespannt, was Leibniz nun antworten wird.

Weicht er aus? Der Herr Bayle verlange wohl etwas viel, wenn er fordere, »man solle ihm im einzelnen zeigen, wie das Übel mit dem bestmöglichen Plan des Universums verbunden ist«. Außerdem habe er, Leibniz, schon erwiesen, wie die Unordnung eines Teils des Systems zur Erzeugung einer weit größeren Ordnung vonnöten sei. So sei unser Planet sicherlich von einer wunderbaren Ordnung, auch wenn er zu groß sei, als dass wir dies alles überblicken könnten. Allerdings sei das zentrale Problem bei Bayle der Mensch selbst.[606] Dieses sogenannte Meisterwerk der Schöpfung bilde doch immer einen Einwand gegen die Güte seines Schöpfers. Vorsichtshalber hat Bayle diese Argumente einem Streitgespräch anvertraut. Der manichäische Dualist sagt:

»Wenn der Mensch das Werk eines einzigen allgütigsten, allerheiligsten, allermächtigsten Prinzips ist, wie kann er dann den Krankheiten, der Kälte, der Hitze, dem Hunger, dem Durst, dem Schmerz, dem Kummer ausgesetzt sein? Kann er dann so viele böse Neigungen haben, so viele Verbrechen begehen? Kann die allergrößte Heiligkeit ein verbrecherisches Wesen hervorbringen?«[607]

Leibniz antwortet: Als Gott dem Menschen Intelligenz verliehen hat, machte er ihn gleichsam zu einem kleinen Gott, der in seinem Bereich wirken durfte. Insofern hat der Mensch Freiheit. Die Schwierigkeit besteht darin, diese Freiheit mit der Vorsehung Gottes in Einklang zu bringen,[608] denn wir können nicht überblicken, auf welche Weise Gott die Unvollkommenheiten dieser kleinen Welt zur Ausschmückung seiner großen Welt nutzt. Herr Bayle sagt, es gebe überall Gefängnisse. Aber gibt es nicht viel mehr Wohnhäuser als Kerker? Ist die Geschichte nur eine Anhäufung von Verbrechen? Es sei ein Fehler der Historiker, dass sie sich mehr mit den Übeln als mit dem Guten abgeben. Vielmehr sollten sie Klugheit und Tugend anhand von Beispielen rühmen und das Laster als verabscheuenswürdig darstellen. Im übrigen gestehe Herr Bayle ja selber die Existenz von Tugenden zu. Aber wenn dem so ist, wie sei dann dieser scharfsinnige Mann überhaupt dahin gekommen, dem System des Dualismus so große Kraft einzuräumen? Hat das allergütigste Prinzip physisch leidende und moralisch verbrecherische Menschen geschaffen? Hier setzt Leibniz die Willensfreiheit in Kraft und antwortet: »Der Mensch ist selbst die Quelle der Übel: so wie er ist, war er in der göttlichen Vorstellung.« Gott wollte den Menschen so und nicht anders. Mit diesem Machtspruch schneidet er alle Spekulationen ab, ob Gott denn nicht den Sündenfall seines Geschöpfes habe voraussehen müssen.

Jetzt ist Leibniz in seinem Fahrwasser. Die Erklärung des Übels bedarf keines besonderen Prinzips, vor allem aber keines Sündenfalls. Leibniz verwandelt den Ursprung der Sünde in die ontologische Verfassung der Welt, in ihre Struktur:[609] »Das Übel stammt allein aus Privation.« Diesen Lehrsatz scheint Sophie Charlotte schon zu kennen, denn er wird nur kurz als Argument eingeworfen. Er besagt, dass die Formalursache des Bösen nicht als »wirkende Ursache« aufzufassen ist, sondern nach Vorgabe der Scholastiker als *deficiens*, als Beraubung, als der *Mangel am Guten*. Es gibt ein metaphysisches, ein physisches und ein moralisches Übel. Das moralische ist die Sünde, das physische besteht im Leiden. Beide sind nicht notwendig, aber möglich, weil ihr Grund im metaphysischen Übel liegt: Alle Kreatur ist strukturell von ihrem Wesen her begrenzt und von einer ursprünglichen Unvollkommenheit.[610] Entgegnungen dieser Art hatte Pierre Bayle allerdings vorausgesehen, denn er setzt die Bemerkung hinzu, er wolle den Einwand nicht hören, »daß das Böse nur ein Mangel sei«.[611] Leibniz würde mit Augustinus entgegnen, »Gott habe das Übel zugelassen, um ein Gut daraus zu gewinnen, d. h. ein größeres Gut«. Daraus schließt er:

> »Zur Widerlegung des Einwandes genügt es also, wenn man aufzeigt, daß eine Welt, in welcher das Übel einbegriffen ist, besser sein kann als eine Welt ohne Übel: wir sind aber in dem Werke selbst noch viel weiter gegangen und haben sogar bewiesen, daß dieses Universum tatsächlich besser als jedes andere mögliche Universum sein muß.«[612]

Denn die notwendige Beschränkung und die angeborene Unvollkommenheit der Kreaturen haben bewirkt, dass das Universum von Übeln nicht frei sein kann; sie sollen jedoch einem höheren Zwecke dienen.[613] Wir leben in der besten aller möglichen Welten; der Beweisgrund liegt darin, dass Gott dieses und kein anderes Universum erwählt und erschaffen hat.[614] Ist die Königin Sophie Charlotte damit zufrieden, oder fragt sie immer noch nach dem *Warum des Warum*? Denn sie war nicht nur Leibniz' gutgläubige Schülerin; der Philosoph musste sich auf ihre Fragen schon ernsthaft einlassen.[615]

Leibniz argumentiert nun pragmatisch. Die Dualisten verleihen dem Teufel zu große Macht. Nun erinnert er an das Buch des Balthasar Bekker »Die verzauberte Welt« und sagt, der Autor habe recht daran getan, die Macht und Autorität, die man dem Teufel zuschreibe, zu beschneiden. Ja, sogar Johann Wilhelm Petersen und seine »Wiederbringung aller« wird nun zur Hilfe herangezogen. Die Königin kennt ja seine Kritik an der unendlichen Dauer der Höllenstrafen. Hat sie Leibniz um ein Urteil über Petersen gebeten? Wenn der Teufel in der Hölle seine Beute dauernd in den Händen behielte – so Leibniz –, trüge er zurecht den Namen »der Unbezwingliche« und würde dem göttlichen Ruhme Abbruch tun. Leibniz ist aber keineswegs der Auffassung Petersens; er setzt hinzu, der Teufel sei zwar der *Urheber* der Sünde, doch reiche ihr *Ursprung* weit tiefer. Die Sünde findet ihre eigentliche Quelle wiederum im metaphysischen Übel, »in der angeborenen Unvollkommenheit der Kreaturen; dies macht sie fähig zu sündigen«.[616] Natürlich kennt Leibniz die Herkunft der Allversöhnungslehre von dem Kirchenvater Origenes. Und wieder ohne Nennung des Namens taucht Petersen noch ein zweites Mal in der »Theodizee« auf. »Mehrere fromme und sogar gelehrte, aber kühne Personen haben den Ausspruch des Origenes aufgefrischt: das Gute werde zu seiner Zeit vollständig die Oberhand gewinnen und alle vernünftigen Kreaturen bis hin zu den bösen Engeln würden schließlich heilig und glückselig werden.«[617] Dies sei das Reich des Ewigen Evangeliums, das kürzlich in einem großen und gelehrten Werk mit dem Titel »Apokatastasis Panton« erschienen sei und viel Lärm und Aufsehen erregt habe. Leibniz kannte dieses Werk sehr gut; hatte er es doch selbst wohlwollend rezensiert.[618]

Was ihn betrifft, so hält er jedoch an der Ewigkeit der Höllenstrafen fest; anders als Petersen ist er auch überzeugt davon, dass die Zahl der ewig Verdammten größer ist als die Zahl der Geretteten.[619] Lang und breit widerlegt er den Altdorfer Professor Ernst Sonner und dessen Auffassung von der zeitlichen Begrenzung der Höllenstrafen. Sie beruhten nur auf dem »nun zum Überdruß gehörten Prinzip, zwischen einer ewigen Strafe und einer endlichen Schuld bestände ein Mißverhältnis«.[620] Und dennoch, so als ob er um des Paradoxons willen argumentierte, besteht Leibniz darauf, dass die Übel, verglichen mit dem Guten, wie ein Nichts erscheinen müssen, wenn man auf die wahre Größe des göttlichen Staates achte. Sein Argument ist die Ausdehnung der Welt in Raum und ihr Wachstum in der Zeit.

Dem Raume nach: ganz gleich, welche Grenzen man dem Weltall ab- oder zuspricht: es ist weit größer, als man vormals dachte. Woher wissen wir denn, ob nicht alle Sonnen oder der ganze »Feuerhimmel« von Glück und Seligkeit erfüllt sind? Der uns bekannte Teil des Universums ist ein »Beinahe-Nichts«, von dem wir urteilen, als sei es das Ganze.[621]

Der Zeit nach: »Das Menschengeschlecht kann sogar im Laufe der Zeit an Vollkommenheit mehr zunehmen, als wir es uns gegenwärtig vorzustellen vermögen.« Er grenzt diese Hoffnung auf bessere Zeiten aber gleich wieder ein mit dem Hinweis auf kreatürliche Beschränkung der Vollkommenheit.[622] *Aber in diesem Rahmen erscheint sie als möglich.*

Und wenn Herr Bayle diesen Einwand nicht zulasse und immer nur wieder nach dem gegenwärtigen Menschen und seinem Unglück frage – dann räumt Leibniz ungerührt ein: Bezogen auf das Menschengeschlecht, »soweit wir Kenntnis von ihm haben«, gibt es sicherlich mehr »Übles als Gutes«. Das hindere aber nicht daran anzunehmen, dass dieses Verhältnis in einem alle Kreaturen umfassenden Gottesstaat umgekehrt sei.[623] Denn die Erde sei doch nur ein winziger Punkt im Ozean des Weltraumes. Ein Gott, der es wert ist, geliebt zu werden, hat ihn geschaffen. Denn das Wesen der Frömmigkeit besteht darin, Gott zu lieben, nicht, ihn zu fürchten.[624] Vertrauen auf die beste aller Welten, das setzt Leibniz der Angst und Enge eines überwundenen Zeitalters entgegen.

Aber was hat es mit Bayles Einwänden gegen Leibniz' System der »prästabilierten Harmonie« auf sich? Sie werden erhoben im Artikel »Rorarius« – und der ist in seiner Vielfältigkeit und Verschlungenheit ein echtes Kind seines Wörterbuchs. Er handelt eigentlich von dem Vorzug der Seele der Tiere im Vergleich zur Seele des Menschen[625] und trägt seine Bezeichnung von Hieronymus Rorarius, Nuntius des Papstes Clemens II. am ungarischen Hofe, der im 16. Jahrhundert ein Buch über die Seele der Tiere geschrieben hatte, eben mit der Tendenz, die

Tiere höher zu stellen als die selbstherrlichen Menschen. Bayle bedenkt alle Möglichkeiten. Die Cartesianer betrachten Tiere als Automaten. Doch was hätten die Kirchenväter, die Rabbiner und die Sozinianer dazu gesagt? Unterscheiden sich etwa menschliche und tierische Seelen gar nicht substantiell? Wären die Folgen dann nicht entsetzlich? Wenn Freiheit das Charakteristikum der Menschen ist, reduziert sie dann der Calvinismus mit seiner Prädestinationslehre nicht auf Tiere? Wie ist überhaupt der Einfluss der Seele auf den Körper und des Körpers auf die Seele zu denken? Descartes hatte hier ein neues Problem geschaffen, denn in seinem strikt dualistischen System von »Geist« und »Körper« hatte er die aristotelische *anima triplex* zerstört, deren Teile, die *anima vegetativa, sensitiva* und *rationalis*, die Annahme eines aufeinander aufbauenden Übergangs nahelegen konnten. Descartes behalf sich mit einer Umdeutung des von dem englischen Arzt William Harvey (1578–1657) entdeckten Blutkreislaufs, indem er Blutkreislauf und Nervensystem miteinander kombinierte, beide mit korpuskular aufgefassten »Lebensgeistern« erfüllte und die Zirbeldrüse im Gehirn als das Organ bestimmte, in dem Körper und Geist sich gegenseitig Impulse vermitteln sollten. Diese Lösung wurde von Medizinern und Philosophen bald angegriffen.[626] Pierre Bayle summiert den Diskussionsstand: Die aristotelische Schulphilosophie lehrt die wechselseitige Beeinflussung von Seele und Körper. Descartes schafft ein Problem, das die »Occasionalisten« als jedesmalige Ineinssetzung von Körper und Seele durch Gott erklärten. Leibniz macht sich in seinem Uhrenbeispiel darüber lustig: Das sei so, wie wenn zwei schlechte Uhren stets einen tüchtigen Handwerker benötigten, der sie wieder in Einklang bringe, einen *deus ex machina*. Seine »prästabilierte Harmonie« hingegen fasst die Vereinigung von Seele und Körper als metaphysische Verbindung auf, die ein Substrat bildet, das man »Person« nennt. Die beiden »Uhren« waren von ihrem Schöpfer von vornherein auf Übereinstimmung angelegt.[627] Okkasionelle Ursachen sind nun nicht mehr nötig; Gott muss nicht durch beständige kleine Wunder eingreifen.

Bayle findet diese Lösung elegant. Doch er kritisiert sie auch. Sie setze eine beständige Harmonie zwischen zwei Substanzen fest, die nicht aufeinander wirkten.[628] Leibniz antwortet ihm in einem langen Artikel von 1702, der von der *prästabilierten Harmonie* ausgeht und schließlich wieder bei der Theodizee und der Funktion des Übels in der Welt anlangt. Was will denn Herr Bayle? Er verlangt immer wieder, dass man *im Einzelnen* nachweise, wie die Nutzen des Übels für das Ganze aufzuzeigen sind. Das aber ist unmöglich. Denn wie will man in die unendlichen Sonderumstände der allumfassenden Harmonie eindringen? Gott schafft und erhält die Kräfte seiner Geschöpfe. Die sind mit wirklicher Willensfreiheit ausgestattet und können im Rahmen ihrer metaphysischen Grenzen ihre Zustände verändern. Hätte Gott sie nicht als freie Wesen geschaffen, hätte er in Wahrheit *Nichts* geschaffen, denn dann gäbe es keine andere Substanz außer seiner eigenen. Sie müssen wirkliche Substanzen sein; nähme man das nicht an, käme man in die Widersinnigkeiten der spinozistischen Lehre, die nur die eine Gott-Substanz mit ihren Attributen postuliere. Allerdings will sich Leibniz hier nur vorsichtig von Spinoza abgrenzen; Spinoza habe einen Gedanken lediglich übertrieben: »Auch scheint mir der Irrtum Spinozas nur daher zu kommen, daß er die Folgen der Lehre, die den Geschöpfen alle Kraft und Tätigkeit abspricht, zu weit getrieben hat.«[629] Leibniz setzt an die Stelle der unendlich vielen Attribute der Gott-Substanz und ihrer Modi bei Spinoza[630] seine »Monaden«.

Die *Monaden* sind die unteilbaren wahren *Atome*, die einfachen Elemente aller zusammengesetzten Dinge. Sie sind die von Gott geschaffenen Substanzen und dauern so lange wie das geschaffene All. Sie haben »keine Fenster«, nichts kann in sie eindringen. Veränderungen und Differenzierungen müssen daher nach einem inneren Prinzip erfolgen, denn alle Monaden sind voneinander verschieden. Den momentanen Zustand einer Monade nennt Leibniz eine »Perzeption«; er versteht darunter eine »Vielheit in der Einheit«, die vom Selbstbewusstsein (Apperzeption) unterschieden werden muss, denn es gibt auch *unbewusste* Perzeptionen.[631] Jede Monade ist ein lebendiger Spiegel des Alls; sie unterscheiden sich aber in dem verschiedenen Grad von Klarheit, mit der sie das Universum repräsentieren. So gibt es einen Aufstieg von den »bloßen Monaden« zu sinnbegabten Seelen, zum vernunftbegabten Geist bis zu einer notwendigen Substanz, die den letzten Grund aller Dinge bildet. »Und diese Substanz nennen wir Gott.«[632] Je nach dem Grad ihrer Vollkommenheit können und sollen die Monaden Gott nachahmen; und je weiter sie damit kommen, desto mehr nähern sich die beiden Reiche der *Natur* und der *Gnade* an. Dieser *Gottesstaat* ist eine »moralische Welt innerhalb der natürlichen Welt«. Die physische Welt der Natur folgt Wirkursachen; das moralische Reich der Gnade folgt Zweckursachen; beide stehen in Harmonie. Weise und tugendhafte Menschen erkennen diese Harmonie schon jetzt, sie »anerkennen nämlich, daß wir bei genügendem Verständnis der Ordnung des Universums entdecken würden, daß es alle Wünsche der Weisesten übertrifft, und daß es unmöglich ist, die Welt besser zu machen, als sie ist«.[633] Die Ideen Gottes enthalten eine unendliche Anzahl von Welten, da aber nur diese eine existiert, muss es einen zureichenden Grund geben, warum Gott diese und keine andere gewählt hat.[634]

Es ist das Prinzip der wirklichen, individuellen Vielheit, das Leibniz in seinem Gottesbegriff verankert. Gott ist der »zureichende Grund« aller Dinge; er hat die Welt nach angemessenen »Zweckursachen« geschaffen, und nur so lässt sich die Frage beantworten, »warum es eher Etwas als Nichts gibt«.[635] Diese unendliche Menge geschaffener einzelner Substanzen ist durch den zureichenden Grund in Harmonie und Einklang gebracht. Eine einzelne Monade kann keinen physischen Einfluss auf das Innere einer anderen Monade haben; da sie aber uranfänglich schon von Gott in Harmonie gesetzt sind, stehen sie über ihren Schöpfer miteinander in einem »idealen Einfluß«.[636] »Auf diese Weise enthält man die größtmögliche Mannigfaltigkeit, aber zugleich auch die größtmögliche Ordnung, d. h., man erhält auf diese Weise die größtmögliche Vollkommenheit«.[637] Das ist die beste aller möglichen Welten, in der die Dinge nach einer optimalen Ordnung eingerichtet sind. Gottesliebe besteht im Vertrauen auf die Güte des Schöpfers und in der Erkenntnis dieser Ordnung, die sich dynamisch weiterentwickeln kann.

»Somit wird und soll unser Glück niemals in einem vollkommenen Genießen bestehen, bei dem nichts mehr zu wünschen übrig bliebe und das unseren Geist abstumpfen würde, sondern in einem immerwährenden Fortschritt zu neuen Freuden und neuen Vollkommenheiten.«[638]

Der Philosoph Ernst Cassirer hat die Leibnizsche Philosophie so gedeutet: Sie bestehe nicht in einer kontemplativen Unterordnung unter die Regeln des Weltganzen wie bei Spinoza, sondern sie sei das freudige Vertrauen auf eine allgemeine Zweckordnung, in der jede Einzelpersönlichkeit zu ihrem Recht und zu ihrer vollen Entwicklung kommen müsse. Die Konsequenzen seiner Metaphysik besagen: »Die Schranken und Unvollkommenheiten des Endlichen dürfen nicht nur geduldet, sondern müssen bejaht und gutgeheißen werden, weil an ihnen und aus ihnen sich der sittliche Wille erst in der Grenzenlosigkeit seiner Aufgabe und seiner Kraft erfaßt.«[639] Leibniz' *Optimismus* beschreibt eine neue Liebe zur Welt und zum endlichen Dasein, das sich in den Schranken der geschaffenen Kreatur zugleich nach allen Seiten entfalten soll.

Diese Bejahung der gleichwohl metaphysisch begrenzten Welt – um nun mit einem *salto mortale* aus der Philosophie in die Geschichte zurückzuspringen – umgreift auch sein Vaterland, dem Leibniz um 1683 eine *»Ermahnung an die Deutschen, ihren Verstand und ihre Sprache besser zu üben, samt beigefügtem Vorschlag einer deutsch gesinnten Gesellschaft«* hat angedeihen lassen. Schon während des Dreißigjährigen Krieges war ein »Reichspatriotismus« aufgekeimt; jetzt ist zwar der Frieden immer noch durch neue Kriege gestört, es ist doch aber ein Grund gelegt, auf dem wieder aufgebaut werden kann. Leibniz holt zu einem umfassenden Lob des »Heiligen Römischen Reiches Deutscher Nation« aus, das so gar nichts mit der Verachtung der nationalistischen Geschichtsschreibung des 19. Jahrhunderts für diese Schöpfung des Westfälischen Friedens gemein hat.[640] Er vergisst auch die Kleinigkeiten nicht, die, selbst wenn sie als Mängel erscheinen mögen, doch ihren Platz in einer großen und guten Ordnung haben. Zwar wachsen bei uns die »Oranienäpfel« nicht von selbst; dafür haben wir aber auch keine Skorpione, und die Borsdorfer Äpfel schmecken ebenso gut wie die Orangen. Deutschland ist mit allem gesegnet, von der Landwirtschaft bis zur Metallurgie. Die Sanftmut des Hauses Österreich lässt den Reichsständen ihre Freiheiten. Und wo gibt es eine größere Anzahl von freien Reichsstädten als in Deutschland? Die Gelehrsamkeit steht in Blüte, wenn auch an Schulen und Universitäten noch manches zu verbessern wäre. Allein auf den »gemeinen Mann« prasselt herbe Kritik hernieder. Das sind jene Leute, »deren Gemüt mit nichts anderem als dem Gedanken der Nahrung« eingenommen ist. Für nichts zeigen sie Interesse. Kommen sie zusammen, so ist Verleumdung der Nächsten, viehisches Saufen und Kartenspiel ihre einzige Lust. Diesen Pöbel – leider ist er schon viel zu zahlreich – müsste man zurückdrängen und die Zahl jener Menschen vermehren, »die Lust und Liebe zu Weisheit und Tugend bei den Deutschen heftiger machen«.[641]

2. Leibniz blickt nach China

Leibniz' Reichs-Patriotismus schließt einen globalen Synkretismus nicht aus, sondern ein. Leibniz denkt angesichts der Türkengefahr über die Wiedervereinigung der katholischen und protestantischen Religion nach. Doch die zaghaft aufgenommenen Verhandlungen scheiterten an unüberbrückbaren theologischen Differenzen und realen Machtambitionen.[642] Der Blick des Philosophen, Polyhistors und Universalgelehrten schweift weiter. Als er mit seinem Ägypten-Plan nach Paris reiste, hatte er ein weltumspannendes Projekt für den Minister Colbert im Gepäck. Nicht nur sollte das zerrissene Europa geeinigt, sondern von Europa aus sollten andere Teile der Welt einem heiligen römischen Reich christlichen Glaubens angegliedert werden. Frankreich sollte Ägypten aus den Händen der Türken befreien, dann könnte die uralte Kultur am Nil auch wieder ihre Rolle als Verbindungsglied der Kontinente Europa und Asien erfüllen. Nichts Geringeres als die Erneuerung der antiken Pläne für den Bau eines Suezkanals schlägt er vor: Das Rote Meer sollte durch einen Wasserlauf mit dem Mittelmeer verbunden werden – dann wäre ein kürzerer Weg nach Indien und China frei.[643] Es ist in dieser Zeit, dass sich in der politischen Sprache die Selbstbezeichnung »Europa« anstatt der »Christenheit« als Gegengröße zum Osmanischen Reich durchsetzte.[644] Dieses Europa blickt um sich und misst sich mit der einzigen Kultur, die ihm wirklichen Respekt abverlangt: mit China.

Im späten 17. Jahrhundert ist die Reputation Chinas ungebrochen;

es gilt als Hort jahrtausendealter Stabilität und Friedens, wenn auch nicht mehr unumstritten als »der vornehmste aller Kontinente«. Zugleich wurden die Kenntnisse exakter. Als die jesuitischen Missionare ihre Berichte nach Europa schickten, verschwand allmählich die spätmittelalterliche Welt der Reisen des Marco Polo und vor allem des fiktiven Ritters Sir John Mandeville, dessen »Reiseberichte« lange Zeit auf guten Glauben stießen. In seinem Artikel »Histoire« wird Voltaire später in der »Enzyklopädie« China als Musterbeispiel für die Gewinnung historischer Gewissheit behandeln: »Quand Marc Paul parla le premier, mais le seul, de la grandeur & de la population de la Chine, il ne fut pas crû, & il ne peut exiger de croyance. Les Portugais qui entrèrent dans ce vaste empire plusieurs siècles après, commencèrent à rendre la chose probable. Elle est aujourd'hui certaine, de cette certitude qui naît de la déposition unanime de mille témoins oculaires des différentes nations, sans que personne ait réclamé contre leur témoignage.«[645] 1582 traf der jesuitische Missionar Matteo Ricci (1552–1610) in China ein. Er lernte Sprache und Schriftzeichen und konnte bald mit den konfuzianischen Gelehrten disputieren. Er begriff sehr schnell, dass eine »Mission« im eigentlichen Sinne in einer derartigen Hochkultur undurchführbar war; nur durch eine Anpassung an die chinesische Ethik konnten christliche Gedanken hier Anklang finden. Die Jesuiten traten daher in ihrer Kleidung bewusst als »abendländische Gelehrte«, nicht als Theologen auf und suchten den Kontakt zu den Mandarinen.[646]

Ricci hatte vorgeschlagen, eine Synthese zu bilden, in der das Christentum den religiösen, der Konfuzianismus den sozialen und moralischen Bestandteil bilden sollte.[647] So ging es weniger um Mission als um west-östlichen Kulturtransfer. Was den Transfer von Westen nach Osten betraf, waren die Jesuiten allerdings an die Politik ihres Ordens gebunden. Auf dem Feld der Astronomie beispielsweise, auf dem die Chinesen selbst, wenn auch unter anderen kulturellen Voraussetzungen, erfolgreich tätig waren, kamen sie gerade ins Land, als in Europa die allmähliche Infiltration des copernicanischen Systems stattfand. Die ersten Missionare brachten noch das ptolemäisch-aristotelische System mit, wobei zu beachten bleibt, dass es für praktische Aufgaben wie das Erstellen von Kalendern dieselben, wenn nicht gar besseren Dienste leistete als das copernicanische. Zwar führten die

Jesuiten die Beobachtung durch Teleskope ein, schwiegen sich aber über Copernicus aus. Das umso mehr, als der Orden die Verurteilung Galileo Galileis durch die Kirche nicht ignorieren konnte und auch die eigene christliche Lehrtätigkeit unterminiert worden wäre. So hielten sie sich an das System Tycho Brahes, das zwar die Sonne um die Erde, die anderen Planeten aber um die Sonne kreisen lässt und das insofern mit der Bibel vereinbar war (vgl. S. 193). Tatsächlich taucht es als Diagramm in chinesischen astronomischen Schriften der Zeit auf.[648] Die Folge dieses in religiöse Prämissen eingebundenen Wissenstransfers war, dass in China das copernicanische Weltbild erst zu Beginn des 19. Jahrhunderts durch protestantische Missionare vermittelt wurde.[649]

Doch abgesehen von solchen internen Problemen kam die fernöstliche jesuitische »Mission« im katholischen Europa auf ganz andere Weise in Verruf: Allmählich begriffen die kirchlichen Instanzen, dass die flexiblen Jesuiten ihr Christentum *sinisiert* hatten. Nun gründeten in Frankreich 1663 die strengeren Jansenisten ebenfalls eine Gesellschaft zur Verbreitung des Christentums, die sich mit den Jesuiten heftige Wortgefechte lieferte und allein schon dadurch das europäische Interesse auf China lenkte. 1688 entsandte Ludwig XIV. Jesuiten als Mathematiker an den Hof des Kaisers Kangxi nach Peking. Hier ging es von vornherein um einen Kulturaustausch auf der Ebene von Lehre und Forschung. Chinesisches Wissen auf allen Gebieten wurde gesammelt und traf 1697 in Gestalt von 41 Bänden als Geschenk des Kaisers in Versailles ein. Organisator dieser Sammlung war der Pater Joachim Bouvet.[650] Bouvet war es auch, der die Vorstellung von der Weisheit der chinesischen Regierungskunst und der Volkstümlichkeit des Kaisers transportierte – vor dem Hintergrund des Auftretens europäischer Monarchen ein scharfer Kontrast:

»Wenn der Fürst von Zeit zu Zeit seine Provinzen besucht, um den Zustand, in dem sich sein Volk befindet, und die Art, wie seine Beamten die Regierung ausüben, kennenzulernen, pflegt er ein gewisses leutseliges Wesen voller Güte zur Schau zu stellen, was es auch den kleinen Handwerkern und Bauern erlaubt, sich ihm zu nähern. Er spricht zu ihnen mit einer Sanftheit, die sie erfreut; und unter den verschiedenen Fragen, die er gewöhnlich an sie richtet, fehlt selten, daß er sie danach fragt, ob sie mit den Mandarinen, die sie regieren, zufrieden sind. Wenn Klagen gegen irgendeinen Mandarin vorgebracht werden, verliert er deshalb zumindest sein Amt; für seine Beförderung aber ist nichts geeigneter, als wenn das Volk ein günstiges Zeugnis gibt.«[651]

Ebendieser Pater Bouvet schreibt 1699 aus Peking an Leibniz.[652] Er möchte dort eine Akademie zum Studium von Kultur, Religion und Schrift gründen, die mit der *Académie des Sciences* in Paris korrespondieren könnte. Zuvor hatte sich Leibniz schon mit den Berichten der Jesuiten vertraut gemacht.[653] Leibniz drängt zur Eile. Er sieht deutlich, dass das gegenwärtige Klima des wechselseitigen Austauschs von der Person des Kaisers Kangxi abhängt. Man müsse aus China das Maximum an Wissen in kürzester Zeit herausholen. Leibniz denkt in der Tat an einen Wissenstransfer *auch* von Ost nach West. Einseitig soll er nicht sein: Das europäische Wissen, gerade auf dem Gebiet der Naturwissenschaft und der Mathematik, habe seine Stärke im *raisonnement*. Das chinesische und japanische Wissen sei auf dem Felde der empirischen Naturbeobachtung überlegen; die chinesischen Tugenden lägen mehr in den praktischen Erfahrungen und den ethischen Maximen.[654] Schon als Leibniz im Juli 1689 aus Rom an Claudio Filippo Grimaldi S. J. geschrieben hatte, fragte er dem Pater ein Loch in den Bauch. Dreißig Fragen soll sein Korrespondent in China ihm beantworten, unter anderem:

Ob die Chinesen in der Erzeugung künstlichen Feuers den Europäern überlegen sind und ob sie »grünes Feuer« machen können?
Ob die Ginseng-Wurzel wirklich so heilkräftig ist?
Von welcher Beschaffenheit jene Erden sind, aus denen Porzellan gemacht wird?
Ob es Spuren beweisender Geometrie in China gibt?
Ob es »horizontale Windmühlen« gibt, die sich bei jedem Wind drehen?
Wie die Chinesen aus Reis Branntwein herstellen?
Auf welche Weise sie das Seidengarn sammeln?
Wie sie »Watte« erzeugen, um damit Kissen zu füllen?
Ob etwas über das Meer zwischen Asien und Nordamerika bekannt sei?
Und noch vieles andere mehr.[655]

41 Darstellung der Lackarbeit und anderer Gewerbe
Radierung von Romeyn de Hooghe, 1682

Die Eile schien geboten, denn inzwischen waren jene unduldsameren Orden in China aufgetreten, Dominikaner, Franziskaner und Augustiner, die der geschmeidigen Praxis der Jesuiten nicht folgten, sondern einen Streit über Konfuzius und die Ahnenverehrung vom Zaune brachen. Die Päpste entschieden sich langfristig gegen die Jesuiten; daraufhin kühlte auch die Haltung von Kangxi gegenüber den Missionaren ab, die sich nun anmaßten, in konfuzianische Praktiken hineinzureden.[656] Im Jahre 1697 veröffentlichte Leibniz selbst ein Werk über China mit dem gelehrten Titel »Novissima Sinica historiam nostri temporis illustrata«. Es ist ein Hohelied auf chinesische Ethik und Staatskunst, so wie sie Leibniz im Glanz des Nachahmenswerten erscheinen musste. Denn in diesem Reich herrsche Frieden, während sich Europa in immerwährenden Kriegen zerfleische. Nicht wir sollten den Chinesen, sondern die Chinesen sollten zu uns Missionare schicken. Eurasien erscheint Leibniz als ein einziger Kontinent mit zwei Zentren an seinen Rändern.

> »Durch eine einzigartige Entscheidung des Schicksals, wie ich glaube, ist es dazu gekommen, daß die höchste Kultur und die höchste technische Zivilisation der Menschheit heute gleichsam gesammelt sind an zwei äußersten Enden unseres Kontinents, in Europa und in Tschina (so nämlich spricht man es aus), das gleichsam wie ein Europa des Ostens das entgegengesetzte Ende der Erde ziert.«

Diese beiden Enden des Kontinents sollen sich die Hände reichen – und das gesamte Gebiet dazwischen, vor allem das riesige Russland, bei dieser Gelegenheit gleich mit zivilisieren. Denn auch das scheint Leibniz kein Zufall zu sein, dass gerade jetzt Russland unter Peter I. beginnt, sich nach Europa zu öffnen.[657] In diesem Sinne bezeichnete Leibniz regelmäßig China als das »Anti-Europa« oder als das »Europa des Ostens«. Zwischen diesen beiden Polen sollte sich eine eurasische »Weltkultur« entfalten, die auf dem wechselseitigen Respekt zwischen Konfuzianismus und Christentum zu begründen war.[658]

Europa in der Welt und Deutschland in Europa

Wir wollen diese Beziehungen Europas zu anderen Kontinenten und ihren Kulturen im Zusammenhang betrachten und müssen dafür den zeitlichen Rahmen der »Stabilisierungsmoderne« überschreiten. Zugleich kommt nun, zumindest im Überblick, eine stärkere ökonomische Komponente in unsere Kulturgeschichte hinein. Denn ohne Wirtschaftsgeschichte läuft Kulturgeschichte Gefahr, im Bereich der Geistesgeschichte und der Alltagsgeschichte steckenzubleiben. Was dann fehlt, ist das Verständnis für die Dynamik der Entwicklung, die sich – und das wird sich in der »Fortschrittsmoderne« noch steigern – nur ökonomisch-technisch erklären lässt. Vor allem trägt sie das Merkmal der Globalisierung auch in die deutsche Geschichte hinein. Deutschland ist ein Teil Europas und Europa ein Teil der Welt. Letztlich bildet der Weltmarkt – spätestens seit dem 16. Jahrhundert – die »allgemeine Beleuchtung«, in die alle Kulturen getaucht sind und die sie in ihrer Besonderheit modifiziert.[659]

1. Der Rhythmus Europas

Wir haben es eben bei Leibniz gesehen, welche Präsenz China im Denken des ausgehenden 17. Jahrhunderts hat; man kann geradezu von einer *Chinamode* sprechen. Längst ist der Globus umrundet, und die Weltkulturen stehen in einem – teils freiwilligen, zum großen Teil aber auch unfreiwilligen – Verkehr miteinander. Der amerikanische Soziologe und Historiker Immanuel Wallerstein hat 1974 den Begriff eines »Modernen Weltsystems« geprägt; er meinte damit eine von Europa her organisierte und zentrierte Weltwirtschaft seit dem 16. Jahrhundert. Wir werden ihm zum Teil folgen, wollen aber auch bedenken, dass seither die Forschung auf diesen Wegen weitergeschritten ist und berechtigte Kritik an Wallersteins Modell angemeldet hat.[660] Zugleich müssen wir tiefer in die europäische und deutsche Geschichte zurückblicken.

Betrachtet man heute in einem historischen Atlas das Reich Karls des Großen (742–814), dann erschrickt man zunächst einmal. *Karl der Große* – das klingt so großartig, aber das Land, über das er gebot, umfasste nur Frankreich bis zu den Pyrenäen. Dahinter lag die umkämpfte »Spanische Mark« – und dahinter begann das Kalifat von Cordoba. Im Norden sind zwar Irland, Schottland und Wales seit dem 7. Jahrhundert »christianisiert«; aber weder die Angelsachsen noch die französische Kanalküste sind vor den Überfällen der Wikinger sicher. Diese »Unternehmerkönige auf dem Kriegspfad«[661] fahren plündernd die Flussmündungen hinauf und machen vor allem den Nachfolgern Karls zu schaffen. An der nördlichen Ostgrenze des Reiches toben seit 772 die Sachsenkriege. Im Zuge dieser gewaltsamen Christianisierung lässt Charlemagne den Sachsen mitteilen: »Wir bedauern, daß ihr ohne Wissen wart, und daß ihr die bösen Geister ›Götter‹ nanntet. Die früheren geschnitzten und gemalten Bilder der Götter sollt ihr verbrennen und weit von euch weisen alle Gebete zu Geistern und Dämonen.«[662] In Verden werden 782 eine große Anzahl von sächsischen Geiseln getötet; ihr Gebiet wird bis zur Elbe in das fränkische Reich eingegliedert. Auf der anderen Seite des Flusses sitzen Abodriten, Heveller, Sorben, Böhmen und Mähren. 792 müssen die Awaren aus der Pannonischen Mark, dem heutigen Ungarn, zurückgeschlagen werden. In Norditalien haben die Langobarden im Verein mit Byzanz das Reich des Gotenkönigs Theoderich zerstört und sich in Ravenna eingerichtet. 755 fallen die Franken in Italien ein, begründen 756 den Kirchenstaat und unterwerfen 774 die Langobarden endgültig. Der Herrschaftsbereich Karls reicht nun bis etwas südlich von Rom. In Süditalien herrschen an den Küsten noch die Byzantiner, ebenso auf Sardinien. Sie sind aber ihrerseits bedroht von den Sarazenen, denn der Norden Siziliens mit Palermo gehört zum Kalifat von Bagdad.

Der Kernbestand der Herrschaft Karls des Großen ist die Hinterlassenschaft des Weströmischen Reiches; die Eroberungen Cäsars in Gallien und Germanien, dazu kommt Norditalien. Die Anfänge sind bescheiden. Der Palast, *palatium*, *Pfalz*, den Karl in Aachen nun errichten lässt, ist nicht größer als die Residenz eines Provinzgouverneurs zu Zeiten Konstantins des Großen. Am 25. Dezember des Jahres 800 wird der König gelegentlich der Untersuchung einer gegen den Papst gerichteten Verschwörung – unter nach wie vor schwierig zu eruierenden Umständen – in Rom zum Kaiser gekrönt.[663] Seine Hofgelehrten kopieren nun die Antike in der »karolingischen Renaissance« und führen eine neue Schreibschrift ein, die *karolingische Minuskel*. Hätte man Karl den Großen gefragt, in welchem Reich er lebe, so hätte er geantwortet: im Römischen Reich.[664] Sein Kaisertum stabilisiert sich und wird als ein Machtfaktor anerkannt. Aus dem fernen Bagdad, einem Zentrum der damaligen Welt, lässt Kalif Harun al-Raschid ihm Elefanten schicken.[665] Europa wird international anerkannt. Betrachtet man die Sache so, dann zeigt sich die karolingische Konsolidierung der »Christenheit« als ein erster Expansions- und Stabilisierungsschritt. Verglichen mit den Jahrhunderten zuvor, ist es eine Expansion nach außen und eine Herrschaftskonsolidierung nach innen.[666]

Dieser schmale Landstreifen von Frankreich und Brabant, dem westlichen Deutschland und Nord- und Mittelitalien, dieses *Kerneuropa*, hat es auch weiterhin in sich. In seinem Buch »Warum Europa?« ist der Historiker Michael Mitterauer einer berühmten Frage nachgegangen, die Max Weber zu Beginn des 20. Jahrhunderts in seinen vergleichenden religionssoziologischen Studien gestellt hatte: Welche »Verkettung von Umständen« hat dazu geführt, dass auf dem »Boden des Okzidents, und nur hier, Kulturerscheinungen auftraten«, die doch, wie zumindest wir uns gerne vorstellen, von universeller Gültigkeit waren?[667] Mit anderen Worten: Warum ist dieses kleine Europa dann im späten 18., im 19. und im frühen 20. Jahrhundert – *zumindest für eine gewisse Zeit also* – zu einer weltbeherrschenden Macht und zu einem kulturellen Paradigma aufgestiegen? Gibt es einen europäischen *Sonderweg*?[668] Mitterauer antwortet:

1. Der erste Baustein zur Beantwortung dieser Frage ist die Agrarrevolution des frühen Mittelalters, ein Schlüsselfaktor auch für die anderen Wirtschaftssektoren. *Roggen* und *Hafer* lassen sich auch in nördlicheren Breiten anbauen; es sind genügsame Getreidearten, die Hitze und Kälte vertragen und den Boden nicht so erschöpfen wie der anspruchs-

vollere Weizen.[669] Mit der Dreifelderwirtschaft gingen Roggen und Hafer eine Kombination ein: Roggen als Wintergetreide, Hafer als Sommergetreide – Brache zur Erholung der Böden und als Grundlage der Großviehzucht. Ein effektiveres Einspannen der Zugtiere im Joch, eine Verbesserung des Pfluges, dazu Innovationen wie Wasser- und Windmühlen runden den Aufbruch ins Hochmittelalter ab.

Ein Vergleich mit der Welt des Islam und mit China macht die zunächst ökologisch bedingte Sonderstellung Europas deutlich. Im nördlichen Europa war das Ackerland von großen Waldbeständen umgeben, die gerodet und unter den Pflug genommen werden konnten. Die zahlreichen Ortsnamen mit -rode bezeugen diesen Prozess – *Wernigerode*, um nur an das Harzvorland zu denken.[670] Im Vorderen und Mittleren Orient sind die Kulturlandschaften an Flüssen gelegene relativ schmale Einsprengsel in riesige Steppen- und Wüstenregionen. Hier ist die Kanaltechnik alles, um die hoch spezialisierte Bewässerung der Felder zu gewährleisten. Kommt es in Folge von politischen oder militärischen Umwälzungen zur Vernachlässigung dieses Wissens, stagniert das System.[671] Auch China, das zur gleichen Zeit wie Europa eine Agrarrevolution erlebte, ging andere Wege. Das nördliche China hatte für seinen Hirse-, Weizen- und Gersteanbau schon früher als Europa alles, was eine effiziente Landwirtschaft ausmacht: tiefgehende Pflüge und Brustgeschirr oder Joch für die Zugtiere. Im Süden dominierte der Reisanbau. Als besonders schnell reifende Sorten entdeckt wurden, die zwei Ernten im Jahr ermöglichten, experimentierte man mit dem Reis um das Jahr 1000 herum erfolgreich im unteren Jangtse-Tal. Im Nassfeldanbau ist der tiefe Pflug kontraproduktiv; man braucht – außer dem anspruchslosen Wasserbüffel – auch kaum Großvieh, so dass die Viehhaltung nicht systematisch in die Agrarrevolution integriert wurde.[672] Auch die längst bekannten Wassermühlen hatten nicht diesen Stellenwert wie in Europa zum Mahlen des Getreides; ihre technische Entwicklung musste nicht weiterverfolgt, ja konnte aus politischen Gründen sogar gebremst werden. Zur gleichen Zeit, als man in Frankreich in Klöstern und weltlichen Besitzungen den Mühlenanbau energisch vorantrieb, wurden Wassermühlen in China auf Anordnung der Obrigkeit zerstört.[673]

Diese spezifisch europäische Trias: Ackerbau, Großviehhaltung und Mühlentechnik setzte sich in anderen Kulturräumen nicht im gleichen Maße durch. Es sind vor allem Synergieeffekte, die langfristig greifen. Eine Erfindung zieht die andere nach sich. Die Wassermühle mahlt nicht nur Getreide, sie ist auch im Bergbau zur Entwässerung der immer tiefer werdenden Gruben anwendbar und zerkleinert das Erz in Pochwerken.[674] Erinnern wir uns daran, dass unser Söldner, Peter Hagendorf, zu Beginn des 17. Jahrhunderts vom *Hightech* der Wassermühlen fasziniert ist. Vielleicht wäre er in friedlicheren Zeiten Mühlenbaumeister geworden.

2. Agrarwirtschaft und Agrarverfassung beeinflussen sich gegenseitig. In dieser Kombination entsteht in dem *neuen nördlichen Europa* ein grundherrschaftlicher Personenverband mit Abgaben und Diensten. Der herrschaftliche »Fronhof« wird von Arbeitskräften bewirtschaftet, die ihrerseits »Bauernhöfe« zur Subsistenzsicherung haben.[675] In vielerlei Übergangsformen trennt sich hier das Mittelalter von der Antike. Der römische Großgrundbesitz beruhte auf Sklaverei; die Grundherren des Frankenreichs wirtschaften dezentral mit arbeits- und abgabepflichtigen Bauern, ihrer »familia«. Diese produktive Form kooperierender Arbeitsorganisation zwischen Herrenland und Bauernland ging zusammen mit der »Vergetreidung« der Agrarökonomie. Im 12. und 13. Jahrhundert dehnte sich dieses System auch nach Osteuropa aus. Der vergleichende Blick in andere Kulturkreise zeigt: Byzanz wirtschaftet auf spätantiker Grundlage mit Sklaven weiter, und auch die Reiche der Kalifen bleiben ein agrarisch fundierter Steuerstaat, der keine spezifisch »feudalen« Grundherrschaften ausbildet. Sie fehlen auch in China, trotz einiger Tendenzen zur Ansiedlung freigelassener Landwirtschaftssklaven. Auch hier behält sich der Staat den direkten Zugriff auf Abgaben und Frondienste seiner bäuerlichen Untertanen vor.[676]

3. Auf den Bauernhöfen entsteht eine »gattenzentrierte Familie«, die eine neue gesellschaftliche Flexibilität gegenüber den älteren Abstammungsbeziehungen ermöglicht. Wichtig ist die immer erneute Besetzung der erforderlichen Arbeitsaufgaben, nicht die starre Abstammungsgemeinschaft, die auch von der Kirche bekämpft wird.[677] Im

Gegensatz dazu steht China mit dem für seine Kultur zentralen Ahnenkult, der zwar vorübergehend durch den Buddhismus mit seinen Klostergemeinschaften unterhöhlt wird, sich mit dem Neokonfuzianismus aber wieder durchsetzt.[678] Deswegen hatten die christlichen Missionare von der strengeren Observanz mit dem von ihnen entfesselten »Ritenstreit« – ob sie ihn nun in seiner Bedeutung begriffen oder nicht – tatsächlich einen neuralgischen Punkt der chinesischen Gesellschaft berührt.

4. Das europäische Lehnswesen ist mehr als nur eine militärische Organisationsform, wenngleich ihm der Aufbau einer schweren, gepanzerten Reiterei zugrunde liegt. Ursprünglich stammt diese »Verreiterung« der Heere aus den Steppen Asiens, ohne dass es umgekehrt dort zu feudalen Strukturen gekommen wäre. Der militärischen Schlagkraft dieser Reiternomaden, ausgerüstet mit Helm und Schuppenpanzer, bewaffnet mit Bogen und Lanze, mussten die angrenzenden Gebiete etwas Gleichwertiges entgegensetzen. In Europa führte das Aufkommen der Ritterschaft zugleich zu einem spezifischen Typ der Wehranlange, den »Burgen«. Sie traten neben die sich von Süden ausbreitenden Städte, die ihrerseits ummauert und befestigt wurden.[679] Eine weitere Besonderheit war der Rückgriff auf die kirchlichen Ressourcen, die Heranziehung der Reichsbischöfe zu Heeresdienst; auf dem Aufgebot der kirchlichen Vasallen beruhten zeitweise zwei Drittel des Heeres oder mehr.[680]

Dieses in sich gegliederte *feudale* System erforderte auf jeder seiner Stufen eine »Repräsentation«. Gemeint ist eine verrechtlichte Verbindung zwischen Lehnsherr und Vasall auf der Grundlage eines Leihegutes (*beneficium* oder *feudum*), das »Schutz und Schirm« seitens des Lehnsherrn und »Rat und Hilfe« seitens des Vasallen impliziert. Geistliche und weltliche Vasallen, zu denen etwa im hoch entwickelten Flandern auch schon die Städte hinzutraten, hatten ein Mitspracherecht in den Nachfolgefragen der Königshäuser. In Deutschland wurde die »Kur« auf das Kurfürstenkollegium beschränkt, in anderen Ländern, beispielsweise in Polen, entwickelten sich Reichsversammlungen, an denen der gesamte Adel teilnahm. Von solchen Mitspracherechten führt der Weg zu den Ständeversammlungen. Auch als das Rittertum von Fußtruppen mit Langbogen oder Feuerwaffen abgelöst wird, bleiben diese in sich abgestuften Herrschaftsstrukturen erhalten. Wir haben diese Funktion der »Generalstände« zu Beginn des Dreißigjährigen Krieges an den niederländischen »Generalstaaten« und dem gescheiterten böhmischen Aufstand der Stände dargestellt (vgl. S. 40 ff.). Diese Doppelstruktur des europäischen Herrschaftssystems, König *und* Stände, hatte schon im Mittelalter und in der frühen Neuzeit zu protodemokratischen Prozessen geführt. Ebenso können föderale Strukturen auf das Lehnswesen zurückgeführt werden.[681]

5. Teil eines europäischen Sonderwegs ist auch die Doppelstruktur von Papsttum und universalen Mönchsorden. Nirgendwo in den Weltreligionen gibt es eine derartige Zentralisierung, Juridisierung, Politisierung und Militarisierung der Kirche. Die römische Kirche ist der erste zentral verwaltete Staat des Mittelalters.[682] Weder im Judentum noch im Islam gibt es eine derartige Zentralisierung. Umgekehrt hat sie eine Unabhängigkeitsbewegung hervorgerufen, die zu den reformerischen Klosterverbänden führte, die aber ihrerseits genauso straff organisiert waren wie die Kirche selbst. In diesem Punkt machen andere Mittelalterforscher Einwände: Das Papsttum war in der Zeit der Schismen nicht immer stabil, und der Reformimpetus der Bettelorden ist auf zwei Jahrhunderte begrenzt. Auf Dauer konsolidierend hingegen wirkten Netze der Bistümer, Diözesen und Pfarreien. Es ist eher diese dauerhafte alltägliche Macht, die den Kulturraum »europäische Christenheit« zusammenhielt.[683]

6. Mit dem hohen Mittelalter (ca. 1100–1300) beginnt diese bis an die Zähne gerüstete Christenheit *global sichtbar* zu expandieren; zuvor war sie trotz der karolingischen Stabilisierung eher in der Defensive gewesen. Man hat von einer »Geburt Europas aus dem Geist der Gewalt« gesprochen und die Expansion des Hochmittelalters vor allem als eine »Auswanderung« des Adels zu neuer Herrschaftsbildung in den Grenzregionen betrachtet.[684] Mitterauer sieht die Problemlage komplexer. Zunächst liegt die Frage nahe, ob die Kreuzzüge eine Antwort auf den »Heiligen Krieg« des Islam bildeten, der seit etwa 700 unwiderstehlich auf dem Vormarsch war. Es gibt durchaus Ähnlichkeiten. Auch

den gefallenen Kreuzfahrern wurde bisweilen unbedenklich das Himmelreich versprochen; auf längere Sicht aber blieb es beim vollkommenen Ablass der Sünden.[685] Dennoch: Kreuzzüge sind ein »heiliger Krieg« der gut organisierten Papstkirche; er wird begleitet von dem rein ökonomischen »Protokolonialismus« der oberitalienischen Seestädte, allen voran Venedig.[686] Kein Kreuzzug war möglich ohne den Aufruf des Papstes. Die Kreuzfahrer tun »Gottes Werk« – »Deus le vult« – *Gott will es*, ruft das Volk 1095 der Predigt Papst Urbans II. zu. Doch auch die großen Handelsstädte Pisa und Genua lassen ihre Unternehmungen in Nordafrika als Kreuzzug deklarieren. Elemente eines Kreuzzugs enthält auch die Eroberung des von den Sarazenen besetzten Siziliens durch die Normannen. Der Kreuzzug als »Krieg des Papstes« ist vielgestaltig, er konnte auch Wendungen gegen Christen nehmen, die der Papst als seine Feinde betrachtete. So wurde der berühmt-berüchtigte »Vierte Kreuzzug« gegen Byzanz umgelenkt; er führte zu einem ungeheuren Blutbad von Christen unter Christen, und die Venezianer raubten bei dieser Gelegenheit die Pferde von S. Marco. Später richteten sich Kreuzzüge gegen »Ketzer« wie die südfranzösischen Albigenser. Sie wurden von den »Kreuzrittern« mit einer unglaublichen Brutalität geführt. Gegen die Juden – ebenfalls ein unrühmliches Kapitel – hatte sich der Kreuzzugsgedanke von Anbeginn gewendet.[687] Die Eroberung des Heiligen Landes scheiterte langfristig. In der Schlacht von Hattin 1187 erlitten die Kreuzritter gegen den Feldherrn Saladin – er stammte aus einer kurdischen Offiziersfamilie – eine vernichtende Niederlage, von der sie sich nie wieder erholen sollten.[688]

Die Kreuzzüge schlagen nun eine andere Richtung ein – jetzt geht es nach Westen, wobei der Kreuzzugsgedanke allmählich in staatliche Großmachtpolitik übergeht. 1415 erobern die Portugiesen Ceuta an der nordafrikanischen Küste; schon vorher haben sie die Azoren und Madeira eingenommen. Spanien besetzt die Afrika vorgelagerten Kanarischen Inseln. Die italienischen Seestädte hatten im Mittelmeer bereits einen wirtschaftlichen Kolonialismus erprobt, im venezianischen Zypern und Kreta, im genuesischen Chios und Kaffa. Von hier aus wurde die mit Sklaven betriebene Plantagenwirtschaft und ihr vornehmstes Produkt – der Zuckeranbau – auf die Atlantikinseln und schließlich in die Karibik hinübergetragen.[689] Der Kampf um das westliche Mittelmeer war vorläufig entschieden. Doch zur Erinnerung: Von 888–972 hatten die Sarazenen einen gewaltigen Stützpunkt in *Farahsa, Fraxinetum* – heute *La Garde Freinet* –, im Hinterland von St. Tropez. Wer aus Urlaubsgründen in diese Gegend kommt, sollte sich die Ruine der Festung unbedingt ansehen. Sie unterstand dem Kalifen von Cordoba und kontrollierte die Provence, die Westalpen und die ligurische Küste. Doch seit dem 11. Jahrhundert hatte sich das Blatt gewendet. Nun stritten sich die Seestädte Pisa und Genua um das waldreiche Korsika, das Holz zum Schiffbau lieferte.

Entscheidend war jedoch der Schritt aus dem Mittelmeer hinaus auf den Atlantik. Es ist diese *atlantische Expansion*, die Europas Aufstieg begründen wird.[690] Der Atlantik eröffnete zwei Expansionsmöglichkeiten: nach Westen und nach Osten. Nach Westen – das ist der Weg des Christoph Columbus und der Spanier nach Mittelamerika. Portugal expandiert in beide Richtungen: zum einen um Afrika herum nach Indien und China. Auf diesem Weg werden ihnen später die Holländer zu den Gewürzinseln folgen. Die Portugiesen nehmen aber auch den südlicheren Atlantikkurs über die Kapverdischen Inseln nach Westen und landen in Brasilien. Schon im Jahre 1494 schlägt der Papst den beiden katholischen Kolonialmächten im Vertrag von Tordesillas die Aufteilung der Welt in Interessensphären vor. Eine Linie geht etwa 40 Grad westlicher Länge durch den Atlantik und die andere etwa 130 Grad östlicher Länge quer durch die malaysischen Inseln. Alles, was von Europa aus gesehen an Kolonialgebiet innerhalb dieser Grenzen liegt, sollte Portugal gehören, alles, was jenseits der Linie sich befand, den Spaniern.[691] Die Welt wird zum ersten Male – zumindest dem Anspruch nach – von Europa her vereinnahmt. Tatsächlich gelang es den Portugiesen in kurzer Zeit, die arabische Konkurrenz beim Transport der Gewürze von Indien nach Europa auszuschalten.[692]

7. Michael Mitterauer nennt in seinem großen Überblick noch die europäischen Kommunikationsformen, die Entwicklung von der Predigt zum Buchdruck, und den »Kommunalismus«, den Zusammenschluss von Stadt- und Landgemeinden zu politischen Akteuren.[693] Doch warum Europa? Wie immer er seine Faktoren in einem abschließenden Überblick bündelt und kombiniert, kommt er – und das zeich-

net sein Buch aus – zu keiner eindeutigen Antwort. Man kann auch noch andere Faktoren hinzufügen: Markt und Geldverkehr oder die sesshafte hohe Aristokratie – nicht zu verwechseln mit den doch recht beweglichen Rittern.[694] Ist es zeitlich zu kurz gegriffen, vom Mittelalter her – trotz seiner unbestreitbaren Grundlegungen – bereits nach einer europäischen Dominanz zu fragen?

Warum waren Christoph Columbus und Vasco da Gama Europäer und keine Chinesen? Denn auch die Chinesen hatten alles, was zur maritimen Expansion erforderlich war, nicht nur die Schiffe und den Kompass, sondern auch gleichwertige Gewehre und Kanonen. Der italienische Historiker Carlo Cipolla datiert ein allmählich wachsendes Übergewicht der europäischen Artillerie erst um 1450. Der amerikanische China-Forscher Joseph Needham kommt zum etwa gleichen Zeit- und Wendepunkt. Erst mit dem Einsetzen auch der wissenschaftlichen Renaissance und der Mathematisierung der Naturwissenschaften sei allmählich ein europäisches Übergewicht entstanden. Gleichwohl schickten auch die Chinesen Expeditionen aus. Der Admiral Cheng Ho unternahm zwischen 1405 und 1433 Reisen von Java und Ceylon bis Ostafrika. Doch seine Entdeckungen wurden nicht fortgeführt. Wollte China einfach nicht expandieren, weil man sich ohnehin für das Ganze der Welt hielt? Max Weber hatte die konservative chinesische Bürokratie, die den Feudalismus und frühe kapitalistische Ansätze unterband, für die Stagnation verantwortlich gemacht. Wahrscheinlich spielt aber auch die Bedrohung durch mongolische Nomaden eine entscheidende Rolle.[695] 1421 wurde die Hauptstadt aus dem durch den Jangtsekiang für die Seefahrt erschlossenen Nanking in das nördliche Peking verlegt. Damit, so der französische Historiker Fernand Braudel, wurde aus einer potentiellen südchinesischen Seemacht endgültig eine Landmacht, deren Metropole sich im Landesinneren verbarrikadierte.[696] Jedenfalls – so resümiert Immanuel Wallerstein – war um 1450 in Europa, und nirgends sonst auf der Welt, die »Bühne für die Schaffung einer kapitalistischen Weltwirtschaft aufgebaut«.[697]

1450 ist keine beliebige Jahreszahl. Befragt man die feudalen Produktionsrhythmen des Mittelalters nach Aufstieg und Niedergang, so zeichnet sich etwa folgendes Bild ab: Zwischen 1150 und 1300 expandiert das System sowohl auf dem geographischen als auch auf dem kommerziellen und demographischen Sektor. Von etwa 1300 bis 1450 stagniert es in allen drei Dimensionen. Das Ursachenbündel für diese »Krise des Spätmittelalters« ist vielfältig; das System war an seine Grenzen gekommen; eine Schere zwischen agrarischer Produktivität und demographischer Kurve tat sich auf. Die Gesellschaft ruinierte sich in Verteilungskämpfen, nicht weil die Renten geschrumpft wären, sondern weil der Aufwand zur Bestreitung eines standesgemäßen Lebens in der wechselseitigen Konkurrenz gewachsen war. Dazu kommt eine Klimaverschlechterung. Das Hochmittelalter war warm und anbaufreundlich; sinkende Temperaturen – wir hatten diese Effekte schon bei der »Kleinen Eiszeit« des späten 16. und 17. Jahrhunderts gesehen – beeinträchtigen die Ernten und erhöhen die Gefahren von Epidemien.[698] Schon 1315–1322 hatte es eine gesamteuropäische Hungersnot gegeben. Die »Große Pest« von 1348–51 kommt über Konstantinopel nach Europa. Pestwellen waren im Mittelalter nichts Ungewöhnliches, diese aber trifft auf verschlechterte Lebensbedingungen und führt zu einem katastrophalen demographischen Einschnitt von Italien bis Skandinavien. Man schätzt, dass etwa ein Drittel der europäischen Bevölkerung umkam.[699] Der »Totentanz« und die Hinfälligkeit des Menschen werden zum Symbol dieser Epoche.

Auch das heitere Dekameron des Giovanni di Boccaccio beginnt mit der Beschreibung der grässlichen Anzeichen der Pest. Sie wütete »nicht so, wie sie es im Morgenlande getan hatte, wo es für jeden ein offenes Zeichen des unvermeidlichen Todes war, wenn ihm das Blut aus der Nase drang, sondern es entstanden bei ihrem Beginne, gleicherweise bei Mann und Weib, entweder an den Leisten oder unter den Achseln Geschwülste, die, bei dem einen in größerer, bei dem andern in geringerer Anzahl, zum Teile die Größe eines gewöhnlichen Apfels, zum Teil die eines Eies erreichten und vom Volke Pestbeulen genannt wurden. Von diesen zwei genannten Stellen aus begannen die besagten todbringenden Beulen unterschiedslos überall am Körper zu entstehn und zum Vorschein zu kommen; und dann begann sich das Bild der besagten Krankheit in schwarze oder blauschwarze Flecken zu verändern.«

Die vornehmen Herren und Damen ziehen sich vor der Pest in ein Kloster zurück und vertreiben sich die Zeit mit dem Erzählen frivoler

Geschichten.[700] Der zu Unrecht vergessene und notorisch unterschätzte Kulturhistoriker Egon Friedell hat überhaupt die »Schwarze Pest« als den großen traumatischen Einschnitt betrachtet, nach dem die Menschen Europas sich wieder neu erfinden mussten.

> »Eine neue Ära beginnt nicht, wenn ein großer Krieg anhebt oder aufhört, eine starke politische Umwälzung stattfindet, eine einschneidende territoriale Veränderung sich durchsetzt, sondern in dem Moment, wo eine neue Varietät der Spezies Mensch auf den Plan tritt. Denn in der Geschichte zählen nur die inneren Erlebnisse der Menschheit.«[701]

Auch im 14. Jahrhundert wüteten Pest und Katastrophen noch weiter. Aber um 1450 stabilisiert sich die Lage. Von 1480 bis hinein in das letzte Drittel des 16. Jahrhunderts bessert sich das Klima wieder. Zwar bleibt die militärische Lage im Osten prekär, und die türkischen Osmanen dringen 1529 zum ersten Male bis Wien vor. Doch von Italien her breiten sich Humanismus und Renaissance über Europa aus. Nach der ersten Expansionswelle der Kreuzzüge folgt nun der nachhaltigere Ausgriff auf die Neue Welt. Man hat erwogen, ob nicht die gesamte atlantische Expansion angesichts dieser Situation eine Art Flucht nach vorn gewesen ist, eine Kompensation im Westen für das, was im Osten verlorenging.[702] Dieses »lange sechzehnte Jahrhundert« wird gewöhnlich in zwei Phasen eingeteilt: in eine Aufstiegsphase zwischen 1450 und etwa 1550 und eine Abstiegsphase zwischen 1550 und etwa 1620 oder 1640. Mit diesen letzten beiden Daten sind wir wieder beim Dreißigjährigen Krieg und den Problemen der »Stabilisierungsmoderne« angelangt.

2. Epochengrenzen der Stabilisierungsmoderne

Bleiben wir zunächst in der Expansionsphase zwischen 1450 und 1550. Für sie hält Immanuel Wallerstein eine – nicht unumstrittene – These von faszinierender Einfachheit bereit. »*Im späten 15. und frühen 16. Jahrhundert tauchte ein historisches Novum auf; es entstand das, was man eine europäische Weltwirtschaft nennen kann.*«

Man begreift vielleicht nicht sofort, warum dies ein *Novum* sein soll. Doch Wallerstein macht eine Unterscheidung zwischen einem *politischen Imperium* und einem *ökonomischen Weltsystem*. Politische Imperien, welthistorische Großreiche hat es immer gegeben; in Europa und außerhalb Europas. Aber jetzt ist der globale Zusammenhang nicht *politisch*, sondern *ökonomisch* definiert. Das ist das Neue.[703] An diese erste These schließt sich eine zweite: Es entsteht eine von Europa her organisierte Welt-Arbeitsteilung. Auch sie ist umstritten und bedarf der Differenzierung, vor allem was den Anteil der außereuropäischen Ökonomien in Wallersteins allzu eurozentrischer Weltsicht betrifft.[704] Doch für Europa selbst bleibt Wallerstein lehrreich. Er unterscheidet zwischen den »starken Kernstaaten«, der »Semiperipherie« und der »Peripherie«. Dieses ganze System ist nicht starr, sondern in beständiger Bewegung. Wallerstein beschreibt nichts anderes als die Wanderung der ökonomischen Zentren durch Europa.

Die *starken Kerne* bestehen, bevor sich die Flächenstaaten des Absolutismus durchsetzen, in den großen Handelsstädten. Diese Macht- und Geldzentren aber rivalisieren miteinander und lösen sich in der Vorherrschaft ab. Florenz ist die Hauptstadt der Renaissance; zugleich aber kämpfen die Seerepubliken Venedig und Genua um den Vorrang. Mit der Verlagerung der Handelswege vom Mittelmeer in den Atlantik wandern die Zentren an Europas Küsten entlang: von Venedig und Genua nach Sevilla, nach Antwerpen, nach Amsterdam und schließlich nach London. Über *Sevilla* floss das südamerikanische Silber nach Europa und verursachte eine Preisrevolution. Es bewirkte global aber weit mehr: Es diente dazu, die traditionell negative Handelsbilanz mit dem Fernen Osten auszugleichen, denn die Europäer hatten an Waren nur wenig zu bieten, woran der nahe und ferne Orient interessiert gewesen wäre. Sie besaßen aber den Gegenwert der Seiden und Gewürze in Edelmetall. Die Metalle, an denen sich Spanien bereicherte, blieben nicht in Spanien, ja sie verursachten sogar seinen ökonomischen Niedergang, weil sie im Lande nicht gewinnbringend investiert wurden. Sie flossen dahin ab, wo die Kaufkraft am größten war. Ein Teil des in Peru geförderten Silbers endete in chinesischen Schatztruhen.[705] Heute, da man von einer eurozentrischen *Expansionsgeschichte* zu einer kulturell *interaktiven Geschichtsschreibung* übergeht, fragt man sich zurecht, ob umgekehrt dieser kostspielige Silberabbau in den südamerikanischen Minen überhaupt rentabel gewesen wäre, wenn man sich nicht der islamischen, der indischen und chinesischen Nachfrage hätte sicher sein können.[706]

Antwerpen in Flandern war noch Bestandteil des Habsburgerreiches; ein wichtiger Bestandteil, denn das industrielle Rückgrat Europas verlief auf den Spuren des karolingischen Kerneuropa – von Flandern bis in die Toskana.[707] Der Niedergang Antwerpens ist politisch bedingt: Als Flandern an die spanischen Habsburger kommt, die ihre engstirnige Hispanisierungspolitik betreiben – wir haben in der Vorgeschichte des Dreißigjährigen Krieges des Schicksals der Grafen Egmont und Horn gedacht –, wandern viele Kaufleute von Antwerpen nach *Amsterdam* aus. In dem langen Kampf der Spanier mit den *Generalstaaten* entscheidet sich auch das konfessionelle Schicksal Europas: Die Verlagerung der Wirtschaftszentren aus dem katholischen Mittelmeer und dem katholischen Spanien an die holländische Kanalküste hat letztlich auch den Protestantismus, gleich in welcher Gestalt, gerettet.

Die *Semiperipherien* sind die Leidtragenden dieses Prozesses. Denn was einmal zu den starken Zentren gehörte, sinkt nun ökonomisch, später auch kulturell ab. Zu den großen Verlierern des 17. Jahrhunderts gehören Spanien, Portugal, Italien, zum Teil auch Süddeutschland. Der Abschwung erreicht Spanien etwa um 1600, Italien um 1620, Deutschland um 1630.[708] Für Zentraleuropa ist die schlimmste Zeit um 1640; es sind exakt die Jahre des entscheidenden Übergangs zur »Stabilisierungsmoderne«. Die *Stabilisierung* ist insofern ein Umbau und ein Umdenken inmitten der Krise.

Die *Peripherie.* Für den deutschen Leser bringt diese Einteilung der Welt nach der Weltarbeitsteilung einen Erkenntnisgewinn mit sich.

Er ist es gewohnt, wenn schon nicht das Heilige Römische Reich Deutscher Nation, so doch wenigstens Brandenburg-Preußen seit dem frühen 18. Jahrhundert für einen »starken Staat« zu halten. Denn die nationalistische deutsche Geschichtsschreibung des 19. und der ersten Hälfte des 20. Jahrhunderts neigte dazu, überhaupt nur militarisierte Festlandstaaten als *starke Kerne* zu betrachten; Holland oder England waren für sie ökonomisch definierte Gebilde, im Grunde gar keine richtigen »Staaten«. In Wallersteins Modell sind die starken Kerne jedoch *ökonomisch* bedingt; mit ihrer Geld- und Handelsmacht regieren sie in die Politik hinein. Wir erinnern uns, dass sowohl der »Winterkönig« Friedrich V. von der Pfalz in Holland sein Exil fand als auch die Niederländer zu Beginn des Großen Krieges zunächst den Dänenkönig finanziell unterstützt hatten. Brandenburg ist zu dieser Zeit nur das Durchzugsgebiet fremder Truppen. Und wirtschaftlich? Ökonomisch findet es sich auf einer Stufe mit Hispanisch-Amerika wieder: als Rohstofflieferant innerhalb der europäischen Arbeitsteilung. Unfreie Arbeit, Sklavenarbeit in Süd- und Mittelamerika – die »zweite Leibeigenschaft« im europäischen Osten, das sind die globalen sozioökonomischen Kennzeichen dieser peripheren Stellung.[709] Hier macht Wallerstein eine klare Abgrenzung nach Osten: Preußen und Polen gehören als Getreidelieferanten zur europäischen Weltwirtschaft dazu; das weite russische Reich bildet trotz seines Westhandels ein eigenes Handels- und Machtzentrum.[710]

Diese drei Komponenten des »modernen Weltsystems«, die wandernden *starken Kerne*, die ihrerseits, wenn sie weiterziehen, eine *Semiperipherie* hinterlassen, und dazu die europäische und koloniale *Peripherie* pulsieren nun selbst in einem globalen Rhythmus. Die ältere Forschung hatte das 16. Jahrhundert als Expansion, das 17. Jahrhundert aber als Krise betrachtet. Der berühmte Sammelband »Crisis in Europe 1560–1660« gab dafür das Stichwort. Der federführende Aufsatz von Eric J. Hobsbawm argumentierte so: Die handelskapitalistischen Strukturen dieses ersten europäischen Weltsystems waren nicht stark genug, um seine eigenen agrarisch-feudalen Grundlagen umzuwälzen. Diese Limitierung war der Grund dafür, dass das 16. Jahrhundert nicht in den industriellen Kapitalismus durchstartete, sondern in den Krisen des 17. Jahrhunderts versank.[711] Wallerstein diskutiert diese Krisen-

these mit Vorsicht. Zum einen war sie nicht generell – für die Niederlande war das 17. Jahrhundert das »Goldene Zeitalter«. Man neigt heute
eher dazu, von einer »Stagnationsphase« zu sprechen. Wallerstein
nennt sie die »Phase B« und verortet sie zeitlich etwa zwischen 1600
und 1750. Die Entwicklung verlangsamt sich; das System kontrahiert –
aber in der Verlangsamung werden die Grundlagen für einen neuen
Aufbruch gelegt. Es ist an dieser Stelle der Ort, die drei am meisten dis-
kutierten Epocheneinschnitte für den Anbruch der Neuzeit zu betrachten. Es sind die Jahre 1500, 1650 und 1800.

> »Als Epochengrenze bieten sich also drei ungefähre Zeitpunkte an:
> 1500, 1650 und 1800. Damit korrellieren sich drei (oder mehr) Ge-
> schichtstheorien: Mit der Datierung auf 1800 wird der Industrialis-
> mus als entscheidende Veränderung betrachtet; mit dem Jahr 1650
> rückt entweder die Entstehung der ersten ›kapitalistischen‹ Staaten
> (Großbritannien und die Niederlande) oder die Formulierung der
> mutmaßlich zentralen Ideen der Neuzeit (Descartes, Leibniz, Spi-
> noza, Newton und Locke) in den Mittelpunkt; und mit dem Jahr
> 1500 wird die Schaffung des kapitalistischen Weltsystems in Ab-
> grenzung zu andren Wirtschaftssystemen hervorgehoben.«[712]

Wir können nun in diesem Rahmen unsere eigene »Stabilisierungsmoderne« genauer lokalisieren; es ist der zumeist weniger genannte
Epocheneinschnitt um 1650. Auf der Grundlage der Expansionsphase
des »langen 16. Jahrhunderts« zwischen 1450 und 1550, bei der das Epo-
chenjahr 1500 die Mitte bildet, kommen wir zwischen 1550 und 1650 in
einen Abschwung der ökonomischen Entwicklung. Der Dreißigjährige
Krieg bildet für Deutschland das Zentrum dieser katastrophischen Ab-
wärtsbewegung. Mit ihm haben wir daher begonnen.

Der Krieg ist ein Verteilungskampf unter den Großmächten Habsburg, Frankreich und Schweden und gleichzeitig ein Kampf zwischen
Ständen und Zentralgewalten im Rahmen einer ökonomischen Stagnation, begleitet und angeheizt durch den Krieg der Konfessionen.
Fragt man, warum dieser Krieg überhaupt so lange geführt werden
konnte, stößt man auf ein beunruhigendes Phänomen. Der in der Expansionsphase des 16. Jahrhunderts in Europa angehäufte Reichtum

wurde im wahrsten Sinne des Wortes *verpulvert*. Der vorangegangene sozialökonomische Aufschwung war auch die »Ursache des außerordentlichen finanziellen, territorialen und zeitlichen Ausmaßes des Dreißigjährigen Krieges«.[713] Wenn man gesagt habe – führt der Historiker Johannes Burkhardt aus –, im Großen Krieg sei das Handelskapital von den Feudalherren abgeschöpft worden, so sei das nicht allgemein genug formuliert: »Der frühneuzeitliche Staat begann seinen Weg mit einem im Grunde parasitären Verhältnis zur Wirtschaft – eine Funktionalisierung der Handelswelt für die Staatshändel.«[714]

Bestätigt wird diese Entscheidung, den Beginn der europäischen »Modernen« – wir benutzen aus guten Gründen den Plural – auf die Zeit um 1650 zu legen, durch den Ansatz von Theodore K. Rabbs »The Struggle for Stability in Early Modern Europe«. Im Sinne von Rabb fände dann ein entscheidender Durchbruch zur Stabilisierung in der kurzen Phase zwischen 1640 bis etwa 1680 statt. Rabb hatte vorgeschlagen, den Begriff der »Krisis« seinem ursprünglichen griechischen Wortsinn gemäß zu verwenden. Es habe wenig Sinn, eine *Krise* über ein ganzes Jahrhundert auszudehnen. Eine Krise in der ursprünglich medizinischen Bedeutung des Wortes registriert das steigende Fieber des Patienten – und dann den entscheidenden kurzen Wendepunkt: Er kommt durch, oder er stirbt. In Analogie zur Geschichte bedeute das die Suche nach den entscheidenden Punkten, an denen Lösungen für die angehäuften Probleme gefunden werden.[715] Wir haben dieses Modell in drei Kapiteln durchgespielt:

1. Am Friedensschluss nach einem langen Krieg sowohl der großen Mächte als auch der Konfessionen. Die politische Vernunft des schieren Überlebens zwingt die rivalisierenden Großmächte und die friedensunfähigen Konfessionen zum Einlenken.

2. Im gleichen Zeitraum vollzieht sich die Überwindung der Angst vor Hexen und bösen Mächten; sie verändert die Gerichtsverfahren und eignet sich Argumente aus der parallel entstandenen neuen Kosmologie an. Mit der Newtonschen Himmelsmechanik wird aus dem angstvollen Blick auf einen irregulären Himmel das Vertrauen auf eine wohlgeordnete Schöpfung.

3. Schließlich zeigte der Aufbruch zu neuen Formen der Religiosität und zu neuen Philosophien zum einen den Wandel des Gottesbildes: aus einem Gott des Zornes und der Gnade wird allmählich ein Gott der Liebe. Zugleich wird der religiöse Diskurs in einen metaphysischen überführt; die Philosophie, nicht mehr primär die Theologie, wird allmählich zum vorherrschenden diskursiven »Zentralgebiet« der gebildeten Schichten.

Nun ist unser Gegenstand aber nicht sowohl die Krise als die durch sie induzierte Stabilisierung. Und die dauert länger und hat weiter reichende Folgen, als Rabb angenommen hatte. Stillschweigend haben wir den Zeitraum schon bis in die Jahre um 1700 ausgedehnt. Nun zeigt aber das Konzept der ökonomischen »Phase B« bei Wallerstein, dass die relative Stagnation in Europa noch länger andauert, etwa bis 1750. Erst danach kommt mit der sogenannten *ökonomischen und politischen Doppelrevolution, der Französischen Revolution und den Anfängen der industriellen Revolution in England*, etwas wirklich Neues in die Weltgeschichte, eine Beschleunigung der historischen Zeit; im späten 18. Jahrhundert zunächst erst als ein in die Zukunft weisendes Konzept, im 19. Jahrhundert dann real, eine Beschleunigung, die bis heute anhält. Davor aber liegt die Zeit des »Ancien Régime« oder des »aufgeklärten Absolutismus«, sozusagen die bewegte Ruhe vor dem Sturm und der Abendglanz Alteuropas. Wir betrachten sie als die zweite Phase der Stabilisierungsmoderne, die die Früchte der Heroenzeit des 17. Jahrhunderts kultiviert und popularisiert. Es entsteht eine Aufbruchstimmung, die gemeinhin unter dem Namen der *Aufklärung* bekannt ist. Daher trägt der zweite Halbband unserer »Deutschen Geschichte in den Stufen der Moderne« den Titel: »Bewegung vor dem Sturm«.

In seinen zwei großen, nach wie vor lesenswerten Bänden »Die Krise des europäischen Geistes« und »Die Herrschaft der Vernunft« hat der französische Historiker Paul Hazard (1878–1944) ein ähnliches Modell benutzt. Die *Krise des europäischen Geistes* lokalisiert er zwischen 1680 und 1715; sie nimmt die Einteilung bei Rabb vorweg und zeigt zugleich, dass er den Rahmen in das frühe 18. Jahrhundert hinein etwas zu eng gezogen hatte.[716] Kombiniert man beide, wird man für den zentralen Zeitraum der *Stabilisierung* auf die Jahre zwischen 1640 und

1720 kommen. Die *Herrschaft der Vernunft* bezeichnet dann das relativ kurze 18. Jahrhundert.[717] Es baut auf den Grundlagen der Stabilisierungsmoderne auf. Hazard sagt: »Umfassend, beherrschend und tiefgreifend, bereitet sie ihrerseits, noch bevor das 17. Jahrhundert vollendet ist, das gesamte 18. vor. Die entscheidende Ideenschlacht findet vor 1715 und sogar vor 1700 statt. Die Kühnheiten der *Aufklärung* in der nach ihr so benannten Epoche erscheinen blass und bescheiden neben den aggressiven Kühnheiten des *Tractatus theologico-politicus*, neben der schwindelerregenden Kühnheit der *Ethik*. Weder Voltaire noch Friedrich II. haben die antiklerikale, antireligiöse Raserei eines Toland erreicht. Ohne Locke hätte d'Alembert den *Discours préliminaire de L'Encyclopédie* nicht geschrieben.«[718]

Auf der Grundlage dieser Einsichten lassen wir die Stabilisierungsmoderne in ihrer zweiten Phase bis in das letzte Drittel des 18. Jahrhunderts hinein ausklingen. Sie endet in mehreren Schüben. Wir lokalisieren ihren *politischen* Ausklang 1763 mit dem Hubertusburger Frieden, dem Ende des Siebenjährigen Krieges, der insgesamt aber nur ein kontinentaleuropäischer Kriegsschauplatz im Ringen Englands und Frankreichs um die koloniale Vorherrschaft in Nordamerika ist. Das würde übereinstimmen mit der Einteilung bei Heinz Schilling, der seinen zweiten Band zur deutschen Geschichte »Höfe und Allianzen« von 1648–1763 festsetzt. Unter *kulturhistorischem* Aspekt werden wir diese politische Zäsur aber noch um zwei Jahrzehnte überschreiten, um die Anfänge des evolutiven Denkens noch mit einzubeziehen. Seine Grundlagen bei Leibniz haben wir schon gestreift; wir werden mit einer Lektüre von Gotthold Ephraim Lessings »Erziehung des Menschengeschlechts« im Jahre 1780 und dem Streit um Lessings Spinozismus abschließen. Insgesamt gilt:

Deutsche Geschichte kann nur noch als europäische und die europäische nur als Weltgeschichte betrieben werden. Der Nahe und der Ferne Osten, seit 1500 auch die beiden Amerika gehören unabdingbar dazu. Und umgekehrt gehört Europa auch zu ihnen. Globalgeschichte ist alt; aber erst in der gegenwärtigen Globalisierungsmoderne wird das Interesse wieder auf sie zurückgelenkt. Wir richten den Blick auf den Orient. Er zeigt die Geschichte einer Bedrohung, die sich in eine Stabilisierung der Ostgrenzen Europas verwandelt.

3. »Hinten, weit, in der Türkei ...«

»Nichts bessers weiß ich mir an Sonn- und Feiertagen,
Als ein Gespräch von Krieg und Kriegsgeschrei,
Wenn hinten, weit, in der Türkei,
Die Völker auf einander schlagen.«

Das sagt der brave Bürger beim Osterspaziergang vor dem Stadttor in Goethes »Faust«. Sein Kollege ist ganz seiner Ansicht:

»Herr Nachbar, ja! so laß ich's auch geschehn:
Sie mögen sich die Köpfe spalten,
Mag alles durch einandergehn;
Doch nur zu Hause bleibt's beim Alten!«

Der Tragödie Erster Teil ist – nach langer Latenzzeit, in die Goethes ganze Lebenserfahrung eingegangen ist – schließlich 1808 erschienen; die Szene »Vor dem Tor« wird gegen 1800 eingefügt sein. Sie spielt aber bekanntlich zweihundert Jahre früher. Das Volksbuch vom Dr. Faust stammt aus dem Jahre 1587; der historische Faust, ein herumreisender Halbgelehrter und Marktschreier, war ein Zeitgenosse des Paracelsus und lebte zu Beginn des 16. Jahrhunderts.[719] Ermisst man diese historische Differenz, stehen die Verse Goethes in doppelter Bedeutung. Im frühen 16. Jahrhundert ist es ein wirklicher Wunsch, dass es zu Hause »beim alten« bleiben möge, denn die Türkengefahr ist real – zumindest für das Habsburgerreich. Um 1800 ist das nur noch eine ferne Reminiszenz. Die Bedrohung ist vorüber, und wenn nun, weit hinten, in der Türkei, die Völker aufeinanderschlagen, so wird das zum geruhsamen Stammtischgespräch. Im 16. Jahrhundert war man nicht so weit vom Schuss.

1526 hatten die Osmanen bei Mohács das ungarische Heer vernichtet; der König von Ungarn und Böhmen war auf der Flucht ertrunken. Die Magyaren wählten den Wojwoden von Siebenbürgen zum Herrscher, der sich Sultan Suleiman dem Großen unterstellte. Im Sommer 1529, kurz vor dem Speyrer Protestanten-Reichstag, erschien

Suleiman mit seinem Heer vor Wien. In genau diesem Zusammenhang hatte Luthers Mitarbeiter Melanchthon jenes Manifest verfasst, das den Kaiser von der Bekämpfung des Protestantismus ablenken und auf die wirkliche Gefährdung der Christenheit hinweisen wollte. Nicht zu Unrecht hat man gesagt, dass die Türkengefahr als politischer Faktor die Durchsetzung der Reformation begünstigt habe.[720] Die Belagerung Wiens scheitert; doch wenige Jahre später sind die Habsburger erneut bedroht. Die Einigung mit den Protestanten ermöglicht es ihnen, ein hinreichend schlagkräftiges Heer aufzustellen, so dass der Durchbruch der Osmanen abgewehrt werden kann. 1533 schließt man Frieden. Der Sultan behält große Teile Ungarns, dazu Siebenbürgen, Moldau und die Walachei; den Balkan ohnehin. Doch die Osmanen stehen nicht nur im Osten Europas. Sie kontrollieren die ganze nordafrikanische Küste, denn die Häfen von Algier und Tunis werden zu Beginn des 16. Jahrhunderts in die osmanische Provinzverwaltung einbezogen.[721] Der Kampf um das westliche Mittelmeer ist wieder neu entbrannt. Die Habsburger versuchen, die Seeräuberei von Algier, Tunis und Tripolis zu unterbinden. 1535 eroberte Karl V. tatsächlich Tunis; doch den anschließenden Seekriegen mit griechisch-türkischen Korsaren war er nicht gewachsen. Erst der Seesieg des Don Juan d'Austria 1571 über die osmanische Flotte bei Lepanto, einer der zu Venedig gehörenden Hafenstädte an der Westküste Griechenlands, brachte eine gewisse Entlastung.[722] Doch das östliche Mittelmeer blieb in türkischer Hand, und auch im Westen, selbst auf dem Atlantik, war von Nordafrika aus mit ihnen zu rechnen. Als Daniel Defoe 1719 seinen Welterfolg »Robinson Crusoe« erscheinen lässt, ist es noch ein ganz selbstverständliches Romanmotiv, dass der Held vorübergehend in muslimische Gefangenschaft gerät. Jeder Leser erinnert sich an diese Episode: Der britische Guineafahrer wird zwischen den Kanarischen Inseln und der afrikanischen Küste von algerischen Seeräubern aufgebracht. Robinson kommt noch leidlich davon und wird zum Hausssklaven befördert; erst nach zwei Jahren gelingt ihm seine abenteuerliche Flucht.[723]

Um diese Konstellationen zu begreifen, die so direkt Europa betreffen, müssen wir uns nach der Geschichte der Türken und Araber umsehen und noch einmal weit zurückblicken. Der Rückblick zeigt die enge Verflechtung Europas mit dem Vorderen Orient. Die Geschichte des Vorderen Orients in Spätantike, Mittelalter und Neuzeit ist aber nicht zu begreifen ohne die Weltreligion des Islam.

Exkurs: Der Islam

Im Gegensatz zu der mühsamen Konsolidierung Europas seit den Merowingern und den Karolingern sind die ersten 400 Jahre des Islam eine unglaubliche Erfolgsgeschichte. Man kann die welthistorische Geburt des Islam auf den 27. Tag des Monats Ramadan des Jahres 610 nach christlicher Zeitrechnung datieren. Denn an diesem Tag in diesem Jahr wurde dem Propheten Mohammed in einer Höhle auf dem Berge Hira nahe der Stadt Mekka eine Offenbarung zuteil. »Trag vor im Namen deines Herrn, der erschaffen hat, den Menschen aus einem Embryo erschaffen hat! Trag vor! Dein Herr ist edelmütig wie niemand auf der Welt (*wörtlich*: ist der Edelmütigste), der den Gebrauch des Schreibrohrs gelehrt hat (oder: der durch das Schreibrohr gelehrt hat), den Menschen gelehrt hat, was er (zuvor) nicht wusste.« (Sure 96, Vers 1–5)[724] Mohammed ist das Sprachrohr des göttlichen Willens, der Koran ein Lesestück oder Rezitationsstück.[725] Man kann den Koran nicht lesen wie ein anderes Buch; er ist ein heiliges Buch, in der arabischen Sprache als wesentlichem Bestandteil der Offenbarung verfasst, ein Buch, an dem kein Zweifel möglich ist. Für Ungläubige ist dies Buch nicht erschienen (Sure 2, Vers 3–8),[726] dessen vor aller Zeit existierender göttlicher »Urtext« ungeschaffen in einer »wohlverwahrten Tafel« ruht, wenngleich das in der Gemeinde rezitierte Buch als »geschaffen« gilt.[727] Diese Diskussion zwischen Orthodoxen und Rationalisten, ob der Koran das ungeschaffene Wort Gottes oder ob er »geschaffen« sei, zog sich über Jahrhunderte hin.[728]

Die 114 Suren, »Kapitel« oder »Reihen« des Korans bilden das Kernstück des Islam. Sie sind, was moderne Übersetzungen verdecken, in Reimprosa abgefasst, die beispielsweise Friedrich Rückert in seiner Übersetzung von 1844 noch nachzudichten versucht hatte. Die Suren sind nach ihrer sehr verschiedenen Länge angeordnet; sie bestehen aus Versen, im Arabischen »āyāt« oder »Wunderzeichen« genannt. Das verweist darauf, dass – wie übrigens im Christentum vor der Aufklärung des 18. Jahrhunderts auch – nicht nur die Buchstaben der Hl. Schrift, sondern die ganze Welt als ein System von Zeichen gedeutet werden konnte, die auf ihren Schöpfer und auf seinen Heilsplan mit den Menschen verweisen.[729] Man unterscheidet die ältesten Suren aus der frühen mekkanischen Zeit, in denen der Prophet inspiriert und dunkel wie ein Wahrsager spricht, von den späteren, in denen ausführlicher argumentiert wird und in die auf dem Wege der mündlichen Tradition Geschichten aus dem Alten Testament eingeflossen sind. In einer Reihe von Suren spiegeln sich auch Bruchstücke aus dem Leben des Propheten wider. Zusammenhänge dieser Art aufgreifend, gibt es in der westlichen Koranforschung eine Tendenz, den Koran weniger der Autorenschaft eines Einzelnen zuzuschreiben, sondern ihn als Ausdruck eines Diskussionsprozesses zwischen jüdischen, christlichen und *islamischen* Elementen aus dem urbanen Umfeld der Spätantike zu verstehen, der um der Authentizität willen in ein urwüchsiges arabisches Milieu zurückversetzt worden sei. Auch wer sich dieser These nicht anschließen wolle, könne den Koran zumindest als einen experimentierenden Text zwischen Verkündigung und den Bedürfnissen der frühen Gemeinde auffassen.[730]

Die zweite Quelle des Islam ist die Sammlung der »Hadithe«, der Überlieferungen, die Aussprüche und Geschichten aus dem Leben des Propheten festhalten. Ihrer Natur nach sind sie vielfältig; sie stammen aus verschiedenen religiösen Zentren und sind durch theologische Richtungen eingefärbt. Je nach Glaubwürdigkeit der Überlieferungsketten changieren sie zwischen den Einstufungen »gesund« oder »gefälscht«. Ihre Sammlung und systematische Ordnung ist eine eigene Wissenschaft, die bis heute nicht abgeschlossen ist. Der Hadith umspielt die autoritative Gültigkeit des Korans und lässt verschiedene Lesarten zu.[731] Wenn etwa ein Hadith besagt: »Die Sunna richtet über den Koran, nicht der Koran über die Sunna«, so müsste das eigentlich bei den Muslimen Anstoß erregen – wenn nicht dieser Ausspruch als Wort des Propheten gälte. Hier ist ein hermeneutischer Grundsatz angesprochen,[732] der die Auslegung des Koran begleitete, als mit der Ausbreitung des Islam andere hochzivilisierte Kulturen unterworfen wurden, mit deren Rechtssystem und Weltanschauungen man sich ausgleichen musste.[733] Insofern ist der Hadith weniger starr als der Koran und kann auf neue kulturelle Umstände reagieren. Zugleich hat der Hadith eine Tendenz, sich zu vermehren und vor allem »zurückzuwachsen«, d. h., später dazugekommene Fragen und Problemlösungen wurden auf Mohammed zurückdatiert, um ihnen mehr Autorität zu verleihen.[734] Für die »Sunniten« – *sunna* heißt: *gewohnte Handlung, eingeführter Brauch* – sind diese beiden Bestandteile, Koran und Hadith, die Grundlage der religiösen Pflichtenlehre.[735] Sunnit zu sein heißt eigentlich, sich das Leben des Propheten zum Vorbild zu nehmen.

Als drittes Element tritt die »Sira« hinzu, eine *Biographie* Mohammeds, die erst über 150 Jahre nach seinem Tod zusammengestellt wurde.[736] Nimmt man diese Quellen zusammen, die Erwähnungen des Korans und die eher kritisch zu bewertenden Aussagen in Hadith und Sira,[737] dann ergeben sich etwa folgende lebensgeschichtliche Grundlagen. Mohammed ist 570 als Mitglied des Stammes der Quarish geboren; sie waren seit mehreren Generationen die Hüter eines polytheistischen Heiligtums der Araber in Mekka. Die Stadt lag nicht direkt an den Überlandrouten, die den Mittelmeerraum mit Südarabien und dem Indischen Ozean verbanden; wenn die Karawanen einen Umweg machten, dann wegen der Heiligkeit dieser Stätten. Ihr Zentrum war die Ka'ba, ein vorislamischer quadratischer Tempel, der muslimischen Überlieferung nach von dem Urvater Abraham[738] erbaut. Mohammed wird selbst Kaufmann und tritt in die Dienste der reichen Witwe Khadija, für die er mehrere Handelsreisen nach Syrien unternimmt. Sie ist beeindruckt von dem jungen Mann und heiratet ihn später. Mit etwa 40 Jahren beginnt Mohammed, sich regelmäßig in eine Höhle des Berges Hira zurückzuziehen; es ist unklar, ob diese asketische Übung Teil der ihn umgebenden Kulte war oder ob er diese Praktik von christlichen Einsiedlermönchen in Syrien übernommen hat. Übereinstimmung besteht hingegen darin, dass er seine erste Offenbarung nach einer Periode der Meditation empfangen hat.[739] Die Sure 53, v. 1–18, des Koran gibt seine innere Erschütterung wieder. In der trockenen, um wissenschaftliche Genauigkeit bemühten Übersetzung Rudi Parets lautet ihr Anfang:

»Im Namen des barmherzigen und gnädigen Gottes. Beim Stern, wenn er (als Sternschnuppe vom Himmel?) fällt: (oder: Beim Gestirn

[der Plejaden], wenn es untergeht?)! Euer Landsmann (d. h. Mohammed) ist nicht fehlgeleitet und befindet sich nicht im Irrtum. Und er
spricht nicht aus (persönlicher) Neigung. Es (oder Er: d. h. der Koran)
ist nichts anderes als eine inspirierte Offenbarung. Gelehrt hat (es) ihn
einer, der über große Kräfte verfügt und dem Festigkeit eigen ist. Er
stand aufrecht da, (in der Ferne) ganz oben am Horizont.«[740]

In der poetischen Nachdichtung Friedrich Rückerts von 1844 hört
sich die gleiche Sure so an:

»Beim Stern der flirrt!
Nicht euer Genosse tört noch irrt,
spricht nicht aus eigener Begierd',
es ist, was offenbar ihm wird.
Ihn lehrte ein hochstrebender gewaltiger, stätschwebender,
am Himmel hoch sich hebender,
dann naht er sich und kam hernieder.«[741]

Auf ein anderes visionäres Erlebnis spielt die Sure 17 an. Mohammed
»reist« des Nachts zur »fernsten Kultstätte«, d. h. nach Jerusalem. Sie
heißt daher noch heute »*Masdschid al aqsa*«, die weit entfernte Mo-
schee.[742] Von dort fährt er in den Himmel auf und empfängt das Gebot
des fünfmaligen täglichen Gebets, das den Lebensrhythmus der frommen Muslime bestimmt. Jerusalem – für den Leser des Korans ist es
selbstverständlich, dass sowohl Juden und Christen in ihm vorkommen
und ihre abschließende historische Einordnung und Bewertung erhalten. Mohammed betrachtet sich als den letzten der Propheten in der
Reihe: Abraham, Moses und Christus, der zugleich den wahren Ursprung der Offenbarung freigelegt hat. Die Anhänger der beiden anderen »Buchreligionen« – Judentum und Christentum – gelten aus isla-
mischer Sicht als »Schriftbesitzer« und können, zumindest theoretisch,
eine andere Behandlung seitens der Muslime beanspruchen als die
Götzenanbeter. Isaak, Jakob, Noah, David, Salomon, Hiob, Joseph, Moses und Aaron, Zacharias, Elias und Jesus gehören zu den Rechtgeleiteten und Rechtschaffenen. (Sure 6, v. 85.86.)[743] Der koranische Jesus ist
ein von einer Jungfrau geborener Prophet; da der Islam aber keine Erb-
sünde kennt, bedarf er auch keines Erlösers. »Das Leben im Diesseits

hat für den Koran nichts von einer unheilvollen Verstricktheit in die Sünde an sich, aus der die Gattung Mensch allein durch die Gnade des Schöpfers erlöst werden könnte.«[744] *Der Islam ist keine Erlösungsreligion im Sinne des paulinischen Christentums.*

»Muslim« zu sein bedeutet im eigentlichen Wortsinne »einer der sich unterwirft«, der, angeleitet durch Koran und Hadith, auf dem rechten Weg des Glaubens ist.[745] Nichts anderes besagen die Eröffnungsverse (*fatiha*) des Korans: »Im Namen des barmherzigen und gnädigen Gottes. Lob sei Gott, dem Herrn der Menschen in aller Welt, dem Barmherzigen und Gnädigen, der am Tag des Gerichts regiert! Dir dienen wir, und dich bitten wir um Hilfe. Führe uns den geraden Weg, den Weg derer, denen du Gnade erwiesen hast, nicht (den Weg) derer, die d(ein)em Zorn verfallen und irregehen!«[746] Zu den am meisten zitierten Suren gehört die 112.; sie nennt den monotheistischen den *Glauben in unverfälschter Reinheit.* »Sag: Er ist Gott, ein Einziger, Gott, durch und durch (er selbst?) (wörtlich: der Kompakte) (oder: der Nothelfer [?], wörtlich der, an den man sich [mit seinen Nöten und Sorgen] wendet, genauer: den man angeht?). Er hat weder gezeugt, noch ist er gezeugt worden. Und keiner ist ihm ebenbürtig.«[747]

Verbindlich sind für den Gläubigen die »Fünf Säulen des Islam«: *Shabada,* das Glaubensbekenntnis. »Ich bezeuge, daß es keinen Gott außer Gott gibt und daß Mohammed der Gesandte Gottes ist.« *Salat:* das fünfmalige tägliche Gebet mit der Ausrichtung nach Mekka. *Zakat* – das Almosengeben. *Saum* – das Fasten während des heiligen Monats Ramadan. *Haij* – die Pilgerfahrt nach Mekka. Jeder Gläubige sollte sich wenigstens einmal in seinem Leben dieser anspruchsvollen religiösen Pflicht unterziehen.[748]

Diese Lehre Mohammeds erwies sich als eine einigende Kraft der arabischen Stämme.

In Mekka hatte der Prophet zunächst nur wenige Anhänger – kein Prophet gilt viel im eigenen Vaterlande. Im Jahre 622 übersiedelt Mohammed von Mekka nach Jathrib, später umbenannt in »Al-Madina«, die Stadt des Propheten. Dort wird er Anführer des Gemeinwesens, der *umma,* der Gemeinschaft der Muslime. Dort kommt es auch zu einem Konflikt mit den dort ansässigen Juden, der zugleich einen Diskussionsprozeß bezeugt. Sie respektieren ihn als Propheten des Monotheismus, weigern sich aber, ihn in der Reihenfolge ihrer Propheten anzuerkennen. Umgekehrt wird die Enttäuschung Mohammeds deutlich, dass die Juden seine Lehre wiederholt zurückweisen; mit christlichen Einsiedlermönchen scheint er bessere Erfahrungen gemacht zu haben: »Du wirst sicher finden, dass diejenigen Menschen, die sich den Gläubigen gegenüber am meisten feindlich zeigen, die Juden und die Heiden sind. Und du wirst sicher finden, dass diejenigen, die den Gläubigen in Liebe am nächsten stehen, die sind, welche sagen ›Wir sind Nasārā‹ (d. h. Christen, *Nazarener*). Dies deshalb, weil es unter ihnen Priester und Mönche gibt, und weil sie nicht hochmütig sind.« (Sure 5, v. 82) Die Verständigung mit den Christen hat allerdings dann ihr Ende, wenn sie behaupten, *Christus, der Sohn der Maria*, sei nicht nur ein rechtgeleiteter Prophet, sondern der Sohn Gottes. Angewidert von so viel Aberglauben, heißt es im Koran: »Wie können sie nur so verschroben sein.« (Sure 9, v. 30)[749]

Im Jahre 629 unternimmt Mohammed eine Pilgerfahrt nach Mekka. Die Ka'ba wird von den polytheistischen Symbolen gereinigt; Mohammed zerstört 360 Götterbilder und verschont nur die Ikonen von Jesus und Maria. Seit 630 werden die heidnischen arabischen Stämme bekehrt; halsstarrige Götzendiener sollen getötet werden. (Koran, Sure 9, v.5.) Doch diese Einheit des Islam ist 632 nach dem Tode Mohammeds bedroht. Zu dieser Zeit, zwischen 632 und 644, hat sich der Islam schon auf die ganze Arabische Halbinsel, Ägypten, Palästina, Syrien, Irak, in den Kaukasus bis hinauf nach Tiflis und in den Iran ausgedehnt. Er überrennt als Erstes den südlichen Teil des Byzantinischen Reiches; dass es dabei besonders human zugegangen sein sollte, wäre nach Maßgabe der Eroberungsgebräuche jener Zeit mehr als verwunderlich.[750] Religiös motivierte Landnahmen waren immer auch Raub-, Mord- und Beutezüge, das gilt für das Christentum ebenso wie für den Islam. Die Nachfolgekämpfe unter den Kalifen nehmen eine religiös-dynastisch-militärische Wendung von weitreichenden Folgen, als die Ansprüche von Ali, dem Sohn Mohammeds, mit seiner Frau Fatima übergangen werden. Als Alis jüngerer Sohn Hassan 680 zum Aufstand aufruft, wird er bei dem Gefecht von Kerbala an den Ufern des Euphrats im heutigen Irak getötet. Das ist die Geburtsstunde des *schiitischen Islam*, die Stadt Kerbala ist sein größtes Heiligtum. Die *Schia* heißt eigentlich nur die

»Partei Alis«. Anders als die Sunniten erkennen die Schiiten nur den vierten der ersten »rechtgeleiteten Kalifen« als Nachfolger Mohammeds an, eben Ali und dessen Nachkommen, die *Imâme*. Sie gelten als sündenlose und unfehlbare Nachfolger des Propheten. Die Lehre von der »Zwölferschia« besagt: Elf der Imâme sind als Märtyrer gestorben; der zwölfte ist aber nicht gestorben, sondern wird als »Messias«, als Mahdî, wiederkehren, um die Herrschaft der Tyrannen zu beenden und Gerechtigkeit zu üben.[751] Anders als der sunnitische Islam ist der Schiitismus durch seine Märtyrertradition geprägt, zudem zeigt er in der Erwartung der Wiederkehr des Mahdî chiliastische Züge.[752] Seine heutigen Kerngebiete sind der Iran und der südliche Irak.

In seinem ersten militärischen Siegeslauf hatte sich der Islam unter den Omaijaden um 750 von Buchara, Kabul und Samarkand im Osten bis Spanien und Südfrankreich im Westen ausgedehnt. Bagdad wird zur glanzvollen Hauptstadt der Nachfolgedynastie der Abbassiden. Sie sind in unseren Vorstellungen verbunden mit den Geschichten von »Tausendundeiner Nacht«; mit ihren Erzählmotiven aus Ägypten, Indien und China, demonstrieren sie die Größe des Reichs des Kalifen Harun-al-Raschid (786–809), weniger allerdings seine inneren Probleme religiöser wie machtpolitischer Natur.[753] Er ist der Zeitgenosse Karls des Großen. Dessen Vater Karl Martell hatte in der Schlacht von Tours und Poitiers, mitten in Frankreich also, die arabische Expansion 732 zum Stehen gebracht. Was wäre eigentlich geschehen, wenn Karl Martell verloren hätte? Der Geschichtsphilosoph Oswald Spengler hat es einmal bedacht: Dann wäre »Frankistan« zu einem Kalifat des Nordens geworden, und Städte wie Granada wären an Loire und Rhein entstanden.[754] Wahrscheinlich hat Spengler die Lage dramatisiert; man wird wohl besser davon ausgehen, dass die Araber die Grenzen überdehnt hatten und sich, auch angesichts innerer Streitigkeiten, zurückzogen. Dennoch bleibt Spenglers Frage interessant – oder sie ist es wieder geworden. Wäre dadurch umgekehrt ein europäisches Element in den Islam eingedrungen? Es ist wahrscheinlich, denn die Geschichte der weitgespannten Eroberungen zeigt sehr wohl, dass die zum Islam bekehrten Völker, etwa die Perser, Teile ihrer eigenen Kultur in den neuen Glauben einbrachten.

Eine völlig neue Lage entsteht für den Islam durch die Invasion von innerasiatischen Nomadenvölkern: den Seldschuken[755] und den

Mongolen. Die turkstämmigen Seldschuken sind bereits missioniert; sie konsolidieren ihre Herrschaft von Indien[756] bis Anatolien und dringen gegen Byzanz vor. Um 1220 setzen sich die Mongolen des Dschingis Chan in Bewegung. 1258 eroberte Hülegü, ein Bruder des Großchans Möngke, in seiner durchaus verheerenden Art Bagdad, metzelte die Bevölkerung nieder und vernichtete das Abbassidenkalifat. Dem letzten Kalifen war eine Hinrichtungsart vorbehalten, die die Mongolen wählten, um zu verhindern, dass das Blut des Opfers die Erde berührte. Da das nach ihrer Auffassung nicht ungerächt bleiben würde, rollte man die Opfer in Filz oder einen Teppich ein und tötete sie mit Fußtritten.[757] Für den Islam war eine neue, bis dahin unbekannte Situation entstanden: Mohammed hatte die Polytheisten in Arabien bekämpft und bekehrt; nun waren umgekehrt islamische Kernlande von Heiden erobert. Doch an diesem Punkt feiert der Islam seinen größten Triumph: Die westlichen Mongolenreiche nehmen im 13./14. Jahrhundert allmählich die Religion der Unterlegenen an.[758] Den fernen Großchan erkennen sie nicht mehr an; er ist für sie ein »Ungläubiger« geworden. Diese partielle Bekehrung der Mongolen verleiht dem Islam neue Kräfte. Er dringt nach Innerasien vor und wendet sich unter den Moguln über Indien nach Süden. Vor allem Mahmud von Ghazni verkörperte in seiner heiligen islamischen Zerstörungswut von heiligen Stätten der Hindus noch heute für die Inder, was Attila und Dschingis Chan für Europa bedeuteten. Um 1500 erreichen die Muslime die Malaiische Halbinsel, Sumatra und Java.[759] Es ist die gleiche Zeit, in der die Spanier Mittelamerika erobern. Die Einheit der islamischen Welt ist in dieser Ausdehnung allerdings längst zersplittert; das Sultanat hat die Herrschaft der Kalifen abgelöst. Die Kalifen betrachteten sich als inspirierte Nachfolger des Propheten; der Sultan ist ein rein weltlicher Machthaber. Diese Sultanate stehen untereinander in Machtkämpfen. Von den in den drei islamischen Kulturzentren entstandenen Imperien, den *Safawiden* im Iran und den *Moguln* in Indien,[760] haben die *Osmanen* am nachhaltigsten in die europäische Geschichte eingegriffen.

Die Osmanen sind eine Militärdynastie, die sich aus einem Grenzkämpfer-Fürstentum entwickelt hat, aus muslimisch gewordenen turkmenischen Nomaden, die vom Iran her allmählich nach Anatolien einsickerten.[761] Sie erobern das anatolische Kernland des alten Byzanz, setzen über den Bosporus und schlagen 1389 die Serben auf dem Amselfeld, dem heutigen Kosovo. Vom oströmischen Kaiserreich hält sich nur noch die Stadt Konstantinopel, aber sie ist bereits eingekreist, und es ist nur noch eine Frage der Zeit, wann sie fallen wird. Als Timur-Lenk oder Tamerlan die Osmanen 1402 bei Ankara[762] schlägt, schöpft man in Byzanz noch einmal Hoffnung.[763] Der Preis für wirksamere Hilfe aus dem Westen wäre eine Vereinigung der beiden christlichen Kirchen; dafür aber sind die dogmatischen Hindernisse auf beiden Seiten zu groß. Als Mehmed der Eroberer 1452 die Festung Rumili Hissar am Bosporus errichten lässt, wissen die Byzantiner, dass ihre Stunde geschlagen hat. Die Nachricht vom Fall Konstantinopels erschüttert zwar 1453 das Abendland, doch zu einer wirksamen Hilfe hatten sich die zersplitterten und untereinander verfeindeten europäischen Königreiche und Seestädte nicht aufraffen können.[764] Dass erst die aus Byzanz geflüchteten, des Griechischen kundigen Gelehrten in Italien die Renaissance ausgelöst haben sollen, ist eine Legende. Viele von ihnen hatten schon lange zuvor den unsicheren Verhältnissen in Ostrom den Rücken gekehrt und waren, wie Professoren es immer tun, den besser dotierten Stellen im Westen gefolgt.

Unter Suleiman II. dem Prächtigen nahmen die Osmanen 1521 Belgrad ein und standen 1529 zum ersten Male vor Wien. Es ist das Jahr, in dem nicht nur Melanchthon Kaiser Karl V. vom Protestantismus ablenken und auf den wahren Feind der Christenheit hinweisen will. Auch D. Martin Luther greift zur Feder und verfasst seine Türkenschriften. Er ist gegen einen neuen »Kreuzzug« im alten Sinne, denn die Fahne Christi will er als Feldzeichen nicht sehen. Sehr wohl aber befürwortet er einen säkularen Kampf, denn er teilt die allgemein übliche Auffassung vom Djihad: Rauben, Morden und Verderben halten die Muslime für ein Gott wohlgefälliges Werk. Zwar bleibt für Luther der Papst immer der wahre Antichrist, aber auch den Islam stellt der Wittenberger Reformator in eine apokalyptische Perspektive. Da kann es nicht fehlen, dass er den Teufel für den Anstifter Mohammeds hält und den Koran für sein Werk.[765] Der Islam, sagt Luther, sei uns bedenklich nahe gekommen. In der Tat: Das türkische Herrschaftsgebiet erstreckte sich von Budapest in Ungarn über Triest an der Adria, Anatolien, Syrien und den Irak bis zum Persischen Golf. Es ist das »Osmanische Jahrhundert« zwischen 1453 und 1566.[766] Der *osmanische Weg* zum Erfolg bestand in einem Militär-Patronatssystem. Die Gesellschaft gliederte sich in moslemische und christliche Untertanen – Letztere mit stark eingeschränkten Rechten – und einer Militärkaste. Diese Militärkaste bestand aus Sklaven, und das hatte seinen Grund. Denn die Sultane mussten sich – um sich gegen die Herrschaftsansprüche innerhalb des eigenen und anderer Familienclans abzusichern – eine Streitmacht zulegen, die ihnen unbedingt ergeben war. Das ging aber nur über ein Regierungs- und Herrschaftssystem, das auf Sklaven beruhte: Eunuchen oder Mamlucken. Die Eunuchen waren Hofsklaven, die aufgrund ihrer brutalen Verstümmelung keine Familien gründen konnten.[767] Die Mamlucken – zumeist aus tatarisch-türkisch-turkmenischen Ethnien der eurasischen Steppe – waren seit langem das Rückgrat des islamischen Militärs; sie waren es gewesen, die die christlichen Kreuzritterheere immer wieder besiegt hatten, selbst die Mongolen hatten Respekt vor ihnen.[768] Aber auch in diesem Fall achtete man darauf, dass die gegen jeden äußeren und inneren Feind einsetzbare Truppe keine eigenen Dynastien hervorbringen konnte. Als die westmongolischen Chanate zum Islam übergetreten waren, fiel diese Bezugsquelle für Sklaven aus, dafür brachte die Herrschaft der Osmanen über das christliche Anatolien und den Balkan eine neue Form der Militärsklaverei hervor, die »Devshirme«. Diese gewaltsame »Knaben-Steuer« oder *Knabenlese* bestand neben der Bekehrung zum Islam in einer Ausbildung für den Verwaltungs- oder Hofdienst für die Begabtesten; die anderen wurden zu Elitesoldaten herangezogen, zu den Janitscharen. Die Janitscharen waren eine kasernierte, zur Disziplin erzogene Truppe, doch trotz dieser »Aufstiegsmöglichkeiten« blieben sie eben – Sklaven.[769] Mehr als 300 Jahre lang gehörte diese Armee zu den erfolgreichsten der Welt. Sie war mit Feuerwaffen und Feldartillerie ausgerüstet und stand der europäischen Kriegstechnik in nichts nach. Nach einer Schwächephase nahm das Osmanische Imperium im letzten Drittel des 17. Jahrhunderts seine Expansionspolitik noch einmal auf: 1669 wurde Kreta eingenommen, 1672 die Ukraine besetzt, und 1683 rückte eine türkische Armee ein zweites Mal auf Wien vor.

Damit beenden wir den Exkurs über den Islam und nehmen den Erzählfaden der »Deutschen Geschichte« wieder auf.

4. Großwesir Kara Mustafa vor Wien

In den Bibliotheken des Topkapi-Palastes zu Istanbul und im British Museum in London finden sich zwei Abschriften eines wahrscheinlich verlorenen Urtextes. Es ist das Tagebuch eines Hofzeremonienmeisters, der mit dem Heer Sultan Mehmeds IV. durch Ungarn zieht und die Belagerung Wiens unter dem Großwesir Kara Mustafa aufgezeichnet hat. Wir benutzen diese Quelle zum einen wegen ihrer Anschaulichkeit, zum andern aber auch, weil sie als türkische Quelle nicht mit den geläufigen – wenn auch in sich differenzierten – Feindbildern des zeitgenössischen europäischen Wissens über das Osmanische Reich belastet ist.[770] Am 31. März 1683 war von Istanbul die Kriegserklärung ausgegangen. Der Sultan kündigte dem »Cäsar Roms« und dem König von Polen den Krieg an. In kalkulierter Provokation heißt es:

>»Von Gnaden des im Himmel waltenden Gottes verpfänden Wir, Mehmed, glorreicher und ganz allgewaltiger Kaiser von Babylonien und Judäa, vom Orient und Okzident, König aller irdischen und himmlischen Könige, Großkönig des heiligen Arabien und Mauretanien, geborener und ruhmgekrönter König Jerusalems, Gebieter und Herr des Grabes des gekreuzigten Gottes der Ungläubigen, Dir, Cäsar Roms, und Dir, König von Polen, Unser heiligstes Wort, ebenso allen Deinen Anhängern, daß Wir im Begriffe sind, Dein Ländchen mit Krieg zu überziehen, und führen Wir mit Uns 13 Könige mit 1 300 000 Kriegern, Fußvolk und Reiterei, und werden Dein Ländchen mit diesem Heer, von dem weder Du noch Deine Anhänger eine Ahnung hatten, ohne Gnade und Barmherzigkeit mit Hufeisen zertreten und dem Feuer und Schwert überliefern. Vor allem befehlen wir Dir, Uns in Deiner Residenzstadt Wien zu erwarten, damit Wir Dich köpfen können; auch Du, kleines Königlein von Polen, tu dasselbe. Wir werden Dich sowie alle Deine Anhänger vertilgen und das allerletzte Geschöpf Gottes, wie es nur ein Giaur ist, von der Erde verschwinden lassen; Wir werden groß und klein zuerst den grausamsten Qualen aussetzen und dann dem schändlichsten Tod übergeben. Dein kleines Reich

will ich Dir nehmen und dessen gesamte Bevölkerung von der Erde fegen. Dich und den König von Polen werden Wir so lange leben lassen, bis Ihr Euch überzeugt habt, daß Wir alles Angekündigte erfüllt. Dies zur Darnachachtung. Gegeben in Unserem 40. Lebensjahr und im 26. Jahr Unserer allmächtigen Regierung.«[771]

In Wirklichkeit waren das Kriegsziel und die Truppenstärke bescheidener; eigentlich ging es mehr um die Errichtung eines botmäßigen ungarischen Pufferstaates zwischen den Habsburgern und den Osmanen, ein Projekt, das die von Wien enttäuschten ungarischen Katholiken und vor allem die protestantische Partei des Grafen Imre Thököly unterstützten.[772] Da die Verteidiger sich aber zunächst zurückzogen, beschloss man, aufs Ganze zu gehen und auf Wien zu marschieren. Für die preisgegebenen Ländereien ist der Vormarsch der osmanischen Armee eine Katastrophe. Vor allem die mitgeführten Tataren, von den Türken selbst »Delis«, die Verrückten, genannt, verbreiten Angst und Schrecken. Ein zeitgenössischer Diplomat schreibt, soweit man höre, gingen sie doch »gar zu abscheulich« mit den Menschen um.[773]

Am 10. Juli brechen die Osmanen von Altenburg auf und erobern bei Gattendorf im Burgenland eine erste »Palanke«, ein mit Palisaden befestigtes Dorf.[774] Der Sturm gelingt; was von den ungarischen Truppen nicht die Flucht ergriffen hatte, auch die verbliebene Dorfbevölkerung, muss »über die Klinge springen«. Die abgeschnittenen Köpfe werden dem Großwesir im Triumph vor die Füße gerollt. Auch die lebend Vorgeführten werden geköpft – die »Delis« nehmen sich ihrer an. Die kleine Festung wird dem Erdboden gleichgemacht. Am 13. Juli zieht man von Schwechat los, um die Festung Wien zu inspizieren. Bei dieser Gelegenheit besichtigt der Großwesir auch den Ort, an dem 1529 das Prachtzelt des Sultans Süleyman Chan gestanden hatte; die Habsburger hatten um diesen Ort herum ein Lustschloss errichten lassen, das dem Grundriss dieses Zeltes nachgebildet war. Für jeden Osmanen, der zu Friedenszeiten Wien besucht hatte, war dies eine Sehenswürdigkeit ersten Ranges.[775] Auch der Zeremonienmeister zeigt sich beeindruckt von Schloss und Gärten mit den Blumen, Früchten und dem Tierpark. Nebenbei kritisiert er, dass dafür sicherlich Unsummen Geldes aufgebracht werden mussten.[776] Ein anderer Bericht merkt an, diese Schlösser seien so schön und fest gebaut und mit Zierat geschmückt, »daß sie fast den chinesischen Pagoden gleichkamen«.[777] Nun werden die Kompanieführer der Janitscharen zusammengerufen, und man berät über das System der Laufgräben, das an die Festung heranführen soll. An den König der Ungläubigen wird ein Schreiben aufgesetzt: »Entweder Islam oder Tribut – sonst wird die Entscheidung in unserem Streit dem Schwert überlassen! Nehmt es zur Kenntnis.« Doch Kaiser Leopold I. hatte sich schon nach Linz und Passau begeben. Von hier aus bemühte er sich, ein Entsatzheer aufzustellen; vor allem die unmittelbar bedrohten Reichskreise Bayern, Sachsen und das Königreich Polen kamen ihren Bündnisverpflichtungen nach. Es dauerte aber Wochen und Monate, bis die Armee marschbereit war. So lange war Wien unter seinem Stadtkommandanten Graf Rüdiger von Starhemberg auf sich selbst gestellt.

Umherstreifende leichte Truppen der Osmanen erobern wieder eine Palanke. Sie wird von den Verteidigern sogar übergeben auf die Versicherung hin, man werde sie dem Großwesir vorführen. Doch kaum haben sie ihre Waffen gestreckt und kommen heraus, werden sie von den Angreifern in Stücke gehauen. Der Tagebuchschreiber ist zufrieden: »Auch dies ist ein Beweis der Gnade Allahs, der den Giauren die Sinne derartig verwirrt hat, daß sie nicht mehr fähig sind, in einer solchen Lage kaltes Blut zu bewahren!«[778] Vor Wien selbst geht es nicht so gut voran. Die europäische Festungstechnik hatte die Zeiten eines mittelalterlichen Mauerrings längst hinter sich gelassen und baute mit hohem Aufwand Basteien mit vorspringenden Winkeln, die nach den Regeln der Ballistik angelegt waren, so dass die Belagerer keine toten Winkel finden, von denen aus sie ungestört angreifen könnten. Nun macht es sich bemerkbar, dass die osmanischen Truppen zu wenig schweres Geschütz mitgenommen haben. Dafür paradieren sie mit ihren Musikkapellen in den Laufgräben und machen – Janitscharenmusik.[779] Auch die Türken haben Schanzen aufgebaut; als der Großwesir dort sein Mahl einnehmen will, trifft eine Kugel aus der Festung seinen Vorkoster am Bein. Der Tagebuchschreiber bemerkt dazu, dass auch an Orten, die als völlig sicher gelten, niemand seinem vorbestimmten Schicksal entgehen könne. Einem andern guten Freund, einem genussfrohen janitscharischen Offizier und Schöngeist, wird durch eine Kugel der Fuß vom Knöchel weggerissen; am dritten Tage danach hat er sich von den irdischen Tafelfreuden in die der Ewigkeit aufgemacht.

Die türkischen Kriegstechniker sind Meister des Minenbaus. Sie treiben Stollen unter die Mauern und noch tiefer hinein, unter die Stadt. Man grub am Ende der Stollen Kammern, die mit Pulver gefüllt und dann vermauert wurden. Wurden diese »Minenöfen« zur Explosion gebracht, konnten sie erheblichen Schaden anrichten und Löcher in die Bastei reißen. Am 23. Juli wird eine solche Palisade in die Luft gesprengt. Die Ungläubigen machen einen Ausfall »wie die wildgewordenen Schweine«, um sich neu zu verschanzen. Immer wieder versucht man, mit Minen Breschen in die Wälle zu sprengen. Der Kampf tobt hin und her. Am 4. August trägt der Chronist ein, die Ungläubigen merkten nun, was ihnen bevorstehe, und setzten sich mit Leibeskräften zur Wehr. Währenddessen verwüsten die »beutegierigen Scharen der Tataren und die in ihrer unendlichen Zahl dem Sternenmeer vergleichbare Streitmacht des Islam« das platte Land, mordend und brennend.[780] Am 9. August wird wieder ein »Schweinestall der Giauren« in die Luft gesprengt.

Die Streiter der Christenheit werden vom Hofzeremonienmeister grundsätzlich als *Schweine* bezeichnet, die man wieder in ihre Löcher zurücktreiben müsse; der ganze Abscheu vor den Ungläubigen steckt in diesem Schimpfwort. Allmählich wird bei den Belagerern das Getreide teurer; erfreut vernehmen sie aber von Gefangenen, dass in der Stadt Wien ganz unbeschreiblicher Mangel herrsche. Wer solche Freudenbotschaften bringt, wird zumeist verschont. Sonst ist die Regel: Kopf ab. Am 23. Juli hatten die Tataren in der Gegend von Linz einen geharnischten Reiter erwischt, der sich bei seiner Gefangennahme brüstete, keine Flintenkugel könne seinem Harnisch etwas anhaben. Zum Beweis stellte er sich auf einen freien Platz hin. Die Kugeln treffen den Panzer, können ihn aber nicht durchschlagen. Doch diese gelungene Demonstration nützt ihm wenig. »Schließlich hieben sie ihn nieder, zogen ihm den Harnisch herunter und schlugen ihm den Kopf ab.«[781]

Am 4. September wird wieder ein Gefangener eingebracht, der beim Verhör eine höchst wichtige Mitteilung macht: Der deutsche Kaiser habe sämtliche Könige der Christenheit um Hilfe gebeten, aber nur »der König von Polen, dieser verfluchte Verräter namens Sobieski, sei in eigener Person und den Truppen und den Hetmanen von Groß-Litauen und Klein-Litauen sowie mit fünfunddreißigtausend Polengiauren zu Fuß und zu Pferde seinem Hilferuf gefolgt«. Auch der Kaiser selbst rücke mit einer großen Streitmacht heran, um die Truppen des Islam zu überfallen.[782] Tatsächlich hatten die Osmanen unterschätzt, dass Papst Innozenz XI. eine echte Kriegskoalition zustande gebracht hatte; sie gerieten nun zwischen die Wiener Garnison und ein Heer in der Stärke von 60–70 000 Mann, dessen Speerspitze die 15–20 000 Polen bildeten.[783] Am 10. September ist das Entsatzheer kampfbereit. Am 11. September verzeichnet das Tagebuch, »daß die gottlosen Giauren die Streitscharen des Islams wie die wildgewordenen Schweine angriffen«. Die zahlenmäßige Stärke des europäischen Heeres wird nun weit übertrieben; jetzt sollen es schon 200 000 Mann sein, die sich auf die Gotteskrieger stürzen. »Die Giauren hatten die Palanke auf dem Berg erreicht und tauchten nun mit ihren Abteilungen auf den Hängen auf wie die Gewitterwolken, starrend vor dunkelblauem Erz. Es war, als wälze sich eine Flut von schwarzem Pech bergab, die alles, was sich ihr entgegenstellt, erdrückt und verbrennt.« Hüseyin Pascha aus Damaskus steht auf dem linken Flügel in schwerem Kampf, ohne dass ihm der Tatarenchan zu Hilfe kommt. Der Polenkönig stößt direkt auf die heilige Fahne vor.

Das Heer des Islam wird von Kugeln überschüttet wie mit einem Regen. Der Großwesir aber will nicht weichen. Da bittet man ihn zum Rückzug: »Herr, seid gnädig! Es ist alles verloren. Aber Euer Leben ist die Seele des Heeres; wenn Ihr Euch hinopfert, so muß das Heer des Islams in seiner Gesamtheit zugrunde gehen. Bitte, laßt uns doch aufbrechen.« Der Aufbruch ist eine Flucht, die erst bei Raab und Ofen zum Stehen kommt.[784] Kara Mustafa, der offenbar ahnt, was ihm selbst bevorsteht, begleicht erst einmal eine alte Rechnung mit einem Pascha, der ihm zu diesem Unternehmen geraten, selbst aber als erster die Flucht ergriffen hatte und schon einen Tag vor ihm in Raab angekommen war. »Er wurde dem Pfortenmarschall übergeben, und noch zur gleichen Stunde wurde ihm der Weg ins Jenseits bereitet und das Tagebuch seines Lebens zugeklappt, um nie wieder geöffnet zu werden. (Möge Allahs Barmherzigkeit ihm im reichsten Maße zuteil werden!)«[785]

42 Jan Sobieski in der Schlacht von Wien. Stich von Romeyn de Hooghe

Der Hofzeremonienmeister analysiert die Niederlage; sicherlich sucht er auch nach Gründen für diesen unerwarteten Ausgang der Expedition.[786] Im Heer befanden sich eine große Menge von Händlern, die auf Beute aus waren. Als die Feldschlacht bevorstand, packten diese Leute schon ihre Habe ein und bereiteten sich zum Abzug vor. Die Kunde davon drang zu den Truppen; auch die wurden unruhig und versuchten, ihre Zelte zu erreichen, um ihr Eigentum zu sichern. Der erhabene Oberbefehlshaber hätte eine strengere Musterung halten und diese unnützen Kerle aus der Armee weisen sollen. Sodann fällt ins Gewicht, dass die Angreifer schon 60 Tage lang in mühsam erbauten Laufgräben und Höhlen gekämpft hatten, die sie nicht ohne weiteres preisgeben wollten. Deshalb blieben zu viele Krieger bei den Gräben und nahmen nicht an der Feldschlacht teil. Vor allem die Tataren waren im Augenblick der höchsten Gefahr völlig unbrauchbar. Sie waren mit

Beute und Gefangenen so bepackt, dass sie überhaupt nicht imstande waren, sich dem Feind zu stellen. »Ihr Chan, dieser Schurke, tat es ihnen gleich und zeigte nicht den geringsten Eifer für die Sache des wahren Glaubens.«[787]

Aber auch die Kerntruppen waren in ihrer Kampfkraft bereits geschwächt. Als sie nämlich sahen, welche ungeheuren Mengen von Wein in den Vorstädten von Wien erbeutet wurden, da verfielen auch die Enthaltsamsten dem Trunke. Sie frönten »der Hurerei und der Sodomie und berauschten sich mit Weintrinken derart, daß sie dem Allmächtigen für seine Wohltaten zu danken vergaßen und so den Zorn Allahs auf sich luden«. Andere wieder, kriegstüchtige Leute, hätten sich mit den Tataren zusammengetan und seien plündernd und mordend bis an die Grenzen Venedigs gezogen. Ganz verderblich sei es gewesen, den gefangenen deutschen Botschafter ziehen zu lassen. Denn der habe auf diese Schwächen in den Truppen des Islam hingewiesen und so erst recht den Kaiser der Ungläubigen zum Gegenschlag ermuntert.[788] Doch nun ist es zu spät. Am 25. Dezember wird der Großwesir Kara Mustafa Pascha in Belgrad hingerichtet. Er bereitet sich auf den Tod mit einem Gebet vor. Er will, dass dann der Gebetsteppich weggenommen wird, so dass sein »Leichnam mit Staub besudelt sei«. Der mit Staub und Blut besudelte Leib gilt als das Kennzeichen des im Kampf für seinen Glauben gefallenen Blutzeugen.[789]

Szenenwechsel. Zu Beginn des Feldzuges hält sich Gottfried Wilhelm Leibniz dienstlich im Harz auf, in Osterode und Zellerfeld. Er verflucht es, an diesem »abgelegenen orth« zu sein, saugt aber gierig alle einlaufenden Nachrichten auf, die von Wien über Hannover zu ihm dringen – setzt sich hin und schreibt sofort ein »Bedencken wegen der unglücklichen Retirade aus Ungarn«. Als er davon gehört habe, der Kaiser wolle Wien verlassen, als die Türken sich näherten, hätte er es zunächst nicht geglaubt. Denn nur die »Janitscharen und Spahi« könnten für »wohl bewehrte und geübte leute« angesehen werden. Der Rest sei abgemattetes asiatisches Landvolk und »flüchtige Tataren«. Dennoch seien bei dieser Absatzbewegung unter Karl von Lothringen christliche Regimenter aufgerieben worden. Und dann folgt ein philosophischer Traktat über die Disziplin im Heer. Weder die hohen Offiziere noch die gemeinen Soldaten will er tadeln. Das Problem liege bei den »subalternen«, also bei den Unteroffizieren. Denn wenn Not am Mann sei, entfalle solchen Offizieren oft das Herz, das sie doch »vorher beym wein und beym frauenzimmer zu zeigen gewust«. Wenn Regimenter einmal fliehen, breite sich der »terror Panicus« aus, so dass kein Halten helfe, »zumal wo die subalternen selbst am allerersten sich nach einem sichern orth umbsehen«. Hier tut Schulung not. Wenn alle Obristen bis herab auf den Korporal und Rottmeister mit dem Degen in der Hand klarmachten, dass sie den ersten, der sich zur Flucht wende, niederstoßen würden, »so wird terror praesens terrorem futuri, die sichtbare wahrhaffte gefahr, das eingebildete entfernte schrecken überwinden«. G. W. Leibniz wendet die schlichte Regel an, dass der Soldat den eigenen Offizier mehr fürchten müsse als den Feind. Die Schrecken des Feindes verkennt er nicht. Wie alle Barbaren seien auch die Türken an Leibesstärke im Handgemenge überlegen, ebenso im »ringen, springen, lauffen, schwimmen, werffen, gebrauch des sebels und bogens, ja des feuerrohrs selbst«. Da hilft nur Disziplin – und die Hoffnung auf eigenen Nutzen, Ehre und Belohnung.[790]

Wenige Jahre später, 1688, ist Leibniz guten Mutes. Von der Rückeroberung Belgrads im September scheint er noch gar nichts gehört zu haben; er erwähnt nur die Einnahme von Buda aus dem Jahre 1686. Ob er auch davon gewusst hat, dass die christlichen Regimenter bei dieser Gelegenheit ein fürchterliches Gemetzel nicht nur unter den Türken, sondern auch noch gleich unter den ungarischen Calvinisten und den Juden anrichteten?[791] Zur Stabilisierung dieser Erfolge jedenfalls schlägt er eine »freiwillige christliche Türkensteuer« vor. Jetzt sei die Stunde gekommen, jetzt seien die Türken zurückgeschlagen. Ließe man ihnen nur einmal Luft, dann würden sie sicherlich ihr marodes Heerwesen verbessern und erneuern. Der Philosoph erinnert an die Kreuzzüge: Damals seien Könige und Fürsten in das ferne »gelobte Land« gezogen. Heute habe man den Feind vor der Tür und das Kriegsglück auf der eigenen Seite – da sei eine finanzielle Sicherstellung der Erfolge durch eine Steuer die angemessene Reaktion.[792] Zugleich verfertigt er in einer lateinischen Denkschrift, einer Aufforderung zur Vertreibung der Türken aus Europa, durch Umstellung der Buchstaben folgendes Anagramm:

LEOPOLDUS PRIMUS AUSTRIACUS IMPERATOR
TURCAS EUROPA DIVULSOS OPPRIMET ARMIS

So sei es im Namen und im Titel Leopolds I. schon angelegt, dass er die Türken aus Europa hinausdrängen solle.[793] Die Stabilisierung Europas im Osten gelingt. Trotz einiger Zerwürfnisse nach dem Sieg – denn der überragende Anteil des polnischen Königs Johann III. Sobieski mit seinen Panzerreitern wurde nicht entsprechend gewürdigt – bildete sich schon 1684 eine »Heilige Allianz« gegen die Türken zwischen Österreich, Polen und Venedig, der 1686 auch noch Russland beitrat. Unter Maximilian II. von Bayern und dem »Türkenlouis«, Ludwig von Baden, wurden Ungarn und Siebenbürgen zurückerobert. 1697 wird Prinz Eugen von Savoyen der Oberbefehlshaber des kaiserlichen Heeres. 1699 wird der Frieden von Karlowitz unterzeichnet, der Österreichs Aufstieg zur Großmacht besiegelt, wenn auch mit Russland nun ein neuer Gegenspieler auf dem Balkan auftritt. 1717 wird Belgrad erobert – es geht allerdings schon 1739 wieder verloren. Die Osmanen waren seit der Niederlage gegen die Mongolen 1402 nicht mehr so gründlich geschlagen worden wie im späten 17. Jahrhundert, aber ihr Imperium war keineswegs erschüttert. Es kam zu einer kulturellen Spätblüte, einer Art von osmanischem Rokoko, die man unter dem Begriff »Tulpenzeit« zusammenfasst. Denn am Bosporus war eine Vorliebe für die aus Holland importierten Tulpen ausgebrochen. Die verlangten nach schön gepflegten Gärten und zierlichen Pavillons, nach Musik und Poesie. Ein Machtfaktor bleiben die Türken auch noch im ganzen 18. Jahrhundert mit seinen wechselvollen Kriegskoalitionen. Das Abendland hatte aber seine Angst vor ihnen verloren.[794]

5. Das europäische Gleichgewicht im Spanischen Erbfolgekrieg

Warum ist Leibniz, der doch so großes Interesse an China zeigt und zur Verbesserung der hiesigen Sitten am liebsten chinesische Missionare nach Europa einladen würde, »die uns Anwendung und Praxis einer natürlichen Theologie lehren könnten, in gleicher Weise, wie wir ihnen Leute senden, die sie geoffenbarte Theologie lehren sollen«[795] – warum ist der gleiche Mann so unduldsam gegen die Osmanen? Nun, die Chinesen sind weit weg, und die jesuitischen Missionare hatten ein idealisiertes Bild von den gelehrten Mandarinen nach Europa gebracht. Das Osmanische Reich ist nahe, und seine Spielart des Islam ist für Leibniz keineswegs nachahmenswürdig. Denn der sprichwörtlich gewordene Schicksalsglaube der Türken, das *Fatum Mahometanum*, scheint ihm aufklärungsfeindlich. Die Türken, vermerkt er in seiner »Theodizee«, vermeiden ja nicht einmal die Orte, wo die Pest wütet, sondern ergeben sich in das, was über sie verhängt sei.[796] So fordert er seine *Türkensteuer*, um die Gunst der Stunde zu nutzen und den Osten des Heiligen Römischen Reiches auf Dauer zu stabilisieren.

Es gibt aber noch einen Grund, warum Leibniz so zur Eile antreibt. Dem Haus Habsburg droht ein Zweifrontenkrieg, denn die Türken wurden diplomatisch und machtstrategisch von den Franzosen unterstützt. Aus Versailler Sicht galt ein Osmanenzug nach Wien gerade als das richtige Mittel, um die Kräfte der Habsburger im Osten zu binden und sie vom Krieg um die Westgrenze des Reiches fernzuhalten.[797] Um diese Lage zu begreifen, muss man noch einmal auf die Zeit unmittelbar nach dem Westfälischen Frieden zurückgehen. Wir benutzen dafür ein theoretisches Grundkonzept, das uns noch bis ins 20. Jahrhundert hinein beschäftigen wird. Bei der Darstellung der Entstehung einer globalen Weltwirtschaft hatten wir Immanuel Wallersteins Einteilung der Handels- und Machtsphären in »starke Kernstaaten«, »Semiperipherie« und »Peripherie« übernommen und gesagt, diese Zentren seien an den Küsten *entlanggewandert*, von Venedig und Genua nach Sevilla, dann nach Antwerpen und schließlich nach Amsterdam und London. Näher betrachtet, erweist sich der Ausdruck »wandern« als Beschönigung der wirklichen Verhältnisse. Hinter dieser Wanderungsbewegung von den Mittelmeerküsten Europas an den Atlantik, von Süden nach Norden, von katholischen Ländern in den Bereich des Protestantismus stehen erbitterte Ausscheidungskämpfe um die europäische Hegemonie, die »Auseinandersetzungen im Zentrum«.

Wenn man gesagt hat, nach 1650 sei eine ältere Phase der frühen Neuzeit abgeschlossen, dann ist damit die Stabilisierung nach einer chaotischen Zeit der konfessionell legitimierten und angeheizten Großmachtkriege gemeint.[798] Die Periode danach ist nun keineswegs friedlicher; sie ist vielmehr ein auf den ersten Blick verwirrendes Spiel der sogenannten »Kabinettskriege« – die Fürsten setzen ihre Armeen wie Figuren auf dem politischen Schachbrett ein, unter der Leitidee der Rationalität, der Berechenbarkeit, kurz: des europäischen Gleichgewichts.[799] Jeder kann in rasch wechselnden Allianzen mit jedem koalieren – damit der Gegner nicht versucht, noch einmal ein hegemoniales »Universalreich« zu errichten. Daneben geht es bei dem Kampf in den europäischen Zentren zugleich auch um die Vormacht auf dem damaligen Weltmarkt. Wer diese globale Dimension einbezieht, sieht schon auf den ersten Blick, wie weit die deutschen Höfe um diese Zeit von den wirklichen Machtzentren entfernt sind. Das wird sich – auf schicksalhafte Art – erst dann ändern, wenn Deutschland die »Fortschrittsmoderne« des 19. Jahrhunderts durchlaufen hat und in der »Heroischen Moderne« im späten 19. und frühen 20. Jahrhundert dann selbst darangeht, als neues Machtzentrum in den Kampf der »starken Kerne« einzugreifen.

Betrachten wir den Ausgangspunkt. Zu Beginn des 17. Jahrhunderts steht die Weltwirtschaft unter niederländischer Dominanz, die ihren Zenit zwischen 1625 und 1675 erreicht hatte.[800] Die Holländer beherrschen den Heringshandel und den Salzhandel und damit in gewisser Weise den gesamten Ostseehandel. Sie waren führend auf dem Agrarsektor und in der industriellen Produktion, angesiedelt um den Schiffbau und seine Zulieferbetriebe. Auch das auf Europa bezogene globale Transportwesen wurde von der niederländischen Frachtschifffahrt dominiert. Die VOC, die *Vereenigde Oost-Indische Compagnie*, wurde zum Prototyp einer kapitalistischen Handelsgesellschaft mit nüchtern rechnenden Direktoren in Amsterdam und schwer zu kontrollierenden Gouverneuren in Batavia.[801] Aggressiver, auch in ihrer sozialen Zusammensetzung etwas weniger honorig war die 1621 gegründete *Westindische Kompanie* – ein Gemisch aus Handel, Mission und Kaperkrieg. Sie begründete den sogenannten Dreieckshandel, der später von den Engländern und zum Teil von den Franzosen gewinnbringend übernommen wurde: billige europäische Waren an die Elfenbeinküste, Sklaven nach Westindien, Silber und Produkte der Plantagenwirtschaft, Baumwolle, Zucker und Tabak zurück nach Europa. Mit dem Begriff »Dreieckshandel« sind aber nur die Seewege und die Handelsströme gemeint. Man muss es sich nicht so vorstellen, als ob immer ein und dasselbe Schiff den ganzen Kurs abgefahren hätte.[802] Die Niederlande hatten die Spanier als Seemacht abgelöst. Diese niederländische Hegemonie wurde nach Beendigung des Dreißigjährigen Krieges zum ersten Male ernsthaft in Frage gestellt.

Die Zeit zwischen 1651 und 1689 bezeichnet Immanuel Wallerstein als die »Phase I« der Auseinandersetzungen in den starken Kernstaaten Europas. Das reiche Holland wird von zwei Seiten angegriffen: von England zur See und von Frankreich zu Lande. Die französischen Expansionsversuche in der Epoche Ludwigs XIV. werden in der neueren deutschen Geschichtswissenschaft als der »zweite dreißigjährige Krieg« bezeichnet.[803] Er bildet das Pendant zu den Kämpfen an der Ostgrenze und zieht vor allem den Westen des »Heiligen Römischen Reiches« in Mitleidenschaft.

Die Engländer eröffnen den Feldzug 1651 ökonomisch mit der »Navigationsakte«. Sie besagt, dass Warenlieferungen nach England nur auf englischen Schiffen oder auf jenen des unmittelbaren Erzeugerlandes transportiert werden dürfen.[804] Das vom englischen Parlament erlassene Gesetz war ein direkter Schlag gegen den holländischen Zwischenhandel. Die Niederländer antworteten mit dem Manifest der »Freiheit der Meere«, gerieten aber schon 1652 in die Defensive. Der Vertrag von Breda 1667 fand noch einmal einen Kompromiss – aber nun wurden die Generalstaaten von Ludwig XIV. angegriffen. Aus der Sicht von Versailles war dieser Einmarsch in die Niederlande nur das Teilstück der Strategie, mit einer Serie von Kriegen die Dominanz auf dem Kontinent in Gestalt einer Universalmonarchie[805] zu errichten, die sich als Erneuerung des karolingischen Reiches verstand. Zwischen

1667 und 1697 wurde Frankreich zum Schrecken seiner Nachbarn. Unter Ludwig XIV. verließ es die eher defensive »Passagen- und Pfortenpolitik« von Richelieu und Mazarin und ging zur Arrondierung seines Territoriums über. Das begann mit den »Devolutionskriegen«, die dynastische Anrechte auf die Spanischen Niederlande geltend machten. Eine eilig geschmiedete Allianz zwischen Holland, England und Schweden brachte die Expansion jedoch zum Stehen, so dass Frankreich 1668 in den Frieden von Aachen einwilligen musste. Seine Ambitionen waren damit keineswegs beendet. Der nächste Schritt dieses Bellizismus war daher nur folgerichtig: Ludwig XIV. setzte 1672 zu einer Strafexpedition nach Holland an. In diesem »Jahr des Unheils« für die Niederlande fällt Festung auf Festung den vorrückenden Franzosen in die Hände – nur die Provinz Holland bleibt uneinnehmbar, weil die Niederländer die Deiche durchstochen hatten, Teile ihres Landes preisgaben, sich aber inmitten ihres überschwemmten Landes verteidigen konnten.[806]

Der französische Feldzug kam im Frieden von Nimwegen 1678/79 zum Stehen, und Frankreich suchte sich nun am Alten Reich schadlos zu halten; der Krieg verlagerte sich an den Oberrhein, aus französischer Sicht eine *Reunion*. Es sind jene unruhigen Jahre, in denen Grimmelshausen stirbt. Sie sind gekennzeichnet von einem Kleinkrieg, Dorf um Dorf; die Expansion kulminiert dann 1681 mit der Annexion von Straßburg. Vor allem im sich anschließenden »Pfälzischen Krieg« folgen die französischen Feldherrn dem System der *verbrannten Erde*; Mannheim, Speyer, Bonn, Bingen, Oppenheim und Worms werden zerstört. Besonders hart trifft es Heidelberg, das 1689 in Flammen steht. 1693 brennt es erneut ab, und das Heidelberger Schloss wird gesprengt. Ludwig XIV. lässt in Notre-Dame ein Tedeum singen und eine Denkmünze mit der Umschrift *Heidelberga Deleta* – »Heidelberg ist zerstört« – prägen. Erst der Friede von Rijswijk konnte 1697 diese Expansionswelle eindämmen.[807]

Diese Kriege Ludwigs XIV. hatten indes noch ein anderes Resultat: Es schälte sich heraus, dass nicht mehr Spanien oder die Niederlande, sondern England zum eigentlichen Gegenspieler Frankreichs geworden war. Die europäische Großwetterlage war schon 1688 mit der »Glorious Revolution« und der Thronbesteigung Wilhelms von Oranien

1689 als König von England umgeschlagen. Seither sind die Niederlande nicht mehr der europäische Handelsgigant, und in einer »Phase II« der Auseinandersetzung zwischen den starken Zentren stehen sich nun England und Frankreich gegenüber. Diese beiden Kontrahenten sind verfassungsmäßig durchaus ungleich: In England sind die katholisch-absolutistischen Neigungen der Stuarts mit Wilhelm III. beendet; seine Herrschaft folgt dem Prinzip der vertraglichen Begrenzung der königlichen Gewalt. In Frankreich hingegen setzt sich der Absolutismus durch und wird in verschiedenen Varianten zum Vorbild für kontinentaleuropäische Fürsten.

Dieser Kampf zwischen England und Frankreich von 1689 bis 1763 durchtränkt das gesamte 18. Jahrhundert und findet in der Französischen Revolution von 1789 seine Nachwehen und in der napoleonischen Ära noch einmal einen dramatischen Höhepunkt. Zentral ist das Jahr 1763 mit seinen beiden Friedensschlüssen von Paris und von Hubertusburg: »Man könnte das Jahr 1763 als jenen Zeitpunkt betrachten, der den endgültigen Triumph Englands am Ende des, wie man auch sagte, zweiten hundertjährigen Krieges markierte – auch wenn Frankreich erst 1815 bereit war, die Niederlage einzugestehen.« England tritt seine Weltherrschaft an.[808]

Diese Konstellation mit Frankreich und England als Hauptkontrahenten findet ihren ersten großen Konflikt im Spanischen Erbfolgekrieg (1701–1712), eine Auseinandersetzung, in die ganz Europa verwickelt ist. Es geht um die Nachfolge des ebenso kinderlosen wie melancholischen spanischen Habsburgers Karl II. Als man ihn mit einem höfischen Fest, mit einer neuen »Fontaine der Diana« im Garten von La Granjana aufmuntern wollte, soll er trübe gesagt haben: »Drei Millionen hat es mich gekostet, und drei Minuten hat es mich unterhalten.«[809] Der Kampf um das europäische Gleichgewicht zwischen der Mitte des 17. und der Mitte des 18. Jahrhunderts trägt die Signatur der dynastischen Erbfolgekriege.[810] Sie sind zugleich überseeisch determiniert, denn wer das immer noch mächtige Spanien mit seinen Kolonien bekommt, könnte eine neue Weltmacht begründen. Ganz gleich ob Frankreich oder Habsburg – das kann Wilhelm III. nicht dulden. Daher einigen sich die eben noch verfeindeten Seemächte England und Holland mit den mühsam befriedeten Gegenspielern, dem deutschen Kaiser Leopold I. und Ludwig XIV., in Geheimverhandlungen mit einer Reihe von Zusatzprotokollen darauf, dass der am wenigsten gefährliche Konkurrent das Kernland Spanien bekommen soll. Das ist das ambitionierte bayerische Haus Wittelsbach; die restlichen spanischen Besitzungen in Europa sollen unter den Bourbonen und den Habsburgern aufgeteilt werden. Doch Karl II. willigt in diese Teilungen nicht ein und ernennt den jungen Wittelsbacher zum Universalerben: 1698 wird der Kurprinz Joseph Ferdinand von Bayern zum designierten Nachfolger der spanischen Krone. Doch der schmale Knabe erliegt am 6. Februar 1699 in Brüssel einem Fieber. Damit ist die diplomatisch ausbalancierte – wenn auch schon wieder aus dem Gleichgewicht geratene – Lösung dahin,[811] und die starken Kernstaaten stehen sich erneut direkt gegenüber, als im Jahre 1700 der spanische König endlich stirbt. Kronprätendenten gibt es sowohl von Habsburger als auch von französischer Seite; zuletzt neigt sich die Waagschale wieder der Anwärterschaft Frankreichs zu, denn kurz vor seinem Tode hatte der spanische König nun den Herzog von Anjou als alleinigen Erben eingesetzt.[812] Nach kurzem Zögern nimmt Ludwig XIV. das spanische Erbe an. Der Krieg gegen Kaiser Leopold wird damit unvermeidlich, weil nun Absprachen über Aufteilungen hinfällig geworden sind. Der in seinen dynastischen Plänen enttäuschte Wittelsbacher, Max Emanuel von Bayern, schlägt sich, auf Kompensationen hoffend, auf die vermeintlich stärkere Seite und verbündet sich mit Frankreich. Gemeinsam planen beide Mächte einen Vorstoß auf Österreich.

Das wiederum kann England nicht zulassen. Wilhelm III. bezeichnet in seiner Thronrede 1701 vor dem Unterhaus die britische Politik als die auf Europa bezogene »Balance of Power« – um für Kredite zur Unterstützung von Preußen und aus dem Deutschen Reich zu werben.[813]

So bildet sich 1701 eine große Allianz, die vor allem gegen Frankreich gerichtet ist: Großbritannien, Holland, Österreich, Preußen, Hannover, Portugal, das Heilige Römische Reich nebst Savoyen stehen auf der einen, Frankreich und Bayern auf der anderen Seite. Um dem geostrategischen Vorteil Bayerns etwas entgegenzusetzen, schickt England eine Expeditionsarmee unter dem Herzog von Marlborough auf den Kontinent. Sie fährt den Rhein hinauf, und im Sommer 1704 rücken vom Niederrhein und von Köln aus 40 000 Mann auf Bayern zu. Für die 450 Kilometer bis Ulm brauchen sie etwa 40 Tage, d. h., sie bewältigen 12 km pro Tag. Dieser Marsch der wegen ihrer Uniformröcke so genannten »roten Raupe« war gut organisiert; überall waren Vorratslager angelegt, und die Engländer bezahlten bar.[814] Der verbündete Prinz Eugen von Savoyen soll die Franzosen am Oberrhein blockieren. In Ulm und um Ulm herum stehen aber schon 35 000 Mann Bayern und Franzosen. Max Emanuel behindert jedoch den englischen Vormarsch kaum, sondern wartet bei Augsburg auf französische Verstärkung.

Die zögerliche Haltung hat diplomatische Gründe. Denn der Bayer will noch sehen, was die große Allianz ihm zu bieten hat, falls er sich von Ludwig XIV. trennt. Auch zu den Seemächten unterhielt er traditionell gute Beziehungen;[815] fast ist er schon bereit, die Seiten zu wechseln, denn die Alliierten bieten hohe Zahlungen und lassen durchblicken, ihm in irgendeiner Form zu einer Königskrone zu verhelfen.[816] Die Abmachung ist praktisch unterschriftsreif, die Diplomatie hätte den Krieg noch einmal eingebunden, da treffen Nachrichten ein, dass französische Truppen den Schwarzwald überschritten haben. Nun steht Bayern im Wort, und das Schicksal nimmt seinen Lauf. Beide Heereswürmer rücken aufeinander zu. Am 12. August schlagen die Truppen Max Emanuels und des französischen Generals Tallard hinter dem Nebelbach bei Höchstädt an der Donau ein Lager auf. Es ist nicht für den Angriff gedacht; eher erwartet man schon mit Blick auf den kommenden Herbst einen Rückzug der Engländer und ihrer Verbündeten. Doch unerwartet werden sie am Vormittag des 13. August von Prinz Eugen und Marlborough angegriffen.

Marlborough rückt bei dem Dorf Blindheim über den Nebelbach vor; die nächste Folge ist ein Blutbad unter seiner eigenen Infanterie, die allerdings weniger aus Landeskindern als aus angeworbenen Söldnertruppen bestand. Fast alle europäischen Armeen waren um 1700 auf Steinschlossflinten umgerüstet; sie erzielten eine breite Streuung des Feuers bei mangelnder Treffsicherheit. So waren eigentlich die Verteidiger in einem psychologischen Vorteil, denn wenn die gegnerische Linie mehr als fünfzig Meter herangekommen war, geriet sie in eine Todeszone, in der jede Kugel irgendetwas traf.[817] Der englische Angriff ohne Rücksicht auf Verluste beeindruckt die Franzosen aber doch so

43 Die Schlacht bei Höchstädt aus britischer Perspektive
Jan van Huchtenburgh, um 1704
Im Vordergrund Marlborough

sehr, dass sie 9000 Mann als Reserve für die 4500 Verteidiger des Dorfes stehen lassen. Um die Mittagszeit ist die Schlacht noch nicht entschieden. Die Angriffe auf Blindheim werden eingestellt; aber die dort massierten Truppen liegen unter beständigem Feuer; sie stecken in der Falle und können nicht in die Schlacht eingreifen. Und diese etwa 12 000 Mann fehlen nun. Der General Tallard sieht das Unheil kommen und versucht es mit einer Generalattacke seiner Reiterei. Die wirft zwar die britische Kavallerie hinter die eigene Infanterie zurück, doch die Infanterie empfängt die Franzosen mit solchem Feuer, dass sie wieder zurückjagen – und die eigenen Fußtruppen im Stich lassen. Im Gegenzug entfesselt gegen fünf Uhr nachmittags Marlborough eine der größten Kavallerieattacken des 18. Jahrhunderts; sie wirft die französi-

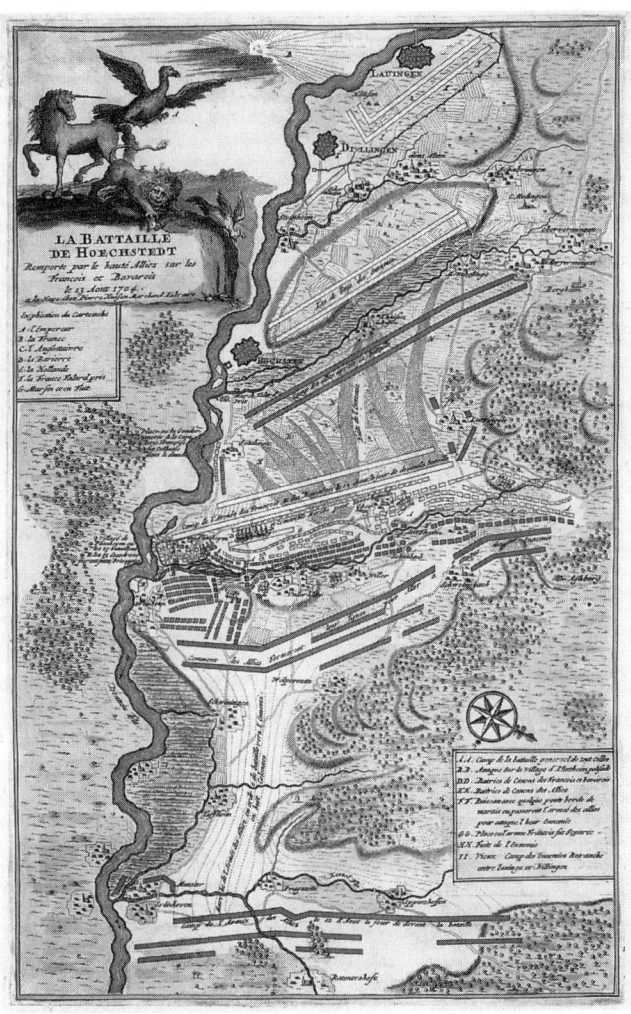

44 Ausschnitt aus dem Schlachtplan
Kupferstich bei Pierre Husson, nach 1704

sche Reiterei zurück und vernichtet die Infanterie fast restlos.[818] Tallard muss dem Untergang seiner Armee tatenlos zusehen. Nun versucht er, die bei Blindheim Eingekesselten abzuziehen. Doch dazu ist es zu spät; die Franzosen fliehen in Richtung Höchstädt, dabei werden einige Eskadrons in die Donau getrieben, wobei Hunderte von Reitern mit ihren Pferden ertrinken.[819] Die kampflose Kapitulation der bei Blindheim eingeschlossenen Truppen gegen acht Uhr abends besiegelt ihre Katastrophe.

Die Bilanz dieser Schlacht ist grauenhaft. Prinz Eugen und Marlborough haben an Toten und Verwundeten etwa 12 000 Mann verloren; das sind 24 % ihrer Gesamtstärke. Bei Franzosen und Bayern steht es noch schlimmer: Sie verlieren 55 %, etwa 30 000 Mann an Toten, Verwundeten, Gefangenen, Deserteuren und Überläufern. Am Abend der Schlacht schreibt ein anonymer Augenzeuge:

>»Es ist nichts entsetzlicheres zu sehen als das Dorff von Blödheim (i. e. Blindheim)/ in dem solches mit Todten und halb abgebrandten Cörpern angefüllet welches das greulichste Spectaculum von der Welt ist/ ohne zu reden/ von dem Kreischen und Heulen der Sterbenden/ welches ich die gantze Nacht/ nach der Action, die wir auff der Wahlstadt die Todten mit den lebendigen zugebracht/ habe müssen hören.«[820]

Das Vergraben der ausgeplünderten Leichen und Kadaver zieht sich über Wochen hin. Noch im Jahr 1705 bietet das Schlachtfeld den Anblick des Todes. Ein Reisender aus der Picardie urteilt: »Elende Opfer für den unmenschlichen Ehrgeiz der Fürsten.«[821] In der Tat: Den fürstlichen Akteuren und dem gemeinen Volk ergeht es nach der Schlacht höchst unterschiedlich. Max Emanuel von Bayern, wie es der Nachfahre Marlboroughs, Sir Winston Churchill, berichtet, soll gesagt haben: »Hol mich der Teufel, ich weiß nicht, was ich jetzt tun soll.«[822] Doch als ihm die auch nach der Niederlage immer noch unterbreiteten Angebote der Allianz zu gering erscheinen, lässt er sich von Ludwig XIV. den Status eines Statthalters in den soeben besetzten Spanischen Niederlanden zuweisen. Dort verbringt er in Brüssel ein Leben in höfischem Glanz mit Opern und Festen. Sehr viel schlimmer erging es seinen Untertanen. Die Alliierten hatten dem Kurfürsten nicht nur Angebote gemacht, sie hatten ihn auch schon vor der großen Schlacht durch das Brandschatzen von Dörfern unter Druck gesetzt. Als Max Emanuel ins Exil ging, wurde Bayern von Österreich verwaltet und rücksichtslos ausgeplündert. Darüber kam es zu Bauernaufständen, die 1705/06 in mehreren Massakern von kaiserlichen Truppen niedergeschlagen wurden. Aber auch als der Kurfürst mit leeren Taschen – aber voller Repräsentationsbedarf – 1715 nach Bayern zurückkehrte, weil die Spanischen Niederlande im Frieden von Utrecht wieder dem Haus Habsburg zugeschlagen wurden, ließ der Steuerdruck keineswegs nach. Nun musste das Schloss Nymphenburg erweitert und die neue Residenz Schleißheim errichtet werden.[823]

Sein Gegenspieler, der Herzog von Marlborough, ist 1704 auf dem Gipfel seines Ruhmes; er lässt sich ein wuchtiges Schloss erbauen, das den Namen seines Sieges trägt: *Blenheim Palace*. (Den Deutschen wird übrigens der Name »Blenheim« noch wiederbegegnen – in der Gestalt des 1935 entwickelten zweimotorigen britischen Bombers »Bristol Blenheim« im Zweiten Weltkrieg.) Der Zufall will es, dass in beiden Schlössern, in Schleißheim wie in Blenheim, Wandteppiche mit Motiven der Schlacht aus der gleichen Manufaktur hängen, denn Marlborough hatte bei der Bestellung der Gobelins in Brüssel die Exklusivrechte nicht bezahlen können, so dass später auch der Verlierer, Max Emanuel, Teile des Zyklus bestellte.[824]

In Versailles und Paris war man zur Zeit der Schlacht mit den Feierlichkeiten zur Geburt des ältesten Sohnes des Duc de Bourgogne beschäftigt, die sich am 25. Juli ereignet hatte. Churchill schreibt maliziös: »Die ganze erlauchte Gesellschaft Europas war anwesend, und die laue und köstliche Nacht erhöhte den festlichen Zauber und Reiz. Auf einem Siegeswagen, umgeben von Kriegern und Nymphen, wurde der Kriegsgott am Thronsessel des Königs vorbeigezogen. Ludwig XIV. nahm seinen ehrerbietigen Gruß mit sichtbarem und lebhaftem Vergnügen entgegen. Dann folgte eine allegorische Darstellung der Staaten Europas, bei der alle Flüsse eine Rolle spielten. Die Themse, die Schelde, der Rhein, die Maas, der Neckar und selbst die Donau erwiesen der selbstverständlich die erste Rolle einnehmenden Seine unterwürfige Reverenz.«[825] In den »Memoiren des Herzogs von Saint-Simon«, die uns noch eingehender beschäftigen werden, sieht es indes etwas anders aus: Auch er schildert detailliert die Schlacht, beklagt die strategischen Fehler, notiert das Entsetzen des Königs, kritisiert aber auch die seiner Meinung nach ungerechte Behandlung der Feldherren; einige wurden bestraft, andere wieder kamen ungeschoren davon. Trotz alledem durfte das Fest zur Geburt des künftigen Duc de Bourgogne nicht unterbrochen werden:

> »Die Stadt veranstaltete ein festliches Gelage und ein Feuerwerk auf der Seine, das sich Monseigneur, seine Söhne und die Duchesse de Bourgogne in Gesellschaft zahlreicher Damen und Höflinge bei üppigen Tafelfreuden aus den Fenstern des Louvre ansahen, ein Kontrast, der viel Empörung auslöste und wenig Seelengröße bewies.«[826]

Höchstädt war nicht kriegsentscheidend, die Kämpfe gehen weiter, mit den blutigen Schlachten von Turin (1706), Oudenaarde (1708) und Malplaquet (1709), eine Schlacht, an der der junge preußische Kronprinz Friedrich Wilhelm, der spätere *Soldatenkönig*, teilnimmt. Am Ende dieser Auseinandersetzungen ist Frankreich erschöpft, nicht nur auf dem Schlachtfeld. Im Inneren toben in den Cevennen von 1702 bis 1709 die Aufstände der hugenottischen *Camisarden*; die harten Winter 1693 und 1694 und der große Frost im Winter 1709 führen zu Hungersnöten und Epidemien. Es sind diese *Années d'apocalypse*, in denen das einstmals so glanzvolle Zeitalter Ludwigs XIV. versinkt. Frankreich hatte den Krieg so gut wie verloren.[827]

Da nimmt der Spanische Erbfolgekrieg eine unvorhergesehene Wendung, bei der wieder die Diplomatie und das europäische Gleichgewicht zur Geltung kommen. Ausdrücklich unter Bezug auf das »Gleichgewicht« war ja die große Allianz gegen das übermächtige Frankreich zustande gekommen. Nun scheint die Balance von andrer Seite bedroht zu sein, denn als Kaiser Joseph I. 1711 stirbt, wird Karl VI. sein Nachfolger – der ist aber zugleich durch dynastische Verbindungen wiederum spanischer Kronprätendent. Nun ist zwar Frankreich geschwächt, doch dann hätte Habsburg die Übermacht auf dem Kontinent, vielleicht sogar mit der Perspektive, noch einmal ein Weltreich zu begründen, *in dem die Sonne nicht untergeht.* Das kann nicht im Interesse Britanniens sein, die öffentliche Meinung kippt um. Nun lenken die Seemächte ein und schließen Frieden mit dem eben noch bekämpften Frankreich. Die englische Kriegspartei unter Marlborough wird entmachtet; das Alte Reich fühlt sich brüskiert vom »treulosen Verrat« Englands.[828] Es kommt zu einer Reihe von Friedensschlüssen, 1713 in Utrecht zwischen den Großmächten, 1714 in Rastatt zwischen Habsburg und Frankreich und schließlich in Baden/Aargau zwischen Frankreich und dem Alten Reich in der neutralen Schweiz.[829]

Lässt man die Details beiseite, so ist es aufschlussreich zu sehen, wie sich hier innereuropäische und koloniale Interessen durchdringen. Letztlich bekommt nun der französische Prätendent, Philipp V. von Anjou, endgültig Spanien, das Hauptland mit den überseeischen Besitzungen. Für sich und seine Nachfolger muss er aber den Anspruch auf die französische Krone aufgeben, um eine Personalunion zwischen beiden Ländern unmöglich zu machen. Die spanischen Nebenlande werden abgetrennt und gehen an die deutsche Linie des Hauses Habsburg: Es bekommt Flandern, das Königreich Neapel und Sardinien. Zu dieser Zeit ist Österreich nicht nur eine Landmacht, sondern es ist auf dem Wege, zu einer Seemacht im Mittelmeer zu werden. Im Jahre 1720 tauscht es Sardinien gegen Sizilien; Sardinien kommt an Savoyen. Im Norden sichern sich die Holländer die belgischen Sperrfestungen gegen Frankreich. England hatte schon 1704 Gibraltar besetzt; es bleibt in dieser Schlüsselposition im westlichen Mittelmeer und erhält zudem die Insel Menorca.

Dass es im Spanischen Erbfolgekrieg auch und vor allem um die Neue Welt und den Welthandel ging, hatte Ludwig XIV. 1709 seinem Botschafter in Madrid eingeschärft: »Le principal objet de la guerre présente est celui du commerce des Indes et des richesses qu'elles produisent.« Der Krieg umfasste englisch-französische Auseinandersetzungen in Asien, Afrika, in der Karibik, um den Mississippi und um Kanada. Gerade in Nordamerika war die französische Konkurrenz im Wettlauf um die Besiedelung äußerst präsent; England allerdings erhielt die Fischereirechte vor Neufundland. Und vor allem: Es sicherte sich im »Asiento-Vertrag« den Sklavenhandel mit den spanischen Kolonien. *Asiento* heißt nach spanischem Recht ein öffentlich-rechtlicher

Vertrag zwischen einem Hoheitsträger und einer Privatperson. Der Begriff unterlag aber bald einer Bedeutungsverengung und betraf den »asiento de negros«. Darunter verstand man seit Philipp II. im frühen 16. Jahrhundert die staatliche Vergabe des Monopols, afrikanische Sklaven in die spanischen Besitzungen zu transportieren und sie dort zu verkaufen. Spanier, Genuesen und Portugiesen wechselten sich als Vertragspartner ab. In der Mitte des 17. Jahrhunderts lag der *asiento* faktisch bei den Holländern. Der erste Bourbone auf dem spanischen Thron hatte 1701 dieses Recht sofort auf die französische »Compagnie de Guinée« übertragen; nichts hatte Engländer und Holländer so erbost wie diese Vergabe des *asiento* an die französische Guinea-Kompanie. Sollte dieser riesige spanische Markt von Frankreich abgeschöpft werden? Nur wenige Tage nach der Unterzeichnung dieses Vertrages folgte die Bildung der Haager Allianz, die Ludwig XIV. ein Ultimatum stellte, das unter anderem den Zugang zu den spanischen Kolonien und das Fernhalten des französischen Handels zum Inhalt hatte. Im Endergebnis nun trat die britische »South Sea Company« dieses Erbe an. Sie erhielt auf dreißig Jahre das Recht, jedes Jahr 4800 Sklaven nach Spanisch-Amerika einzuführen und eine Schiffsladung von 500 Tonnen an Waren dort abzusetzen.[830] Man sieht: Trotz des Seitenwechsels am Ende des Krieges wurde der ehemalige Hauptrivale Frankreich doch kräftig gerupft. Als Sieger ging England aus dem Frieden von Utrecht hervor. Insofern ist dieser Frieden ein Wendepunkt, der in die Zukunft weist: Das alte spanische Reich in Mitteleuropa jenseits der »Peninsula« ist nun aufgelöst; die ambitionierte französische Vorherrschaft auf dem Kontinent ist einstweilen zurückgedrängt; das Übergewicht Englands zur See und in den Kolonien zeigt sich symbolisch im *asiento* und in der Einbehaltung Gibraltars.[831]

Der Westfälische Frieden hatte 1648 das Zeitalter der konfessionell angeheizten Großmachtkriege abgeschlossen; der Friede von Utrecht von 1713/14 steht für eine säkulare Aushandlung der Machtpositionen von Welthandel treibenden modernen Flächenstaaten. Er ist zugleich der Beginn einer neuen europäischen Konstellation, die sich – wenn auch mit wechselnden Allianzen – zwischen folgenden Kräften abspielt: England, Frankreich, dem Haus Habsburg und Russland. Ins zweite Glied zurück treten Spanien, Holland und Schweden.

Im Aufstieg begriffen ist im weiteren Verlauf des 18. Jahrhunderts ein zuerst verschlagen-vorsichtiger, dann drängelnder und quengelnder Neuling in diesem Konzert: Preußen.

Und da ist noch etwas. Bei den Friedensverhandlungen von Utrecht taucht ein seltsamer Vogel auf, der den Gesandten mit einem *Projekt* auf die Nerven geht. Es ist Charles François Castel, Abbé de Saint-Pierre, der sich selbst den vielversprechenden Beinamen *Iréné*, der Friedliebende, zugelegt hatte. In der zweiten Hälfte seines langen Lebens von 1658 bis 1743 verfolgte er mit eiserner Zuversicht den Plan, Europa einen »dauerhaften Frieden« zu bescheren. Sein Traktat, den er dafür zwischen 1713 und 1717 ausgearbeitet hatte, galt als fast unleserlich. Er war *more geometrico* abgefasst, und der Abbé hatte die schriftstellerische Unart, alle nur möglichen Einwände gleich im voraus erledigen zu wollen. Saint-Pierre greift zurück auf den »Grossen Plan« Heinrichs IV., den er aber *irenisch* modifiziert. Zeitgemäß sind die Gedanken des Abbé insofern, als er nicht mehr die Idee einer friedensstiftenden Universalmonarchie, sondern eines europäischen Staatenbundes verficht, wenngleich französische Hegemonialvorstellungen unübersehbar sind. Im wesentlichen läuft sein Vorschlag darauf hinaus, dass sich die wichtigsten Herrscher Europas in ihrem Besitzstand wechselseitig bestätigen, dann sollen sich nach und nach alle anderen an dieses friedliche »Kerneuropa« anlagern können. In diesen »Europäischen Bund« schicken die Mitgliedstaaten ihre Abgeordneten, die alle Streitigkeiten diskutieren und durch einen Schiedsspruch regeln. Der Abbé hatte sich lange den Kopf darüber zerbrochen, wer denn nun in diesem europäischen Senat Sitz und Stimme haben sollte; schließlich kam er auf 24 Abgeordnete – Frankreich, Spanien, England und Holland an erster Stelle. Preußen und Sachsen folgen ziemlich weit hinten in der Skala. Indes: »Jeder hat nur eine Stimme.«[832] Weitläufig fasst der Abbé dann zusammen, um wie viel vorteilhafter sein System eines Schiedsgerichts gegenüber dem alten »Kriegssystem« sei, für die Länder, für ihre Finanzen, für Kunst und Kultur. An alles ist gedacht, an die Errichtung von Akademien zum Studium der Mathematik und der Naturwissenschaften, an die Ausweitung des Buchdrucks, die Förderung der Nationalsprachen bis hin zur Verbreitung der – nach dem Aufstieg Newtons schon etwas ramponierten – Philosophie des René Descartes.[833]

1729 veröffentlicht Saint-Pierre eine kurzgefasste Version seiner Gedanken, die 1738 noch einmal aufgelegt wird. Von Friedrich II. und seinem philosophischen Gesellenstück, dem »Antimachiavell«, ist der Friedensfreund begeistert; er wechselt noch Briefe mit dem preußischen König, als der schon längst seine Schlesischen Kriege begonnen hatte. Als Friedrich über die Kunst des Kriegführens schrieb, hatte ihm Voltaire entgegnet, er hoffe, dass er dieser Kunst nie bedürfe – und bei dieser Gelegenheit gedenkt er spöttisch des Abbé:

>»Et qu'enfin l'equité fit regner sur la terre
>L'impraticable paix de l'Abbé de St. Pierre.«[834]

Als der Abbé schon das Zeitliche gesegnet hat, veranlasst eine alte Gönnerin den berühmten Jean-Jacques Rousseau, die Friedensgedanken erneut vorzutragen. Rousseau veröffentlicht sie 1761 mit einem Kommentar. Sein Urteil ist – nun sagen wir: zurückhaltend. Schon ein einfacher Edelmann, der beleidigt worden sei, verschmähe es, seine Klagen dem Tribunal der Marschälle von Frankreich vorzulegen, und der Abbé wolle, dass die Könige Europas sich einem obersten Gerichtshof unterstellten?[835] Nein, der Plan sei zu gut für diese Welt. 1795 wird jedoch kein Geringerer als Immanuel Kant wiederum auf Saint-Pierre zurückgreifen und die Idee vom »Ewigen Frieden« erneuern. Kants Argument nimmt Rousseaus Kritik den Wind aus den Segeln: Nun sei Frankreich ja kein Königreich mehr, sondern eine Republik. Eine Republik aber, da ist der Philosoph aus Königsberg sich ganz sicher, müsse von Natur aus zum Frieden geneigt sein.

Ausklang: Ludwig XIV. und das Ende einer Epoche

Nüchtern betrachtet war das Projekt des Abbé de Saint-Pierre eine Begleiterscheinung des französischen Machtverfalls und der Versuch, wenigstens die Grenzen und die Besitzverteilung des Friedens von Utrecht auf Dauer zu stellen.[836] Denn die Vormachtstellung Frankreichs auf dem Kontinent zwischen 1661 und 1685 war zerbröckelt. Die schier endlose Regierungszeit Ludwigs XIV. brachte für Frankreich zunächst einen unaufhaltsamen Aufstieg. 72 Jahre lang war er König von Frankreich; er hat die höfische Kultur seines Landes geprägt, teils im eigentlichen Sinne: *erfunden* – und sie zum zentralen Bestandteil der europäischen Kultur gemacht. Zurecht spricht Voltaire in seinem Geschichtswerk von 1752 über ihn vom »Jahrhundert Ludwigs XIV.«. Nicht so sehr der König und seine Kriege stehen im Mittelpunkt, obwohl Voltaire für deren *gloire* nicht unempfänglich ist, sondern der Beitrag Frankreichs zur europäischen Zivilisation – Voltaire ist nicht umsonst einer der ersten *Kulturhistoriker*.[837] Wir folgen seinen Spuren und betrachten Hof und Regierungstaktik dieses stilbildenden Monarchen.

Geboren 1638, wird der Vierjährige nach dem Tod Ludwigs XIII. am 14. Mai 1643 inthronisiert. Zwar steht er unter der Regentschaft seiner geliebten Mutter, Anna von Österreich, aber die wirkliche Macht übt der Nachfolger Richelieus, der Kardinal Mazarin, aus. Es ist aber nicht zu unterschätzen, wie er schon von frühester Jugend auf in die Regierungsgeschäfte einbezogen wird. Denn schon am 18. Mai muss der kleine König in einem Staatsakt vor dem Parlament von Paris etwas sagen. Seine Worte sind aufgezeichnet: »Der König hat gesagt, daß er gekommen sei, um dem Parlament seinen guten Willen zu bezeugen. Der Kanzler wird den Rest sagen.« Das sicherlich prägende Ereignis seiner Jugend ist der Bürgerkrieg der *Fronde*, ein Adelsaufstand, begleitet von Pariser Unruhen, die ihn und seine Mutter im Februar 1651 für kurze Zeit zu Gefangenen im eigenen Palast machen. Im September des gleichen Jahres ist er nach dem französischen Staatsrecht mit Vollendung des 13. Lebensjahres volljährig. Nun wird er am 7. Juni 1654 in Reims gekrönt und mit dem Öl aus der »Heiligen Ampulle« gesalbt, von der die Legende des Hinkmar von Reims aus dem Jahre 877 besagt, dass eine Taube sie bei der Taufe des Merowingers Chlodwig vom Himmel herabgebracht habe.[838] Kaum ist Ludwig gesalbt, warten schon am 9. Juni zweitausend an den Skrofeln erkrankte Untertanen auf ihn, denn er ist nun *Roi Thaumaturge*, ein wundertätiger König, der Krankheiten heilen kann mit dem Wort: »*Der König berührt Dich, Gott heilt Dich.*« Alle französischen Könige hatten vornehmlich an den großen Kirchenfesten diese Zeremonie immer wieder zu erfüllen, wenngleich bei Hofe längst Zweifel an der Wirksamkeit der Kur geäußert wurden und die Formel beim Handauflegen zu Ludwigs Zeiten in eine vorsichtigere Variante überging: *Le roi te touche, Dieu te guérisse …* – Gott *möge* dich heilen.[839] Als Kardinal Mazarin 1661 stirbt, ernennt Ludwig XIV. zur allgemeinen Überraschung keinen neuen Premierminister, sondern verkündet: »Ich habe Sie mit Ihren Ministern und Staatssekretären hierherkommen lassen, um Ihnen zu sagen, daß ich es bisher zufrieden war, meine Angelegenheiten durch den verewigten Kardinal leiten zu lassen; es ist nunmehr an der Zeit, daß ich sie selbst in die Hand nehme. Sie werden mir mit Ihrem Rat zur Seite stehen, wenn ich Sie darum bitte.«

Das ist nicht die ihm immer wieder zugeschriebene Sentenz »*L'état c'est moi*«. Zwar gibt es von Jean Bodin – der eben nicht nur Hexenjäger, sondern auch Staatsrechtler war –, die ausgearbeitete Doktrin von der »puissance absolue«. Ist der Fürst auch nicht an die Gesetze gebunden, bleibt er gleichwohl dem göttlichen und natürlichen Recht unterworfen, ist also keineswegs ein Diktator aus eigener Machtvollkommenheit.[840] Ludwigs Gottesgnadentum wusste sehr wohl zwischen sich und dem Staat zu unterscheiden, und wenn er zu der Überzeugung kommt, dass den Interessen des Staates stets der Vorrang gebühre und dass man für sich selbst arbeite, wenn man dem Staate diene, so ist das dem Satz Friedrichs des Großen aus dem »Politischen Testament« von

1752 »Der Souverän ist der erste Diener seines Staates« nicht ganz unähnlich. Denn Ludwig XIV. ist ein aufmerksamer Arbeiter, der es acht
bis zehn Stunden am Schreibtisch aushält und der auch in den längsten
Sitzungen selten ermüdet. Alle diese Aktionen seiner Selbstregent-
schaft werden sogleich von einem Stab von Künstlern für die Nachwelt
festgehalten; in diesem Fall malt Charles Lebrun ein Deckengemälde
für Versailles, auf dem Ludwig das Steuerrad des Staatsschiffes in die
Hand nimmt.[841] Fast fragt man sich, wo der König die Energie für sein
ebenso zeitaufwendiges Hofleben hernahm. Denn das zweite Stichwort, das mit seiner Regierung unverbrüchlich zusammengedacht wird,
lautet *Versailles*.

Versailles ist zunächst nur eine von vielen Residenzen, aber seit
1661 wird das Jagdschloss zielstrebig ausgebaut; seit 1662 bedient sich
der König der Sonne als Emblem und wird – drittes Schlagwort – zum
Roi Soleil, zum Sonnenkönig, der ein Staatstheater und einen Theater-
staat um sich herum aufbaut. Die *Sonne* als zentrales Symbol eines
Hofes – man könnte meinen, das copernicanische Weltbild habe sich
nun auch beim allerchristlichsten König durchgesetzt. Ludwig selbst
schreibt dazu in seinen Erinnerungen:

> »Man wählte dafür den Himmelskörper der Sonne, der, nach Maß-
> gabe dieser Wissenschaft der vornehmste von allen ist, und der
> durch das blitzende Leuchten, das ihn umgibt, das Licht den Ster-
> nen austeilt, die ihm wie eine Art Hofstaat zugeordnet sind. Die
> gleichmäßige und gerechte Verteilung dieses Lichtes erstreckt sich
> über alle Erdstriche, tut Gutes an allen Orten. Die Sonne erzeugt
> ohne Unterlass in allen Bereichen des Lebens Glück und freudiges
> Handeln durch ihre unablässige und unermüdliche Bewegung. In
> ihrem konstanten und unveränderlichen Verlauf, aus dem sie nie-
> mals ausbricht oder von ihrem Weg abweicht, ist sie sicherlich das
> lebendigste und schönste Vorbild eines großen Monarchen.«[842]

Die Großzügigkeit, mit der Ludwig XIV. Sterne und Planeten gleich-
setzt und alle vom Zentralgestirn erleuchtet sein lässt, verrät keine so
ganz große Vertrautheit mit den astronomischen Entwicklungen der
letzten Jahrzehnte. Der zweite Teil der Beschreibung, die segensreiche

Auswirkung der Sonne auf die Erde und ihr unverrückbarer Himmelslauf, könnten auch ganz ohne Copernicus auskommen. Wichtig ist diese konstante Ordnung, die sie allen anderen Erscheinungen des Lebens zuteilt. Die Sonnenmetaphorik am französischen Hof ist auch schon älter; bereits Heinrich III. wurde als Sonnenkönig beschrieben – auch er tanzte in den *ballets du cour*.[843] Und vor allem gibt es die antike Tradition der Sonnenemblematik, die mit dem Topos der *aufgehenden Sonne* verschmilzt. Kaum ein junger Herrscher lässt sich bei Regierungsantritt diese Symbolik entgehen – wir werden sie später auch bei Friedrich II. in Preußen wiederfinden. Dass Ludwig XIV. die *aufgehende Sonne* auf sich bezogen hat, lässt sich am *Ballet de la Nuit* zeigen, das am 23. Februar 1653 aufgeführt wurde. Es ist die große Zeit der »opéra ballet«, der Ballettoper. Die Oper mit ihren *Recitativen*, dem Sprechgesang, und die Ballette mit ihrem Gedanken an die Chortänze galten seit der Renaissance als die Wiederbelebung des antiken Dramas.[844] Italien wurde führend in der Oper, in Frankreich hielten sich beide Künste die Waage; die Ballette spielten jedoch am französischen Hof allein schon deshalb eine wichtige Rolle, weil der König ein guter Tänzer war, der – immerhin bis 1670 – gerne selbst auftrat. Zu diesem Ballett hatte sein Hofkomponist Jean Baptiste Lully (1632–1678) die Musik geschrieben. Lully war als armer Küchenjunge und Musikpage aus Florenz nach Paris gekommen, spielte Gitarre und Violine, konnte ebenfalls gut tanzen, wurde 1652 Dirigent des Orchesters »Les 24 violons du roi« und eigentlich noch viel mehr: Über lange Jahre ein Vertrauter des Königs.

Das Ballett muss mit seinen vier Partien und zahllosen *entrées* endlos lang gewesen sein. Es geht zurück auf ein florentinisches Ballett, *La Notte D'Amore* von 1608. Die vier Teile repräsentieren den Uhrenzirkel von 6 Uhr abends bis 6 Uhr morgens. Es tritt alles auf, was die antike Mythologie zu bieten hat. Um nur einiges Personal zu nennen: Venus, Luna, Jupiter, Merkur, Proteus, die Nereiden, Ganymed, Apoll, aber auch Schäfer und Schäferinnen, Banditen, Bürger, Magier, Astrologen, Monster. Im ersten Akt tanzt der König nicht die Sonne – denn die begibt sich ja zur Ruhe –, sondern eine der *Horen*, die mit der einbrechenden Nacht einen Dialog beginnen. Venus vertreibt die Schrecken der Finsternis; in diesem Teil ist die Pantomime von Amphytrion und Alkmene eingearbeitet. Dann wird Luna zur Leitfigur; der vierte und letzte Teil aber endet damit, dass *Aurora*, die Morgendämmerung, IHN ankündigt. Und nun tritt Ludwig im großen Finale als aufgehende Sonne hervor, umringt – nicht etwa von sechs Planeten, sondern von 20 Genien. Aus diesem Ballett ist eine anonyme Figurine von 1654 erhalten geblieben, die Ludwig XIV. als Tänzer zeigt, das Haupt umgeben von den Sonnenstrahlen, auf der antikischen Uniform eine Sonne, den Rock als Sonnenstrahlen und selbst noch an den Knien und den Schuhen mit Strahlen geziert.[845] Tritt Ludwig XIV. als *Gott in Uniform* auf? Und verweist diese Uniform letztlich auf orientalische Sonnengötter zurück? Ludwig hatte bewusst auf die römische Kaiserverehrung zurückgegriffen, sich am römischen Architekten Vitruv orientiert und Bildhauer nach Rom geschickt, um antike Plastiken zu studieren. Hinter der römischen Kaiserverehrung aber steht Alexander der Große; ist seine kleine Bronzestatuette zu dieser Zeit in den Louvre gelangt? Die Ähnlichkeit jedenfalls mit dem Kostümentwurf für Ludwig ist verblüffend.[846]

Dass ein Ballett, das den *Sonnenkönig* verherrlicht, eigentlich der *Nacht* gewidmet ist und mit der hereinbrechenden Dunkelheit beginnt, darf nicht überraschen. Es stellt vielmehr die Echtzeit dar, denn erst nach Sonnenuntergang beginnt das höfische Fest, und der Tanz geht tatsächlich bis zum Morgengrauen. Es gehörte zu den Gewohnheiten des Hofes, die Nacht zum Tage zu machen. Natürlich darf man den Befund, das höfische Leben sei ein immerwährendes Fest gewesen, nicht wörtlich nehmen, aber man bewegte sich von Fest zu Fest, und die Hälfte des Jahres konnte schon zur *Festzeit* werden.[847] Als am 5. Mai 1664 der Hofstaat seine Räume in Versailles bezieht – eigentlich zieht er noch auf eine Baustelle, denn die Arbeiten sind längst nicht abgeschlossen[848] –, begeht man vier Tage lang die *Plaisirs de l'Ile enchantée*. Der Name des Festes ist Programm: Man begibt sich auf eine verzauberte Insel, auf der der König in magischer Machtvollkommenheit alles in alles verwandeln kann. Bald führt er, glänzend und wieder mit Sonnenstrahlen um das Haupt geschmückt, die Schar seiner Ritter an, die vom Hochadel dargestellt werden; bald werden – am zweiten Abend – Ballette gegeben und eine Komödie von Molière. Dann, am dritten Tag, wird das Amphitheater um den künstlichen See herum er-

45 Ludwig als Ballettfigurine
Anonymer Kunstentwurf, 1654

richtet, und schließlich klingt, schießt und flutet alles in einem gewaltigen Feuerwerk und Feuerregen aus. Dem Anschein nach war das Fest zu Ehren der Königin gegeben; in Wirklichkeit war aber Mlle de La Vallière, die damalige Mätresse Ludwigs, der wahre Mittelpunkt der Veranstaltung. Damit die Hofgesellschaft ihr Fest, in dem sie selbst mitspielte und sich feierte, auch richtig verstand, wurde eine Broschüre ausgegeben, die den Ablauf und die Bedeutung der Szenen festhielt, denn der Graf von Saint-Aignan, der mit der Durchführung beauftragt war, hatte eine Episode aus dem »Rasenden Roland« des Ariost ausgewählt.[849]

46 Bronzestatuette Alexanders des Großen

Einer der farbigsten Chronisten dieser Epoche ist der Herzog von Saint-Simon. Seine »Memoiren« sind zur Quelle der Historiker geworden, die die Kultur und die Soziologie der Hofhaltung zu Versailles erforscht haben, angeregt nicht zuletzt von Norbert Elias und seinem Werk über die »Höfische Gesellschaft«. Elias kommt das Verdienst zu, eine ganze Forschungsrichtung angestoßen zu haben, selbst wenn sie dann – was nicht verwundern kann – seine Ergebnisse aus den 30er Jahren des vergangenen Jahrhunderts kritisiert und modifiziert hat.[850] Louis de Rouveroy, Herzog von Saint-Simon (1675–1755), besuchte die Ritterakademie und wurde mit 16 Jahren bei Hofe vorgestellt. Trotz seines kleinen Wuchses durfte er bei den grauen Musketieren Dienst tun und nahm an einigen Feldzügen teil. Sein Vater war Günstling Ludwigs XIII. gewesen; angeblich hatte er einen Trick erfunden, wie man auf der Jagd leichter und schneller das Pferd wechseln kann. Und vor allem »sabberte er nicht in das Horn, wenn er es für den König trug«.[851] Die Darstellungen Saint-Simons setzen mit dem Jahre 1691 ein; niedergeschrieben hat er sie seit 1694, überarbeitet erst sehr viel später. Im Grunde handelt es sich um eine Sammlung von Hofklatsch und von Anekdoten, die wir hier so stehen lassen, wie Saint-Simon sie berichtet, ohne nach ihrer historischen Treue zu fragen. 1702 quittiert er den Militärdienst und wird zum Höfling. Pünktlich folgt er nun dem Stundenplan von Versailles, ist überall mit dabei. Ein eigenes Leben, ein eigenes Handeln hat er nun nicht mehr, er ist Teil der Maschinerie der höfischen Etikette – und die beobachtet er natürlich nicht ohne seine eigene Perspektive, denn er war neidisch, missgünstig, boshaft. Der Herzog von Saint-Simon ist – wenn man die These von Elias aufgreifen will, der König habe den zuvor unberechenbaren und fehdesüchtigen Adel an den Hof gezogen und ihn damit zur *Zivilisation*, zur Ausarbeitung neuer Formen des höfischen Umgangs gezwungen – selbst ein gutes Beispiel dieses Prozesses, denn seine Waffe ist nicht mehr das Schwert, sondern das Wort.

Versailles, das 1682 nun endgültig zum Machtzentrum wurde, ist nicht nur ein Schloss, auch nicht nur ein »Hofstaat«, es ist eine politische Institution. Es hat nicht nur den Vorteil, dass es von der übergroßen, trotz der Stadtpolizei kaum zu kontrollierenden Hauptstadt mit ihren Elendsvierteln und Gangsterbanden, unruhigen kleinen Leuten, gewinnsüchtigen Händlern und Großhändlern in beruhigender Entfernung liegt;[852] es ist eine Enklave der Stabilisierung, Sinnbild des wohlgeordneten Staates. Die Ordnung ist an den Kupferstichen von Versailles – übrigens auch an denen der anderen fürstlichen Residenzen dieser Zeit – ablesbar. Sie sind in einer Perspektive gegeben, die damals niemand einnehmen konnte: Sie sehen aus wie aus dem Cockpit eines zur Landung ansetzenden Flugzeugs entworfen; die sich in die Unendlichkeit des Horizonts erstreckenden Parkachsen erscheinen dem heutigen Auge wie Landebahnen.

Diese »Würdeformel« der Vogelperspektive vom Schloss und seinen Gärten erscheint wie ein zeitlicher Vorgriff auf die Zukunft: Von hier aus soll sich die Ordnung ausdehnen. Die Kosten für Versailles organisierte Ludwigs Finanzminister Colbert (1619–1683), der allerdings lieber den Ausbau des Louvre gesehen hätte und eigens dafür den schon 70 Jahre alten italienischen Architekten Bernini von Rom nach Paris hatte kommen lassen. Aber sollte man in einem Schloss bleiben, durch dessen Umfeld allsonntäglich respektlos die Pariser Bürger spazierten und sich über Höflinge und Mätressen lustig machten? Andere Schlösser hätten sich angeboten; doch Ludwig XIV. wollte gerade diesem Bau an einem sandigen und sumpfigen Ort sein eigenes Gepräge geben. Er lief um die Gerüste herum, bestimmte alles bis ins Detail und kommandierte höchstpersönlich ein Heer von Architekten, Malern, Bildhauern, Stuckateuren und Teppichwirkern. Doch es war gut angelegtes Geld, denn Versailles erwies sich als goldene Falle für den Adel. Schon Voltaire hatte geurteilt, man habe mit relativ wenig Geld viel erreicht. Anders gesagt: Nach Versailles gab es keine Adelsaufstände, keine *Frondeure* mehr.[853] Die Unabhängigkeit des Adels war aus vielerlei Gründen im Schwinden. Für den französischen Adel, der von seinen an Besitz gebundenen, fixierten Geldrenten lebte, war der Zustrom des südamerikanischen Edelmetalls und die damit verbundene Geldentwertung katastrophal. Dabei hatte der König eine Prärogative, um an das Geld heranzukommen: die *Steuern*, mit denen er seine Untertanen abschöpfte. Ehemals besaß und vergab der König Land als »Lehen« – nun vergab er Geld auf dem Umweg über Hofämter. Diese Ämter waren aber *vergiftete* Geschenke, denn die Kosten für die Repräsentation, um ein standesgemäßes Leben in Versailles zu führen, waren so hoch, dass der Adel immer tiefer in die Abhängigkeit vom König geriet.[854] So sammelte sich allmählich ein Personal von alles in allem etwa 20 000 Personen an, davon etwa 4000 Höflinge, die den König umgaben. Man wohnte beengt in Versailles; vieles war in Eile erbaut und nicht besonders solide konstruiert – aber Paris war nahe genug, so dass der Adel zwischen beiden Orten hin- und herfahren konnte.

Geht der Adel zu Hofe, diktiert die Nähe zum König seine Rangordnung. Und niemand war erfindungsreicher, solche Gnadenerweise zu geben, als Ludwig XIV. Der König forderte nicht nur die ständige Gegenwart des hohen, sondern auch des niederen Adels. An wen er nur das Wort richtete, der galt schon als ausgezeichnet und zog neugierige

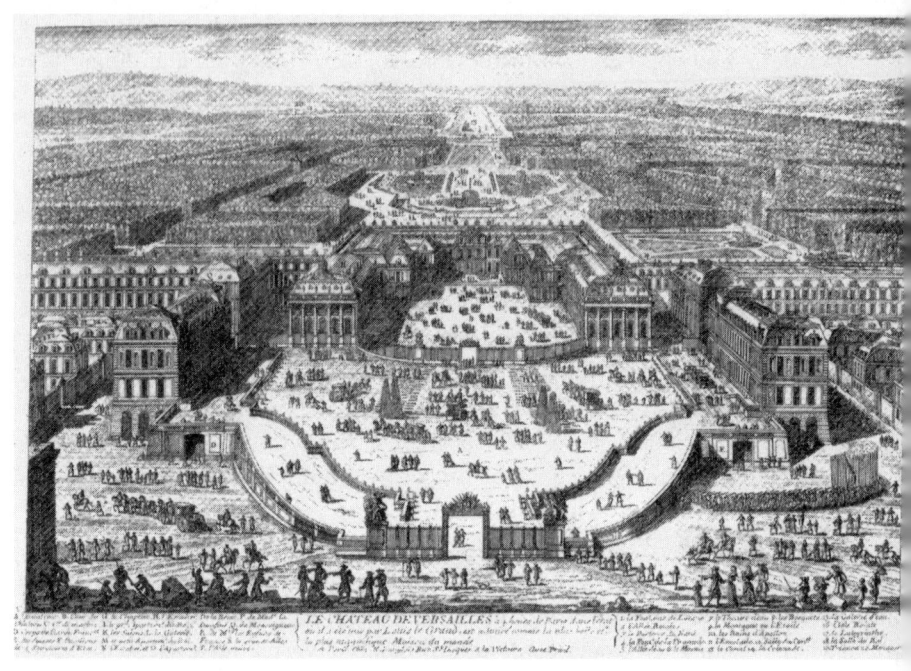

47 Versailles
Kupferstich von Gabriel Pérelle, 1674

oder neidische Blicke auf sich. Wer sich entschuldigte oder sich längere
Zeit bei Hofe nicht blicken ließ, konnte in dauernde Ungnade fallen,
gleichsam als ob er einen Verrat plante. Ludwig XIV. hatte ein ausge-
zeichnetes Gedächtnis, und er konnte die Anwesenheit auch in größeren Gesellschaften mühelos überblicken. Sollte ein saumseliger Hof-
gänger einmal irgendeinen Wunsch äußern, antwortete der König »Ich
kenne ihn nicht« oder »Ich habe den Mann nie gesehen«. Solche Verurteilung war unwiderruflich.[855] Nun waren die Hofämter käuflich, so
dass, wer über genügend eigene Mittel verfügte, die Nähe zum König
auch auf diesem Wege erlangen konnte – allerdings nur mit dessen Ge-
nehmigung. Versailles war ein Schmelztiegel verschiedener Rangstu-

fen – aber eben das brachte die feinsten Differenzierungen in der Markierung der Standesunterschiede hervor.[856]

Das bekannteste Symbol dieser Regulierung der Nähe oder Ferne zum König war das »Lever«, das öffentliche Aufstehen des Königs. Es begann um 8 Uhr morgens, wenn die Schlafzimmertüren von den Kammerpagen geöffnet wurden. Wer und in welcher Reihenfolge dann »Zutritt« hatte, war streng vorgeschrieben. Neben Arzt und Amme war das erste Entrée der königlichen Familie vorbehalten, den legitimen Söhnen und Enkeln, den Prinzen und Prinzessinnen von Geblüt. Dann folgte das »Grande entrée« für die Herren von Adel, denen der König diese Ehre ausdrücklich zuerkannt hatte. Zugang hatten danach die Aufseher über die anstehenden Vergnügungen und Festlichkeiten, Aktivitäten des Hofes, die wiederum der Auszeichnung durch Nähe oder Ferne zur *Sonne* dienten. Erst dann kamen die Minister und die Marschälle von Frankreich und weitere Entrées, die durch den »grand chambellan«, den Großkämmerer, auf Wunsch des Königs veranlasst waren. Am gesuchtesten war allerdings das Entrée nicht durch die Haupttür, sondern durch die Hintertür in die königlichen Gemächer: Sie stand den Söhnen des Königs, auch den illegitimen, mitsamt ihren Familien offen.[857] So ging der Tagesablauf fort: Wenn der König beim »kleinen Gedeck« saß, musste sein Bruder stehen, bis ihm ein Tabouret gereicht wurde und der König ihn aufforderte, sich zu setzen.[858] Auch das war eine Auszeichnung.

Wie man sich bei Hofe unmöglich machen konnte, erzählt der Herzog von Saint-Simon in einer Klatschgeschichte, die seine Kunst der Menschenbeobachtung, zugleich aber auch seine elegante Boshaftigkeit zeigt, so dass wir sie – unterbrochen durch kleine Kommentare – vollständig wiedergeben wollen. Am Fastnachtsdienstag ist großer Empfang bei der Duchesse de Chartres.

»Ich muß noch von einem höchst lächerlichen Abenteuer berichten, das dem jungen Montbron auf beiden Bällen zustieß. Dieser Montbron war zum Tänzer auf einem Ball beim König so wenig geschaffen wie sein Vater zum Ordensritter, zu dem man ihn doch 1688 ernannt hatte.«

Erste Spitze gegen die Familie Montbron.

»Der junge Montbron, der erst wenige Male bei Hofe erschienen war« –

da hat er etwas falsch gemacht; er hätte häufiger kommen sollen

– »führte Mlle. de Moreuil, Tochter der Ehrendame von Madame la Duchesse, die dieser Ehre allerdings ebensowenig würdig war wie sie.«

Doppelspitze gegen das Haus Moreuil und gegen die Duchesse de Chartres.

»Man hatte ihn gefragt, ob er gut tanze, und er hatte mit solcher Selbstgefälligkeit geantwortet, daß man sich versucht fühlte, das Gegenteil anzunehmen, worin man sich dann auch völlig bestätigt fand.«

Wir wissen schon: Am Hofe Ludwigs XIV. legte man auf das Tanzen äußersten Wert. Der König sah es gern, wenn jemand diese Kunst – wie er selbst – mit Anmut beherrschte.[859]

»Bei der ersten Verneigung schon geriet er ins Schwanken, bei den ersten Schritten kam er aus dem Takt, was er durch gezierte Mienen und viel zu hoch angesetzte Armbewegungen zu vertuschen suchte. Dadurch wurde er jedoch erst recht zur komischen Figur und rief ein Gelächter hervor, das bei allem Respekt vor dem König – der selber nur mühsam das Lachen unterdrückte – schließlich in einen wahren Tumult ausartete. Anstatt nun zu verschwinden oder wenigstens zu schweigen, entschuldigte Montbron sich am andern Morgen mit der Gegenwart des Königs, die ihn verwirrt habe; er verhieß für den nun bevorstehenden Ball wahre Glanzleistungen. Ich gehörte zu seinen Freunden, er tat mir leid, und ich hätte ihn auch noch gewarnt, wenn ich nicht hätte fürchten müssen, er würde mich, weil ich besser tanzte, missverstehen.«

»Ich gehörte zu seinen Freunden.« Nachdem er sich abfällig über die Familie geäußert hat? Dass er den Freundschaftsdienst nicht geleistet hat, wird sogleich entschuldigt. Aber vielleicht hat Saint-Simon sogar recht, und Montbron hätte die Warnung tatsächlich eher als Tadel oder als Neid aufgefasst.

»Kaum daß man ihn des Abends beim Tanze erblickte, drängte man sich in seine Nähe; wer weit entfernt war, reckte sich in die Höhe, und die Schadenfreude steigerte sich derart, dass man laut in die Hände klatschte. Jeder, selbst der König, lachte ganz ungeniert, ja etliche barsten schier vor Gelächter. Ich glaube kaum, daß irgend jemand jemals eine solche Erniedrigung hat hinnehmen müssen. Er verschwand dann auch sogleich danach und ließ sich lange Zeit nicht wieder blicken. Später erhielt er das Infanterieregiment des Dauphin und starb bald darauf unverheiratet. Es war schade um ihn, denn er war sehr tapfer und ehrenhaft.«[860]

Wirklich schade. Nur zum Tanzen bei Hofe war er nicht gemacht.

Der Hof ist aber nicht nur der Jahrmarkt der Eitelkeiten und der ständischen Differenzen, der Spiele um Rang und Vorrang. Er ist zugleich der Austragungsort gesellschaftlicher Konflikte, die zugleich wieder in einer Kunstform gebändigt sind. Das Theater Molières ist ein Beispiel dafür. Molière war dem König zutiefst verpflichtet, denn nur sein Machtwort hatte ihn nach dem Skandal über den frommen Heuchler, den »Tartuffe«, vor dem Zugriff der Kirche gerettet. Deshalb wurde der Komödiendichter des Herrschers aber keinesfalls zu einem servilen Hofpoeten, ja das Stück, das wir betrachten, leitete die Entfremdung zwischen Dichter und Herrscher ein. Molières »Bourgeois gentilhomme«, dessen Uraufführung am 14. Oktober 1670 auf dem Jagdschloss Chambord stattfand, war eine Auftragsarbeit. Ludwig XIV. hatte sich über einen türkischen Gesandten geärgert, der sich von dem aufgebotenen Pomp bei seinem Empfang keineswegs beeindrucken ließ. *Turqueries* waren bei Hof nichts Neues; es mussten in dem Stück also Türken, Musik, Tanz und eine Handlung vorkommen, die der Jagdgesellschaft einen vergnügten Abend bereitete.

Auf den ersten Blick ist »Le Bourgeois gentilhomme« auch so angelegt, dass der Hof herzlich über einen Bürger lachen kann, der auf komisch-verquere Weise dem Ideal des *honnête homme* nachstrebt. Der soziale Hintergrund dieses Bemühens liegt in der Verschmelzung des Hofes und des wohlhabenden Bürgertums von Paris zu einer neuen kulturtragenden Schicht jenseits des alten Feudaladels – *la cour et la ville*.[861] Der reich gewordene Bürger will Edelmann werden, er will jene unauffällige Geschmackssicherheit des Adels erlernen, zugleich ein umfassendes Wissen, das er nicht wie ein streitsüchtiger Akademiker vor sich herträgt, sondern liebenswürdig durchblicken lässt. Er muss nun tanzen können, fechten lernen, von Musik etwas verstehen, ja selbst Philosophie steht auf seinem Programm. Ins Haus geschleppt hat ihm diese Truppe von Lehrern der Graf Dorante, Liebhaber der Marquise Dorimène, die ebenso mittellos ist wie er selbst. Er nimmt daher den Sohn eines reich gewordenen Stoffhändlers auf höchst elegante Weise aus; wenn er kommt, um angeblich seine Schulden zu begleichen, geht er mit neuen Krediten, und Monsieur Jourdain ist beglückt, dass er sie ihm geben darf. *Stoffhändler? Kaufmann?* War nicht schon der Vater von Monsieur ein Edelmann?

CORVIELLE: *Kaufmann! Er! Das ist reine Verleumdung! Er war niemals Kaufmann! Er war allerdings ein sehr dienstfertiger, sehr gefälliger Herr, und da er sich bestens in Stoffen auskannte, beschaffte er sich oft welche von überall her, ließ sie in sein Haus bringen und schenkte sie seinen Freunden gegen Geld.*

HERR JOURDAIN: *Ich bin hocherfreut, Ihre Bekanntschaft zu machen, mein Herr, weil Sie bezeugen können, daß mein Vater ein Edelmann war.*[862]

Der Hof lacht. Denn Monsieur hat einen Adelstick. Sie lachen ebenfalls, wenn der Philosoph seinem Schüler beibringt, dass er schon immer in *Prosa* gesprochen habe. Aber lachen sie auch noch, wenn die Ankleideprobe mit den Schneidern doch ein wenig an das *Lever* des Königs erinnert? Vor allem: Die Verrücktheiten des Monsieur Jourdain werden konterkariert durch den gesunden Menschenverstand seiner Frau und des Hausmädchens Nicole. Und *Cléonte*, der zunächst unglückliche Liebhaber von *Lucile* – als er um ihre Hand anhält, sagt sie frei heraus: er sei nun einmal kein Edelmann, sondern ein

348

Bürger, dessen Vorfahren angesehene Ämter bekleidet hätten. Schließlich muss die *Turquerie* als Verkleidungskömodie helfen, alles ins Lot zu bringen. Sie gießt auch das königlich geforderte Lachen über den osmanischen Botschafter aus, der allerdings zur Zeit der Theateraufführung schon abgereist war. Ein *Ballett der Nationen* schließt den Abend ab. Doch dann geschieht das Entsetzliche: Der König ist *not amused*. Eine Biographie Molières aus dem Jahre 1705 weiß zu berichten:

»Niemals wurde ein Stück so ungnädig aufgenommen wie dieses, und unter denen von Molière war keines, das dem König ein solches Missvergnügen bereitet hat. Der König hat beim Souper darüber nicht ein Wort fallen lassen, und die Höflinge zerrissen es ganz und gar.«

Molière soll sich fünf Tage lang in sein Zimmer eingesperrt haben, bis der König nach der zweiten Aufführung geruhte, das Stück zu loben, wonach der Hof dann sogleich seine Meinung änderte.[863] Es ist nicht ganz klar, was den König verärgert hatte; es ist auch nicht deutlich, ob Molière die kritischen Untertöne bewusst eingesetzt hatte oder ob sie ihm unbewusst unterlaufen waren. Der Vorfall zeigt aber eines: Die Selbstdarstellung des Hofes und des Adels wird keinesfalls kritiklos hingenommen. Sie kann auch in eine Krise geraten. Äußerlich laufen die Rituale in der alten Form weiter. Aber seit 1680 verfolgen Ludwig und seine Berater eine neue Strategie. Das Sonnenemblem bleibt erhalten, aber seine alte Bedeutung aus den Balleten der fünfziger und sechziger Jahre wird nicht weiterverfolgt. Die Vergleiche mit Augustus und Alexander werden spärlicher; der ganze mythologische Apparat wird zurückgefahren.[864] Hängt diese Umorientierung mit der *Querelle des Anciens et des Modernes* zusammen? Dann allerdings wäre diese *Krise* zugleich ein Aufbruch in eine neue, selbstbewusste Zukunft.

Der Streit um die Vorbildhaftigkeit der Antike war in der *Académie Française* im Jahre 1687 ausgebrochen, als Charles Perrault ein »Gedicht auf das Zeitalter Ludwigs des Großen« vortrug, in dem es hieß:

»Die schöne Antike bleibt immer bewunderungswürdig;
Aber ich habe nie geglaubt, man solle sie anbeten.
Ich sehe die Alten, ohne auf die Knie zu sinken;
Sie sind groß; das ist wahr, aber Menschen wie wir;
Und man kann, ohne ungerecht zu sein,
Das Zeitalter Ludwigs mit dem des Augustus vergleichen.«

Der Skandal für die unbedingten Verehrer der Antike lag gerade *in dem Vergleich*; war man denn auf Augenhöhe mit den für unerreichbar gehaltenen Vorbildern angekommen? Um die Aufregung würdigen zu können, muss man sich klarmachen, dass sowohl die Anhänger der *Antike* als auch die Verfechter der *Moderne* – was den Verlauf der historischen Zeit betrifft – nicht in den heute geläufigen Fortschrittskategorien dachten. Beide argumentierten mit Kreislaufmodellen, die besagen, dass Kulturen nach ihrem Höhepunkt im Zenit auch wieder absteigen und verfallen können. Eben das war ja die tragische Lehre des Untergangs der Antike gewesen. Also konnte durch *Nachahmung* bestenfalls wieder erreicht werden, was schon einmal in der Welt gewesen war. Oder konnte man es überbieten? Die Verfechter der Moderne tendieren dazu, das Ideal der Vervollkommnung in die Zukunft zu verlegen oder etwas vorsichtiger: Sie weigern sich anzuerkennen, dass auf den jetzigen Höhepunkt unvermeidlich wieder ein Abstieg folgen müsse.[865]

Kulturtheoretisch werden sich die *Modernes* durchsetzen; aus ihrer Verlagerung der *perfectibilité* in Gegenwart und Zukunft wird allmählich ein Bewegungsdenken hervorgehen, das den zweiten Zeitraum unserer Stabilisierungsmoderne beherrscht. Das System Ludwigs XIV. wird sie nicht mehr erleben; es neigt sich seit den endlosen Kriegen in Holland und schließlich im Spanischen Erbfolgekrieg dem Untergang zu. Die auswärtige Kritik wächst; Europa hatte sich gegen Frankreich zusammengeschlossen.[866] Dem noch antikisierenden Propagandabild von Pierre Mignard »Der siegreiche Ludwig« von 1673 hatte Romain de Hooghe seinen Zyklus von Kupferstichen über die Greueltaten der Franzosen in den Niederlanden entgegengestellt. Und auch das Verhalten der französischen Truppen in den Pfälzer Kriegen hatte zu einer reichhaltigen Flugblattpropaganda geführt.

48 Pierre Mignard: Der siegreiche Ludwig
Öl auf Leinwand, 1673

Wie stirbt man in Friedenszeiten und bei Hofe? Wie man überall im 17. Jahrhundert in den besser gestellten Ständen zu sterben versucht: in würdevoller Haltung und unter Hinterlassung eines mustergültigen Testamentes.[867] Verschieden sind die Umstände des Todes. Nehmen wir zuerst einen leichtlebigen Fall. Bei der Geburt ihres zweiten Sohnes stirbt im Alter von 28 Jahren die Duchesse de Lorges. Sie

Eigentliche Abbildung des Französischen Mordbrenners de Melacc etc:

49 Mélac, der Mordbrenner. Deutscher Kupferstich

war eine schöne Frau, immer etwas nachlässig gekleidet, ihre Frisur war meistens in Unordnung, und ihr Kleidersaum hing an der Seite herunter – doch ihre Anmut war so groß, dass man all das übersah. Sie war von einem schlichten und bezwingenden Wesen, aber versessen auf alle Art von Vergnügungen. Ihr Vater war Minister, und es lag außerhalb ihres Vorstellungsvermögens, dass es ihr bei seinem Reichtum jemals an etwas fehlen konnte. Sie legte sich keinerlei Zwang auf, kannte keine Pflichten und keine Schicklichkeiten. Glücksspiele mit großem Einsatz waren ihre höchste Leidenschaft. Diese Spiele stellten zumeist keine hohen Ansprüche an die Kombinationskraft der Süchtigen; was die Freude, die Wutausbrüche oder die Verzweiflung hervorrief, waren die Einsätze, um die es ging.[868] Gleichzeitig war Madame aber zart und hatte ein Brustleiden. Man gab ihr zu verstehen, dass ihre Lebensweise sie ruinieren würde – doch sie war außerstande, sich etwas zu versagen. Der unvermeidliche Hofberichterstatter Saint-Simon schreibt über sie:

»Während ihrer letzten Schwangerschaft brachte sie sich durch das Spiel, durch Spazierfahrten und durchwachte Nächte bis an den Rand ihrer Kräfte; Nacht für Nacht kam sie quer in ihrer Karosse liegend nach Hause. Man fragte sie, ob sie denn in diesem Zustand überhaupt Vergnügen empfinden könne; sie antwortete mit einer Stimme, die so schwach war, daß man sie kaum noch vernahm, daß sie sehr wohl Vergnügen empfinde. So ging es rasch mit ihr zu Ende: Sie hatte mit der Dauphine in bestem Einvernehmen gestanden und war in die meisten ihrer Geheimnisse eingeweiht. Auch ich stand gut mit ihr; aber ich pflegte ihr stets zu sagen, daß ich um keinen Preis ihr Ehemann hätte sein mögen. Sie war sehr sanft und zu jedermann, der mit ihr zu tun hatte, sehr liebenswürdig. Ihr Vater und ihre Mutter waren über ihren Tod tief betrübt.«[869]

Wir zweifeln nicht daran, dass auch sie eines gefassten Todes gestorben ist. Großartiger und in aller Öffentlichkeit verlässt der König selbst seine Bühne. 1715 nimmt die Gesundheit des Königs ab. Er ist nun 77 Jahre alt, leidet an der Gicht und an nächtlichen Schweißausbrüchen. Er trinkt außer eisgekühltem Orangenblütenwasser nur noch einen verdünnten, faden alten Burgunder. In Hinblick auf seine Verstopfungen soll er viel Obst essen, er schlingt aber gegen den Rat seines Arztes auch Zuckerwerk und stark gewürzte, viel zu schwere Suppen in sich hinein. Seit langem hat er schon keine Zähne mehr – man hatte sie ihm gezogen, weil sie der Hort von Krankheiten seien –, und er isst vom Brot nur noch das Innere.[870] Als es zu Ende geht, nimmt der König tagelang Abschied von seinem Hofstaat. Er lässt den fünfjährigen Dauphin an sein Bett kommen, den späteren Ludwig XV. Der Herzog von Saint-Simon legt ihm folgende Worte in den Mund: »Mein Kind, Sie werden

50 Antoine Watteau: Firmenschild des Kunsthändlers Gersaint, 1721
Öl auf Leinwand (Ausschnitt)

ein großer König sein; ahmen Sie mich nicht nach, weder in meiner
Bauleidenschaft noch in meiner Freude am Kriegführen, versuchen Sie,
Frieden mit Ihren Nachbarn zu halten.«

Seiner dauerhaftesten Mätresse, der Mme. de Maintenon, sagt er
etwas, was sie als sehr ungalant betrachtet, denn sie schweigt und er-
widert nichts. Er sagt ihr nämlich, wenn er sie nun verließe und ihr
vorausginge, so hoffe er sie doch angesichts ihres Alters sehr bald wie-

derzusehen. Seinen weinenden Lakaien gibt er eine Sentenz mit auf den Weg, die auch von der Königin Sophie Charlotte in ähnlicher Form berichtet wird und die offenbar als eine adlige Contenance bezeugende Anekdote weitergereicht wurde: »Warum weint ihr? Habt ihr geglaubt, dass ich unsterblich wäre?« Am 30. August verteilt Mme. de Maintenon ihre Möbel unter ihre Dienerschaft und zieht sich ins Kloster Saint-Cyr zurück. Der kalte Brand hat nun das ganze Bein des Königs erfasst. Nichts hilft mehr; man hat nur ein Mittel gegen die Blattern zur Hand – selbst das wird ihm noch verabreicht. Gegen elf Uhr abends beginnen die Sterbegebete; er erkennt den Kardinal de Rohan und ruft: »O mein Gott, komm mir doch schnell zur Hilfe.«[871]

Man hat gesagt, das 18. Jahrhundert in Frankreich beginne mit dem 1. September 1715. So pünktlich pflegen Epochen nicht zu enden. Aber die Stimmung schlug nun um in eine respektlose Kritik. Antoine Watteau hat diesen Wandel 1721 festgehalten auf dem monumentalen Gemälde eines »Firmenschildes« für den Kunsthändler Gersaint. Ein Detail daraus zeigt ein Bild, das von der Wand genommen und in eine Kiste verpackt wird, weil es nun nicht mehr gefragt ist. Es ist das Portrait Ludwigs XIV.

Der schon todkranke Watteau hatte es für seinen Freund Gersaint gemalt. Es hing aber nur 14 Tage lang als Ladenschild aus, wurde bewundert und aufgekauft, um es vor Wind und Wetter zu retten. Sein späteres Geschick führt von Paris nach Preußen, denn 1754 ließ Friedrich II. es für sein Konzertzimmer im Schloss Charlottenburg erwerben. Dort hängt es heute noch.[872] Wir folgen dem Weg des Bildes – und so kommen wir von Versailles nach Potsdam – zunächst aber einmal zu seinem krassesten Gegenstück: Es verschlägt uns nach Königswusterhausen.

(Ende des ersten Halbbandes. Fortsetzung folgt)

Anhang

Anmerkungen

Vorwort

1 H. D. Kittsteiner: Die Stufen der Moderne, in: ders.: Wir werden gelebt. Formprobleme der Moderne, Hamburg 2006, S. 25–57.

2 Die »Fortschrittsmoderne« hieß zunächst *evolutive Moderne*, aber um der besseren Verständlichkeit willen und weil der »Fortschritt« ein im 19. Jahrhundert so wichtiger Topos ist, habe ich sie umgetauft.

3 Christopher A. Bayly: Die Geburt der modernen Welt. Eine Globalgeschichte 1780–1914, Frankfurt/New York 2006, S. 587. – Als theoretischen Entwurf vgl. Dietmar Rothermund: Globalgeschichte als Interaktionsgeschichte: Von der Außereuropäischen Geschichte zur Globalgeschichte, in: Birgit Schäbler (Hg.): Aerea Studies und die Welt. Weltregionen und neue Globalgeschichte, Wien 2007, S. 194–216.

4 G. W. F. Hegel: Ästhetik. Berlin und Weimar 1965, Bd. II, S. 367.

5 Jacob Burckhardt: Weltgeschichtliche Betrachtungen, Hg. Rudolf Stadelmann, Pfullingen 1949, S. 26.

6 G. W. F. Hegel: Die Vernunft in der Geschichte, Hg. Johannes Hoffmeister, Hamburg 1955, S. 99 f.

7 Paul Ricœur: Zeit und Erzählung, München 1991, Bd. III. Die erzählte Zeit, S. 331.

8 H. D. Kittsteiner: Weltgeist, Weltmarkt, Weltgericht, München 2007.

9 Hegel, Die Vernunft in der Geschichte, a. a. O., S. 17.

10 Vgl. dazu die Beiträge von Wolfgang Sonne und Egon Flaig in: Rainer Maria Kiesow/Dieter Simon (Hg.): Auf der Suche nach der verlorenen Wahrheit. Zum Grundlagenstreit in der Geschichtswissenschaft, Frankfurt/M/New York 2000.

11 Vgl. dazu H. D. Kittsteiner: Mit Marx für Heidegger – mit Heidegger für Marx, München 2004.

12 Ernst Cassirer: Versuch über den Menschen. Einführung in eine Philosophie der Kultur, Frankfurt/M 1990, S. 287. – Johann Wolfgang Goethe: Faust. Zweiter Teil, Münchener Ausgabe Bd. 18.1, S. 192.

13 Johann Gustav Droysen: Historik. Vorlesungen über Enzyklopädie und Methodologie der Geschichte, Hg. Rudolf Hübner, Darmstadt 1960, S. 328.

14 Leopold v. Ranke: Über die Epochen der Neueren Geschichte. Vorträge dem Könige Maximilian II. von Bayern gehalten, Darmstadt 1965, S. 8.

15 Vgl. dazu Konrad Paul Liessmann: Theorie der Unbildung. Die Irrtümer der Wissensgesellschaft, Wien 2006.

16 G. W. F. Hegel: Grundlinien der Philosophie des Rechts, Hg. Johannes Hoffmeister, Hamburg 1955, S. 17.

Am Ende eines langen Krieges

I. Der Krieg

17 Jan Peters (Hg.): Ein Söldnerleben aus dem Dreißigjährigen Krieg. Eine Quelle zur Sozialgeschichte, Berlin 1993, S. 23. – Vgl. dazu: Peter Barschel: Himmelreich und Hölle. Ein Söldner, sein Tagebuch und die Ordnung des Krieges, in: Benigna von Krusenstjern/Hans Medick (Hg.): Zwischen Alltag und Katastrophe. Der Dreißigjährige Krieg aus der Nähe, Göttingen 1999, S. 181–194. Obige Zitate: Peters, ebd., S. 126 u. 188.

18 Peters, ebd., S. 138f.

19 Peters, ebd., S. 131 u. 243.

20 Peters, ebd., S. 132. – Johannes Dierauer: Geschichte der Schweizer Eidgenossenschaft, Bd. III, Gotha 1907, S. 485. – Zur Gesamtkonstellation vgl. Andreas Wendland: Der Nutzen der Pässe und die Gefährdung der Seelen. Spanien, Mailand und der Kampf ums Veltlin 1620–1641, Zürich 1995, S. 134f.

21 Peters, ebd., S. 131–134.

22 »Mit seinem Glück/ seiner Gefahre/ Der Krieg, er zieht sich etwas hin./ Der Krieg, er dauert hundert Jahre/ Der g'meine Mann hat kein Gewinn«. Schlusslied der Mutter Courage, in: Bertolt Brecht: Mutter Courage und ihre Kinder. Eine Chronik aus dem Dreißigjährigen Krieg, in: Bertolt Brecht Gesammelte Werke, Frankfurt/M 1967, Bd. 4, S. 1438.

23 Siegfried Laufer: Die Lehre des Thukydides von der Zunahme geschichtlicher Größenverhältnisse, in: Anton Mirko Koktanek (Hg.): Spengler-Studien. Festgabe für Manfred Schröter zum 85. Geburtstag, München 1965, S. 177–192.

24 Konrad Repgen: Seit wann gibt es den Begriff »Dreißigjähriger Krieg«?, in: Festschrift Hans Gollwitzer, Münster 1982, S. 59–70.

25 Konrad Repgen: Über die Geschichtsschreibung des Dreißigjährigen Krieges: Begriff und Konzeption, in: ders. (Hg.): Krieg und Politik 1618–1648. Europäische Probleme und Perspektiven, München 1988, S. 12.

26 Heinrich Mitteis/Heinz Lieberich: Deutsche Rechtsgeschichte, Berlin 1965, S. 99 f. – Wolfgang Stürner: Dreizehntes Jahrhundert. 1198–1273, Stuttgart 2007, S. 109 ff. – Im »Sachsenspiegel« ist der König von Böhmen von der Kur noch aus-

geschlossen, »weil er kein Deutscher ist«. Eike von Repgow: Der Sachsenspiegel, Hg. Clausdieter Schott, Zürich 1984, S. 206.

27 Harald Zimmermann, Art. »Kaisertum und Papsttum«, in: Theologische Realenzyklopädie, Bd. XVII, Berlin/New York 1988, S. 529.

28 Alois Dempf: Sacrum Imperium. Geschichts- und Staatsphilosophie des Mittelalters und der Politischen Renaissance, Darmstadt 1954, S. 474.

29 Burkhardt, Der Dreißigjährige Krieg, a. a. O., S. 33. – Georg Braun: Weltkarte im Doppeladler, in: Christian Heitzmann: Europas Weltbild in alten Karten. Globalisierung im Zeitalter der Entdeckungen, Herzog-August-Bibliothek Wolfenbüttel 2006, S. 91. – Rodney W. Shirley: The Mapping of the World. Early Printed World Maps 1472–1700, London 1984, S. 154 f. (Nr. 130).

30 Heinz Schilling: Aufbruch und Krise. Deutschland 1517–1648, Berlin 1988, S. 236 ff. – Maximilian Lanzinner: Konfessionelles Zeitalter, Stuttgart 2001, S. 47 ff.

31 Burkhardt, Der Dreißigjährige Krieg, a. a. O., S. 66.

32 Helga Schultz: Handwerker, Kaufleute, Bankiers. Wirtschaftsgeschichte Europas 1500–1800, Frankfurt/M 1997, S. 32 ff.

33 Geoffrey Parker: Der Aufstand der Niederlande. Von der Herrschaft der Spanier zur Gründung der Niederländischen Republik 1549–1609, München 1979, S. 62 ff.

34 Burkhardt, Der Dreißigjährige Krieg, a. a. O., S. 65 f.

35 Goethe, Egmont, IV. und V. Akt, Münchener Ausgabe, Band 3.1, S. 298–309, Zit. S. 329.

36 Helmut G. Koenigsberger: Schlußbemerkung. Republiken und Republikanismus im Europa der Frühen Neuzeit aus historischer Sicht, in: ders. (Hg.): Republiken und Republikanismus im Europa der Frühen Neuzeit, München 1988, S. 295.

37 Parker, Der Aufstand der Niederlande, a. a. O., S. 204 ff.

38 Burkhardt, Der Dreißigjährige Krieg, a. a. O., S. 68.

39 Parker, Der Aufstand der Niederlande, a. a. O., S. 237 ff.

40 »Die Vernunfft hat ihren Ursprung vom Himmel/ja von Gott selber: und hat Seneca gar prechtig von ihr geredet/ und sie ein vergrabenes oder eingegossenes Stück des Göttlichen Geist in dem Menschen genennet.« Lipsius, Justus: Von der Bestendigkeit [De constantia]. Faksimiledruck der dt. Übersetzung des Andreas Viritius nach der 2. Aufl. v. c. 1601. Mit den wichtigsten Lesarten der 1. Aufl. v. 1599. Hg. v. Leonhard Forster Stuttgart 1965, S. 12. – Vgl. zu Lipsius: Günter Abel: Stoizismus und Frühe Neuzeit, Berlin/New York 1978, S. 67–113.

41 Burkhardt, Der Dreißigjährige Krieg, a. a. O., S. 70.

42 Gerhard Oestreich: Calvinismus, Neustoizismus und Preußentum, in: Otto Büsch/Wolfgang Neugebauer (Hg.): Moderne Preußische Geschichte 1648–1947, Bd. 3, Berlin/New York 1981, S. 1268–1293.

43 Jenseits seiner Einschätzung als eines »menschenscheuen Sonderlings« vgl. Herbert Haupt: Kaiser Rudolf II. in Prag. Persönlichkeit und imperialer An-

spruch, in: Prag um 1600. Kunst und Kultur am Hofe Rudolfs II., Freren 1988, S. 45–53. – Erich Trunz: Späthumanismus und Manierismus im Kreise Kaiser Rudolfs II., Ebd., S. 57–60. – Vgl. auch Eric Midelfort: Verrückte Hoheit. Wahn und Kummer in deutschen Herrscherhäusern, Stuttgart 1996, S. 171–191.

44 Heinz Schilling, Aufbruch und Krise, a. a. O., S. 414 f.

45 Burkhardt, Der Dreißigjährige Krieg, a. a. O., S. 74–90.

46 Peters, Söldnerleben, a. a. O., S. 226.

47 Wilfried Ehbrecht: Lippstadt. Beiträge zur Stadtgeschichte, Teil I, Lippstadt 1985, S. 335.

48 Friedrich von Spee: Cautio Criminalis, München 1982, Einleitung S. XVIII.

49 Auffällige Schönheit wird neben Reichtum, Adel und geringem Alter als Besonderheit auch in den Hinrichtungsstatistiken erwähnt. So heißt es in der Würzburger Statistik von 1627 bis 1629: »Das Göbel Babelin, die schönste Jungfrau in Würtzburg.« Wolfgang Behringer (Hg.): Hexen und Hexenprozesse in Deutschland, München 2000, S. 255.

50 Schilling, Aufbruch und Krise, a. a. O., S. 422 f.

51 Golo Mann: Wallenstein, Frankfurt/M 1971, S. 665 ff.

52 Mann, ebd., S. 416 ff. – Gerhard Schormann: Dreißigjähriger Krieg 1618–1648, Stuttgart 2001, S. 232 ff.

53 Jan de Vries/Ad van de Woude: The First Modern Economy. Success, Failure, and Perseverance of the Dutch Economy, 1500–1815, Cambridge University Press 1997, S. 372 ff.

54 Peters, Söldnerleben, a. a. O., S. 136.

55 Monika Kilian/Ulrich Knefelkamp: Von der Kaufmannssiedlung zur Hansestadt – eine mittelalterliche Erfolgsgeschichte, in: Ulrich Knefelkamp/Siegfried Griesa (Hg.): Frankfurt an der Oder 1253–2003, Berlin 2003, S. 31–65.

56 Siegfried Griesa: Glaubens- und Religionskonflikte und ihre Auswirkungen, in: Knefelkamp/Griesa, Frankfurt an der Oder, ebd., S. 91 ff. – Sonderausstellung des Museums Viadrina: Frankfurt (Oder) im Dreißigjährigen Krieg. Katalog, Jacobsdorf 1998, S. 19 f.

57 Zur komplizierten konfessionellen Situation in der Stadt vgl. Maren Ballerstedt: Belagerung und Zerstörung Magdeburgs 1629/31 – Ereignisse und Hintergründe, in: Tagung des Vereins für Kirchengeschichte der Kirchenprovinz Sachsen (Hg.): Konfession, Krieg und Katastrophe. Magdeburgs Geschick im Dreißigjährigen Krieg, Magdeburg 2006, S. 11–24; hier S. 21 f. – Zur Vor- und Nachgeschichte vgl. Lutz Miehe: »Das wäre ein Bissen für den Sohn ihrer Majestät.« Das Ringen um die Vorherrschaft im Erzbistum Magdeburg während des Dreißigjährigen Krieges, in: Puhle, Matthias (Hg.): »… gantz verheeret!« Magdeburg und der Dreißigjährige Krieg. Beiträge zur Stadtgeschichte und Katalog zur Ausstellung des Kulturhistorischen Museums Magdeburg im Kunstmuseum Kloster Unser Lieben Frauen 2. Oktober 1998 bis 31. Jänner 1999, Halle 1998, S. 35–44.

58 Peters, Söldnerleben, a. a. O., S. 138.

59 Peter Milger: Gegen Land und Leute. Der Dreißigjährige Krieg, München 1998, S. 212.

60 Hans Medick: Historisches Ereignis und zeitgenössische Erfahrung. Die Eroberung und Zerstörung Magdeburgs 1631, in: Krusenstjern/Medick, Zwischen Alltag und Katastrophe, a. a. O., S. 377–407; hier S. 389.

61 W. Lahne: Magdeburgs Zerstörung in der zeitgenössischen Publizistik, Magdeburg 1931.

62 Konrad Repgen: Der Dreißigjährige Krieg, in: Theologische Realenzyklopädie (TRE), Berlin/New York 1982, Bd. 9, S. 176.

63 Puhle, »… gantz verheeret!, Magdeburg und der Dreißigjährige Krieg, a. a. O., S. 251 f.

64 Michael Schilling: Der Untergang Magdeburgs 1631 in der zeitgenössischen Literatur und Publizistik, in: Verein für Kirchengeschichte, Konfession, Krieg und Katastrophe, a. a. O., S. 94.

65 Martin Knauer: »… Das Mägdlein ist nicht todt, sondern es schläfft …«. Die Eroberung Magdeburgs als heilsgeschichtliches Ereignis, in: Puhle, »… gantz verheeret!« Magdeburg und der Dreißigjährige Krieg, a. a. O.., S. 71–79.

66 Markus Neumann: »… diese arme Stadt und Bürgerschafft so viel immer meglich in Gnaden verschonen …« Konflikte um Festungsbau und Militarisierung in der zweiten Hälfte des 17. Jahrhunderts, in: Puhle, »… gantz verheeret!«. Magdeburg und der Dreißigjährige Krieg, a. a. O., S. 97.

67 Museum Viadrina: Frankfurt (Oder) im Dreißigjährigen Krieg, a. a. O.

68 Günther Franz: Der Dreißigjährige Krieg und das deutsche Volk. Untersuchungen zur Bevölkerungs- und Agrargeschichte, Stuttgart/New York 1979, S. 22.

69 Zur Bevölkerungsdichte von Frankreich und Europa vgl. Jean Meyer: Frankreich im Zeitalter des Absolutismus 1515–1789. Geschichte Frankreichs Bd. 3, Stuttgart 1990, S. 44 ff.

70 Vgl. dazu insgesamt: Klaus Zernack: Schweden als europäische Großmacht der Frühen Neuzeit, in: ders.: Nordosteuropa. Skizzen und Beiträge zu einer Geschichte der Ostseeländer, Lüneburg 1993, S. 203–227; hier S. 215.

71 Gotthold Rhode: Kleine Geschichte Polens, Darmstadt 1965, S. 256 ff.

72 Jan Peters: Die alten Schweden. Über Wikingerkrieger, Bauernrebellen und Heldenkönige, Berlin 1986, S. 191 ff.

73 Werner Hofmann (Hg.): Caspar David Friedrich 1774–1840, München 1974, S. 294.

74 Burkhardt, Der Dreißigjährige Krieg, a. a. O., S. 59.

75 Burkhardt, Der Dreißigjährige Krieg, ebd., S. 59 f.

76 Als Ursprungszeit des Begriffes kann auch der sogenannte zweite Dreißigjährige Krieg zwischen 1667 und 1697 gelten, der Frankreichs Vorherrschaft auf dem Kontinent sichern sollte und vor allem den Westen des Deutschen Reiches in Mitleidenschaft zog. Johannes Burkhardt: Vollendung und Neuorientierung des frühmodernen Reiches, Stuttgart 2006, S. 108.

77 Kurt von Raumer: Ewiger Friede. Friedensrufe und Friedenspläne seit der Renaissance, Freiburg und München 1953, S. 70 ff.

78 Marc Bloch: Die wundertätigen Könige, München 1998, S. 105 f. und S. 250 f.

79 Burkhardt, Der Dreißigjährige Krieg, a.a.O., S. 42 ff., S. 47.

80 Peters, Söldnerleben, a.a.O., S. 142 f.

81 Ebd., S. 144.

82 Gemeint ist nicht ein »Lutheraner«, sondern ein »Lotterjahn«, liederlicher Kerl.

83 Ebd., S. 147.

84 Curt Grützmacher: Liebeslyrik des deutschen Barock, © Winkler: München 1965, S. 87 f.

85 Peters, Söldnerleben, a.a.O., S. 151.

86 Peters, Söldnerleben, ebd., S. 156.

87 Peters, Söldnerleben, ebd., S. 156 f.

88 Peters, Söldnerleben, ebd., S. 170.

89 Peters, Söldnerleben, ebd., S. 174.

90 Peters, Söldnerleben, ebd., S. 156.

91 Peters, Söldnerleben, ebd., S. 175.

92 Peters, Söldnerleben, ebd., S. 174.

93 J.C. Allmayer-Beck/E. Lessing: Die kaiserlichen Kriegsvölker. Von Maximilian I. bis Prinz Eugen 1479–1718, München 1978, S. 145 ff.

94 Schilling, Aufbruch und Krise, a.a.O., S. 459.

95 Vgl. zu der ganzen Fragestellung: Bernhard R., Kroener: »Der Krieg hat ein Loch …«. Überlegungen zum Schicksal demobilisierter Söldner nach dem Dreißigjährigen Krieg, in: Heinz Duchardt (Hg.): Der Westfälische Friede. Diplomatie – politische Zäsur – kulturelles Umfeld – Rezeptionsgeschichte (Historische Zeitschrift, Beiheft 26 NF), München 1998, S. 599–630.

96 Günther Franz: Der Dreißigjährige Krieg und das deutsche Volk. Untersuchungen zur Bevölkerungs- und Agrargeschichte, Stuttgart/New York 1979, S. 64–103. – Zustimmend zu G. Franz' Schätzungen der Bevölkerungsverluste vgl. Manfred Vasold: Pest, Not und schwere Plagen. Seuchen und Epidemien vom Mittelalter bis heute, München 1991, S. 153 f.

97 Axel Marquardt: Der Lebensweg Grimmelshausens, in: Westfälisches Landesmuseum (Hg.): Simplicius Simplicissimus, Münster 1976 (Katalog), S. 69–75.

98 Eine unerschöpfliche Fundgrube für das Verweben der eigenen Erlebnisse zur literarischen Form bildet Gustav Könnecke: Quellen und Forschungen zur Lebensgeschichte Grimmelshausens, Hg. J.H. Scholte, 2 Bde. 1926/28. Reprint Hildesheim 1977.

99 Grimmelshausen: Der abenteuerliche Simplicissimus, Hg. Alfred Kelletat, Frankfurt/M und Hamburg 1962, S. 16.

100 Eike H. Vollmuth: Quellen und Zeitgenossen, in: Katalog Westfälisches Landesmuseum, a.a.O., S. 163–165.

101 Grimmelshausen, Der abenteuerliche Simplicissimus, a. a. O., S. 24.

102 Timothy Sodmann: Die Kalenderschriften Grimmelshausens, in: Katalog Westfälisches Landesmuseum, a. a. O., S. 129–131.

103 Bernhard R. Kroener: Soldat oder Soldateska? Programmatischer Aufriß einer Sozialgeschichte militärischer Unterschichten in der ersten Hälfte des 17. Jahrhunderts, in: Militärgeschichtliche Probleme – Thesen – Wege, ausgew. von Manfred Messerschmidt u. a., Beiträge zur Militär- und Kriegsgeschichte Bd. 25, Stuttgart 1982, S. 100–123.

104 Grimmelshausen, Simplicissimus, a. a. O., S. 33 f. – Hier ist sie wieder, die abgeschnittene Nase, bevorzugter Angriffspunkt der Verunstaltung des Gesichts mit gleichzeitiger sexueller Konnotation. Valentin Groebner: Ungestalten. Die visuelle Kultur der Gewalt im Mittelalter, München 2003, S. 71–83.

105 Grimmelshausen, Simplicissimus, ebd., S. 35.

106 Grimmelshausen, Simplicissimus, ebd., S. 35 f.

107 Grimmelshausen, Simplicissimus, ebd., S. 15.

108 Richard van Dülmen: Theater des Schreckens. Gerichtspraxis und Strafrituale in der frühen Neuzeit, München 1985.

109 Grimmelshausen, Simplicissimus, a. a. O., S. 37 f.

110 Burkhardt, Der Dreißigjährige Krieg, a. a. O., S. 233 f.

111 Kroener, Soldat, Soldateska, a. a. O.

112 Joachim Uhlitzsch: Der Soldat in der bildenden Kunst. 15.–20. Jahrhundert, Berlin 1987, S. 123.

113 Vgl. die graphische Darstellung in: Günther Franz: Der Dreißigjährige Krieg und das deutsche Volk. Untersuchungen zur Bevölkerungs- und Agrargeschichte, Stuttgart/New York 1979, S. 8. – Eine Überblickskarte über die Bevölkerungsverluste der brandenburgischen Städte zwischen 1625 und 1652/53 zeigt zumeist einen – regional verschiedenen – zeitweiligen maximalen Wert von ca. 2/3 bis zu 3/4. Verglichen etwa mit Prenzlau, Brandenburg und Frankfurt (Oder) sind Spandau, Berlin und Cölln relativ gut davongekommen. Ingrid Mittenzwei: Brandenburg-Preußen 1648–1789. Das Zeitalter des Absolutismus in Text und Bild, Berlin 1990, S. 28 f.

114 G. Franz: Der Dreißigjährige Krieg und das deutsche Volk, a. a. O., S. 9 – Zur kritischen Einschätzung der Arbeiten von G. Franz und zu seinem NS-Engagement vgl. Wolfgang Behringer: Von Krieg zu Krieg. Neue Perspektiven auf das Buch von Günther Franz »Der Dreißigjährige Krieg und das deutsche Volk« (1940), in: Krusenstjern/Medick, Zwischen Alltag und Katastrophe, a. a. O., S. 543–591. Umstritten sind seine Quantifizierungen der Bevölkerungsverluste. Während eine Reihe von neueren Forschern seine Ergebnisse bestätigt (vgl. Anm. 95), warnen andere davor, »ihm auf den Leim zu gehen«. Behringer, ebd., S. 590.

115 Franz, Der Dreißigjährige Krieg, a. a. O., S. 41. – Vgl. allgemein: Edward A. Eckert: The Structure of Plagues and Pestilences in Early Modern Europe, Basel 1996.

116 Gerd Zillhardt: Der Dreißigjährige Krieg in zeitgenössischer Darstellung. Hans Heberles ›Zeytregister‹ (1618–1672). Aufzeichnungen aus dem Ulmer Territorium, Stuttgart 1975, S. 93.

117 Zillhardt, Zeytregister, ebd., S. 24.

118 Zillhardt, Zeytregister, ebd., S. 133.

119 Zillhardt, Zeytregister, ebd., S. 37, Anm. 157.

120 Zillhardt, Zeytregister, ebd., S. 172.

121 Zillhardt, Zeytregister, ebd., S. 155.

122 »Dan man hat vüll frucht in ihre höller funden und außgraben, dan es haben sich die menschen hefftig daruber gelegt und die maußhöller außgraben und vüll frucht darauß gethaun, das manches armes mensch ein halbes jar sein narung und darvon zu essen gehabt hatt.« Zillhard, Zeytregister, ebd., S. 159.

123 Zillhardt, Zeytregister, ebd., S. 165.

124 Zillhardt, Zeytregister, ebd., S. 185.

125 Zillhardt, Zeytregister, ebd., S. 224.

126 Grimmelshausen, Simplicissimus, a. a. O., S. 14.

127 Rabb gibt zu bedenken, dass andere Künstler, die nicht höfisch eingebunden waren wie Velasquez, ihre Kritik noch deutlicher ausdrücken konnten. Theodore K. Rabb: The Struggle for Stability in Early Modern Europe, New York 1975, S. 135.

II. Der Frieden

128 Schormann, Dreißigjähriger Krieg, a. a. O., S. 257 ff.

129 Peters, Söldnerleben, a. a. O., S. 186.

130 Schilling, Aufbruch und Krise, a. a. O., S. 450.

131 Meyer, Frankreich im Zeitalter des Absolutismus, a. a. O., S. 280.

132 Schilling, Aufbruch und Krise, a. a. O., S. 462.

133 Rabb, The Struggle for Stability, a. a. O. – Thomas Robishaux: Rural Society and the Search for Order in Early Modern Germany, Cambridge 1989.

134 Jörg Fisch: Krieg und Frieden im Friedensvertrag. Eine universalgeschichtliche Studie über Grundlagen und Formelemente des Friedensschlusses, Stuttgart 1979, S. 537. – Michael Stolleis: Staat und Staatsräson in der frühen Neuzeit, Frankfurt/M 1990.

135 Die neuere Forschung hat dieses Bild relativiert und korrigiert. Johannes Burkhardt macht auf »fehlverstandene Bestimmungen des Westfälischen Friedens« aufmerksam, da man die Landeshoheit – »Superiositas« – als »Souveränität« ausgelegt habe. Schließlich sei der Souveränitätsanspruch der völkerrechtlich agierenden deutschen Mächte erst aus dem späteren Erwerb von Königskronen herzuleiten. Sicherlich richtig ist seine Grundüberlegung, dass das Alte Reich nach dem Westfälischen Frieden – vor allem in der *kleindeutschen Geschichtsschreibung* des 19. Jahrhunderts – als Kontrastfolie für den »Aufstieg Preußens«

herhalten musste. Burkhardt, Vollendung und Neuorientierung des frühmodernen Reiches, a. a. O., S. 32–47.

136 Johannes Kunisch: Absolutismus. Europäische Geschichte vom Westfälischen Frieden bis zur Krise des Ancien Régime, Göttingen 1999, S. 126 ff.

137 Heinz Schilling: Höfe und Allianzen. Deutschland 1648–1763, Berlin 1989, S. 94 ff.

138 Burkhardt, Der Dreißigjährige Krieg, a. a. O., S. 166. – Heinz Schilling: Der Westfälische Friede und das neuzeitliche Profil Europas, in: Duchardt, Der Westfälische Friede, a. a. O., S. 1–32; hier S. 27.

139 Winfried Schulze: Deutsche Geschichte im 16. Jahrhundert, Frankfurt/M 1987, S. 160.

140 Schulze, ebd., S. 79.

141 Thomas Kaufmann: Dreißigjähriger Krieg und Westfälischer Friede. Kirchengeschichtliche Studien zur lutherischen Konfessionskultur, Tübingen 1998, S. 15 f. – Georg Schmidt: Der Dreißigjährige Krieg, München 1995, S. 23. – Burkhardt, Der Dreißigjährige Krieg, a. a. O., S. 128 ff. – Johannes Burkhardt: Das Reformationsjahrhundert. Deutsche Geschichte zwischen Medienrevolution und Institutionenbildung 1517–1617, Stuttgart 2002. – Hans Jürgen Schönstädt: Antichrist, Weltheilsgeschehen und Gottes Werkzeug. Römische Kirche, Reformation und Luther im Spiegel des Reformationsjubiläums 1617. Wiesbaden 1978.

142 Burkhardt, Das Reformationsjahrhundert, ebd., S. 130 f.

143 Erfrischend zu lesen der Abschnitt: Gustav Adolf. Vom schweren Sterben einer Legende, in: Peters, Die alten Schweden, a. a. O., S. 105–134.

144 Otto Hermann Pesch/Albrecht Peters: Einführung in die Lehre von Gnade und Rechtfertigung, Darmstadt 1981, S. 119.

145 Martin Brecht: Martin Luther. Sein Weg zur Reformation 1483–1521, Stuttgart 1983, S. 174 ff. und S. 218 ff. – Vgl. auch H. D. Kittsteiner: Die Entstehung des modernen Gewissens, Frankfurt/M und Leipzig 1991, S. 170 ff.

146 Luthers Selbstzeugnis von 1545, in: Luther. Hg. Helmut Gollwitzer, Frankfurt/M 1963, S. 20.

147 Theodosius Harnack: Luthers Theologie mit besonderer Beziehung auf seine Versöhnungs- und Erlösungslehre, München 1927, 2 Bde., Bd. 1, S. 193–274.

148 Luther: Von der Freiheit eines Christenmenschen, in: Luthers Werke in Auswahl, Hg. Otto Clemen, Bonn 1912, Bd. 2, S. 13.

149 Luther, ebd., S. 14.

150 Kittsteiner, Die Entstehung des modernen Gewissens, a. a. O., S. 172.

151 Luther, Von der Freiheit, a. a. O., S. 12. – Luther drückt dieses Mysterium im Bilde der Christi-Braut-Mystik aus: »So wird die gläubige Seele durch das Unterpfand ihres Glaubens an Christus, ihren Bräutigam, von allen Sünden frei, vorm Tode sicher und vor der Hölle geschützt, weil ihr die ewige Gerechtigkeit, das Leben und das Heil ihres Bräutigams Christus geschenkt sind.« Horst Beintker (Hg.): Martin Luther. Die reformatorischen Grundschriften in vier Bänden. Bd. 4. Die Freiheit eines Christen, München 1983, S. 19.

152 Luther meint damit »feiern« im Sinne von »untätig sein«.

153 D. Martin Luther: Biblia. Das ist die gantze Heilige Schrifft, München 1974, Bd. 3, S. 2270.

154 Man muss bedenken, dass das Wort »Rechtfertigung« für Luther und seine Zeitgenossen weniger bedeutet, dass *man sich selbst gegen eine Anklage rechtfertigt*, sondern gemeint ist die *Fertigmachung*, die Vollstreckung des Rechtes selbst. Bei der »scharfen Rechtfertigung« stand die Folter vor Augen, bei der »peinlichen Rechtfertigung« die Hinrichtung durch den Henker. Pesch/Peters, Einführung in die Lehre von Gnade und Rechtfertigung, a. a. O., S. 135.

155 Luthers Selbstzeugnis von 1545, in: Luther. Hg. Gollwitzer, a. a. O., S. 22.

156 Pesch/Peters, Gnade und Rechtfertigung, a. a. O., S. 142 f.

157 Luther, Von der Freiheit, a. a. O., S. 20.

158 Schulze, Deutsche Geschichte im 16. Jahrhundert, a. a. O., S. 121.

159 Olaf Mörke: Die Reformation. Voraussetzung und Durchsetzung, München 2005, S. 31. – Johannes Burkhardt: Das Reformationsjahrhundert, a. a. O. – Johannes Burkhardt: Kommunikation und Medien in der Frühen Neuzeit, München 2005.

160 Heinrich Richard Schmidt: Konfessionalisierung im 16. Jahrhundert, München 1992, S. 61 ff. – Über religiöse Mischformen und die Ersetzung der katholischen »Dingmagie« durch die protestantische »Wortmagie« im Bereich der Alltagsreligion vgl. Kittsteiner, Entstehung des modernen Gewissens, a. a. O., S. 55 ff.

161 Pesch/Peters, Gnade und Rechtfertigung, a. a. O., S. 128.

162 Eine »Protestation« auf Reichstagen war ein durchaus übliches Verfahren, um den eigenen Rechtsstandpunkt zu wahren. Nur betrifft sie jetzt das Seelenheil und die Gewissensfreiheit, über die jeder Reichsstand für sich zu entscheiden habe, und wird damit theologisch aufgeladen. Mörke, Die Reformation, a. a. O., S. 42.

163 Die Bekenntnisschriften der evangelisch-lutherischen Kirche. Herausgegeben im Gedenkjahr der Augsburgischen Konfession 1930, Göttingen 1952, S. 136 f.

164 Bekenntnisschriften, ebd., S. 44.

165 Schulze, Deutsche Geschichte im 16. Jahrhundert, a. a. O., S. 162 ff.

166 Schilling, Aufbruch und Krise, a. a. O., S. 361.

167 Hans Maier: Die christliche Zeitrechnung, Freiburg 1997, S. 40.

168 Schilling, Aufbruch und Krise, a. a. O., S. 264.

169 Kittsteiner, Entstehung des modernen Gewissens, a. a. O., S. 159 ff.

170 Vgl. dazu eine generelle Übersicht bei Ernst Koch: Das konfessionelle Zeitalter – Katholizismus, Luthertum, Calvinismus (1563–1675), Leipzig 2000.

171 Will-Erich Peuckert (Hg.): Der Alchymist und sein Weib. Gauner- und Ehescheidungsprozesse des Alchymisten Thurneysser, Stuttgart 1956, S. 104 f.

172 Peuckert, Thurneysser, ebd., S. 97.

173 Gerhard Müller: Art. »Tridentinum«, in: TRE, Bd. XXXIV, Berlin/New

York 2002, S. 64. – Bernhard Lohse: Martin Luther. Eine Einführung in sein Leben und sein Werk, München 1982, S. 59.

174 Bernd Moeller: Geschichte des Christentums in Grundzügen, Göttingen 1979, S. 260.

175 Klaus Kreiser: Der Osmanische Staat. 1300–1922, München 2001, S. 24–27.

176 Hubert Jedin: Geschichte des Konzils von Trient. Bd. 1, Freiburg 1949, S. 435 ff.

177 Johann Beumer: Die Geschäftsordnung des Trienter Konzils, in: Remigius Bäumer (Hg.): Concilium Tridentinum, Darmstadt 1979, S. 113 f.

178 Müller, Art. »Tridentinum«, in: TRE, a. a. O., S. 66.

179 Martin Brecht: Abgrenzung oder Verständigung. Was wollten die Protestanten in Trient?, in: Bäumer, Concilium Tridentinum, a. a. O., S. 161–195.

180 Hubert Jedin: Die Deutschen am Trienter Konzil 1551/52, in: Bäumer, Concilium Tridentinum, ebd., S. 158 f.

181 Pesch/Peters: Gnade und Rechtfertigung, a. a. O., S. 173.

182 Jedin, Geschichte des Konzils von Trient, a. a. O., Bd. 2, S. 80 ff.

183 Jedin, ebd., S. 60 f. – Moeller, Geschichte des Christentums, a. a. O., S. 262. – Müller, Art. »Tridentinum«, a. a. O., S. 66.

184 Jedin, Geschichte des Konzils von Trient, a. a. O., Bd. 2, S. 126.

185 Pesch/Peters, Gnade und Rechtfertigung, a. a. O., S. 179 ff.

186 Jedin, Geschichte des Konzils von Trient, a. a. O., Bd. 2., S. 260 f.

187 Jedin, ebd., S. 317.

188 Moeller, Geschichte des Christentums, a. a. O., S. 262 f.

189 Jedin, Geschichte des Konzils von Trient, a. a. O., Bd. 3, S. 274.

190 Jedin, Geschichte, ebd., S. 283. – Otto Scheel, Art. »Transsubstantiation«, in: RGG, 1. Aufl. Tübingen 1913, Bd. 5, Sp. 1316.

191 Jedin, Geschichte, Bd. 3, S. 329. – Vgl. Kittsteiner, Die Entstehung des modernen Gewissens, a. a. O., S. 177 und S. 223 f.

192 Vgl. Luthers Polemik in den Schmalkaldischen Artikeln, in: Die Bekenntnisschriften der evangelisch-lutherischen Kirche, a. a. O., S. 438 ff.

193 Müller, Art. »Tridentinum«, TRE, a. a. O., S. 69.

194 Luther, Schmalkaldische Artikel, in: Bekenntnisschriften der Evangelischen Kirche, a. a. O., S. 416.

195 Jedin, Geschichte des Konzils von Trient, Bd. 4/1, S. 177.

196 Hubert Jedin: Krisis und Abschluss des Trienter Konzils 1562/63, Freiburg 1964, S. 48.

197 Luther, Kleiner Katechismus, in: Bekenntnisschriften, a. a. O., S. 515 ff. »Wie man die Einfältigen soll lehren beichten.« Ebd., S. 517.

198 Jedin, Geschichte des Konzils, a. a. O., Bd. 4/2, S. 157.

199 Jedin, ebd., S. 165 f. und S. 183 ff.

200 Koch, Konfessionelles Zeitalter, a. a. O., S. 82 ff.

201 Karl Bihlmeyer/Hermann Tüchle: Kirchengeschichte, Paderborn 1983, Bd. III. Die Neuzeit und die neueste Zeit, S. 117 f.

202 Koch, Das konfessionelle Zeitalter, a. a. O., S. 103.

203 Andreas Falkner/Paul Imhof (Hg.): Ignatius von Loyola und die Gesellschaft Jesu 1491–1556, Würzburg 1990.

204 Gottfried Maron: Ignatius von Loyola. Mystik – Theologie – Kirche, Göttingen 2001, S. 202 ff.

205 Vgl. die Darstellung bei W. W. Meissner S. J.: Ignatius von Loyola. Psychogramm eines Heiligen, Freiburg/Basel/Wien 1997, S. 295 ff.

206 Thomas Leinkauf: Mundus combinatus. Studien zur Struktur der barocken Universalwissenschaft am Beispiel Athanasius Kirchers S. J. (1602–1680), Berlin 1993.

207 Vgl. die Darstellung »Große Jesuiten« bei Helmut Feld: Ignatius von Loyola. Gründer des Jesuitenordens, Köln/Weimar/Wien 2006, S. 264 ff.

208 Jos E. Vercruysse S. J., Art. »Jesuiten«, in: TRE, Bd. XVI, Berlin/New York 1987, S. 664 f.

209 Ignatius von Loyola: Geistliche Übungen, Hg. Adolf Haas, © Herder Verlag: Freiburg/Basel/Wien 1991, S. 13.

210 Willem Nijenhuis: Art. »Calvin«, in: TRE, Bd. VII, S. 571.

211 Jean Calvin: Christliche Unterweisung. Der Genfer Katechismus von 1537, Hg. Lothar Schuckert, Gütersloh 1978, S. 76.

212 Nijenhuis, Art. »Calvin«, a. a. O., S. 585. – Andererseits hat Calvin die Prädestinationslehre gegen seinen abgefallenen Anhänger Bolsec 1551 eindrucksvoll verteidigt und als »Consensus Genevensis« 1552 vom Genfer Magistrat als Gesetzesnorm bestätigen lassen. Choisy: Art. »Consensus Genervensis«, in: RGG, 1. Aufl., Bd. I, Sp. 1894.

213 Calvin, Genfer Katechismus, a. a. O., S. 7. – Cicero: De leg. I.,8, 24: »ut is agnoscat deum, qui unde ortus sit quasi recordetur ac noscat.« Zit. n. Wilhelm Windelband: Lehrbuch der Geschichte der Philosophie, Tübingen 1907, S. 169.

214 Calvin, Genfer Katechismus, a. a. O., S. 12.

215 Erasmus von Rotterdam: Über den freien Willen, in: Ausgewählte Schriften, Hg. Werner Welzig, Bd. 4, Darmstadt 1969, S. 191.

216 Jean Calvin: Unterweisung und Glaubensbekenntnis, die in der Genfer Kirche in Gebrauch sind (1537), in: Calvin-Studienausgabe, Hg. Eberhard Busch, Alsdair Heron u. a., Neukirchen-Vluyn 1994, S. 161.

217 Nijenhuis, Art. »Calvin«, a. a. O., S. 573.

218 Otto Scheel: Art. »Abendmahl II«, in: RGG., 1. Aufl. Bd. I, Sp. 71.

219 Hermes: Art. »Calvin«, in: RGG, 1. Aufl., Sp. 1547.

220 Hermes, Art. »Calvin«, ebd., Sp. 1552 f.

221 Nijenhuis, Art. »Calvin«, a. a. O., S. 576.

222 Andrew Pettegree u. a. (Hg.): Calvinism in Europe. 1540–1620, Cambridge 1994.

223 Koch, Das konfessionelle Zeitalter, a. a. O., S. 261 ff. – Oestreich: Calvinismus, Neustoizismus und Preußentum, a. a. O., S. 1268–1293.

224 Max Weber: Die protestantische Ethik. Eine Aufsatzsammlung, Hg. Johannes Winckelmann, Gütersloh 1981, Bd. I, S. 142 f.

225 Philip S. Gorski: The Disciplinary Revolution. Calvinism and the Rise of the State in Early Modern Europe, Chicago und London 2003, S. 114 ff. und S. 155.

226 Der allerdings ebenso zwischen Anspruch und Wirklichkeit changierte wie der lutherische Protestantismus. Schmidt, Konfessionalisierung im 16. Jahrhundert, a. a. O., S. 76 ff. Am ehesten scheint noch der Calvinismus erfolgreich gewesen zu sein, wenngleich auch die Auswirkungen seiner »Kirchenzucht« umstritten sind. Ebd., S. 82 ff. – Zu grundsätzlichen Problemen der »inneren Mission« und der »Sozialdisziplinierung« vgl. Kittsteiner, Entstehung des modernen Gewissens, a. a. O., S. 293–356.

227 Bekenntnisschriften der Evangelisch-Lutherischen Kirche, a. a. O., S. 15 ff.

228 Bernd Mathias Kremer: Der Westfälische Friede in der Deutung der Aufklärung. Zur Entwicklung des Verfassungsverständnisses im Heiligen Römischen Reich Deutscher Nation vom konfessionellen Zeitalter bis ins späte 18. Jahrhundert, Tübingen 1989, S. 39 ff.

229 Kremer, Der Westfälische Friede, ebd., S. 119 ff.

230 Kremer, Der Westfälische Friede, ebd., S. 132 ff.

231 Martin Heckel: Deutschland im konfessionellen Zeitalter, Göttingen 1983, S. 207.

232 Kremer, Der Westfälische Friede, a. a. O., S. 117.

233 Johann Georg Dorsche, zitiert nach: Kaufmann, Dreißigjähriger Krieg und Westfälischer Friede, a. a. O., S. 137.

234 Reinhart Elze/Konrad Repgen (Hg.): Studienbuch Geschichte. Eine europäische Weltgeschichte, Stuttgart 1999, Bd. 2, S. 104. – Heinhard Steiger: Der Westfälische Frieden – Grundgesetz für Europa?, in: Duchardt, Der Westfälische Frieden, a. a. O., S. 69.

235 Andreas Gryphius: Horribilicribifax Teutsch, Hg. Gerhard Dünnhaupt, © Reclam, Stuttgart 2002, Nachwort des Hg.s, S. 133 ff. Im vom Kriege verschonten Hamburg war schon 1635 – im Jahr des Prager Friedens – eine Übersetzung des *Capitano Spavento* durch Johann Rist erschienen. Vgl. Walter Hinck: Gryphius' ›Horribilicribifax‹, in: Das deutsche Lustspiel des 17. und 18. Jahrhunderts und die italienische Komödie, Stuttgart 1965, S. 105 ff. – Als großes Vorbild gilt natürlich der *Miles Gloriosus* des römischen Theaterdichters Plautus. Vgl. Jolanda Lötscher: Andreae Gryphii Horribilicribifax Teutsch. Formanalyse und Interpretation eines deutschen Lustspiels des 17. Jahrhunderts im soziokulturellen und dichtungstheoretischen Kontext. Bern/Berlin 1994. Die Barockforschung hat sich auf eine Entstehung des Stückes zwischen 1648 und 1650 geeinigt. Ebd., S. 63 f.

236 *Sieh, das ist eine Nachricht, um die Welt toll zu machen.* Gryphius, ebd., Kommentar, S. 31.

237 *auf diese Art und Weise!*

238 *Und was habe ich nicht im Kampf mit dem Großtürken für Ruhm errungen?*

239 *von heißem, siedendem Zorn übermannt und wutentbrannt.*
240 *so stark in die Erde.*
241 *Meine Herrin, schön an Körper, schöner noch an Geist.*

Das Ende der Hexenverfolgungen und das neue Weltbild

I. Angst, Magie und Teufelspakt

242 Einen Forschungsüberblick bietet Gerd Schwerhoff: Vom Alltagsverdacht zur Massenverfolgung. Neuere deutsche Forschungen zum frühneuzeitlichen Hexenwesen, in: GWU (Geschichte in Wissenschaft und Unterricht) Jg. 45 (1995), S. 359–80.
243 Gisela Wilbertz/Gerd Schwerhoff/Jürgen Scheffler (Hg.): Hexenverfolgung und Regionalgeschichte. Die Grafschaft Lippe im Vergleich, Bielefeld 1994.
244 H. D. Kittsteiner: Die Angst in der Geschichte und die Re-Personalisierung des Feindes, in: Jahrbuch für psychohistorische Forschung 3, Heidelberg 2003, S. 113–131.
245 Kittsteiner, Entstehung des modernen Gewissens, a. a. O., S. 95.
246 Jean Delumeau: Angst im Abendland. Die Geschichte kollektiver Ängste im Europa des 14. bis 18. Jahrhunderts, Reinbek bei Hamburg 1985, Bd. 1, S. 29 f. und S. 38 f.
247 James Frazer: Der goldene Zweig. Ein Studie über Magie und Religion, Frankfurt/M 1977, Bd. I, S. 70 ff. – Marcel Mauss/Henri Hubert: Entwurf einer allgemeinen Theorie der Magie, in: Wolf Lepenies/Henning Ritter (Hg.): Marcel Mauss. Soziologie und Anthropologie, Frankfurt/M/Berlin/Wien 1978, Bd. 1, S. 47.
248 Kittsteiner, Die Entstehung des modernen Gewissens, a. a. O., S. 55 ff.
249 Zur kirchlichen Abwehrmagie gegen Hexen und ihre – begrenzte – Wirksamkeit vgl. Johannes Dillinger: »Böse Leute«. Hexenverfolgungen in Schwäbisch-Österreich und Kurtrier im Vergleich, Trier 1999, S. 156 ff.
250 Carlo Ginzburg: Die Benandanti. Feldkulte und Hexenwesen im 16. und 17. Jahrhundert, Frankfurt/M 1980, S. 24 ff., 43 ff., 133 und 173.
251 Mauss, Theorie der Magie, a. a. O., S. 56.
252 Wolfgang Behringer: Hexen und Hexenprozesse in Deutschland, München 2000, S. 20 und S. 53.
253 Behringer, Hexen, a. a. O., S. 51 f.
254 Ursula Bender-Wittmann: Hexenglaube als Lebensphilosophie, in: Wilbertz u. a., Hexenverfolgung und Regionalgeschichte, a. a. O., S. 108–135; hier S. 121.

255 Wolfgang Schild: Alte Gerichtsbarkeit. Vom Gottesurteil bis zum Beginn der modernen Rechtsprechung, München 1985, S. 160.

256 Die Peinliche Gerichtsordnung Kaiser Karls V. von 1532, Hg. Gustav Radbruch und Arthur Kaufmann, Stuttgart 1980.

257 Behringer, Hexen und Hexenprozesse, a. a. O., S. 76. – Andreas Blauert: Frühe Hexenverfolgungen. Ketzer-, Zauberei- und Hexenprozesse des 15. Jahrhunderts, Hamburg 1989, S. 56 ff., 67 ff. u. 113 ff.

258 Heinrich Kramer (Institoris): Der Hexenhammer. Malleus Maleficarum. Kommentierte Neuübersetzung, Hg. Günter Jerouschek und Wolfgang Behringer, München 2003, S. 31 ff..

259 Behringer, Hexen und Hexenprozesse, a. a. O., S. 113.

260 Jörg Haustein: Martin Luther als Gegner des Hexenwahns, in: Hartmut Lehmann und Otto Ulbricht (Hg.): Vom Unfug des Hexen-Processes. Gegner der Hexenverfolgung von Johann Weyer bis Friedrich Spee (Wolfenbütteler Forschungen Bd. 55), Wiesbaden 1992, S. 35–51.

261 Behringer, Hexen und Hexenprozesse, a. a. O., S. 60 f.

262 Zitiert nach Behringer, Hexen und Hexenprozesse, ebd., S. 124.

263 Fernand Braudel: Qu'est-ce que le XVIe siècle?, in: Annales E. S. C., Bd. VIII (1953), S. 73.

264 Wilhelm Abel: Massenarmut und Hungerkrisen im vorindustriellen Europa. Versuch einer Synopsis, Hamburg 1974, S. 25–46.

265 Vgl. dazu jetzt grundlegend: Wolfgang Behringer/Hartmut Lehmann/ Christian Pfister (Hg.): Kulturelle Konsequenzen der »Kleinen Eiszeit«. Cultural Consequences of the »Little Ice Age«, Göttingen 2005.

266 Wolfgang Behringer: Kulturgeschichte des Klimas. Von der Eiszeit bis zur globalen Erwärmung, München 2007, S. 119 ff.

267 Hubert H. Lamb: Klima und Kulturgeschichte. Der Einfluß des Wetters auf den Gang der Geschichte, Hamburg 1989, S. 232–266. – Helmut G. Koenigsberger: Die Krise des 17. Jahrhunderts, in: Zeitschrift für Historische Forschung 9 (1982), S. 143–165.

268 Jelle Zeilinga de Boer/Donald Theodore Saunders: Das Jahr ohne Sommer, Essen 2004.

269 Christian Pfister: Weeping in the Snow. The Second Period of Little Ice Age-type Crises, 1570 to 1630, in: Behringer u. a., Kleine Eiszeit, a. a. O., S. 31–85.

270 Wolfgang Behringer: »Kleine Eiszeit« und Frühe Neuzeit, in: Behringer u. a., Kleine Eiszeit, a. a. O., S. 425.

271 Martin Hille: Mensch und Klima in der frühen Neuzeit. Die Anfänge regelmäßiger Wetterbeobachtung. »Kleine Eiszeit« und ihre Wahrnehmung bei Renward Cysat (1545–1613), in: Archiv für Kulturgeschichte 83 (2001), S. 63–91; hier S. 65. – Paul Münch: Lebensformen der frühen Neuzeit 1500 bis 1800, 2. Aufl. Frankfurt/M 1996, S. 127. – Hubert H. Lamb: Klima und Kulturgeschichte, a. a. O.

272 Lawrence O. Goedde: Bethlehem in the Snow and Holland on Ice. Climatic Change and the Invention of the Winter Landscape, 1560–1620, in: Behringer

u. a., Kleine Eiszeit, a. a. O., S. 311–322. – Zum Zusammenhang von Kälte, Dunkelheit und Melancholie vgl. Behringer, Kulturgeschichte des Klimas, a. a. O., S. 166 ff.

273 Hartmut Lehmann: Frömmigkeitsgeschichtliche Auswirkungen der »Kleinen Eiszeit«, in: Wolfgang Schieder (Hg.): Volksreligiosität in der modernen Sozialgeschichte, GG Sonderheft 11, Göttingen 1986, S. 31–50. – Irene Schmale-Ott: Die fünfzehn Zeichen vor dem Weltuntergang, in: Zeitschrift für Altertum und deutsche Literatur 85 (1954), S. 229–234.

274 Zitiert nach: Hille, Mensch und Klima, a. a. O., S. 79 f.

275 Behringer, Kleine Eiszeit, a. a. O., S. 452. – Behringer, Kulturgeschichte des Klimas, a. a. O., S. 173 ff.

276 Dillinger, Böse Leute, a. a. O., S. 102.

277 Robert Mandrou: Das europäische Barock. Pathetische Mentalität und soziale Umwälzung, in: Honegger, Schrift und Materie, a. a. O., S. 384. – Manfred Jakubowski-Tiessen: Das Leiden Christi und das Leiden der Welt. Die Entstehung des lutherischen Karfreitags, in: Behringer u. a., Kulturelle Konsequenzen, a. a. O., S. 195–213.

278 Behringer, Hexen und Hexenprozesse, a. a. O., S. 134.

279 Behringer, ebd., S. 140.

280 Behringer, Kulturgeschichte des Klimas, a. a. O., S. 176 ff.

281 Behringer, Hexen und Hexenprozesse, a. a. O., S. 194 f. – Natürlich schwanken die Zahlen. Für den gesamten Zeitraum der Verfolgungen geht Behringer von etwa 50 000 Hingerichteten aus. Behringer, Kulturgeschichte des Klimas, a. a. O., S. 176.

282 Wolfgang Behringer: Hexenverfolgung in Bayern. Volksmagie, Glaubenseifer und Staatsräson in der Frühen Neuzeit. München 1987, S. 143.

283 Behringer, Hexen und Hexenprozesse, a. a. O., S. 165 f.

284 Behringer, ebd., S. 182.

285 Behringer, Kulturgeschichte des Klimas, a. a. O., S. 178.

286 Behringer, ebd., S. 261 ff.

287 Carl Laumanns: Hexenprozesse in Lippstadt, in: Heimatblätter. Organ des Heimatbundes für den Kreis Lippstadt, 10. Jg. (1928), S. 13.

288 Behringer, Hexen und Hexenprozesse, a. a. O., S. 280 ff. Nach diesem Schema von 1590 ist 1629 Barbara Kurtzhalsin befragt worden. Ihre ausführlichen Antworten ebd., Dok. 180.

289 Dillinger, Böse Leute, a. a. O., S. 112 f.

290 Ursula Bender-Wittmann: Hexenglaube als Lebensphilosophie. Informeller Hexereidiskurs und nachbarschaftliche Hexereikontrolle in Lemgo 1628–1637, in: Wilbertz u. a., Hexenverfolgung und Regionalgeschichte, a. a. O., S. 120, Anm. 51.

291 Dillinger, Böse Leute, a. a. O., S. 116.

292 Gerhard Schormann: Hexenprozesse in Deutschland, Göttingen 1981, S. 16–22.

293 Ingo Koppenborg: Die soziale Funktion städtischer Hexenprozesse. Die

lippische Residenzstadt Detmold 1599–1669, in: Wilbertz u. a., Hexenverfolgung und Regionalgeschichte, a. a. O., S. 183–198.

294 Behringer, Hexen und Hexenprozesse, a. a. O., S. 104.

295 Behringer, ebd., S. 274.

296 Dillinger, Böse Leute, a. a. O., S. 360.

297 Behringer, Hexen und Hexenprozesse, a. a. O., S. 188.

298 Schormann, Hexenprozesse, a. a. O., S. 77 f. – Behringer, Hexen und Hexenprozesse, a. a. O., S. 275.

299 Kittsteiner, Entstehung des modernen Gewissens, a. a. O., S. 53.

300 Schormann, Hexenprozesse, a. a. O., S. 99.

301 Behringer, Hexen und Hexenprozesse, a. a. O., S. 303 ff. – Zu Meyfart vgl. Hartmut Lehmann: Johann Matthäus Meyfart warnt hexenverfolgende Obrigkeiten vor dem Jüngsten Gericht, in: Lehmann/Ulbricht, Vom Unfug des Hexen-Processes, a. a. O., S. 223–229.

302 Behringer, Hexen und Hexenprozesse, ebd., S. 306.

303 Ursula Bender-Wittmann, Hexenglaube als Lebensphilosophie, in: Wilbertz u. a., Hexenverfolgung und Regionalgeschichte, a. a. O., S. 130 ff.

304 Behringer, Hexen und Hexenprozesse, a. a. O., S. 330 f.

II. Die Kritik an der Prozessführung und das »prinzipielle Argument«

305 Edward E. Evans-Pritchard: Hexerei, Orakel und Magie bei den Zande, Frankfurt/M 1988, S. 65 ff.

306 Gerade im Stereotyp vom Hexensabbath glaubt Ginzburg, das »hybride Resultat eines Konflikts zwischen Volkskultur und Gelehrtenkultur« zu erkennen. Carlo Ginzburg: Hexensabbath. Entzifferung einer nächtlichen Geschichte, Berlin 1990, S. 18. – Vgl. auch: Dieter Harmening: Zauberei im Abendland. Vom Anteil der Gelehrten am Wahn der Leute. Skizzen zur Geschichte des Aberglaubens, Würzburg 1991.

307 Gerd Schwerhoff: Rationalität im Wahn. Zum gelehrten Diskurs über die Hexen in der frühen Neuzeit, Saeculum XXXVII, H. 1 (1986), S. 45–82.

308 Behringer, Hexen und Hexenprozesse, a. a. O., S. 315.

309 Christian Thomasius: Vom Ursprung und Fortgang des Inquisitionsprocesses wider die Hexen (Halle 1712), in: Thomasius: Vom Laster der Zauberei. Über die Hexenprozesse, Hg. Rolf Lieberwirth, München 1986, S. 189.

310 So auch 1562 Matthäus Alber und Felix Bidembach. Behringer, Hexen und Hexenprozesse, a. a. O., S. 333 (Dok. 197).

311 Johannes Brenz: Von dem Hagel, zit. n. Johann Weyer: De Praestigiis Daemonum. Von Teuffelsgespenst, Zauberern vnd Gifftbereytern […], Frankfurt/M 1586. Nachdruck Darmstadt 1970, S. 489.

312 Brenz, ebd., S. 490.

313 H. C. Erik Midelfort: Johann Weyer in medizinischer, theologischer und rechtsgeschichtlicher Hinsicht, in: Lehmann/Ulbricht, Vom Unfug des Hexen-Processes, a. a. O., S. 53–64.

314 Weyer, Brief an Brenz vom 10. Okt. 1565, De Praestigiis Daemonum, a. a. O., S. 493.

315 Schwerhoff, Rationalität im Wahn, a. a. O., S. 73. – Rudolf van Nahl: Zauberglaube und Hexenwahn im Gebiet von Rhein und Maas. Spätmittelalterlicher Volksglaube im Werk Johann Weyers (1515–1588), Bonn 1983.

316 Weyer, ebd., S. 163. – Von der Anfälligkeit der Melancholiker für Zauberei spricht auch Hermann Witekind, Heidelberg 1585. Behringer, Hexen und Hexenprozesse, a. a. O., S. 339.

317 Schwerhoff, Rationalität im Wahn, a. a. O., S. 79.

318 Behringer, Hexen und Hexenprozesse, a. a. O., S. 147.

319 Behringer, ebd., S. 213.

320 Behringer, ebd., S. 319 ff.

321 Thomasius, Vom Laster der Zauberei, a. a. O., S. 41 (§ 4).

322 Friedrich von Spee: Cautio Criminalis oder Rechtliche Bedenken wegen der Hexenprozesse, Hg. Joachim-Friedrich Ritter, München 1982, S. 7 f. – Zitiert nach Behringer, Hexenverfolgung in Bayern, a. a. O., S. 260.

323 Spee, Cautio Criminalis, a. a. O., S. 34.

324 Spee, ebd., S. 36, 45 und 49.

325 Behringer, Hexen und Hexenprozesse, a. a. O., S. 374. – Wolfgang Behringer: »Vom Unkraut unter dem Weizen«. Die Stellung der Kirchen zum Hexenproblem, in: Richard van Dülmen (Hg.): Hexenwelten. Magie und Imagination vom 16. bis 20. Jahrhundert, Frankfurt/M 1987, S. 15–47. – Wolfgang Behringer: Zur Haltung Adam Tanners in der Hexenfrage. Die Entstehung einer Argumentationsstrategie in ihrem gesellschaftlichen Kontext, in: Lehmann/Ulbricht, Vom Unfug des Hexen-Processes, a. a. O., S. 173 ff.

326 Spee, Cautio Criminalis, a. a. O., S. 138.

327 Kittsteiner, Entstehung des modernen Gewissens, a. a. O., S. 151 ff. – Zur theologischen Dimension vgl. Ralf Miggelbrink: Der zornige Gott. Die Bedeutung einer anstößigen biblischen Tradition, Darmstadt 2002.

328 Spee, Cautio Criminalis, a. a. O., S. 73.

329 Spee, ebd., S. 153.

330 Spee, ebd., S. 140 f.

331 Spee, ebd., S. 154.

332 Spee, ebd., S. 286.

333 Hartmut Hegeler: Anton Praetorius. Kämpfer gegen Hexenprozesse und Folter. Zum 400-jährigen Gedenken an das Lebenswerk eines protestantischen Pfarrers, Unna 2002, S. 106 f. – Lène Dresen-Coenders: Anton Praetorius, in: Lehmann/Ulbricht: Vom Unfug des Hexen-Processes, a. a. O., S. 129–137.

334 Behringer, Hexen und Hexenprozesse, a. a. O., S. 328 f.

335 Dillinger, Böse Leute, a. a. O., S. 430–438.

336 Gottfried Wilhelm Leibniz: Die Theodizee. Übersetzung von Artur Buchenau. 2., durch ein Literaturverzeichnis und einen einführenden Essay v. Morris Stockhammer ergänzte Aufl. Hamburg 1968, S. 159 ff.

337 »There is in this work no argument against the possibility of diabolic witchcraft as is to be found in Scot.« Brian Easlea: Witch-hunting, Magic and the New Philosophy. An Introduction to Debates of the Scientific Revolution 1450–1750, Sussex 1980, S. 198. – Die Frage, ob Spee noch an Hexen glaubte, wird auch erörtert in: Theo G. M. von Oorschot: Ihrer Zeit voraus. Das Ende der Hexenverfolgung in der Cautio Criminalis, in: Sönke Lorenz (Hg.): Das Ende der Hexenverfolgung, Stuttgart 1995 (Hexenforschung. Hg. Dieter R. Bauer/Wolfgang Behringer u. a. Bd. 1), S. 1–17; hier S. 3 f.

338 Rainer Walz: Kinder in Hexenprozessen. Die Grafschaft Lippe 1654–1663, in: Wilbertz u. a. (Hg.), Hexenverfolgung und Regionalgeschichte, a. a. O., S. 211–231. Nach der Untersuchung von Walz liegt der Prozess gegen Elisabeth Büdelmacher im Trend, denn die Kinderhexenprozesse häufen sich erst in den fünfziger Jahren des 17. Jahrhunderts. Ebd., S. 212.

339 Carl Laumanns, Hexenprozesse in Lippstadt, a. a. O., S. 13 f.

340 August Hegler: Die praktische Thätigkeit der Juristenfakultäten des 17. und 18. Jahrhunderts in ihrem Einfluss auf die Entwicklung des deutschen Strafrechts von Carpzov ab, Freiburg, Leipzig und Tübingen 1899.

341 Sönke Lorenz: Die letzten Hexenprozesse in den Spruchakten der Juristenfakultäten, in: Sönke Lorenz/Dieter R. Bauer (Hg.): Das Ende der Hexenverfolgungen, a. a. O., S. 227–247.

342 Behringer, Hexen und Hexenprozesse, Stuttgart 1995, S. 403 f. – Zu einer differenzierteren Sicht auf Carpzov vgl. Wolfgang Sellert: Benedict Carpzov – Ein fanatischer Strafjurist und Hexenverfolger?, In: Lehmann/Ulbricht, Vom Unfug des Hexen-Processes, a. a. O., S. 325–340.

343 Christian Thomasius: Vom Laster der Zauberei. Über die Hexenprozesse, Hg. Rolf Lieberwirth, München 1968, S. 43 ff.

344 Thomasius, ebd., S. 221 f.

345 Thomasius, ebd., S. 47.

346 Christian Thomasius: Versuch vom Wesen des Geistes Oder Grund-Lehren, So wohl zur natürlichen Wissenschaft als der Sitten-Lehre. In welchen gezeiget wird, daß Licht und Lufft ein geistiges Wesen sey, und alle Cörper aus Materie und Geist bestehen, auch in der gantzen Natur eine anziehende Krafft, in dem Menschen aber ein zweyfacher guter und böser Geist sey. Halle 1699. – Vgl. dazu: Ernst Bloch: Christian Thomasius. Ein deutscher Gelehrter ohne Misere, Berlin 1953, S. 19 ff.

347 Klaus Hammacher (Hg.): Die Leidenschaften der Seele, Hamburg 1984, S. XXXI ff.

348 Thomasius, Vom Laster der Zauberei, a. a. O., S. 71 ff.

349 Thomasius, ebd., S. 95.

350 Thomasius, ebd., S. 107.

351 Behringer, Hexen und Hexenprozesse, a. a. O., S. 405.

352 Behringer, ebd., S. 449 f.

353 Keith Tomas: Religion and the decline of magic. Studies in popular beliefs in Sixteenth- and Seventeenth-Century England, Harmondsworth 1973, S. 769 f.

354 Balthasar Bekker (1634–1698) war Sohn des 1631 nach Holland emigrierten reformierten Predigers Heinrich Bekker aus Bielefeld. Er besuchte die Universitäten Groningen und Franeker und war promovierter Theologe.

355 Easlea, Witch-hunting, a. a. O., S. 281 ff.

356 Balthasar Bekker: Die Bezauberte Welt: Oder Eine gründliche Untersuchung Des Allgemeinen Aberglaubens, Amsterdam 1693, Buch I, S. 130.

357 Bekker, ebd., Buch II, S. 6.

358 Bekker, ebd., Buch III, S. 9 und S. 155.

359 Ebd., Buch IV, S. 3 und 16; S. 298 und S. 302.

360 Jürgen Scheffler, Gerhard Schwerhoff und Gisela Wilbertz: Umrisse und Themen der Hexenforschung in der Region, in: Dies., Hexenverfolgung und Regionalgeschichte, a. a. O., S. 9 f.

361 Sönke Lorenz: Die letzten Hexenprozesse in den Spruchakten der Juristenfakultäten, in: Lorenz/Bauer (Hg.): Das Ende der Hexenverfolgungen, a. a. O., S. 227–247; hier S. 242 ff.

362 Wolfgang Behringer: Wissenschaft im Kampf gegen den Aberglauben. Die Debatte über Wunder, Besessenheit und Hexerei, in: Richard van Dülmen/ Sina Rauschenbach (Hg.): Macht des Wissens. Die Entstehung der modernen Wissensgesellschaft, Köln/Weimar/Wien 2004, S. 365–389; hier S. 379.

363 Lorenz, Die letzten Hexenprozesse, a. a. O., S. 237 ff.

364 Kittsteiner, Entstehung des modernen Gewissens, a. a. O., S. 198 f.

365 Lorenz, Die letzten Hexenprozesse, a. a. O., S. 247.

III. Eine neue Kosmologie

366 Rabb, Struggle, a. a. O., S. 112.

367 Johannes Kepler: Warnung an die Gegner der Astrologie. Tertius Interveniens, in: Johannes Kepler: Was die Welt im Innersten zusammenhält. Antworten aus Keplers Schriften, Hg. Fritz Krafft, Wiesbaden 2005, S. XXXV. – Zu Keplers Verhältnis zur Astrologie vgl. auch Gudrun Wolfschmidt: Die Eroberung des Himmels, in: van Dülmen/Rauschenbach, Macht des Wissens, a. a. O., S. 201 ff.

368 Kepler, Was die Welt, a. a. O., Einleitung Fritz Krafft, S. XXXVIII.

369 Jürgen Mittelstraß: Kopernikanische oder Keplersche Wende?, Keplers Kosmologie, in: Vierteljahresschrift der Naturforschenden Gesellschaft zu Zürich 134/3 (1989), S. 197–215. – Siegfried Wollgast: Philosophie in Deutschland zwischen Reformation und Aufklärung 1550–1650, Berlin 1988, S. 238.

370 Marie Boas: Die Renaissance der Naturwissenschaften 1450–1630. Das Zeitalter des Kopernikus, Gütersloh 1965, S. 314 ff.

371 Brief Johannes Keplers vom September 1597 an Michael Mästlin in Tübingen, in: Galileo Galilei. Schriften, Briefe, Dokumente, Hg. Anna Mudry, Berlin 1987, 2 Bde., Bd. 2, S. 10.

372 Galileo Galilei an Johannes Kepler in Graz, Padua 4. August 1597, ebd., S. 9. – Der Angst, »ausgepfiffen« zu werden, hatte Copernicus selbst in dieser Wendung Ausdruck verliehen. Boas, Renaissance der Naturwissenschaften, a. a. O., S. 82 und S. 343.

373 Johannes Kepler an Galileo Galilei in Padua, Graz 13. Oktober 1597, ebd., S. 10 ff., hier S. 13.

374 Hans Blumenberg (Hg.): Galileo Galilei: Sidereus Nuncius. Nachricht von neuen Sternen, Frankfurt/M 1965, S. 5.

375 Blumenberg, ebd., S. 7 f. – Fritz Krafft: Die bedeutendsten Astronomen, Wiesbaden 2007, S. 86 f.

376 Farndon, John u. a. (Hg.): Die berühmtesten Wissenschaftler, Münster 2006., S. 40.

377 Boas, Renaissance der Naturwissenschaften, a. a. O., S. 345. – Krafft, Die bedeutendsten Astronomen, a. a. O., S. 89 f.

378 Boas, Renaissance der Naturwissenschaften, a. a. O., S. 346.

379 Erster Brief des Herrn Galileo Galilei an den Herrn Marcus Welser über die Sonnenflecken, in: Mudry, Galileo Galilei, a. a. O., Bd. 1, S. 150. – Vgl. die Handzeichnungen Galileis von den Venusphasen, in: Gudrun Wolfschmidt (Hg.): Nicolaus Copernicus (1473–1543). Revolutionär wider Willen, Stuttgart 1994, S. 305.

380 Art. Johannes Kepler, in: Fritz Krafft: Die bedeutendsten Astronomen, a. a. O., S. 97.

381 Werner Lehmann/Franz Hammer (Hg.): Johannes Kepler, Unterredung mit dem Sternenboten, Hamburg 1964, S. 8 ff. und S. 39 f.

382 Kepler, ebd., S. 18 ff.

383 Kepler, ebd., S. 36.

384 »Es ist hiemit eben so, als mit den ersten Gedanken des *Copernicus* bewandet, der, nachdem es mit der Erklärung der Himmelsbewegungen nicht gut fort wollte, wenn er annahm, das ganze Sternenheer drehe sich um den Zuschauer, versuchte, ob es nicht besser gelingen möchte, wenn er den Zauschauer sich drehen und dagegen die Sterne in Ruhe ließ.« Immanuel Kant: Kritik der reinen Vernunft, Akademie-Textausgabe, Berlin 1968, Bd. III, S. 12 (B XVI).

385 Behringer, Hexen und Hexenprozesse, a. a. O., S. 8.

386 Zillhardt, Zeytregister, a. a. O., S. 63.

387 Thomas S. Kuhn: Die kopernikanische Revolution, Braunschweig/Wiesbaden 1981, S. 45. – Boas, Renaissance, a. a. O., S. 87.

388 Kuhn, ebd., S. 29. – Diese Grenzstellung des Mondes scheint sehr viel älter zu sein; er gilt als der reinste der irdischen und als der unreinste der himmlischen Körper. Johann Jakob Bachofen: Der Psyche-Mythus, in: Rudolf Marx (Hg.): Mutterrecht und Urreligion, Stuttgart 1926, S. 55.

389 Kuhn, ebd., S. 90 f. – »Was sich oben, bis herunter zum Mond, befindet, ist, so behaupten wir, ein von Feuer und Luft verschiedener Körper (…). Der Körper unterhalb des Himmelsumschwungs stellt gewissermaßen eine Art von Materie dar und ist potentiell warmkalt trocken feucht (…).« Aristoteles: Meteorologie. Über die Welt, in: Aristoteles' Werke in deutscher Übersetzung, Hg. Ernst Grumbach/Hellmut Flashar, Berlin 1984, Bd. 12, S. 13. – Zur Beschaffenheit des Himmels in der Welt über dem Monde heißt es weiterhin: »Der Substanz des Himmels und der Sterne geben wir den Nahmen Äther, nicht weil er ›feurig‹ glüht (aithesthai), wie einige meinen, die seine dem Feuer gänzlich fernstehende Natur verkennen, sondern weil er, im Kreis umgeschwungen, ›immerfort läuft‹ (aei thein), ein Element, das von anderer Art ist als die vier (bekannten), nämlich unvergänglich und göttlich.« Aristoteles, ebd., S. 240.

390 Kuhn, ebd., S. 49.

391 Kuhn, ebd., S. 60 und S. 73. – Vgl. auch Eberhard Knobloch: Copernicanische Wende. Signatur des Jahrhunderts, in: van Dülmen/Rauschenbach, Macht des Wissens, a. a. O., S. 89 ff. – Der »Deferent« ist der »Trägerkreis«, auf dem der »Epizykel« seine Rotationen vollzieht. Johannes Kepler: Astronomia Nova. Neue, ursächlich begründete Astronomie. Übersetzt von Max Caspar. Durchgesehen und ergänzt sowie mit Glossar und einer Einleitung versehen von Fritz Krafft. Wiesbaden 2005, S. XX. – Zu Ptolemäus und dem Ursprung der Epizyklentheorie vgl. Krafft, Die bedeutendsten Astronomen, a. a. O., S. 41 ff.

392 Kuhn, ebd., S. 113. – Gudrun Wolfschmidt, Nicolaus Copernicus, a. a. O., S. 19 f.

393 Jürgen Hamel: Geschichte der Astronomie in Texten von Hesiod bis Hubbel, Essen 2004, S. 19.

394 Kuhn, Kopernikanische Revolution, a. a. O., S. 128 f.

395 Boas, Renaissance, a. a. O., S. 91. Vgl. auch Kuhn, ebd., S. 131.

396 Gudrun Wolfschmidt: Leben und Werk des Nicolaus Copernicus, in: Wolfschmidt, Nicolaus Copernicus a. a. O., S. 46.

397 Fritz Krafft macht darauf aufmerksam, dass »orbium coelestium« mit »Himmelssphären« übersetzt werden muss, nicht mit »Himmelskörper«. Denn es geht Copernicus um die Bewegung der Exzenter- und Epizykelsphären, in die die Planeten eingefügt sind. Erst mit dem Fall der Sphärentheorie werden sie zu »Himmelskörpern«, die sich frei im Raum bewegen. Krafft, Die bedeutendsten Astronomen, a. a. O., S. 71.

398 Boas, Renaissance, a. a. O., S. 79 ff.

399 Kuhn, Kopernikanische Revolution, a. a. O., S. 144 f. – Krafft, Die bedeutendsten Astronomen, a. a. O., S. 68.

400 Wolfschmidt, Nicolaus Copernicus, a. a. O., S. 39. Vgl. die Darstellung der sieben Grundvoraussetzungen bei Boas, Renaissance, a. a. O., S. 89 ff. – Die Fassung der sieben Punkte im Commentariolus ist abgedruckt in: Hamel, Geschichte der Astronomie, a. a. O., S. 154. Vgl. auch ebd., S. 42.

401 Hamel, Geschichte der Astronomie, a. a. O., S. 44.

402 Kuhn, Kopernikanische Revolution, a. a. O., S. 190 ff. – Auch J. Mittelstraß spricht eher von einer »Keplerschen« als von einer »kopernikanischen Wende«. Jürgen Mittelstraß: Kopernikanische oder Keplersche Wende? Keplers Kosmologie, Philosophie und Methodologie, in: Vierteljahresschrift der Naturforschenden Gesellschaft in Zürich 134/3 (1989), S. 197–215.

403 Fritz Krafft: Hypothese oder Realität. Der Wandel der Deutung mathematischer Astronomie bei Copernicus, in: Wolfschmidt, Copernicus, a. a. O., S. 103–115, hier S. 106 f. – Vgl. auch die Darstellung der »Grossen Debatte« um Copernicus bei Boas, Renaissance, a. a. O., S. 100–141. – Zum Topos »Rettung der Phänomene« vgl. auch Jürgen Mittelstraß: Die Kosmologie der Griechen, in: Jürgen Audretsch/Klaus Mainzer (Hg.): Vom Anfang der Welt. Wissenschaft, Philosophie, Religion, Mythos, München 1990, S. 51 f.

404 Eberhard Knobloch: Jesuitenastronomie im Zeitalter des Copernicus, in: Wolfschmidt, Nicolaus Copernicus, a. a. O., S. 209–217.

405 Bernulf Kanitscheider: Kosmologie. Geschichte und Systematik in philosophischer Perspektive, Stuttgart 1984, S. 103.

406 Harald Siebert: Die große kosmologische Kontroverse. Rekonstruktionsversuche anhand des Itinerarium exstaticum von Athanasius Kircher SJ (1602–1680), Stuttgart 2006, S. 76 f. und S. 163 ff. – Vgl. auch Boas, Renaissance, a. a. O., S. 91. – Erst Friedrich Wilhelm Bessel gelang 1838 mit ungleich verfeinerten Beobachtungsinstrumenten der Nachweis der Fixsternparallaxe. »Hiermit war eigentlich erst jenes stützende Beweisstück für die heliozentrische Planetentheorie geliefert, nach dem Aristarch und Kopernikus vergeblich gesucht hatten.« Kanitscheider, Kosmologie, a. a. O. S. 132. Natürlich war 1838 kein »Beweis« für die Richtigkeit des copernicanischen Systems mehr notwendig; Bessels Verdienst liegt darin, konkrete Vorstellungen von den Dimensionen des Weltalls begründet zu haben. Hamel, Geschichte der Astronomie, a. a. O., S. 64 f. – Vgl. dazu die detaillierte Aufarbeitung der Suche nach der Fixsternparallaxe im 17. Jahrhundert in: Siebert, ebd., S. 276–313.

407 Krafft, Die bedeutendsten Astronomen, a. a. O., S. 70.

408 »Es ist sicher kein Zufall, dass Copernicus vom Firmament, vom festen Himmelsgewölbe spricht. Zwar werden die Dimensionen der Welt für die Zeitgenossen in unglaubwürdiger Weise vergrößert. Aber es ist eine endliche, geschlossene Welt, von der hier die Rede ist.« Knobloch, Copernicanische Wende, a. a. O., S. 95 f. – Giordano Bruno hingegen hatte an der Endlichkeit unserer sichtbaren Himmelssphäre festgehalten, jenseits davon aber eine unendliche Vielzahl analoger Welten angenommen. Alexandre Koyré: Von der geschlossenen Welt zum unendlichen Universum, Frankfurt/M 1969, S. 42 ff. – Vgl. auch Arthur O. Lovejoy: Die große Kette der Wesen. Geschichte eines Gedankens, Frankfurt/M 1985, S. 143 ff.

409 Boas, Renaissance, a. a. O., S. 138.

410 Jürgen Teichmann: Wandel des Weltbildes. Astronomie, Physik und Messtechnik in der Kulturgeschichte, Stuttgart/Leipzig/Zürich 1996, S. 140. Ga-

lilei argumentierte dagegen, dass *alle* Bewegungen für Teile eines Systems gleich verlaufen. Ebd., S. 148.

411 Philipp Melanchthon: Brief an Burckhardt Mithoff vom 16. Oktober 1541, Zit. n. Siegfried Wollgast: Philosophie in Deutschland, a. a. O., S. 136 f. – Vgl. Boas, Renaissance, a. a. O., S. 139.

412 Gudrun Wolfschmidt: Die Eroberung des Himmels, in: van Dülmen/Rauschenbach, Macht des Wissens, a. a. O., S. 191 f. – Scheiner erwog die Möglichkeit, ob es sich um Satelliten der Sonne handeln könnte; Galilei behauptete, die Flecken seien auf der Sonne selbst. Boas, Renaissance, a. a. O., S. 353. – Über die Natur dieser Flecken konnte im 17. Jahrhundert nichts Begründetes ausgesagt werden. Ihre Erklärung setzt die Astrophysik des 20. Jahrhunderts voraus. Vgl. Gerhard Hartl/Karl Märker/Jürgen Teichmann/Gudrun Wolfschmidt: Planeten, Sterne, Welteninseln. Astronomie im Deutschen Museum, Stuttgart 1993, S. 131–158.

413 Wolfschmidt, Copernicus, a. a. O., S. 58. – Vgl. auch die Darstellung bei Kuhn, Kopernikanische Revolution, a. a. O., S. 226 f.

414 Roberto Bellarmino an Paolo Antonio Foscarini in Rom, 12. April 1615, in: Mudry (Hg.) Galileo Galilei, Bd. 2, a. a. O., S. 46 f. – Ich bin hier der Übersetzung von Marie Boas gefolgt, die mir treffender zu sein scheint. Boas, Renaissance, a. a. O., S. 356 f.

415 Protokoll über die Ermahnung Galileis durch Kardinal Bellarmin vom 26. Februar 1616, in: Mudry, Galileo Galilei, Bd. 2, a. a. O., S. 183 f.

416 Letztes Verhör Galileis am 21. Juni 1633, ebd., S. 207.

417 Krafft, Die bedeutendsten Astronomen, a. a. O., S. 92.

418 Erstes Verhör Galileis am 12. April 1633, ebd., S. 189.

419 Die Formel »auf welche Weise auch immer« taucht zwar schon im Verdikt von 1616 auf, scheint sich dort aber eher auf die Art der Verbreitung der Lehre in »Wort und Schrift« zu beziehen. Vgl. ebd., S. 184.

420 Schüssler, Rudolf: Rules of Conscience and the Case of Galileo, in: Harald E. Braun u. a. (Hg.): Contexts of Conscience in Early Modern Europe 1500–1700, Basingstoke u. a. 2004, S. 100–115; hier S. 114 f.

421 Paul Hazard: Die Herrschaft der Vernunft. Das europäische Denken im 18. Jahrhundert, Hamburg 1948, S. 197. – Maurice A. Finocchiaro: Retrying Galileo. 1633–1992, University of California Press, 2005, S. 112.

422 Finocchiaro hat das zähe Ringen um die Rehabilitierung über die Jahrhunderte hinweg dokumentiert und führt letztlich auch politische Gründe dafür an, die den Papst 1992 bewogen hatten, diesen Prozess endlich zu beschließen. Finocchiaro, ebd., S. 338 ff.

423 Krafft, Einleitung in: Kepler, Was die Welt, a. a. O., S. VIII ff. – Zu Keplers Glauben vgl. Johannes Kepler: Gesammelte Werke. Band XII. Theologica, Hexenprozess u. a., Herausgegeben von der Kepler-Kommission der Bayerischen Akademie der Wissenschaften, München 1990, S. 277 ff.

424 Krafft, Einleitung in: Kepler, Was die Welt, a. a. O., S. XIV. – Die Bibel. Einheitsübersetzung, a. a. O., S. 748.

425 Kepler, Was die Welt, a. a. O., S. 30.

426 Ebd., S. XX und S. 31 ff. – Wollgast/Marx: Johannes Kepler, Leipzig/Jena/ Berlin 1976, S. 32 f.

427 Krafft, Einleitung in: Kepler, Was die Welt, a. a. O., S. XII und S. XXI.

428 Boas, Renaissance, a. a. O., S. 318.

429 Außführlicher Bericht/ Von dem newlich im Monat Septembri und Octobri diß 1607. Jahrs erschienenen Haarstern/ oder Cometen/ und seinen Bedeutungen: Sampt vorgehendem gantz newen und seltzamen/ aber wolgegründetem Discurs. Was eigentlich die Cometen seyen/ woher sie kommen/ durch wen ihre Bewegung geregieret werden/ und welcher gestallt sie dem menschlichen Geschlecht etwas anzudeuten haben. Hall in Sachsen 1608. – Was Kepler hier beobachtet hatte, war der »Halleysche Komet«. Hundert Jahre später konnte E. Halley (1656–1742) zeigen, dass das von Kepler beschriebene Objekt periodisch wiederkehrt und mit dem Kometen von 1531 und 1682 identisch war. Wollgast/Marx, Kepler, a. a. O., S. 80.

430 Tycho Brahe schreibt: »In Wirklichkeit gibt es keine Kugelschalen (Sphären) am Himmel [...] diejenigen, die gewisse Autoren, um den Schein zu wahren, erfunden haben, existieren nur in der Phantasie und zu dem Zweck, damit die Bewegungen der Planeten vom Geist verstanden und (nach einer geometrischen Interpretation) mit Hilfe der Arithmetik in Zahlen aufgelöst werden können. Deshalb dürfte es ein müßiges Unterfangen sein, eine wirkliche Kugelschale entdecken zu wollen, an der der Komet befestigt wäre, so daß beide zusammen kreisten.« Boas, Renaissance, a. a. O., S. 126. – Krafft, Einleitung in: Kepler, Was die Welt, a. a. O., S. XXIV.

431 Boas, Renaissance, a. a. O., S. 127.

432 Kepler, Johannes: Astronomia Nova. Neue, ursächlich begründete Astronomie. Übersetzt von Max Caspar. Durchgesehen und ergänzt sowie mit Glossar und einer Einleitung versehen von Fritz Krafft, Wiesbaden 2005, S. XL. – Boas, Renaissance, a. a. O., S. 331.

433 Johannes Hoppe: Johannes Kepler, Leipzig 1987, S. 39. – Boas, Renaissance, a. a. O., S. 322 f.

434 Kepler, Astronomia Nova, a. a. O., S. XLI und XLIV. »Da also die Sonne in dem Mittelpunkt des Systems liegt, befindet sich nach dem, was bereits bewiesen wurde, die Quelle der bewegenden Kraft in der Sonne, da auch sie eben als im Mittelpunkt der Welt liegend befunden wurde.« Ebd., S. 312. – Mittelstraß, Kopernikanische oder Keplersche Wende, a. a. O., S. 207.

435 Boas, Renaissance, a. a. O., S. 134 und S. 328. – Kepler, Astronomia Nova, a. a. O., S. 322.

436 Kepler, Astronomia Nova, a. a. O., S. 377. – Es bedurfte noch erheblicher mathematischer Arbeit, bis Kepler sein »Oval« als »Ellipse« erkannt hatte. Wollgast/Marx, Kepler, a. a. O., S. 60. – Gudrun Wolfschmidt: Die Eroberung des Himmels, in: van Dülmen/Rauschenbach, Macht des Wissens, a. a. O., S. 193. – Boas, Renaissance, a. a. O., S. 331 ff.

437 Kepler, Astronomia Nova, a. a. O., S. 246. – Hoppe, Kepler, a. a. O., S. 44 f. – Wollgast/Marx, Kepler, a. a. O., S. 61. – Mittelstraß, Kopernikanische oder Keplersche Wende, a. a. O., S. 204.

438 Boas, Renaissance, a. a. O., S. 335.

439 Kepler, Was die Welt, a. a. O., S. 587. – Gustav René Hocke: Die Welt als Labyrinth. Manier und Manie in der europäischen Kunst. Beiträge zur Ikonographie und Formgeschichte der europäischen Kunst von 1520 bis 1650 und der Gegenwart, Reinbek bei Hamburg 1957, S. 135.

440 Kepler, ebd., S. 618.

441 Barbara Bauer: Die Rolle des Hofastrologen und Hofmathematicus als fürstlicher Berater, in: August Buck (Hg.): Höfischer Humanismus, Weinheim 1989, S. 111 f.

442 Johannes Kepler: Gesammelte Werke. Hg. Kepler-Kommission der Bayerischen Akademie der Wissenschaften, Bd. XII. Theologica, Hexenprozess u. a., München 1990, S. 74.

443 Kepler, ebd., S. 94.

444 Kepler, ebd., S. 326 f.

445 Mann, Wallenstein, a. a. O., S. 355.

446 Mann, ebd., S. 674 f.

447 »Die Himmel hab ich gemessen, jetzt meß ich die Schatten der Erde. Himmelwärts strebte der Geist, des Körpers Schatten ruht hier.« Hoppe, Kepler, a. a. O., S. 84.

448 Wollgast/Marx, Kepler, a. a. O., S. 100 f.

449 Sara J. Schechner: Comets, Popular Culture, and the Birth of Modern Cosmology, Princeton University Press, 1997, S. 113.

450 Markus Griesser: Die Kometen im Spiegel der Zeiten, Bern 1985, S. 24 und S. 130.

451 Griesser, ebd., S. 145 f. – Jürgen Hamel: Die Kometen in der deutschsprachigen astronomisch-astrologischen Kleinliteratur um 1600. Tradition und Innovation, in: Die Sterne (71), 1995, S. 18–28. Hamel macht darauf aufmerksam, dass auch in dieser »Kleinliteratur« schon nach den Bahnen der Kometen analog zu den Bahnen der Planeten gefragt wird, so dass der Beginn der wissenschaftlichen Erörterung der Natur der Kometen früher angesetzt werden muss, als bislang angenommen wurde. Ebd., S. 27. – Zum Medium des Flugblatts vgl. Wolfgang Harms (Hg.): Wahrnehmungsgeschichte und Wissensdiskurs im illustrierten Flugblatt der Frühen Neuzeit (1450–1700), Basel 2002.

452 Pierre Bayle: Historisches und kritisches Wörterbuch. Ein Auswahl. Übers. und hg. von Günther Gawlick und Lothar Kreimendahl, Darmstadt 2003, S. XI ff.

453 Werner Krauss: Studien zur deutschen und französischen Aufklärung, Berlin 1963, S. 195.

454 Pierre Bayle: Verschiedene einem Doktor der Sorbonne mitgeteilte Gedanken über den Kometen, der im Monat Dezember 1680 erschienen ist. Neuaus-

gabe der von Johann Christoph Gottsched 1741 besorgten Übersetzung, Hg. Rolf Geissler, Leipzig 1975, S. 37.

455 Bayle, ebd., S. 159.

456 Bayle, ebd., S. 75.

457 Bayle, ebd., S. 491.

458 Bayle, ebd., S. 535.

459 Bayle, ebd., S. 467.

460 Bayle, ebd., S. 539.

461 Bayle, Wörterbuch, a. a. O., S. LXIII ff.

462 Art. Comet, in: Johann Heinrich Zedler: Grosses vollständiges Universal-Lexikon, 2. vollst. photomechanischer Nachdruck der Ausg. Halle und Leipzig 1733, Bd. 6, Sp. 792–814, hier Sp. 792.

463 Ebd., Sp. 812 f.

464 Griesser, Die Kometen, a. a. O., S. 153.

465 Vgl. dazu Griesser, ebd., S. 80. – Heute kann man den Kometen bis auf babylonische Beobachtungen zurückverfolgen. Hermann Hunger/F. Richard Stephenson/Christopher B. F. Walker/Kevin K. C. Yau: Halley's Comet in History, London 1985.

466 Griesser, ebd., S. 41 ff.

467 Kanitscheider, Kosmologie, a. a. O., S. 120.

468 Isaac Newton: Mathematische Grundlagen der Naturphilosophie, Hg. Ed Dellian, Sankt Augustin 2007, S. 29.

469 Ed Dellian: Vorwort zu Isaac Newton: Mathematische Grundlagen der Naturphilosophie, Hamburg 1988, S. X.

470 Jürgen Mittelstraß: Neuzeit und Aufklärung. Studien zur Entstehung der neuzeitlichen Wissenschaft und Philosophie, Berlin/New York 1970, S. 273 ff.

471 »Newtons erstes Gesetz hatte die großartige, für die alltägliche Erfahrung so befremdende Erleuchtung gebracht, daß Bewegung, solange sie gleichförmig ist, keiner Begründung und keiner Erklärung bedarf.« J. Robert Oppenheimer: Wissenschaft und allgemeines Denken, Hamburg 1955, S. 15.

472 Newton, Mathematische Grundlagen (2007), a. a. O., S. 54 (Definitionen IV und V).

473 Stephen Toulmin/Jane Goodfield: Modelle des Kosmos, München 1970, S. 218.

474 Frances A. Yates: Giordano Bruno in der englischen Renaissance, Berlin 1989, S. 9 f.

475 Arthur O. Lovejoy: Die große Kette der Wesen. Geschichte eines Gedankens, Frankfurt/M 1985, S. 139 f.

476 Alexandre Koyré: Von der geschlossenen Welt zum unendlichen Universum, Frankfurt/M 1969, S. 41.

477 Koyré, ebd., S. 39.

478 Koyré, ebd., S. 48 ff. – Lovejoy, Die große Kette, a. a. O., S. 144 f.

479 Ebd., S. 239.

480 Koyré, ebd., S. 97 ff.

481 Koyré, ebd., S. 121.

482 Newton, Mathematische Grundlagen (2007), a. a. O., S. 191 (Scholium generale) und S. 35.

483 Koyré, Von der geschlossenen Welt, a. a. O., S. 188. – »Was erfüllt die von Materie fast leeren Räume, und woher kommt es, dass Sonne und Planeten einander anziehen, ohne daß eine dichte Materie sich zwischen ihnen befindet?« Isaac Newton: Optik oder Abhandlung über Spiegelungen, Brechungen, Beugungen und Farben des Lichts, Hg. William Abendroth, eingeleitet und erläutert von Markus Fierz, Braunschweig/Wiesbaden 1983, S. 244 (Frage 28).

484 »Es ist nicht bekannt, durch welche Bande, nach den Lehren der Alten, die Planeten in den freien Räumen gehalten und, indem sie beständig vom geradlinigen Wege abgezogen, in eine reguläre Bahn getrieben werden. Ich glaube, daß man zur Erklärung dieses Umstandes die festen Bahnen erdacht hat. Die neueren Gelehrten nehmen entweder Wirbel an, wie *Kepler* oder *Descartes*, oder irgendein anderes Prinzip des Stoßes oder der Anziehung.« Isaac Newton: Über das Weltsystem, zit. nach dem Auszug bei: Shmuel Sambursky: Der Weg der Physik. 2500 Jahre physikalisches Denken, München 1978, S. 400.

485 Isaac Newton: Über das Weltsystem, zit. n. Sambursky, ebd., S. 402. – Vgl. Newton, Mathematische Grundlagen (2007), a. a. O., S. 55.

486 Newton, ebd., S. 53 f. (Def. III-V). – Dellian, Einleitung zu Newton (1988), a. a. O:, S. XVIII f.

487 Newton, Mathematische Grundlagen (2007), a. a. O., S. 158 ff. (Lehrsätze über die Ursachen des Weltgefüges).

488 Newton, ebd., S. 194 (Scholium generale).

489 Schülerduden Physik. Das Fachlexikon von A bis Z, Mannheim 2007, S. 177.

490 Newton, Mathematische Grundlagen (2007), a. a. O., S. 195. Martin Schneider: Das Weltbild des 17. Jahrhunderts. Philosophisches Denken zwischen Reformation und Aufklärung, Darmstadt 2004, S. 126 f.

491 Martin Carrier: Isaac Newton. Prinzipien der Naturphilosophie: Raum, Kraft, Bewegung und Gott, in: Lothar Kreimendahl (Hg.): Philosophen des 17. Jahrhunderts, Darmstadt 1999, S. 189.

492 Carrier, Newton, ebd., S. 192.

493 Newton, Mathematische Grundlagen (2007), a. a.O, S. 192 (Scholium generale). – Vgl. Schneider, Das Weltbild des 17. Jahrhunderts, a. a. O., S. 130 ff.

494 Carrier, Newton, a. a. O., S. 192 f.

495 Schneider, Das Weltbild, a. a. O., S. 131. – Vgl. auch die breite Diskussion bei Ernst Cassirer: Das Erkenntnisproblem in der Philosophie und Wissenschaft der neueren Zeit, Darmstadt 1974, Bd. II, S. 451. – Ed Dellian, Einleitung zu Newton, Mathematische Grundlagen (1988), a. a. O., S. XVIII f. – Zur Herkunft dieses Gedankens aus der Hochscholastik vgl. Dietrich Mahnke: Unendliche Sphäre und Allmittelpunkt. Beiträge zur Genealogie der mathematischen Mystik, Halle/

Saale 1937, S. 173: »Deus est sphaera *infinita,* cuius centrum est ubique, circumferentia vero nusquam.« Gott ist die unendliche Kugel, deren Mittelpunkt überall und deren Oberfläche nirgends ist. Vgl. Freudenthal, Die Relativität von Raum und Zeit bei Leibniz, a. a. O., S. 153.

496 Wickert, Newton, a. a. O., S. 74 ff.

497 Koyré, Von der geschlossenen Welt, a. a. O., S. 211. – Streitschriften zwischen Leibniz und Clarke, Brief an die Prinzessin von Wales vom November 1715, in: G. W. Leibniz: Hauptschriften zur Grundlegung der Philosophie, Hg. Ernst Cassirer, Leipzig 1924, Bd. I, S. 120. – Vgl. Hans Freudenthal: Die Relativität von Raum und Zeit bei Leibniz, in: Akten des Internationalen Leibniz-Kongresses in Hannover 1966, Studia Leibnitiana Supplementa, Wiesbaden 1969, S. 150 f.

498 Koyré, ebd., S. 217. – Vgl. Rupert A. Hall: Die Geburt der naturwissenschaftlichen Methode. 1630–1720. Von Galilei bis Newton, Gütersloh 1965, S. 373 ff.

499 Koyré, ebd., S. 248. – G. W. Leibniz: Streitschriften zwischen Leibniz und Clarke, in: Leibniz, Hauptschriften zur Grundlegung der Philosophie, a. a. O., Bd. I, S. 151 (Vierter Brief an Clarke, Punkt 40). – Wilhelm Schmidt-Biggemann: Theodizee und Tatsachen, Frankfurt/M 1988, S. 16.

500 Alexandre Koyré: Newtonian Studies, Chicago 1968, S. 23 f. – Zit n. Ilya Prigogine/Isabelle Stengers: Dialog mit der Natur. Neue Wege naturwissenschaftlichen Denkens, Frankfurt/M 1986, S. 41.

501 Wagner, ebd., S. 22 ff. – Carrier, Newton, a. a. O., S. 178.

502 Rabb, The Struggle, a. a. O., S. 112.

503 Thomas Sprat: Die Gründung der Royal Society, in: Sambursky, Der Weg der Physik, a. a. O., S. 360.

504 Mit kritischem Kommentar: Wagner, Newton, a. a. O., S. 108.

505 Zit n. Boas, Renaissance, a. a. O., S. 116.

Neue Religionen und neue Philosophien

I. Der Gott der Liebe

506 Friedrich Wilhelm Kantzenbach: Orthodoxie und Pietismus, Gütersloh 1966, S. 130 ff. – Vgl. immer noch: Hans Leube: Die Reformideen in der deutschen lutherischen Kirche zur Zeit der Orthodoxie, Leipzig 1924.

507 August Langen: Der Wortschatz des deutschen Pietismus, Tübingen 1968, S. 98.

508 Martin Scharfe: Die Religion des Volkes. Kleine Kultur- und Sozialgeschichte des Pietismus, Gütersloh 1980.

509 Carl Schmitt: Das Zeitalter der Neutralisierungen und Entpolitisierungen, in: ders.: Der Begriff des Politischen, Berlin 1963, S. 88.

510 Hartmut Lehmann: Das Zeitalter des Absolutismus, Stuttgart/Berlin 1980, S. 125.

511 Kittsteiner, Entstehung des modernen Gewissens, a. a. O., S. 94 ff. und S. 296 ff.

512 Johann Arndt: Vier Bücher vom wahren Christentum nebst dessen Paradiesgärtlein, Berlin 1831, S. 19.

513 Martin Brecht: Das Aufkommen der neuen Frömmigkeitsbewegung in Deutschland, in: Martin Brecht (Hg.): Der Pietismus vom siebzehnten bis zum frühen achtzehnten Jahrhundert (= Geschichte des Pietismus, Bd. 1), Göttingen 1993, S. 159.

514 Frances A. Yates: The Rosicrucian Enlightenment, Frogmore 1975, S. 71 ff. – P. Arnold: Descartes und die Rosenkreuzer, in: Antaios. Stuttgart Bd. 1(1959/60), S. 227–245.

515 Brecht, Frömmigkeitsbewegung, a. a. O., S. 155 f.

516 Wilhelm Kühlmann: Sozietät als Tagtraum – Rosenkreuzerbewegung und zweite Reformation, in: Klaus Garber/Heinz Wismann (Hg.): Europäische Sozietätsbewegung und demokratische Tradition, Tübingen 1996, Bd. II, S. 1124–1151; hier S. 1145.

517 Martin Brecht: Die deutschen Spiritualisten des 17. Jahrhunderts, in: Brecht, Pietismus I, a. a. O., S. 209.

518 Jacob Böhme: Christosophia. Ein christlicher Einweihungsweg, Freiburg/Br. 1976, S. 87.

519 Jacob Böhme: Aurora oder die Morgenröte im Aufgang, Hg. Gerhard Wehr, Freiburg/Br. 1977, S. 215.

520 Böhme, ebd., S. 279.

521 Böhme, ebd., S. 362.

522 »Denn alles, was da lebet und schwebet, das ist in Gott, und Gott selber ist alles und alles, was gebildet ist, das ist aus ihm gebildet, es sei gleich aus Liebe oder Zorn.« Böhme, ebd., S. 207. – Vgl. dazu: Wollgast, Philosophie in Deutschland, a. a. O., S. 693.

523 Daniel Pickering Walker: The Decline of Hell. Seventeenth-century discussions of eternal torment, Chicago 1964, S. 228.

524 Philipp Jacob Spener: Pia desideria, Hg. Kurt Aland, 3., durchgesehene Auflage, Berlin 1964, S. 15. »Was Spener hier recht präzise beschreibt, ist das Verhalten der Obrigkeiten nach dem 30-jährigen Krieg. Die Politik hat sich gegenüber der Kirche emanzipiert, übt aber weiter im eigenen Interesse ihre Macht über die Kirche aus.« Martin Brecht: Philipp Jakob Spener, sein Programm und dessen Auswirkungen, in: Brecht, Pietismus I, a. a. O., S. 304.

525 Zur Kritik der orthodoxen Beichtpraxis durch die Pietisten vgl. Kittsteiner, Entstehung des modernen Gewissens, a. a. O., S. 222 ff.

526 František Graus: Pest – Geißler – Judenmorde, Göttingen 1987.

527 Friedrich Battenberg: Das Europäische Zeitalter der Juden. Bd. I: Von den Anfängen bis 1650, Darmstadt 2000, S. 250 f.

528 Battenberg: Das Europäische Zeitalter der Juden. Bd. II: Von 1650 bis 1945, a. a. O., S. 1.

529 Spener, Pia desideria, a. a. O., S. 38.

530 Die Bibel. Einheitsübersetzung, Stuttgart 1980, S. 1275.

531 Den Sinn dieser Verse will Jacob Taubes Carl Schmitt nahegebracht haben: »Und das hab' ich Schmitt vorgehalten, daß er diese Dialektik nicht sieht, die den Paulus bewegt und die die christliche Kirche nach 70 vergessen hat, daß er nicht einen Text, sondern eine Tradition übernahm, nämlich die Volkstraditionen des kirchlichen Antisemitismus, dem er dann in seiner Hemmungslosigkeit 33–36 noch die rassistische Theozoologie aufsetzte.« Jacob Taubes: Die Politische Theologie des Paulus, München 1993, S. 72. – Wir gehen hier nur vorläufig und kurz auf diese Zusammenhänge ein, denn sie werden uns in allen nachfolgenden Bänden der »Deutschen Geschichte in den Stufen der Moderne« weiter beschäftigen.

532 Spener, Pia desideria, a. a. O., S. 45. – Im übrigen steht in diesen Versen keinesfalls, dass Israel bekehrt werden müsse. Es heißt nur, dass nach der vollständigen Bekehrung der Heiden Gott »um der Väter willen« sich wieder seinem geliebten Volk zuwenden werde. – Über die »Pietistische Judenmission« und ihre größere Milde, verglichen mit der protestantischen Orthodoxie: Gerhard Müller: Art. »Antisemitismus VI«, in: TRE, Bd. III, Berlin/New York 1978, S. 143–155.

533 Hiltrud Wallenborn: Religiöse Toleranz und Wirtschaftspolitik im 17. und 18. Jahrhundert, in: Willi Jasper/Joachim H. Knoll: Preußens Himmel breitet seine Sterne …, Beiträge zur Kultur-, Politik- und Geistesgeschichte der Neuzeit, Hildesheim/Zürich/New York 2002, Band 1, S. 186 f.

534 Brecht, Spener, a. a. O., S. 295 ff., 309 und 316 ff.

535 Spener, Pia desideria, a. a. O., S. 77 ff.

536 Das Leben Jo. Wilhelmi Petersen, o. O. 1717, S. 7.

537 Petersen, ebd., S. 14.

538 Petersen, ebd., S. 200

539 Petersen, ebd., S. 24. – Martin Brecht: Die deutschen Spiritualisten, a. a. O., S. 233.

540 Quirinus Kuhlmann: Der Kühlpsalter. 1.–15. und 73.–93. Psalm, Hg. Heinz Ludwig Arnold, © Reclam, Stuttgart 1973, S. 140 f.

541 Petersen, Lebensbeschreibung, a. a. O., S. 26.

542 Petersen, ebd., S. 51.

543 Petersen, ebd., S. 77 ff.

544 Petersen, ebd., S. 103.

545 Petersen, ebd., S. 153–177.

546 Petersen, ebd., S. 180 f.

547 Petersen, ebd., S. 194 f.

548 Hans Schneider: Der radikale Pietismus im 17. Jahrhundert, in: Brecht, Pietismus I, a. a. O., S. 404.

549 Petersen, Lebensbeschreibung, a. a. O., S. 222.

550 Petersen, ebd., S. 280.

551 Richard van Dülmen: Reformation als Revolution. Soziale Bewegungen und religiöser Radikalismus in der deutschen Reformation, München 1977, S. 323 ff.

552 Herwig Görgemanns/Heinrich Karpp: Origenes. Vier Bücher von den Prinzipien, Darmstadt 1992, S. 649 ff. und S. 657. Vgl. dort die Anm. 16. – Lothar Lies: Origenes ›Peri Archon‹. Eine undogmatische Dogmatik, Darmstadt 1992, S. 162. – Vgl. auch: Kurt Lüthi: Die Erörterung der Allversöhnungslehre durch das pietistische Ehepaar Johann Wilhelm und Johanna Eleonora Petersen, in: Theologische Zeitschrift der Theologischen Fakultät der Universität Basel, 12. Jg. (1956), S. 362–377.

553 Aurelius Augustinus: Vom Gottesstaat. Hg. Wilhelm Timme und Carl Andresen, Bd. II., München 1978, S. 712 f.

554 Petersen, Lebensbeschreibung, a. a. O., S. 304 (ist verdruckt als 306).

555 Schottelius, Grausame Beschreibung und Vorstellung der Hölle, Erklärung des Titelkupfers. – Vgl. dazu H. D. Kittsteiner: Eine barocke Seele auf dem Weg in die ewige Seligkeit, in: ders.: Gewissen und Geschichte. Studien zur Entstehung des moralischen Bewusstseins, Heidelberg 1990, S. 67–117.

556 Walker, The Decline of Hell, a. a. O., S. 73 ff.

557 Johann Wilhelm Petersen: Mysterion Apokatastaseos Panton: Das ist: Das Geheimniß der Wiederbringung aller Dinge, Panphilia (= Offenbach) 1700–1710, Bd. III, Vorrede.

558 Kittsteiner, Entstehung des modernen Gewissens, a. a. O., S. 141 ff.

559 Petersen, Lebensbeschreibung, a. a. O., S. 324.

560 Werner Pfoh: Matthias Knutzen. Ein deutscher Atheist und revolutionärer Demokrat des 17. Jahrhunderts, Berlin 1965, S. 65.

561 Pfoh, ebd., S. 44. – Erst seit einiger Zeit ist man auf die Bedeutung dieser von Hand verbreiteten Texte für die Aufklärung aufmerksam geworden. W. Schröder: Ursprünge des Atheismus. Untersuchungen zur Metaphysik- und Religionskritik des 17. und 18. Jahrhunderts, Stuttgart-Bad Cannstatt 1998. W. Schröder: Reihe: Philosophische Clandestina der deutschen Aufklärung.

562 Ebd., S. 7.

563 Pfoh, Knutzen, a. a. O., S. 33 f.

564 Knutzen: Gespräch zwischen einem Feldprediger namens Heinrich Brummer und einem lateinischen Münsterschreiber, in: Pfoh, ebd., S. 57 f.

565 Kittsteiner, Entstehung des modernen Gewissens, a. a. O., S. 110 f.

566 Knutzen nach Pfoh, S. 39–44. – Rudolf Düll (Hg.): Corpus Iuris. Eine Auswahl der Rechtsgrundsätze der Antike, München 1939, S. 35.

567 Kittsteiner, Entstehung des modernen Gewissens, a. a. O., S. 117.

568 Wilhelm Dilthey: Das natürliche System der Geisteswissenschaften im 17. Jahrhundert, in: Gesammelte Schriften, Bd. II, Göttingen 1964, S. 250.

569 Johannes, Musäus, Ableinung Der ausgesprengten abscheulichen Ver-

leumbdung/ Ob wäre In der Fürstl. Sächsischen Residentz und gesambten Universität Jena eine neue Secte der so genanten Gewissener entstanden [...], Jena 1675, S. 35.

570 Musäus, ebd., S. 32.

571 Pierre Bayle: Dictionnaire Historique et Critique. Nouvelle Edition (1820–24), Bd. VIII, Art. »Knutzen«, S. 577.

572 Leibniz, Die Theodizee, a. a. O., S. 44.

573 Klaus Scholder: Ursprünge und Probleme der Bibelkritik im 17. Jahrhundert, München 1966, S. 139 f. und 160 ff. – Jakob Freudenthal: Die Lebensgeschichte Spinozas in Quellenschriften, Leipzig 1899.

574 Offensichtlich bezieht sich Musäus auf das zwölfte Kapitel des Traktats, in dem Spinoza erörtert, dass das »Heilige« im »Wort Gottes« in der Tat nicht in »Papier und Tinte« liegen könne, sondern in der frommen Gesinnung derer, die es lesen. »Worte erhalten ihre bestimmte Bedeutung bloß aus dem Gebrauch.« Ist der Gebrauch böse, verlieren auch die Schriften ihre Heiligkeit. Das unverfälschte Wort Gottes besage aber nur für alle Menschen das Gleiche: »Daß es einen Gott gibt, daß er für alle sorgt, daß er allmächtig ist und daß es den Frommen nach seinem Ratschluß gut, den Gottlosen aber schlecht geht, und daß unser Heil einzig von seiner Gnade abhängt.« Für Musäus aber treffen die Anfangssätze dieses Kapitels zu: »Wer die Bibel, so wie sie ist, als einen Brief betrachtet, den Gott den Menschen vom Himmel gesandt hat, der wird ohne Zweifel ein Geschrei erheben, ich hätte ein Verbrechen wider den Heiligen Geist begangen, weil ich das Wort Gottes für fehlerhaft, verstümmelt, verfälscht und widerspruchsvoll erkläre und behaupte, daß wir nur Fragmente davon besitzen und daß die Urschrift des Bundes, den Gott mit den Juden geschlossen hat, verlorengegangen ist.« Baruch de Spinoza: Theologisch-politischer Traktat, Hg. Günter Gawlick, Hamburg 1976, S. 195–204.

575 Musäus, Ableinung, a. a. O., S. 92 ff.

576 H. G. Hubbeling: Spinoza, Freiburg/München 1978, S. 39.

577 Hubbeling, ebd., S. 24 ff.

578 Heinrich Heine: Zur Geschichte der Religion und Philosophie in Deutschland, Werke in zehn Bänden, Hg. Oskal Walzel, Leipzig 1910, Bd. 7, S. 255 f.

579 Baruch de Spinoza: Theologisch-politischer Traktat, Hg. Günter Gawlick, Hamburg 1976, S. 7.

580 Spinoza, ebd., S. 113.

581 Spinoza, ebd., S. 114. – Ernst Cassirer: Die Philosophie der Aufklärung, Tübingen 1932, S. 248.

582 Spinoza, ebd., S. 215. (Erster Brief des Johannes 4, v. 7 und 8).

583 Spinoza, ebd., S. 217 f.

584 Spinoza, ebd., S. 308 f.

585 Spinoza, ebd., S. 231.

586 Immanuel Kant: Über das Mißlingen aller philosophischen Versuche in der Theodicee, in: Akademie-Textausgabe, Berlin 1968, Bd. VIII, S. 255.

587 Schneider, Das Weltbild des 17. Jahrhunderts, a. a. O., S. 35.

588 Leibniz, Die Theodizee, a. a. O., S. 6.

589 Leibniz, ebd., S. 160.

590 George M. Ross: Leibniz and the Nuremberg Alchemical Society, in: Studia Leibnitiana, Wiesbaden 6 (1974), S. 222–248.

591 Yates, The Rosicrucian Enlightenment, a. a. O., S. 194. – Wollgast, Philosophie in Deutschland, a. a. O., S. 300.

592 Friedrich Heer (Hg.): Leibniz, Frankfurt/M 1958, S. 14.

593 Paul Wiedeburg: »Je ne vous dis rien sur les projets d'une Guerre Sainte, mais vous sçaurez qu'elles ont cessé d'estre à la mode depuis Saint Louis.« Ein Beitrag zur Wertung des Consilium Aegypticarum Leibnizens, in: Akten des internationalen Leibniz-Kongresses Hannover 1966. Studia Leibnitiana. Supplemente. Volumen IV, Wiesbaden 1969, S. 207–224.

594 Conrad Grau: Zur Vor- und Frühgeschichte der Berliner Sozietät der Wissenschaften im Umfeld der europäischen Akademiebewegungen, in: Garber/Wismann: Europäische Sozietätsbewegungen, a. a. O., S. 1381–1412.

595 Hans-Joachim Schoeps: Preußen. Geschichte eines Staates, Frankfurt/M/Berlin 1975, S. 44 f.

596 Varnhagen v. Ense: Leben der Königin von Preußen Sophie Charlotte, Berlin 1837, S. 138–149.

597 Varnhagen, ebd., S. 141 ff.

598 John Toland: Briefe an Serena, Hg. Erwin Pracht, Berlin 1959. – Ob das Buch von 1704 noch in die Hände der 1705 gestorbenen Sophie Charlotte gelangt ist, bleibt umstritten. Zumindest geht aber das Kapitel über die Vorurteile auf einen Vortrag zurück, den Toland in Gegenwart der Königin gehalten hat. Ebd., S. LVIII, Anm. 90.

599 Reinhold Brode: Friedrich der Große und der Conflict mit seinem Vater, Leipzig 1904, S. 250.

600 Werner Hegemann: Das Jugendbuch vom Großen König oder Kronprinz Friedrichs Kampf um die Freiheit, Hellerau 1930, S. 23 ff.; hier S. 26.

601 Gerd van der Heuvel: Leibniz in Berlin. Ausstellung im Schloß Charlottenburg 10. Juni – 22. Juli 1987, Berlin 1987, S. 10 f.

602 Leibniz, Die Theodizee, Vorwort Buchenau, a. a. O., S. VII f.

603 G. W. Leibniz. Die Hauptwerke, Hg. Gerhard Krüger. Mit einem Vorwort von Dietrich Mahnke, Leipzig 1933, S. 159 f. (= Brief an Thomas Burnett vom 30. Okt. 1710).

604 Kurt Flasch: Augustin. Einführung in sein Denken, Stuttgart 1980, S. 28 ff.

605 Bayle, Wörterbuch, a. a. O., Art. Manichäer, S. 157 ff.; hier S. 160. In der Anmerkung (a) fügt Bayle hinzu: »In diesem Alter hat man schon böse Streiche

ausgeteilt und empfangen, hat Kummer und Schmerz erlebt, hat mehrfach Verdruß gehabt usw.«

606 Leibniz, Die Theodizee, a. a. O., S. 208 f. (II. Teil, §§ 145, 146).

607 Bayle, Wörterbuch, a. a. O., S. 162.

608 Leibniz: Über die Freiheit, in: Buchenau/Cassirer, Hauptschriften zur Grundlegung der Philosophie, a. a. O., Bd. II, S. 499.

609 Schmidt-Biggemann: Theodizee und Tatsachen, a. a. O., S. 92.

610 Leibniz, Die Theodizee, a. a. O., S. 214 (§ 153) und S. 110 f. (§ 20).

611 Bayle, Wörterbuch, a. a. O., S. 161 Anm. 53.

612 Leibniz, Die Theodizee, a. a. O., S. 413 f.

613 Leibniz, ebd., S. 421.

614 »Wenn somit das geringste Übel, das in der Welt eintrifft, fehlte, es wäre nicht mehr diese Welt, die, alles in allem, von dem sie auswählenden Schöpfer als die beste befunden worden ist.« Leibniz, ebd., S. 102.

615 Jürgen Mittelstraß: Der Philosoph und die Königin – Leibniz und Sophie Charlotte, in: Hans Poser/Albert Heinekamp (Hg.): Leibniz in Berlin. Symposium der Leibniz-Gesellschaft und des Instituts für Philosophie, Wissenschaftstheorie, Wissenschafts- und Technikgeschichte der Technischen Universität Berlin im Schloß Charlottenburg, Berlin 10. bis 12. Juni 1987, Stuttgart 1990, S. 14.

616 Leibniz, Die Theodizee, a. a. O., S. 216 f. (§ 156).

617 Leibniz, ebd., S. 106.

618 Michel Fichant: Ewige Wiederkehr oder unendlicher Fortschritt: Die Apokatastasisfrage bei Leibniz, in: Studia Leibnitiana. Zeitschrift für Geschichte der Philosophie und der Wissenschaften, Bd. XXIII (1991), H. 1 S. 134–150; hier S. 137 f.

619 Leibniz, Die Theodizee, a. a. O., S. 108.

620 Leibniz, ebd., S. 304 ff.

621 Leibniz, ebd., S. 109 f.

622 Leibniz, ebd., S. 355.

623 Leibniz, ebd., S. 301 f. (§ 262, 263).

624 Leibniz, ebd., S. 99.

625 Zu den antiken Grundlagen dieser Vorstellung vgl. den Abschnitt »The Superiority of the Animals«, in: Arthur O. Lovejoy/George Boas: Primitivism and Related Ideas in Antiquity, New York 1965, S. 389–420. – Zu Rorarius und seiner Rezeption durch Bayle vgl. Schneider, Weltbild des 17. Jahrhunderts, a. a. O., S. 145 f.

626 Alfred Klemmt: Descartes und die Moral, Meisenheim am Glan 1971, S. 108 ff. – Kittsteiner, Entstehung des modernen Gewissens, a. a. O., S. 246 f. – Schneider, Weltbild, a. a. O., S. 157 ff.

627 Leibniz, Die Theodizee, a. a. O., S. 134. – Leibniz: Zur prästabilierten Harmonie, in: ders., Hauptschriften zur Grundlegung der Philosophie, a. a. O., Bd. II, S. 272–275.

628 Bayle, Wörterbuch, a. a. O., Art. »Rorarius«, S. 333. – Vgl. zur Problemlage Schneider, Weltbild, a. a. O., S. 171 ff.

629 Leibniz: Erwiderung auf die Betrachtungen über das System der prästabilierten Harmonie in der zweiten Auflage des Bayleschen ›Dictionnaire historique et critique‹ (Artikel: Rorarius), in: ders., Hauptschriften zur Grundlegung der Philosophie, a. a. O., Bd. II, S. 382–405; hier S. 400 f.

630 Leibniz, Zu Spinozas Ethik, in: Hauptschriften, ebd., Bd. I, S. 357. – Leibniz vertrat gegen Spinoza die Auffassung, dass »ein System, das nur *eine* göttliche Substanz kennt, als Realität oder besser: als eine außerhalb dieser Substanz seiende Realität nur akzidentell-ephemere, in ständigem Fluß befindliche Zustände anzunehmen berechtigt sei«. Thomas Leinkauf: Gottfried Wilhelm Leibniz, in: Kreimendahl, Philosophen des 17. Jahrhunderts, a. a. O., S. 201.

631 G. W. Leibniz: Vernunftprinzipien der Natur und der Gnade. Monadologie. Hg. Herbert Herring, Hamburg 1969, S. 31 (§ 14).

632 Leibniz, Monadologie, ebd., S. 43 (§ 38).

633 Leibniz, ebd., S. 69 (§ 90).

634 Leibniz, ebd., S. 51 (§ 53).

635 Leibniz, Vernunftprinzipien der Natur und der Gnade, ebd., S. 13 f. und S. 17.

636 Leibniz, Monadologie, ebd., S. 49 (§ 51). Insofern erzwingt die substantielle Isolierung der einzelnen Monade die Konstruktion einer vorbestimmten Entsprechung der Monaden untereinander. Leinkauf, Leibniz, a. a. O., S. 213.

637 Leibniz, Monadologie, ebd., S. 53 (§ 58).

638 Leibniz, Vernunftprinzipien, ebd., S. 25 (§ 18).

639 Ernst Cassirer: Freiheit und Form. Studien zur deutschen Geistesgeschichte, Darmstadt 1994, S. 55 ff.

640 Vgl. dazu Burkhardt, Vollendung und Neuorientierung des frühmodernen Reiches, a. a. O., S. 34.

641 Leibniz: Ermahnung an die Deutschen, in: Leibniz. Hg. Friedrich Heer, Frankfurt/M 1958, S. 77–85.

642 Karl Otmar v. Aretin: Das Alte Reich 1648–1806, Stuttgart 1993, Bd. 1: Föderalistische und hierarchische Ordnung, S. 328 ff.

643 Otto Franke: Leibniz und China, in: Gottfried Wilhelm Leibniz. Vorträge der aus Anlass seines 300. Geburtstages in Hamburg abgehaltenen wissenschaftlichen Tagung, Hamburg 1946, S. 98.

644 Jürgen Osterhammel: Die Entzauberung Asiens. Europa und die asiatischen Reiche im 18. Jahrhundert, München 1998, S. 47.

645 Voltaire: Art. »Histoire«, in: Encyclopédie. Nouvelle Edition, Bd. 17, Genf 1778, S. 562.

646 Eun-Jeung Lee: »Anti-Europa«. Die Geschichte der Rezeption des Konfuzianismus und der konfuzianischen Gesellschaft seit der frühen Aufklärung, Münster/Hamburg/London 2003, S. 25 f.

647 David E. Mungello: Die Quellen für das Chinabild Leibnizens, in: Studia Leibnitiana, Bd. 14 (1982), S. 233–243; hier S. 235.

648 Abbildung bei Joseph Needham: Science and Civilization in China. Vol 3:

Mathematics and the Science of the Heavens and the Earth, Cambridge University Press, 1959, S. 446.

649 Needham, ebd., S. 447.

650 Danielle Elisseef-Poisle: Arcade Hoang, Bibliothekar des Königs. Ludwig XIV. und der Ferne Osten, in: Europa und die Kaiser von China, Frankfurt/M 1985, S. 96–101.

651 Simon B. Heilsen: Die Südreisen des Kaisers, in: Europa und die Kaiser von China, ebd., S. 105.

652 Joachim Bouvet an Leibniz, Peking, 19. September 1699, in: Rita Widmaier: Leibniz korrespondiert mit China. Der Briefwechsel mit den Jesuitenmissionaren (1689–1714), Frankfurt/M 1990, S. 103–107.

653 David Mungello: Leibniz and Confucianism. The Search for Accord, Honolulu 1977, S. 26–28. – Vgl. insgesamt: David Mungello: Curious Land. Jesuit Accomodation and the Origins of Sinology, Wiesbaden 1985.

654 Osterhammel, Entzauberung Asiens, a. a. O., S. 173 f.

655 Gottfried Wilhelm Leibniz: Zwei Briefe an Claudio Filippo Grimaldi, in: Adrian Hsia (Hg.): Deutsche Denker über China, Frankfurt/M 1985, S. 31 ff. – Vgl. ebenfalls Widmaier, Leibniz korrespondiert mit China, a. a. O., S. 4–6.

656 1704 wurde durch eine päpstliche Bulle die Missionspraxis der Jesuiten verurteilt, die Tolerierung chinesischer Riten verboten und eine Ausübung des Christentums nach europäischem Muster verlangt. Lee, Anti-Europa, a. a. O., S. 31 ff.

657 Gottfried Wilhelm Leibniz: Vorwort zu »Novissima Sinica«, in: Adrian Hsia (Hg.): Deutsche Denker über China, Frankfurt/M 1985, S. 9.

658 Lee, Anti-Europa, a. a. O., S. 75.

Europa in der Welt und Deutschland in Europa

659 Die Metapher von der »allgemeinen Beleuchtung« stammt von Karl Marx und ist dort auf die Produktionsweise der jeweiligen Gesellschaften bezogen. Karl Marx: Grundrisse der Kritik der Politischen Ökonomie (Rohentwurf), Berlin 1953, S. 27. – Wir übertragen die Metapher auf den Weltmarkt als den unbewussten Akteur der Geschichte. Vgl. dazu – trotz der etwas ungewöhnlichen Darstellungsweise – H. D. Kittsteiner: Weltgeist, Weltmarkt, Weltgericht München 2007.

660 Jürgen Osterhammel/Niels P. Petersson: Geschichte der Globalisierung. Dimensionen, Prozesse, Epochen München 2003, S. 19.

661 Peter Brown: Die Entstehung des christlichen Europa, München 1999, S. 347.

662 Brown, ebd., S. 18.

663 Johannes Fried: Der Schleier der Erinnerung. Grundzüge einer historischen Memorik, München 2004, S. 386 f.

664 Erwin Panofsky: Die Renaissancen der europäischen Kunst, Frankfurt/M 1996.

665 Brown, Entstehung des christlichen Europa, a. a. O., S. 320 ff.

666 Chris Wickham: Making Europe, in: New Left Review 208 (1994), S. 133–143.

667 Max Weber: Vorbemerkungen zu den gesammelten Aufsätzen zur Religionssoziologie, in: ders.: Soziologie, Weltgeschichtliche Analysen, Politik, Stuttgart 1964, S. 340.

668 Rolf Peter Sieferle: Der Europäische Sonderweg. Ursachen und Faktoren, Stuttgart 2000. – Sieferle sieht für die Zeit bis 1500 eine Gleichrangigkeit mit anderen Hochkulturen, eine Innovationsverstärkung zwischen 1500 und 1750 und dann eine eigentliche Transformation zu einem »Sonderweg« zwischen 1750 und 1850.

669 Michael Mitterauer: Warum Europa? Mittelalterliche Grundlagen eines Sonderwegs, München 2003, S. 19 ff. – Ludolf Kuchenbuch: Kontrastierter Okzident. Bemerkungen zu Michael Mitterauers Buch ›Warum Europa? Mittelalterliche Grundlagen eines Sonderwegs‹, in: Historische Anthropologie. Kultur, Gesellschaft, Alltag (2006), S. 410–429.

670 Vgl. Behringer, Kulturgeschichte des Klimas, a. a. O., S. 110 f.

671 Maurice Lombard: Blütezeit des Islam, Frankfurt/M 1992. – Jean Claude Garcin: The Mameluk Military System and the Blocking of Medieval Muslim Society, in: Jean Baechler u. a. (Hg.): Europe and the Rise of Capitalism, Oxford 1988, S. 128.

672 Mitterauer, Warum Europa, a. a. O., S. 33 f. – Vgl. Jared Diamond: Arm und Reich. Die Schicksale menschlicher Gesellschaften, Frankfurt/M 1999. – Vgl. Francesca Bray: The Rice Economics. Technology & Development in Asian Societies, Berkeley 1986.

673 Terry S. Reynolds: Stronger than a Hundred Men. A History of the Vertical Water Mill, Baltimore 1983, S. 116 f.

674 Mitterauer, Warum Europa?, a. a. O., S. 65 und S. 279.

675 Mitterauer, ebd., S. 42–69.

676 Mitterauer, ebd., S. 63 ff.

677 Mitterauer, ebd., S. 71 ff. – Kuchenbuch, Kontrastierter Okzident, a. a. O., S. 412.

678 Mitterauer, ebd., S. 93 ff.

679 Mitterauer, ebd., S. 113 ff.

680 Arnold Angenendt: Das Frühmittelalter, Stuttgart 1990.

681 Mitterauer, Warum Europa?, a. a. O., S. 109–151.

682 Mitterauer, ebd., S. 154 ff.

683 Mitterauer, ebd., S. 193 ff. – Kritisch an diesem Punkt: Kuchenbuch, Kontrastierter Okzident, a. a. O., S. 419.

684 Robert Bartlett: Die Geburt Europas aus dem Geist der Gewalt, München 1996.

685 Mitterauer, Warum Europa?, a. a. O., S. 206 ff. – Vgl. die differenzierte Diskussion bei Egon Flaig: »Heiliger Krieg«. Auf der Suche nach einer Typologie, HZ 285 (2007), S. 265–302; hier S. 296 ff.

686 Michael Mitterauer: Von Stadtstaaten zu Kolonialreichen. Die italienischen Seerepubliken in ihrer Bedeutung für den Frühkolonialismus, in: Bericht über den 24. Österreichischen Historikertag in Innsbruck, Innsbruck 2006, S. 578–587.

687 Ulrich Knefelkamp: Das Verhalten von Bevölkerung und Obrigkeit bei den Judenverfolgungen des ersten und zweiten Kreuzzuges, in: Zur Geschichte der Juden. Hg. Germanisches Nationalmuseum, Nürnberg 1989, S. 24–34.

688 Peter Thorau: Die Kreuzzüge, München 2004, S. 91 ff.

689 Reinhard Wendt, Vom Kolonialismus zur Globalisierung. Europa und die Welt seit 1500, Paderborn/München/Wien, S. 22 ff.

690 Mitterauer, Warum Europa, a. a. O., S. 233.

691 Wendt: Vom Kolonialismus zur Globalisierung, a. a. O., S. 34 ff.

692 Christian Heitzmann: Europas Weltbild in alten Karten. Globalisierung im Zeitalter der Entdeckungen, Wolfenbüttel 2006, S. 47.

693 Mitterauer, Warum Europa?, a. a. O., S. 235 ff. und S. 284.

694 Ludolf Kuchenbuch schlägt vor, anstelle von isolierten Kausalfaktoren in Weiterführung von Mitterauer die Handlungslogiken zu untersuchen und zu schauen, ob aus deren Wiederholungsqualitäten Wandlungen hervorgegangen sind. Kuchenbuch, Kontrastierter Okzident, a. a. O., S. 427 f. Zum Ineinander von Routineschleifen und Wandlungen vgl. Jakob Tanner: Historische Anthropologie zur Einführung, Frankfurt/M 2004, S. 118–122. – Zum Rittertum und zum sesshaften Adel vgl. Joseph Morsel: L'aristocratie médiévale. La domination sociale en occident (Ve – XIVe siècle), Paris 2004.

695 So die Überblicksdarstellung bei Immanuel Wallerstein: Das moderne Weltsystem. Bd. I. Kapitalistische Landwirtschaft und die Entstehung der europäischen Weltwirtschaft im 16. Jahrhundert, Frankfurt/M 1986, S. 59 ff.

696 Fernand Braudel: Sozialgeschichte des 15.–18. Jahrhunderts. Bd. III. Aufbruch zur Weltwirtschaft, München 1990, S. 29. – Helwig Schmidt-Glintzer: China. Vielvölkerreich und Einheitsstaat. München 1997, S. 181. – Der Autor macht darauf aufmerksam, dass sich diese Differenz zwischen dem wirtschaftlich prosperierenden Süden und dem Norden Chinas heute erneut stellt.

697 Wallerstein, Modernes Weltsystem I, S. 71.

698 Wallerstein, ebd., S. 45 f.

699 Klaus Bergdolt: Der Schwarze Tod in Europa. Die große Pest und das Ende des Mittelalters, München 1995. – Behringer, Kulturgeschichte des Klimas, a. a. O., S. 142 ff. – Vasold, Pest, Not und schwere Plagen, a. a. O., S. 108 ff.

700 Giovanni di Boccaccio: Das Dekameron, Hg. André Jolles, Frankfurt/M 1972, Bd. I, S. 10 f. – Giuliano Procacci: Geschichte Italiens und der Italiener, München 1983, S. 86 f.

701 Egon Friedell: Kulturgeschichte der Neuzeit. Die Krisis der europäischen Seele von der schwarzen Pest bis zum Weltkrieg, München 1930, Bd. 1, S. 62.

702 Wallerstein, Das moderne Weltsystem I, a. a. O., S. 55.

703 Wallerstein, ebd., S. 27 ff.

704 Pomeranz, Kenneth: The Great Divergence. China, Europe, and the making of the modern world economy, Princeton und Oxford 2000, S. 15.

705 Wallerstein, Das moderne Weltsystem I, a. a. O., S. 266.

706 Peter Feldbauer: Globalgeschichte 1420–1620: Von der Expansions- zur Interaktionsgeschichte, in: Friedrich Edelmayer/Peter Feldbauer/Marija Wakounig (Hg.): Globalgeschichte 1450–1620. Anfänge und Perspektiven, Wien 2002, S. 30.

707 Wallerstein, Das moderne Weltsystem I, a. a. O., S. 251.

708 Immanuel Wallerstein: Das moderne Weltsystem II – Der Merkantilismus. Europa zwischen 1600 und 1750, Wien 1998, S. 20.

709 Wallerstein, Das moderne Weltsystem I, a. a. O., S. 131 und S. 151.

710 Wallerstein, ebd., S. 453.

711 E. J. Hobsbawm: The Crisis of the Seventeenth Century, in: Trevor Aston (Hg.): Crisis in Europe 1560–1660, London 1965, S. 17.

712 Wallerstein, Das moderne Weltsystem II, a. a. O., S. 6.

713 M. Hroch: Wirtschaftliche und gesellschaftliche Voraussetzungen des Dreißigjährigen Krieges. Einige Überlegungen zu einem offenen Problem, in: Repgen, Krieg und Politik 1618–1648, a. a. O., S. 133–150; hier S. 137 f. u. S. 149.

714 Burkhardt, Der Dreißigjährige Krieg, a. a. O., S. 194.

715 Rabb, The Struggle, a. a. O., S. 29 ff.

716 Bezeichnenderweise kennt und schätzt Rabb nur den ersten Band von Hazard. Er wurde 1963 unter dem Titel »The European Mind, 1680–1715« ins Englische übersetzt. Der zweite Band, die »Herrschaft der Vernunft«, ist sehr viel weniger rezipiert worden. Rabb, The Struggle, ebd., S. 5.

717 Paul Hazard: Die Herrschaft der Vernunft. Das europäische Denken im 18. Jahrhundert. La Pensée Européenne au XVIIIe siècle de Montesquieu à Lessing. Hamburg 1949.

718 Paul Hazard: Die Krise des europäischen Geistes. La Crise de la Conscience Européenne. 1680–1715, Hamburg 1939, S. 524.

719 Erich Trunz: Der Faust-Stoff, in: Goethes Werke (Hamburger Ausgabe), Hamburg 1959, Bd. III, S. 461 ff. Zitate hier nach Münchener Ausgabe, Bd. 6.1, S. 558 f.

720 Winfried Schulze, Deutsche Geschichte im 16. Jahrhundert, a. a. O., S. 65.

721 Klaus Kreiser: Der Osmanische Staat, 1300–1922, München 2001, S. 26 f.

722 Heinz Schilling: Das Reich und die Deutschen. Aufbruch und Krise, a. a. O., S. 223 ff.

723 Daniel Defoe: Leben und wunderbare Abenteuer des Robinson Crusoe, Seemanns aus York. Zürich 1957, S. 33 ff.

724 Der Koran. Übersetzung von Rudi Paret, Stuttgart/Berlin/Köln/Mainz 1979, S. 433. – Zur Datierung der 96. Sure vgl. Der Koran. Aus dem Arabischen.

Übersetzung von Max Henning. Einleitung von Ernst Werner und Kurt Rudolph, Leipzig 1968, S. 27 f. und S. 564.

725 Malise Ruthven: Der Islam. Eine kurze Einführung, Stuttgart 2001, S. 44. – Tilman Nagel: Der Koran. Einführung. Texte. Erläuterungen, München 1983, S. 15.

726 Hans-Martin Barth: »Nimm und lies!« Die spirituelle Bedeutung von Bibel und Koran, in: Hans-Martin Barth/Christoph Elsas (Hg.): Hermeneutik in Islam und Christentum, Hamburg 1997, S. 11.

727 Hans Zirker: Der Koran. Zugänge und Lesarten, Darmstadt 1999, S. 45 (Sure 85, v. 22; Sure 56, v. 78).

728 Ruthven, Der Islam, a. a. O., S. 84 f.

729 Zirker, Der Koran, a. a. O., S. 26 ff.

730 Nagel, Der Koran, a. a. O., S. 34 ff., S. 61. und S. 86 ff. – Angelika Neuwirth: Die Korangenese zwischen Mythos und Geschichte, in: Hans-Joachim Sinn: Die Religionen der Welt. Ein Almanach zur Eröffnung des Verlags der Weltreligionen, Frankfurt/M 2007, S. 328 f.

731 Zur verschiedenen Auslegung der Hadithe zwischen Sunniten und Schiiten vgl. Mohammed Arkoun: Der Islam. Annäherung an eine Religion, Heidelberg 1999, S. 90 ff.

732 Zirker, Koran, a. a. O., S. 181. Vgl. auch Hans Zirker: Interdependente Interpretation biblisch-koranischer Motive, in: Barth/Elsas, Hermeneutik in Islam und Christentum, a. a. O., S. 115. – Stefan Reichmuth: Art. »Hadith«, in: Ralf Elger (Hg.): Kleines Islam-Lexikon. Geschichte, Alltag, Kultur, München 2001, S. 111–113.

733 H. Holtzmann: Art. »Tradition«, in: Die Religion in Geschichte und Gegenwart, 1. Aufl., Tübingen 1913, Bd. 5, Sp. 1312.

734 Ruthven, Der Islam, a. a. O., S. 64.

735 Stefan Reichmuth, Art. »Sunna«, in: Elger, Kleines Islam-Lexikon, a. a. O., S. 290–292.

736 Ruthven, Der Islam, a. a. O., S. 48 ff.

737 Vgl. den Überblick über die »Leben-Muhammed-Forschung« von: Tilman Nagel: Die Islamische Welt bis 1500, München 1998, S. 134–148.

738 Den die Muslime allerdings für sich beanspruchen. »Abraham war weder Jude noch Christ. Er war vielmehr ein Gottsucher, (der das Gesicht zu Gott) wandte (d. h. ein Muslim).« Tilman Nagel: »Der erste Muslim«. Abraham in Mekka, in: Reinhard G. Kratz/Tilman Nagel (Hg.): »Abraham, unser Vater«. Die gemeinsamen Wurzeln von Judentum, Christentum und Islam, Göttingen 2003, S. 133–164; hier S. 134.

739 Ruthven, Der Islam, a. a. O., S. 52.

740 Paret, Der Koran, a. a. O., S. 372.

741 Nagel, Der Koran, a. a. O., S. 17.

742 Max Henning, Der Koran, a. a. O., S. 260, Anm. 2.

743 Paret, Der Koran, a. a. O., S. 100.

744 Nagel, Der Koran, a. a. O., S. 239.

745 Kleines Islam-Lexikon, a. a. O., Art. Muslim, S. 214.

746 Paret, Der Koran, a. a. O., S. 13.

747 Paret, ebd., S. 439. – Max Henning, Der Koran, a. a. O., S. 575, Anm. 1.

748 Ruthven, Der Islam, a. a. O., S. 193 ff. – Richard Hartmann: Die Religion des Islam. Eine Einführung, Darmstadt 1992, S. 80 ff.

749 Ruthven, Der Islam, a. a. O. S. 58. – Paret, Der Koran, a. a. O., S. 88 und S. 135.

750 Vgl. dazu: Bat Ye'or: Der Niedergang des orientalischen Christentums unter dem Islam. 7.–20. Jahrhundert. Zwischen Dschihad und Dhimmitude, Gräfelfing 2005.

751 Ruthven, Der Islam, a. a. O., S. 75 ff.

752 Nagel, Die islamische Welt, a. a. O., S. 52 f.

753 Nagel, ebd., S. 62 ff.

754 Oswald Spengler: Der Untergang des Abendlandes, München 1922, Bd. II, S. 231.

755 Gerhard Endreß: Der Islam. Eine Einführung in seine Geschichte, München 1991, S. 148 ff.

756 Über die islamischen Eroberungswellen in Indien vgl.: Hermann Kulke/ Dietmar Rothermund: Geschichte Indiens. Von der Induskultur bis heute, München 1988, S. 208 ff.

757 Tilman Nagel: Timur der Eroberer und die islamische Welt des späten Mittelalters, München 1993, S. 22.

758 Nagel, ebd., S. 70 ff.

759 Francis Robinson: Der Islam, Augsburg 1998, S. 22 ff.

760 Zur Geschichte des Delhi-Sultanats und des Mogulreiches vgl. Kulke/Rothermund, Geschichte Indiens, a. a. O., S. 207 ff. und S. 251–301.

761 Klaus Kreiser: Der Osmanische Staat. 1300–1922, München 2001, S. 4 ff.

762 Nagel, Timur, a. a. O., S. 354 ff.

763 Steven Runciman: Die Eroberung von Konstantinopel 1453, München 2005, S. 44 f.

764 Runciman, ebd., S. 174 ff.

765 Ludwig Hagemann: Christentum contra Islam. Eine Geschichte gescheiterter Beziehungen, Darmstadt 2005, S. 81 ff.

766 Kreiser, Der osmanische Staat, S. 42 ff.

767 Meillassoux, Anthropologie, S. 189 f. – Ich verdanke diesen und die folgenden Hinweise auf Sklaverei und »Knabenlese« Egon Flaig und seinem Buch: Sklaverei, München 2009.

768 David Ayalon: The Mamluks. The Mainstay of Islam's Military Might, in: Shaun E. Marmon: Slavery in the Islamic Middle East, Princeton 1999, S. 92.

769 Ferenc Majoros/Bernd Rill: Das Osmanische Reich (1300–1922). Die Geschichte einer Großmacht, Regensburg/Graz/Wien 1994, S. 19. – Godfrey Goodwin: The Janissaries, London 1994, S. 26–43.

770 Vgl. dazu: Den Feind beschreiben. »Türkengefahr« und europäisches Wissen über das Osmanische Reich 1450–1600, Frankfurt/M/New York 2003.

771 Walter Sturminger (Hg.): Die Türken vor Wien in Augenzeugenberichten, Düsseldorf 1968, S. 27.

772 Majoros/Rill, Das Osmanische Reich, a. a. O., S. 279.

773 Heinz Schilling: Höfe und Allianzen 1648–1783, Berlin 1989, S. 247.

774 Abbildung einer Palanke bei Majoros/Rill, Das Osmanische Reich, a. a. O., S. 32.

775 Richard E. Kreutel (Hg.): Im Reiche des goldenen Apfels. Des türkischen Weltenbummlers Evliyâ Çelebi denkwürdige Reise in das Giaurenland und in die Stadt und Festung Wien anno 1665 (= Osmanische Geschichtsschreiber Bd. II), Graz 1957, S. 53–62.

776 Richard F. Kreutel (Hg.): Kara Mustafa vor Wien. Das türkische Tagebuch der Belagerung Wiens 1683, verfaßt vom Zeremonienmeister der Hohen Pforte, München 1967, S. 16.

777 Kreutel, ebd., S. 94.

778 Kreutel, ebd., S. 23.

779 Kreutel, ebd., S. 30.

780 Kreutel, ebd., S. 48.

781 Kreutel, ebd., S. 32.

782 Kreutel, ebd., S. 109.

783 Majoros/Rill, Das Osmanische Reich, a. a. O., S. 282 f.

784 Kreutel, Kara Mustafa, a. a. O., S. 78 ff.

785 Kreutel, ebd., S. 81.

786 Dabei spricht die neuere Forschung keineswegs von einem großen Heer mit zweifelhafter Kampfkraft. Einschließlich der Ungarn und der tatarischen Hilfstruppen wird die osmanische Armee auf etwa 120 000 Mann geschätzt, die insgesamt gut ausgerüstet waren. Majoros/Rill, Osmanisches Reich, a. a. O., S. 281 f.

787 Kreutel, Kara Mustafa, a. a. O., S. 81 ff.

788 Kreutel, ebd., S. 115.

789 Kreutel, ebd., S. 88 und S. 123, Anm. 63.

790 Gottfried Wilhelm Leibniz: Sämtliche Schriften und Briefe, Hg. von der Akademie der Wissenschaften der DDR. Vierte Reihe: Politische Schriften, Bd. II (1677–1678), Berlin 1984, S. 605–609.

791 Denn es waren die ungarischen Protestanten gewesen, die sich Habsburg entziehen wollten und deshalb ein Bündnis mit den Türken gesucht hatten. Majoros/Rill, Osmanisches Reich, S. 286. – Zu den Exzessen und Vergewaltigungen bei der Einnahme von Buda vgl. Ernst Trost: Prinz Eugen, Wien/München 1985, S. 55 f.

792 G. W. Leibniz: Gedancken von einer freywilligen christlichen Türckensteuer, in: Politische Schriften, Bd. IV, Berlin 2001, S. 5–9.

793 G. W. Leibniz: Aufforderung zur Vertreibung der Türken, in: Politische Schriften, Bd. III, Berlin 1986, S. 34.

794 Majoros/Rill, Osmanisches Reich, a.a.O:, S. 288 ff.

795 Leibniz, Novissima Sinica, in: Hsia, Deutsche Denker über China, a.a.O., S. 17.

796 Leibniz, Die Theodizee, a.a.O., S. 131.

797 Majoros/Rill, Osmanisches Reich, a.a.O., S. 281.

798 Schilling, Höfe und Allianzen, S. 12 f.

799 Schilling, ebd., S. 198.

800 Wallerstein, Das moderne Weltsystem II, a.a.O., S. 39 ff.

801 Wallerstein, ebd., S. 49. – Wendt, Vom Kolonialismus zur Globalisierung, a.a.O., S. 118 ff.

802 John Thornton: Africa and Africans in the Making of the Atlantic World 1400–1680, Cambridge University Press 1998, S. 43 ff.

803 Burkhardt, Vollendung und Neuorientierung des frühmodernen Reiches, a.a.O., S. 98 ff.

804 Wallerstein, Das moderne Weltsystem II, S. 83.

805 Burkhardt, Vollendung, a.a.O., S. 99 und S. 257.

806 Klaus Malettke: Ludwig XIV. von Frankreich. Leben, Politik und Leistung, Göttingen und Zürich 1994, S. 126 ff. – Schilling, Höfe und Allianzen, a.a.O., S. 221.

807 Burkhardt, Vollendung und Neuorientierung, a.a.O., S. 103 f. – Alexander Demandt: Vandalismus. Gewalt gegen Kultur, Berlin 1997, S. 152 f.

808 Wallerstein, Das moderne Weltsystem II, a.a.O. S. 284.

809 Richard Alewyn/Karl Sälzle: Das große Welttheater. Die Epoche der höfischen Feste in Dokument und Deutung, Reinbek bei Hamburg 1959, S. 13.

810 Johannes Kunisch: Staatsverfassung und Mächtepolitik. Zur Genese von Staatskonflikten im Zeitalter des Absolutismus, Berlin 1979.

811 Reginald de Schryver: Das dynastische Prinzip: Max Emmanuels Ambitionen auf das spanische Erbe, Gebietserweiterung und Königskrone, in: Johannes Erichsen/Katharina Heinemann (Hg.): Die Schlacht von Höchstädt. The Battle of Blenheim. Brennpunkt Europas 1704. (Begleitbuch zur Ausstellung in Schloss Höchstädt an der Donau, 1. Juli – 7. November 2004) Ostfildern 2004, S. 16 f.

812 Kunisch, Absolutismus, a.a.O., S. 141 f.

813 M. Sheehan: The Development of British Theory and Practise of the Balance of Power before 1714, in: History 237 (1988), S. 24–37.

814 Trost, Prinz Eugen, a.a.O., S. 132.

815 de Schryver, Das dynastische Prinzip, a.a.O., S. 20 f.

816 Marcus Junkelmann: Das greulichste Spectaculum von der Welt. Die Schlacht von Höchstädt 1704 (Hefte zur Bayerischen Geschichte und Kultur Bd. 30), Augsburg 2004, S. 9.

817 Allerdings war die Wirkung des Flintenfeuers begrenzt, so dass immer noch Bajonettangriffe als die durchschlagendere Waffe galten. Jürgen Luh: Kriegskunst in Europa 1650–1800, Köln/Weimar/Wien 2004, S. 129 ff. und S. 150 ff.

818 Trost, Prinz Eugen, a. a. O., S. 141. – Marlborough setzte auf die Schockwirkung seiner englisch-holländischen Reiterei in Attacken mit gezogenem Säbel; dieser zügig vorrückenden Wand von schweren Pferden hatten die Fußtruppen kaum etwas entgegenzusetzen. Luh, Kriegskunst in Europa, a. a. O., S. 158.

819 Junkelmann, ebd., S. 17.

820 Rolf Kiessling: Armeen auf dem Durchmarsch – Kriegserfahrungen der Bevölkerung, in: Erichsen/Heinemann, Die Schlacht von Höchstädt, a. a. O., S. 69–79, S. 77.

821 Ebd., S. 77.

822 Winston S. Churchill: Marlborough. 2 Bde. Bd. 1: Der Weg zum Feldherrn, München 1968, S. 624. – Als Churchill 1932 das Schlachtfeld von Höchstädt besichtigte, versuchte er auch eine Audienz bei Adolf Hitler zu bekommen. Doch der hatte keine Zeit für einen aus der Politik faktisch schon ausgeschiedenen Abgeordneten des britischen Oberhauses, der sich als Amateurhistoriker versuchte. Junkelmann, Das greulichste spectaculum, a. a. O., S. 5.

823 Stephan Deutinger: Die Situation in Kurbayern nach der Schlacht von Höchstädt, in: Erichsen/Heinemann, Die Schlacht von Höchstädt, a. a. O., S. 81–89.

824 Junkelmann, Das greulichste Spectaculum, a. a. O., S. 20. – Olaf Groehler: Geschichte des Luftkriegs 1910 bis 1970, Berlin 1975, S. 179.

825 Churchill, Marlborough, a. a. O., S. 621 und S. 627.

826 Die Memoiren des Herzogs von Saint Simon. Hg. und übersetzt von Sigrid von Massenbach, 4 Bde., Frankfurt/M/Berlin/Wien 1979, Bd. 1, S. 419–427. Hier S. 427.

827 George Duby/Armand Wallon: Histoire de la France rurale, Bd. 2: L' Age classique 1340–1789, Paris 1975, S. 361 f. – Burkhardt, Vollendung und Neuorientierung, a. a. O., S. 304.

828 Burkhardt, Vollendung und Neuorientierung, a. a. O., S. 302 ff.

829 Burkhardt, ebd., S. 308 ff.

830 Richard Konetzke: Süd- und Mittelamerika I. Fischers Weltgeschichte Bd. 22, Frankfurt/M 1965, S. 78 f. –Wallerstein, Das moderne Weltsystem II, a. a. O., S. 218 und S. 296, Anm. 57.

831 Robert A. Selig: Der Spanische Erbfolgekrieg in Übersee, in: Erichsen/ Heinemann, Die Schlacht von Höchstädt, a. a. O., S. 91–95. – Wallerstein, Das moderne Weltsystem II, a. a. O., S. 218 ff.

832 Vgl. den auszugsweisen Abdruck bei: Gisela v. Gizycki: Das Buch des Friedens, Berlin o. J., S. 156–192; hier S. 162. – Jean-Christophe Merle: Zur Geschichte des Friedensbegriffs vor Kant, in: Otfried Höffe (Hg.): Immanuel Kant. Zum ewigen Frieden, Berlin 1995, S. 31–42.

833 Werner Bahner: Der Friedensgedanke in der Literatur der französischen Aufklärung, in: Werner Krauss/Hans Mayer (Hg.): Grundpositionen der französischen Aufklärung, Berlin 1955, S. 154 f.

834 Max Jähns: Über Krieg, Frieden und Kultur. Eine Umschau, Berlin 1893, S. 264.

835 Jean-Jacques Rousseau: Urteil über Saint-Pierre, in: Kurt von Raumer: Ewiger Friede. Friedensrufe und Friedenspläne seit der Renaissance, Freiburg/ München 1953, S. 371.

Ausklang: Ludwig XIV. und das Ende einer Epoche

836 Raumer, Ewiger Friede, a. a. O., S. 131.

837 Georg Brandes: Voltaire und sein Jahrhundert, Berlin o. J., Bd. II, S. 209 f.

838 Malettke, Ludwig XIV., a. a. O., S. 43, 53 ff. – Marc Bloch: Die wundertätigen Könige, München 1998, S. 250.

839 Bloch, ebd., S. 385 ff. – Peter Burke: Ludwig XIV. Die Inszenierung des Sonnenkönigs, Berlin 2005, S. 159.

840 Schneider, Weltbild des 17. Jahrhunderts, a. a. O., S. 263.

841 Malettke, Ludwig XIV., a. a. O., S. 65 ff. – Peter Burke: Ludwig XIV., a. a. O., S. 81 ff.

842 Louis XIV: Mémoires et Réflexions (1666–1715), Paris 1997, S. 98. Zit. n. Doris Kolesch: Theater der Emotionen. Ästhetik und Politik zur Zeit Ludwigs XIV., Frankfurt/M/New York 2006, S. 270, Anm. 62 (Eigene Übersetzung. H. D. K.).

843 Burke, Ludwig XIV., a. a. O., S. 224.

844 Kathi Meyer: Das Konzert. Ein Führer durch die Geschichte des Musizierens in Bildern und Melodien, Stuttgart 1925, S. 99.

845 http://arsmagnalucis.free.fr/ballet-nuit1653.html

846 Ernst Kantorowicz: Götter in Uniform. Studien zur Entwicklung des abendländischen Königtums, Stuttgart 1998, S. 46–72. – Burke, Ludwig XIV., a. a. O., S. 232. Vgl. auch die Darstellung Ludwigs als Alexander der Große bei Lebrun um 1660. Abb. 10. Ebd., S. 45.

847 Alewyn/Sälzle: Das große Welttheater, a. a. O., S. 13 und S. 31.

848 Selbst als der Hof 1682 dauerhaft nach Versailles umgezogen war, wurde noch weitergebaut; auf der weitläufigen Anlage mit den Gartenpartien waren 1685 noch 36 000 Arbeiter und 6000 Pferde beschäftigt. Malettke, Ludwig XIV., a. a. O., S. 72.

849 Alewyn/Sälzle, Das große Welttheater, a. a. O., S. 98–102. – Hermann Bauer: Barock. Kunst einer Epoche, Berlin 1992, S. 119 ff.

850 Elias' Habilitationsschrift über den »Höfischen Menschen« wurde 1933 nicht mehr abgeschlossen, weil die Universität Frankfurt am Main ihm wegen seiner jüdischen Herkunft die Antrittsvorlesung verweigerte. Das Buch erschien dann erst 1969 in überarbeiteter Fassung als »Die höfische Gesellschaft«. Das monumentale Werk »Über den Prozess der Zivilisation« war 1939 in einem kleinen Schweizer Verlag erschienen, allerdings erst in der Neuauflage von 1969 breiter rezipiert worden. Es versucht zugleich eine Psychogenese, Soziogenese und Ökogenese der höfischen Gesellschaft zu geben, die zu einer allgemeinen

Theorie der Zivilisation ausgeweitet ist. Jeder, der heute die Einzelheiten dieses Ansatzes – oft zurecht – kritisiert, sollte sich erst einmal diesem Anspruch stellen. Vgl. dazu: Ralf Baumgart/Volker Eichner: Norbert Elias zur Einführung, Hamburg 1991. – Volker Bauer: Die höfische Gesellschaft in Deutschland von der Mitte des 17. bis zum Ausgang des 18. Jahrhunderts. Versuch einer Typologie, Tübingen 1993, S. 33 ff. – Claudia Opitz: Höfische Gesellschaft und Zivilisationsprozess. Norbert Elias' Werk in kulturwissenschaftlicher Perspektive, Köln, Weimar, Wien, 2005.

851 Vgl. dazu die Darstellung von Gonzague Truc: »Zur Rezeptionsgeschichte der Memoiren von Saint-Simon«, in: Sigrid von Massenbach (Hg.): Die Memoiren des Herzogs von Saint-Simon, Frankfurt/M/Berlin/Wien 1977, Bd. 4, S. 262–290.

852 Vgl. die Darstellung von Paris in: François Bluche: Im Schatten des Sonnenkönigs. Alltagsleben im Zeitalter Ludwigs XIV. von Frankreich, Würzburg 1986, S. 74 ff.

853 Sigfried Giedion: Raum, Zeit, Architektur. Die Entstehung einer neuen Tradition, Zürich/München/London 1992, S. 108 f. – Olivier Bernier: Ludwig XIV. Die Biographie, Düsseldorf 2003, S. 175 f. – Jean Meyer: Frankreich im Zeitalter des Absolutismus 1515–1789, Stuttgart 1990, S. 335 ff.

854 Norbert Elias: Die höfische Gesellschaft. Untersuchungen zur Soziologie des Königtums und der höfischen Aristokratie mit einer Einleitung: Soziologie und Geschichtswissenschaft, Neuwied 1969, S. 231. – Malettke, Ludwig XIV., a. a. O., S. 73.

855 Saint-Simon, Memoiren, a. a. O., Bd. III, S. 290.

856 Elias, Höfische Gesellschaft, a. a. O., S. 127, Anm. 17. – Bluche, Im Schatten des Sonnenkönigs, a. a. O., S. 42 ff.

857 Elias, ebd., S. 127 f. – Saint-Simon, Memoiren, a. a. O., Bd. III, S. 331 ff.

858 Saint-Simon, ebd., S. 333 f.

859 Saint-Simon, ebd., S. 293.

860 Saint-Simon, ebd., Bd. I, S. 28 f.

861 Molière: Le Bourgeois gentilhomme/Der Bürger als Edelmann, Hg. Hanspeter Plocher, Stuttgart 1993, S. 215 f. – Dort unter Verweis auf Erich Auerbach: ›La cour et la ville‹, in: ders.: Vier Untersuchungen zur Geschichte der französischen Bildung, Bern 1951, S. 50.

862 Molière, Le Bourgeois gentilhomme, a. a. O., S. 135 (4. Aufzug, 3. Auftritt).

863 Molière, Le Bourgeois gentilhomme, a. a. O., S. 212.

864 Burke, Ludwig XIV., a. a. O., S. 159.

865 Charles Perrault: Parallèle des Anciens et des Modernes en ce qui regarde les Arts et les Sciences. Mit einem einleitenden Vorwort von Hans-Robert Jauß (Hrsg.), München 1964, S. 10, S. 27 f. und S. 32. – Vgl. zu den Zeitmodellen grundsätzlich: Jochen Schlobach: Zyklentheorie und Epochenmetaphorik. Studien zur bildlichen Sprache der Geschichtsreflexion in Frankreich von der Renaissance bis zur Frühaufklärung, München 1980, S. 291 ff.

866 Meyer, Frankreich im Zeitalter des Absolutismus, a. a. O., S. 361 ff.
867 Bluche, Im Schatten des Sonnenkönigs, a. a. O., S. 138 ff.
868 Bluche, Im Schatten des Sonnenkönigs, a. a. O., S. 54 ff.
869 Saint-Simon, Memoiren, a. a. O., Bd. III, S. 175 f.
870 Saint-Simon, ebd., S. 242 ff.
871 Saint-Simon, ebd., S. 257 ff.
872 Helmut Börsch-Supan, Antoine Watteau. 1684–1721, Köln 2000, S. 12 ff.

Literaturverzeichnis

Abel, Günter: Stoizismus und Frühe Neuzeit, Berlin/New York 1978.

Abel, Wilhelm: Massenarmut und Hungerkrisen im vorindustriellen Europa. Versuch einer Synopsis, Hamburg 1974.

Alewyn, Richard/Sälzle, Karl: Das große Welttheater. Die Epoche der höfischen Feste in Dokument und Deutung, Reinbek bei Hamburg 1959.

Allmayer-Beck, Johann Christoph/Lessing, Erich: Die kaiserlichen Kriegsvölker. Von Maximilian I. bis Prinz Eugen 1479–1718, München 1978.

Angenendt, Arnold: Das Frühmittelalter, Stuttgart 1990.

Aretin, Karl Otmar v.: Das Alte Reich 1648–1806, 3 Bde., Stuttgart 1993–1997.

Aristoteles: Meteorologie. Über die Welt. Aristoteles' Werke in deutscher Übersetzung, Hg. Ernst Grumach und Hellmut Flashar, Berlin 1984, Bd. 12.

Arkoun, Mohammed: Der Islam. Annäherung an eine Religion, Heidelberg 1999.

Arndt, Johann: Vier Bücher vom wahren Christentum nebst dessen Paradisgärtlein, Berlin 1831.

Arnold, Paul: Descartes und die Rosenkreuzer, in Antaios. Stuttgart, Bd. 1 (1959/60), S. 227–245.

Auerbach, Erich: Vier Untersuchungen zur Geschichte der französischen Bildung, Bern 1951.

Augustinus, Aurelius: Vom Gottesstaat. Hg. Wilhelm Timme und Carl Andresen, Bd. II, München 1978.

Ayalon, David: The Mamluks. The Mainstay of Islam's Military Might, in: Shaun E. Marmon: Slavery in the Islamic Middle East, Princeton 1999, S. 89–117.

Bachofen, Johann Jakob: Der Psyche-Mythos, in: Rudolf Marx (Hg.): Mutterrecht und Urreligion, Stuttgart 1926.

Bahner, Werner: Der Friedensgedanke in der Literatur der Französischen Aufklärung, in: Werner Krauss/Hans Mayer (Hg.): Grundpositionen der französischen Aufklärung, Berlin 1955, S. 139–207.

Ballerstedt, Maren: Belagerung und Zerstörung Magdeburgs 1629/31 – Ereignisse und Hintergründe, in: Tagung des Vereins für Kirchengeschichte der Kirchenprovinz Sachsen (Hg.): Konfession, Krieg und Katastrophe. Magdeburgs Geschick im Dreißigjährigen Krieg, Magdeburg 2006, S. 11–24.

Barschel, Peter: Himmelreich und Hölle. Ein Söldner, sein Tagebuch und die Ordnung des Krieges, in: Benigna von Krusenstjern/Hans Medick (Hg.): Zwischen Alltag und Katastrophe. Der Dreißigjährige Krieg aus der Nähe, Göttingen 1999, S. 181–194.

Barth, Hans-Martin: »Nimm und lies!« Die spirituelle Bedeutung von Bibel und Koran, in: Hans-Martin Barth/Christoph Elsas (Hg.): Hermeneutik in Islam und Christentum, Hamburg 1997, 9–23.

Bartlett, Robert: Die Geburt Europas aus dem Geist der Gewalt, München 1996.

Battenberg, Friedrich: Das Europäische Zeitalter der Juden. Bd. I: Von den Anfängen bis 1650, Bd. II: Von 1650 bis 1945, Darmstadt 2000.

Bauer, Barbara: Die Rolle des Hofastrologen und Hofmathematicus als fürstlicher Berater, in: August Buck (Hg.): Höfischer Humanismus, Weinheim 1989, S. 93–117.

Bauer, Hermann: Barock. Kunst einer Epoche, Berlin 1992.

Bauer, Volker: Die höfische Gesellschaft in Deutschland von der Mitte des 17. bis zum Ausgang des 18. Jahrhunderts. Versuch einer Typologie, Tübingen 1993.

Baumgart, Ralf/Eichner, Volker: Norbert Elias zur Einführung, Hamburg 1991.

Bayle, Pierre: Dictionnaire Historique et Critique. Nouvelle Edition (1820–24), Bd. VIII.

Bayle, Pierre: Historisches und kritisches Wörterbuch. Ein Auswahl. Übers. und hg. von Günther Gawlick und Lothar Kreimendahl, Darmstadt 2003.

Bayle, Pierre: Verschiedene einem Doktor der Sorbonne mitgeteilte Gedanken über den Kometen, der im Jahr 1680 erschienen ist. Neuausgabe der von Johann Christoph Gottsched 1742 besorgten Übersetzung, Hg. Rolf Geissler, Leipzig 1975.

Bayly, Christopher A.: Die Geburt der modernen Welt. Eine Globalgeschichte 1780–1914, Frankfurt/M/New York 2006.

Behringer, Wolfgang (Hg.): Hexen und Hexenprozesse in Deutschland, München 2000.

Behringer, Wolfgang/Lehmann, Hartmut/Pfister, Christian (Hg.): Kulturelle Konsequenzen der »Kleinen Eiszeit«. Cultural Consequences of the »Little Ice Age«, Göttingen 2005.

Behringer, Wolfgang: Hexenverfolgung in Bayern. Volksmagie, Glaubenseifer und Staatsräson in der Frühen Neuzeit, München 1987.

Behringer, Wolfgang: Kulturgeschichte des Klimas. Von der Eiszeit bis zur globalen Erwärmung, München 2007.

Behringer, Wolfgang: »Vom Unkraut unter dem Weizen«. Die Stellung der Kirchen zum Hexenproblem, in: Richard van Dülmen (Hg.): Hexenwelten. Magie und Imagination vom 16. bis 20. Jahrhundert, Frankfurt/M 1987, S. 15–47.

Behringer, Wolfgang: Von Krieg zu Krieg. Neue Perspektiven auf das Buch von Günther Franz: ›Der Dreißigjährige Krieg und das deutsche Volk‹, in: Benigna von Krusenstjern/Hans Medick (Hg.): Zwischen Alltag und Katastrophe. Der Dreißigjährige Krieg aus der Nähe, Göttingen 1999, S. 543–591.

Behringer, Wolfgang: Wissenschaft im Kampf gegen den Aberglauben. Die Debatte über Wunder, Besessenheit und Hexerei, in: Richard van Dülmen/Sina Rauschenbach (Hg.): Macht des Wissens. Die Entstehung der modernen Wissensgesellschaft, Köln/Weimar/Wien 2004, S. 365–389.

Behringer, Wolfgang: Zur Haltung Adam Tanners in der Hexenfrage. Die Entstehung einer Argumentationsstrategie in ihrem gesellschaftlichen Kontext, in: Hartmut Lehmann und Otto Ulbricht (Hg.): Vom Unfug des Hexen-Processes. Gegner der Hexenverfolgung von Johann Weyer bis Friedrich Spee, Wiesbaden 1992 (Wolfenbütteler Forschungen Bd. 55), S. 161–183.

Behringer, Wolfgang: Hexen und Hexenprozesse in Deutschland, München 2000.

Bekker, Balthasar: Die Bezauberte Welt: Oder Eine gründliche Untersuchung Des Allgemeinen Aberglaubens, Amsterdam 1693.

Bender-Wittmann, Ursula: Hexenglaube als Lebensphilosophie. Informeller Hexereidiskurs und nachbarschaftliche Hexereikontrolle in Lemgo 1628–1637, in: Gisela Wilbertz/Gerd Schwerhoff/Jürgen Scheffler (Hg.): Hexenverfolgung und Regionalgeschichte. Die Grafschaft Lippe im Vergleich, Bielefeld 1994, S. 108–135.

Bergdolt, Klaus: Der Schwarze Tod in Europa. Die große Pest und das Ende des Mittelalters, München 1995.

Bernier, Olivier: Ludwig XIV. Die Biographie, Düsseldorf 2003.

Beumer, Johannes: Die Geschäftsordnung des Trienter Konzils, in: Remigius Bäumer (Hg.): Concilium Tridentinum, Darmstadt 1979, S. 113–140.

Bihlmeyer, Karl/Tüchle, Hermann: Kirchengeschichte, Bd. III. Die Neuzeit und die neueste Zeit, Paderborn 1983.

Blauert, Andreas: Frühe Hexenverfolgungen. Ketzer-, Zauberei- und Hexenprozesse des 15. Jahrhunderts, Hamburg 1989.

Bloch, Ernst: Christian Thomasius. Ein deutscher Gelehrter ohne Misere, Berlin 1953.

Bloch, Marc: Die wundertätigen Könige, München 1998.

Bluche, François: Im Schatten des Sonnenkönigs. Alltagsleben im Zeitalter Ludwigs XIV. von Frankreich, Würzburg 1986.

Blumenberg, Hans (Hg.): Galileo Galilei: Sidereus Nuncius. Nachricht von neuen Sternen, Frankfurt/M 1965.

Boas, Marie: Die Renaissance der Naturwissenschaften. 1450–1630. Das Zeitalter des Kopernikus, Gütersloh 1965.

Boccaccio, Giovanni di: Das Dekameron, Hg. André Jolles, Frankfurt/M 1972.

Böhme, Jacob: Aurora oder die Morgenröte im Aufgang, Hg. Gerhard Wehr, Freiburg/Br. 1977.

Böhme, Jacob: Christosophia. Ein christlicher Einweihungsweg, Freiburg Br. 1976.

Börsch-Supan, Helmut Antoine Watteau. 1684–1721, Köln 2000.

Brandes, Georg: Voltaire und sein Jahrhundert, Berlin o. J.

Braudel, Fernand: Qu'est-ce que le XVIe siècle?, in: Annales E. S. C., Bd. VIII (1953), S. 69–79.

Braudel, Fernand: Sozialgeschichte des 15.–18. Jahrhunderts. 3 Bde., München 1990.

Bray, Francesca: The rice Economies. Technology and development in Asian societies, Oxford 1986.

Brecht, Bertolt: Mutter Courage und ihre Kinder. Eine Chronik aus dem Dreißigjährigen Krieg, in: Bertolt Brecht Gesammelte Werke, Bd. 4, Frankfurt/M 1967.

Brecht, Martin: Abgrenzung oder Verständigung. Was wollten die Protestanten in Trient?, in: Remigius Bäumer (Hg.): Concilium Tridentinum, Darmstadt 1979, S. 161–195.

Brecht, Martin: Das Aufkommen der neuen Frömmigkeitsbewegung in Deutschland, in: Martin Brecht (Hg.): Der Pietismus vom siebzehnten bis zum frühen achtzehnten Jahrhundert, = Geschichte des Pietismus, Bd. 1, Göttingen 1993, S. 113–203.

Brecht, Martin: Philipp Jakob Spener, sein Programm und dessen Auswirkungen, in: Martin Brecht (Hg.): Der Pietismus vom siebzehnten bis zum frühen achtzehnten Jahrhundert, = Geschichte des Pietismus, Bd. 1, Göttingen 1993, S. 281–390.

Brecht, Martin: Martin Luther. Sein Weg zur Reformation 1483–1521, Stuttgart 1983.

Brode, Reinhold: Friedrich der Große und der Conflict mit seinem Vater, Leipzig 1904.

Brown, Peter: Die Entstehung des christlichen Europa, München 1999.

Burckhardt, Jacob: Weltgeschichtliche Betrachtungen, Hg. Rudolf Stadelmann, Pfullingen 1949.

Burke, Peter: Ludwig XIV. Die Inszenierung des Sonnenkönigs, Berlin 2005.

Burkhardt, Johannes: Vollendung und Neuorientierung des frühmodernen Reiches 1648–1763, Gebhardt. Handbuch der deutschen Geschichte Bd. 11, Stuttgart 2006.

Burkhardt, Johannes: Der Dreißigjährige Krieg, Frankfurt/M 1992.

Burkhardt, Johannes (Hg.): Kommunikation und Medien in der frühen Neuzeit, München 2005.

Burkhardt, Johannes: Das Reformationsjahrhundert: deutsche Geschichte zwischen Medienrevolution und Institutionenbildung 1517–1617, Stuttgart 2002.

Busch, Eberhard/Heron, Alsdair u.a (Hg.): Calvin-Studienausgabe, Neukirchen-Vluyn 1994.

Calvin, Jean: Der Genfer Katechismus, Hg. Lothar Schuckert, Gütersloh 1978.

Carrier, Martin: Isaac Newton. Prinzipien der Naturphilosophie: Raum, Kraft, Bewegung und Gott, in: Lothar Kreimendahl (Hg.): Philosophen des 17. Jahrhunderts, Darmstadt 1999, S. 176–197.

Cassirer, Ernst: Das Erkenntnisproblem in der Philosophie und Wissenschaft der neueren Zeit, 4 Bde., Darmstadt 1991.

Cassirer, Ernst: Die Philosophie der Aufklärung, Tübingen 1932.

Cassirer, Ernst: Freiheit und Form. Studien zur deutschen Geistesgeschichte, Darmstadt 1994.

Cassirer, Ernst: Versuch über den Menschen. Einführung in eine Philosophie der Kultur, Frankfurt/M 1990.

Choisy: Art. »Consensus Genervensis«, in: Die Religion in Geschichte und Gegenwart, 1. Aufl. Tübingen 1909, Bd. I, Sp. 1894.

Churchill, S. Winston: Marlborough. 2 Bde. Bd. 1: Der Weg zum Feldherrn, München 1968.

Defoe, Daniel: Leben und wunderbare Abenteuer des Robinson Crusoe, Seemanns aus York, Zürich 1957.

Delumeau, Jean: Angst im Abendland. Die Geschichte kollektiver Ängste im Europa des 14. bis 18. Jahrhunderts, Reinbek bei Hamburg 1985.

Dempf, Alois: Sacrum Imperium. Geschichts- und Staatsphilosophie des Mittelalters und der Politischen Renaissance, Darmstadt 1954.

Der Koran. Aus dem Arabischen. Übersetzung von Max Henning. Einleitung von Ernst Werner und Kurt Rudolph, Leipzig 1968.

Der Koran. Übersetzung von Rudi Paret, Stuttgart/Berlin/Köln/Mainz 1979.

Deutinger, Stephan: Die Situation in Kurbayern nach der Schlacht von Höchstädt, in: Johannes Erichsen/Katharina Heinemann (Hg.): Die Schlacht von Höchstädt. The Battle of Blenheim. Brennpunkt Europas 1704. (Begleitbuch zur Ausstellung in Schloss Höchstädt an der Donau, 1. Juli – 7. November 2004) Ostfildern 2004, S. 81–89.

Deutsche Dichtung des Barock. Auf der Grundlage der Ausgabe von Edgar Hederer hg. und erweitert von Karl Pörnbacher, München 1979.

Diamond, Jared: Arm und Reich. Die Schicksale menschlicher Gesellschaften, Frankfurt/M 1999.

Die Bekenntnisschriften der evangelisch-lutherischen Kirche. Herausgegeben im Gedenkjahr der Augsburgischen Konfession 1930, Göttingen 1952.

Die Bibel. Altes und Neues Testamant, Einheitsübersetzung, Stuttgart 1980.

Die Memoiren des Herzogs von Saint-Simon. Hg. und übersetzt von Sigrid von Massenbach, 4 Bde., Frankfurt/M/Berlin/Wien 1979.

Die Peinliche Gerichtsordnung Kaiser Karls V. von 1532, Hg. Gustav Radbruch und Arthur Kaufmann, Stuttgart 1980.

Dierauer, Johannes: Geschichte der Schweizer Eidgenossenschaft, Gotha 1907, Bd. III.

Dillinger, Johannes: »Böse Leute«. Hexenverfolgungen in Schwäbisch-Österreich und Kurtrier im Vergleich, Trier 1999.

Dilthey, Wilhelm: Das natürliche System der Geisteswissenschaften im 17. Jahrhundert, in: ders: Gesammelte Schriften Bd. II: Weltanschauung und Analyse des Menschen seit Renaissance und Reformation, Göttingen 1964, S. 90–245.

Dresen-Coenders, Lène: Anton Prätorius, in: Hartmut Lehmann und Otto Ulbricht (Hg.): Vom Unfug des Hexen-Processes. Gegner der Hexenverfolgung von Johann Weyer bis Friedrich Spee, Wiesbaden 1992 (Wolfenbütteler Forschungen Bd. 55), S. 129–137.

Droysen, Johann Gustav: Historik. Vorlesungen über Enzyklopädie und Methodologie der Geschichte, Hg. Rudolf Hübner, Darmstadt 1960.

Duby, George/Wallon, Armand: Histoire de la France rurale, Bd. 2: L' Age classique 1340–1789, Paris 1975.

Düll, Rudolf (Hg.): Corpus Iuris. Eine Auswahl der Rechtsgrundsätze der Antike, München 1939.

Dülmen, Richard van: Reformation als Revolution. Soziale Bewegungen und religiöser Radikalismus in der deutschen Reformation, München 1977.

Dülmen, Richard van: Theater des Schreckens. Gerichtspraxis und Strafrituale in der frühen Neuzeit, München 1985.

Easlea, Brian: Witch-hunting, Magic and the New Philosophy. An Introduction to Debates of the Scientific Revolution 1450–1750, Sussex 1980.

Eckert, Edward A.: The Structure of Plagues and Pestilences in Early Modern Europe, Basel 1996.

Ehbrecht, Wilfried: Lippstadt. Beiträge zur Stadtgeschichte, Teil I, Lippstadt 1985.

Elias, Norbert: Die höfische Gesellschaft. Untersuchungen zur Soziologie des Königtums und der höfischen Aristokratie mit einer Einleitung: Soziologie und Geschichtswissenschaft, Neuwied 1969.

Elisseef-Poisle, Danielle: Arcade Hoang, Bibliothekar des Königs. Ludwig XIV. und der Ferne Osten, in: Europa und die Kaiser von China, Frankfurt/M 1985, S. 96–101.

Elze, Reinhart/Repgen, Konrad (Hg.): Studienbuch Geschichte. Eine europäische Weltgeschichte, Stuttgart 1999, Bd. 2.

Endreß, Gerhard: Der Islam. Eine Einführung in seine Geschichte, München 1991.

Evans-Pritchard, Edward Evan: Hexerei, Orakel und Magie bei den Zande, Frankfurt/M 1988.

Falkner, Andreas/Imhof, Paul (Hg.): Ignatius von Loyola und die Gesellschaft Jesu 1491–1556, Würzburg 1990.

Farndon, John u. a. (Hg.): Die berühmtesten Wissenschaftler, Münster 2006.

Feld, Helmut: Ignatius von Loyola. Gründer des Jesuitenordens, Köln/Weimar/Wien 2006.

Feldbauer, Peter: Globalgeschichte 1420–1620: Von der Expansions- zur Interaktionsgeschichte, in: Friedrich Edelmayer/Peter Feldbauer/Marija Wakounig (Hg.): Globalgeschichte 1450–1620. Anfänge und Perspektiven, Wien 2002, S. 23–32.

Fichant, Michel: Ewige Wiederkehr oder unendlicher Fortschritt: Die Apokatastasisfrage bei Leibniz, in: Studia Leibnitiana. Zeitschrift für Geschichte der Philosophie und der Wissenschaften, Bd. XXIII, H 1 (1991), S. 134–150.

Finocchiaro, Maurice A.: Retrying Galileo. 1633–1992, University of California Press, 2005.

Fisch, Jörg: Krieg und Frieden im Friedensvertrag. Eine universalgeschichtliche

Studie über Grundlagen und Formelemente des Friedensschlusses, Stuttgart 1979.

Flaig, Egon: »Heiliger Krieg«. Auf der Suche nach einer Typologie, HZ 285 (2007), S. 265–302.

Flaig, Egon: Sklaverei, München 2009.

Flasch, Kurt: Augustin. Einführung in sein Denken, Stuttgart 1980.

Franke, Otto: Leibniz und China, in: Gottfried Wilhelm Leibniz. Vorträge der aus Anlass seines 300. Geburtstages in Hamburg abgehaltenen wissenschaftlichen Tagung, Hamburg 1946, S. 97–109.

Franz, Günther: Der Dreißigjährige Krieg und das deutsche Volk. Untersuchungen zur Bevölkerungs- und Agrargeschichte, Stuttgart/New York 1979.

Frazer, James: Der goldene Zweig. Ein Studie über Magie und Religion, Frankfurt/M 1977.

Freudenthal, Hans: Die Relativität von Raum und Zeit bei Leibniz, in: Akten des Internationalen Leibniz-Kongresses in Hannover 1966, Studia Leibnitiana Supplemente Bd. 2, Wiesbaden 1969, S. 150–165.

Freudenthal, Jakob.: Die Lebensgeschichte Spinozas in Quellenschriften, Leipzig 1899.

Fried, Johannes: Der Schleier der Erinnerung. Grundzüge einer historischen Memorik, München 2004.

Friedell, Egon: Kulturgeschichte der Neuzeit. Die Krisis der europäischen Seele von der schwarzen Pest bis zum Weltkrieg, München 1930.

Galilei, Galileo: Schriften, Briefe, Dokumente, Hg. Anna Mudry, 2 Bde., Berlin 1987.

Garcin, Jean-Claude: The Mamluk Military System and the Blocking of Medieval Moslem Society, in: Jean Baechler u. a. (Hg.): Europe and the Rise of Capitalism, Oxford 1988, S. 113–130.

Giedion, Sigfried: Raum, Zeit, Architektur. Die Entstehung einer neuen Tradition, Zürich/München/London 1992.

Ginzburg, Carlo: Die Benandanti. Feldkulte und Hexenwesen im 16. und 17. Jahrhundert, Frankfurt/M 1980.

Ginzburg, Carlo: Hexensabbath. Entzifferung einer nächtlichen Geschichte, Berlin 1990.

Gizycki, Gisela v.: Das Buch des Friedens, Berlin o. J.

Goedde, Lawrence O.: Bethlehem in the Snow and Holland on Ice. Climatic Change and the Invention of the Winter Landscape, 1560–1620, in: Behringer, Wolfgang/Lehmann, Hartmut/Pfister, Christian (Hg.): Kulturelle Konsequenzen der »Kleinen Eiszeit«. Cultural Consequences of the »Little Ice Age«, Göttingen 2005, S. 311–322.

Goethe, Johann Wolfgang: Egmont. Ein Trauerspiel in fünf Aufzügen, Goethes Werke Bd. 4 (Hamburger Ausgabe), Hg. Wolfgang Kayser, Hamburg 1958.

Goethe, Johann Wolfgang: Faust. Zweiter Teil, Goethes Werke Bd. 3 (Hamburger Ausgabe), Hg. Erich Trunz, Hamburg 1959.

Goethe, Johann Wolfgang: Sämtliche Werke nach Epochen seines Schaffens. Münchener Ausgabe, München 1985 ff.

Görgemanns, Herwig/Karpp, Heinrich: Origenes. Vier Bücher von den Prinzipien, Darmstadt 1992.

Gorski, Philip S.: The Disciplinary Revolution. Calvinism and the Rise of the State in Early Modern Europe, Chicago und London 2003.

Grau, Conrad: Zur Vor- und Frühgeschichte der Berliner Sozietät der Wissenschaften im Umfeld der europäischen Akademiebewegungen, in: Klaus Garber/Heinz Wismann (Hg.): Europäische Sozietätsbewegung und demokratische Tradition, Tübingen 1996, Bd. II, S. 1381–1412.

Graus, František: Pest – Geißler – Judenmorde, Göttingen 1987.

Griesa, Siegfried: Glaubens- und Religionskonflikte und ihre Auswirkungen, in: Frankfurt an der Oder 1253–2003, Hg. Ulrich Knefelkamp und Siegfried Griesa, Berlin 2003, S. 79–100.

Griesser, Markus: Die Kometen im Spiegel der Zeiten, Bern 1985.

Grimmelshausen: Der abenteuerliche Simplicissimus, Hg. Alfred Kelletat, Frankfurt/M und Hamburg 1962.

Groebner, Valentin: Ungestalten. Die visuelle Kultur der Gewalt im Mittelalter, München 2003.

Groehler, Olaf: Geschichte des Luftkriegs 1910 bis 1970, Berlin 1975.

Grützmacher, Curt: Liebeslyrik des deutschen Barock, München 1965.

Gryphius, Andreas: Horribilicribifax Teutsch, Hg. Gerhard Dünnhaupt, Stuttgart 2002.

Hagemann, Ludwig: Christentum contra Islam. Eine Geschichte gescheiterter Beziehungen, Darmstadt 2005.

Hall, Rupert A.: Die Geburt der naturwissenschaftlichen Methode. 1630–1720. Von Galilei bis Newton, Gütersloh 1965.

Halm, Heinz: Der schiitische Islam, 1994.

Hamel, Jürgen: Die Kometen in der deutschsprachigen astronomisch-astrologischen Kleinliteratur um 1600. Tradition und Innovation, in: Die Sterne (71), 1995, S. 18–28.

Hamel, Jürgen: Geschichte der Astronomie in Texten von Hesiod bis Hubbel, Essen 2004.

Hammacher, Klaus (Hg.): Die Leidenschaften der Seele, Hamburg 1984.

Harmening, Dieter: Zauberei im Abendland. Vom Anteil der Gelehrten am Wahn der Leute. Skizzen zur Geschichte des Aberglaubens, Würzburg 1991.

Harms, Wolfgang: Wahrnehmungsgeschichte und Wissensdiskurs im illustrierten Flugblatt der Frühen Neuzeit (1450–1700), Basel 2002.

Harnack, Theodosius: Luthers Theologie mit besonderer Beziehung auf seine Versöhnungs- und Erlösungslehre, 2 Bde., München 1927.

Hartl, Gerhard/Märker, Karl/Teichmann, Jürgen/Wolfschmidt, Gudrun: Planeten, Sterne, Welteninseln. Astronomie im Deutschen Museum, Stuttgart 1993.

Hartmann, Richard: Die Religion des Islam. Eine Einführung, Darmstadt 1992.

Haupt, Herbert: Kaiser Rudolf II. in Prag: Persönlichkeit und imperialer Anspruch, in: Prag um 1600. Kunst und Kultur am Hofe Rudolfs II., Freren 1988, S. 45–53.

Haustein, Jörg: Martin Luther als Gegner des Hexenwahns, in: Hartmut Lehmann und Otto Ulbricht (Hg.): Vom Unfug des Hexen-Processes. Gegner der Hexenverfolgung von Johann Weyer bis Friedrich Spee (Wolfenbütteler Forschungen Bd. 55), Wiesbaden 1992, S. 35–51.

Hazard, Paul: Die Herrschaft der Vernunft. Das europäische Denken im 18. Jahrhundert. La Pensée Européenne au XVIIIe siècle de Montesquieu à Lessing, Hamburg 1949.

Hazard, Paul: Die Krise des europäischen Geistes. La Crise de la Conscience Européenne. 1680–1715, Hamburg 1939.

Heckel, Martin: Deutschland im konfessionellen Zeitalter, Göttingen 1983.

Heer, Friedrich (Hg.): Leibniz, Frankfurt/M 1958.

Hegel, Georg Wilhelm Friedrich: Ästhetik, Hg. Friedrich Bassenge, 2 Bde., Berlin/Weimar 1965.

Hegel, G. W. F.: Die Vernunft in der Geschichte, Hg. Johannes Hoffmeister, Hamburg 1955.

Hegel, G. W. F.: Grundlinien der Philosophie des Rechts, Hg. Johannes Hoffmeister, Hamburg 1962.

Hegeler, Hartmut: Anton Praetorius. Kämpfer gegen Hexenprozesse und Folter. Zum 400-jährigen Gedenken an das Lebenswerk eines protestantischen Pfarrers, Unna 2002.

Hegemann, Werner: Das Jugendbuch vom Großen König oder Kronprinz Friedrichs Kampf um die Freiheit, Hellerau 1930.

Hegler, August: Die praktische Thätigkeit der Juristenfakultäten des 17. und 18. Jahrhunderts in ihrem Einfluß auf die Entwicklung des deutschen Strafrechts von Carpzov ab, Freiburg/Leipzig/Tübingen 1899.

Heilsen, Simon B.: Die Südreisen der Kaiser, in: Hendrik Budde u. a. (Hg.): Europa und die Kaiser von China, Frankfurt/M 1985, S. 105–106.

Heine, Heinrich: Zur Geschichte der Religion und Philosophie in Deutschland, Werke in zehn Bänden, Hg. Oskar Walzel, Leipzig 1910, Bd. 7.

Heitzmann, Christian: Europas Weltbild in alten Karten. Globalisierung im Zeitalter der Entdeckungen, Wolfenbüttel 2006.

Hermes, Rudolf: Art. »Calvin«, in: Die Religion in Geschichte und Gegenwart, 1. Aufl. Tübingen 1913, Sp. 1552 f.

Heuvel, Gerd van der: Leibniz in Berlin. Ausstellung im Schloß Charlottenburg, 10. Juni – 22. Juli 1987, Berlin 1987.

Hille, Martin: Mensch und Klima in der frühen Neuzeit. Die Anfänge regelmäßiger Wetterbeobachtung, »Kleine Eiszeit« und ihre Wahrnehmung bei Renward Cysat (1545–1613), in: Archiv für Kulturgeschichte, 83. Bd., H.1 (2001) S. 63–91.

Hinck, Walter: Das deutsche Lustspiel des 17. und 18. Jahrhunderts und die italienische Komödie, Stuttgart 1965.

Hobsbawm, Eric J. E.: The Crisis of the Seventeenth Century, in: Trevor Aston (Hg.): Crisis in Europe 1560–1660, London 1965, S. 5–58.

Hocke, Gustav René: Manier und Manie in der europäischen Kunst. Beiträge zur Ikonographie und Formgeschichte der europäischen Kunst von 1520 bis 1650 und der Gegenwart, Reinbek bei Hamburg 1957.

Höfert, Almut: Den Feind beschreiben. »Türkengefahr« und europäisches Wissen über das Osmanische Reich 1450–1600, Frankfurt/M/New York 2003.

Hofmann, Werner (Hg.): Caspar David Friedrich 1774–1840, München 1974.

Holtzmann, H.: Art. »Tradition«, in: Die Religion in Geschichte und Gegenwart, 1. Aufl., Tübingen 1913, Bd. 5, Sp. 1312.

Hoppe, Johannes: Johannes Kepler, Leipzig 1987.

Hroch, Miroslav: Wirtschaftliche und gesellschaftliche Voraussetzungen des Dreißigjährigen Krieges. Einige Überlegungen zu einem offenen Problem, in: Konrad Repgen (Hg.): Krieg und Politik 1618–1648. Europäische Probleme und Perspektiven, München 1988, S. 133–150.

Hsia, Adrian (Hg.): Deutsche Denker über China, Frankfurt/M 1985.

Hubbeling, Hubertus Gezinus: Spinoza, Freiburg/München 1978.

Jähns, Max: Über Krieg, Frieden und Kultur. Eine Umschau, Berlin 1893.

Jakubowski-Tiessen, Manfred: Das Leiden Christi und das Leiden der Welt. Die Entstehung des lutherischen Karfreitags, in: Behringer, Wolfgang/Lehmann, Hartmut/Pfister, Christian (Hg.): Kulturelle Konsequenzen der »Kleinen Eiszeit«. Cultural Consequences of the »Little Ice Age«, Göttingen 2005, S. 195–213.

Jedin, Hubert: Die Deutschen am Trienter Konzil 1551/52, in: Remigius Bäumer (Hg.): Concilium Tridentinum, Darmstadt 1979, S. 141–160.

Jedin, Hubert: Geschichte des Konzils von Trient. Bd. 1, Freiburg 1949.

Jedin, Hubert: Krisis und Abschluss des Trienter Konzils 1562/63, Freiburg 1964.

Junkelmann, Marcus: Das greulichste Spectaculum von der Welt. Die Schlacht von Höchstädt 1704 (Hefte zur Bayerischen Geschichte und Kultur Bd. 30), Augsburg 2004.

Kanitscheider, Bernulf: Kosmologie. Geschichte und Systematik in philosophischer Perspektive, Stuttgart 1984.

Kant, Immanuel: Über das Mißlingen aller philosopischen Versuche in der Theodicee, in: Akademie-Textausgabe, Berlin 1968, Bd. VIII, S. 255–271.

Kant, Immanuel: Kritik der reinen Vernunft, Akademie-Textausgabe, Berlin 1968, Bd. III.

Kantorowicz, Ernst: Götter in Uniform. Studien zur Entwicklung des abendländischen Königtums, Stuttgart 1998.

Kantzenbach, Friedrich Wilhelm: Orthodoxie und Pietismus, Gütersloh 1966.

Kaufmann, Thomas: Dreißigjähriger Krieg und Westfälischer Friede. Kirchengeschichtliche Studien zur lutherischen Konfessionskultur, Tübingen 1998.

Kepler, Johannes: Astronomia Nova. Neue, ursächlich begründete Astronomie. Übersetzt von Max Caspar. Durchgesehen und ergänzt sowie mit Glossar und einer Einleitung versehen von Fritz Krafft, Wiesbaden 2005.

Kepler, Johannes: Gesammelte Werke. Band XII. Theologica, Hexenprozess u. a., Herausgegeben von der Kepler-Kommission der Bayerischen Akademie der Wissenschaften, München 1990.

Kepler, Johannes: Was die Welt im Innersten zusammenhält. Antworten aus Keplers Schriften, Hg. Fritz Krafft, Wiesbaden 2005.

Kiesow, Rainer Maria/Simon, Dieter (Hg.): Auf der Suche nach der verlorenen Wahrheit. Zum Grundlagenstreit in der Geschichtswissenschaft, Frankfurt/New York 2000.

Kilian, Monika/Knefelkamp, Ulrich: Von der Kaufmannssiedlung zur Hansestadt – eine mittelalterliche Erfolgsgeschichte, in: Ulrich Knefelkamp/Siegfried Griesa (Hg.): Frankfurt an der Oder 1253–2003, Berlin 2003, S. 31–65.

Kittsteiner, Heinz Dieter: Eine barocke Seele auf dem Weg in die ewige Seligkeit, in: ders.: Gewissen und Geschichte. Studien zur Entstehung des moralischen Bewusstseins, Heidelberg 1990, S. 67–117.

Kittsteiner, Heinz Dieter: Die Entstehung des modernen Gewissens, Frankfurt/M/Leipzig 1991.

Kittsteiner, Heinz Dieter: Die Angst in der Geschichte und die Re-Personalisierung des Feindes, in: Jahrbuch für psychohistorische Forschung 3, Heidelberg 2003, S. 113–131.

Kittsteiner, Heinz Dieter: Die Stufen der Moderne, in: ders.: Wir werden gelebt. Formprobleme der Moderne, Hamburg 2006, S. 25–57.

Kittsteiner, Heinz Dieter: Mit Marx für Heidegger – mit Heidegger für Marx, München 2004.

Kittsteiner, Heinz Dieter: Weltgeist, Weltmarkt, Weltgericht. München 2007.

Klemmt, Alfred: Descartes und die Moral, Meisenheim am Glan 1971.

Knauer, Martin: »… Das Mägdelein ist nicht todt, sondern es schläfft …«, Die Eroberung Magdeburgs als heilsgeschichtliches Ereignis, in: Puhle, Matthias (Hg.): »… gantz verheeret!« Magdeburg und der Dreißigjährige Krieg. Beiträge zur Stadtgeschichte und Katalog zur Ausstellung des Kulturhistorischen Museums Magdeburg im Kunstmuseum Kloster Unser Lieben Frauen, 2. Oktober 1998 bis 31. Jänner 1999, Halle 1998, S. 71–79.

Knefelkamp, Ulrich: Das Verhalten von Bevölkerung und Obrigkeit bei den Judenverfolgungen des ersten und zweiten Kreuzzuges, in: Zur Geschichte der Juden. Hg. Germanisches Nationalmuseum, Nürnberg 1989, S. 24–34.

Knobloch, Eberhard: Copernicanische Wende. Signatur des Jahrhunderts, in: Richard van Dülmen/Sina Rauschenbach (Hg.): Macht des Wissens. Die Entstehung der modernen Wissensgesellschaft, Köln/Weimar/Wien 2004, S. 89–110.

Knobloch, Eberhard: Jesuitenastronomie im Zeitalter des Copernicus, in: Wolfschmidt, Gudrun (Hg.): Nicolaus Copernicus (1473–1543). Revolutionär wider Willen, Stuttgart 1994. S. 209–217.

Koch, Ernst: Das konfessionelle Zeitalter – Katholizismus, Luthertum, Calvinismus (1563–1675), Leipzig 2000.

Koenigsberger, Helmut G.: Die Krise des 17. Jahrhunderts, in: Zeitschrift für Historische Forschung 9 (1982), S. 143–165.

Koenigsberger, Helmut G.: Republiken und Republikanismus im Europa der Frühen Neuzeit, München 1988.

Kolesch, Doris: Theater der Emotionen. Ästhetik und Politik zur Zeit Ludwigs XIV., Frankfurt/M/New York 2006.

Konetzke, Richard: Süd- und Mittelamerika I. Fischers Weltgeschichte Bd. 22, Frankfurt/M 1965.

Könnecke, Gustav: Quellen und Forschungen zur Lebensgeschichte Grimmelshausens, Hg. J. H. Scholte, 2 Bde., 1926/28. Reprint Hildesheim 1977.

Koppenborg, Ingo: Die soziale Funktion städtischer Hexenprozesse. Die lippische Residenzstadt Detmold 1599–1669, in: Wilbertz, Gisela/Schwerhoff, Gerd/ Scheffler, Jürgen (Hg.): Hexenverfolgung und Regionalgeschichte. Die Grafschaft Lippe im Vergleich, Bielefeld 1994, S. 183–198.

Koyré, Alexandre: Newtonian Studies, Chicago 1968.

Koyré, Alexandre: Von der geschlossenen Welt zum unendlichen Universum, Frankfurt/M 1969.

Krafft, Fritz: Die bedeutendsten Astronomen, Wiesbaden 2007.

Krafft, Fritz: Hypothese oder Realität. Der Wandel der Deutung mathematischer Astronomie bei Copernicus, in: Wolfschmidt, Gudrun (Hg.): Nicolaus Copernicus (1473–1543). Revolutionär wider Willen, Stuttgart 1994, S. 103–115.

Kramer, Heinrich (Institoris): Der Hexenhammer. Malleus Maleficarum. Kommentierte Neuübersetzung, Hg. Günter Jerouschek und Wolfgang Behringer, München 2003.

Krauss, Werner: Studien zur deutschen und französischen Aufklärung, Berlin 1963.

Kreiser, Klaus: Der Osmanische Staat. 1300–1922, München 2001.

Kremer, Bernd Mathias: Der Westfälische Friede in der Deutung der Aufklärung. Zur Entwicklung des Verfassungsverständnisses im Hl. Röm. Reich Deutscher Nation vom konfessionellen Zeitalter bis ins späte 18. Jahrhundert, Tübingen 1989.

Kreutel, Richard E. (Hg.): Im Reiche des goldenen Apfels. Des türkischen Weltenbummlers Evliyâ Çelebi denkwürdige Reise in das Giaurenland und in die Stadt und Festung Wien anno 1665 (= Osmanische Geschichtsschreiber Bd. II), Graz 1957.

Kreutel, Richard F. (Hg.): Kara Mustafa vor Wien. Das türkische Tagebuch der Belagerung Wiens 1683, verfaßt vom Zeremonienmeister der Hohen Pforte, München 1967.

Kroener, Bernhard R.: »Der Krieg hat ein Loch …«. Überlegungen zum Schicksal demobilisierter Söldner nach dem Dreißigjährigen Krieg, in: Heinz Duchardt

(Hg.): Der Westfälische Friede. Diplomatie – politische Zäsur – kulturelles Umfeld – Rezeptionsgeschichte, München 1998, S. 599–630.

Kroener, Bernhard R.: Soldat oder Soldateska? Programmatischer Aufriß einer Sozialgeschichte militärischer Unterschichten in der ersten Hälfte des 17. Jahrhunderts, in: Militärgeschichtliche Probleme – Thesen – Wege, ausgew. von Manfred Messerschmidt u. a., Beiträge zur Militär- und Kriegsgeschichte Bd. 25, Stuttgart 1982, S. 100–123.

Kuchenbuch, Ludolf: Kontrastierter Okzident. Bemerkungen zu Michael Mitterauers Buch ›Warum Europa? Mittelalterliche Grundlagen eines Sonderwegs‹, in: Historische Anthropologie. Kultur, Gesellschaft, Alltag (2006), S. 410–429.

Kuhlmann, Quirinus: Der Kühlpsalter. 1.–15. und 73.–93. Psalm. Hg. Heinz Ludwig Arnold, Stuttgart 1973.

Kühlmann, Wilhelm: Sozietät als Tagtraum – Rosenkreuzerbewegung und zweite Reformation, in: Klaus Garber/Heinz Wismann (Hg.): Europäische Sozietätsbewegung und demokratische Tradition, Tübingen 1996, Bd. II, S. 1124–1151.

Kuhn, Thomas S.: Die kopernikanische Revolution, Braunschweig/Wiesbaden 1981.

Kulke, Hermann/Rothermund, Dietmar: Geschichte Indiens. Von der Induskultur bis heute, München 1988.

Kunisch, Johannes: Absolutismus. Europäische Geschichte vom Westfälischen Frieden bis zur Krise des Ancien Régime, Göttingen 1999.

Kunisch, Johannes: Staatsverfassung und Mächtepolitik. Zur Genese von Staatskonflikten im Zeitalter des Absolutismus, Berlin 1979.

Lahne, Werner: Magdeburgs Zerstörung in der zeitgenössischen Publizistik, Magdeburg 1931.

Lamb, Hubert H.: Klima und Kulturgeschichte. Der Einfluß des Wetters auf den Gang der Geschichte, Hamburg 1989.

Langen, August: Der Wortschatz des deutschen Pietismus, Tübingen 1968.

Lanzinner, Maximilian: Konfessionelles Zeitalter 1555–1618 (Gebhardt: Handbuch der deutschen Geschichte Bd. 10), Stuttgart 2001.

Laufer, Siegfried: Die Lehre des Thukydides von der Zunahme geschichtlicher Größenverhältnisse, in: Anton Mirko Koktanek (Hg.): Spengler-Studien. Festgabe für Manfred Schröter zum 85. Geburtstag, München 1965, S. 177–192.

Laumanns, Carl: Hexenprozesse in Lippstadt, in: Heimatblätter. Organ des Heimatbundes für den Kreis Lippstadt, 10. Jg. (1928).

Lee, Eun-Jeung: »Anti-Europa«. Die Geschichte der Rezeption des Konfuzianismus und der konfuzianischen Gesellschaft seit der frühen Aufklärung, Münster/Hamburg/London 2003.

Lehmann, Hartmut: Das Zeitalter des Absolutismus, Stuttgart/Berlin 1980.

Lehmann, Hartmut: Johann Matthäus Meyfart warnt hexenverfolgende Obrigkeiten vor dem Jüngsten Gericht, in: Hartmut Lehmann/Otto Ulbricht (Hg.): Vom Unfug des Hexen-Processes. Gegner der Hexenverfolgung von Johann

Weyer bis Friedrich Spee, Wiesbaden 1992 (Wolfenbütteler Forschungen Bd. 55), S. 223–229.

Lehmann, Hartmut: Frömmigkeitsgeschichtliche Auswirkungen der »Kleinen Eiszeit«, in: Wolfgang Schieder (Hg.): Volksreligiosität in der modernen Sozialgeschichte, GG Sonderheft 11, Göttingen 1986, S. 31–50.

Lehmann, Werner/Hammer, Franz (Hg.): Johannes Kepler: Unterredung mit dem Sternenboten, Hamburg 1964.

Leibniz, Gottfried Wilhelm: Sämtliche Schriften und Briefe, Hg. von der Akademie der Wissenschaften der DDR. Vierte Reihe: Politische Schriften, Berlin 1983 ff.

Leibniz, G. W.: Die Hauptwerke, Hg. Gerhard Krüger. Mit einem Vorwort von Dietrich Mahnke, Leipzig 1933.

Leibniz, G. W.: Die Theodizee. Übersetzung von Artur Buchenau. 2., durch ein Literaturverzeichnis und einen einführenden Essay von Morris Stockhammer ergänzte Aufl., Hamburg 1968.

Leibniz, G. W.: Hauptschriften zur Grundlegung der Philosophie, Hg. Ernst Cassirer, 2 Bde. Leipzig 1924.

Leibniz, G. W.: Vernunftprinzipien der Natur und der Gnade. Monadologie. Hg. Herbert Herring, Hamburg 1969.

Leibniz, G. W.: Zwei Briefe an Claudio Filippo Grimaldi, in: Adrian Hsia (Hg.): Deutsche Denker über China, Frankfurt/M 1985, S. 28–41.

Leibniz: Ermahnung an die Deutschen, in: Leibniz. Hg. Friedrich Heer, Frankfurt/M 1958, S. 77–85.

Leinkauf, Thomas: Gottfried Wilhelm Leibniz, in: Lothar Kreimendahl (Hg.): Philosophen des 17. Jahrhunderts, Darmstadt 1999, S. 198–221.

Leinkauf, Thomas: Mundus combinatus. Studien zur Struktur der barocken Universalwissenschaft am Beispiel Athanasius Kirchers SJ (1602–1680), Berlin 1993.

Leube, Hans: Die Reformideen in der deutschen lutherischen Kirche zur Zeit der Orthodoxie, Leipzig 1924.

Lies, Lothar: Origenes ›Peri Archon‹. Eine undogmatische Dogmatik, Darmstadt 1992.

Liessmann, Konrad Paul: Theorie der Unbildung. Die Irrtümer der Wissensgesellschaft, Wien 2006.

Lipsius, Justus: Von der Bestendigkeit (De Constantia), Hg. Leonhard Forster, Stuttgart 1965.

Lohse, Bernhard: Martin Luther. Eine Einführung in sein Leben und sein Werk, München 1982.

Lombard, Maurice: Blütezeit des Islam, Frankfurt/M 1992.

Lorenz, Sönke: Das Ende der Hexenverfolgung, Stuttgart 1995.

Lötscher, Jolanda: Andreae Gryphii Horribilicribifax Teutsch. Formanalyse und Interpretation eines deutschen Lustspiels des 17. Jahrhunderts im soziokulturellen und dichtungstheoretischen Kontext, Bern/Berlin 1994.

Lovejoy, Arthur O./Boas, George: Primitivism and Related Ideas in Antiquity, New York 1965.

Lovejoy, Arthur O.: Die große Kette der Wesen. Geschichte eines Gedankens, Frankfurt/M 1985.

Loyola, Ignatius von: Geistliche Übungen, Hg. Adolf Haas, Freiburg/Basel/Wien 1991.

Luh, Jürgen: Kriegskunst in Europa 1650–1800, Köln/Weimar/Wien 2004.

Luther. Hg. Helmut Gollwitzer, Frankfurt/M 1963.

Luther, Martin: Die reformatorischen Grundschriften, Hg. Horst Beintker, 4 Bde. München 1983.

Luther, Martin: Biblia. Das ist die gantze Heilige Schrifft, München 1974.

Luther, Martin: Von der Freiheit eines Christenmenschen, in: Luthers Werke in Auswahl, Hg. Otto Clemen, Bonn 1912.

Lüthi, Kurt: Die Erörterung der Allversöhnungslehre durch das pietistische Ehepaar Johann Wilhelm und Johanna Eleonora Petersen, in: Theologische Zeitschrift der Theologischen Fakultät der Universität Basel, 12. Jg. (1956) S. 362–377.

Mahnke, Dietrich: Unendliche Sphäre und Allmittelpunkt. Beiträge zur Genealogie der mathematischen Mystik, Halle/Saale 1937.

Maier, Hans: Die christliche Zeitrechnung, Freiburg 1997.

Majoros, Ferenc/Rill, Bernd: Das Osmanische Reich (1300–1922). Die Geschichte einer Großmacht, Regensburg/Graz/Wien 1994.

Malettke, Klaus: Ludwig XIV. von Frankreich. Leben, Politik und Leistung, Göttingen und Zürich 1994.

Mandrou, Robert: Das europäische Barock. Pathetische Mentalität und soziale Umwälzung, in: Claudia Honegger (Hg.): Schrift und Materie der Geschichte. Vorschläge zur systematischen Aneignung historischer Prozesse, Frankfurt/M 1977.

Mann, Golo: Wallenstein, Frankfurt/M 1971.

Maron, Gottfried: Ignatius von Loyola. Mystik – Theologie – Kirche, Göttingen 2001.

Marquardt, Axel: Der Lebensweg Grimmelshausens, in: Westfälisches Landesmuseum (Hg.): Simplicius Simplicissimus, Münster 1976 (Katalog), S. 69–75.

Marx, Karl: Grundrisse der Kritik der Politischen Ökonomie (Rohentwurf), Berlin 1953.

Mauss, Marcel/Hubert, Henri: Entwurf einer allgemeinen Theorie der Magie, in: Wolf Lepenies/Henning Ritter (Hg.): Marcel Mauss: Soziologie und Anthropologie, 2 Bde., Frankfurt am Main u. a. 1978, Bd. 1, S. 43–179.

Medick, Hans: Historisches Ereignis und zeitgenössische Erfahrung: Die Eroberung und Zerstörung Magdeburgs 1631, in: Benigna von Krusenstjern/Hans Medick (Hg.): Zwischen Alltag und Katastrophe. Der Dreißigjährige Krieg aus der Nähe, Göttingen 1999, S. 377–407.

Meissner S. J., William W.: Ignatius von Loyola. Psychogramm eines Heiligen, Freiburg/Basel/Wien 1997.

Merle, Jean-Christophe: Zur Geschichte des Friedensbegriffs vor Kant, in: Otfried Höffe (Hg.): Immanuel Kant. Zum ewigen Frieden, Berlin 1995, S. 31–42.

Meyer, Jean: Frankreich im Zeitalter des Absolutismus 1515–1789, Stuttgart 1990.

Meyer, Kathi: Das Konzert. Ein Führer durch die Geschichte des Musizierens in Bildern und Melodien, Stuttgart 1925.

Midelfort, H. C. Erik: Verrückte Hoheit. Wahn und Kummer in deutschen Herrscherhäusern, Stuttgart 1996.

Midelfort, H. C. Erik: Johann Weyer in medizinischer, theologischer und rechtsgeschichtlicher Hinsicht, in: Hartmut Lehmann/Otto Ulbricht (Hg.): Vom Unfug des Hexen-Processes. Gegner der Hexenverfolgung von Johann Weyer bis Friedrich Spee, Wiesbaden 1992 (Wolfenbütteler Forschungen Bd. 55), S. 53–64.

Miehe, Lutz: »Das wäre ein Bissen für den Sohn ihrer Majestät«. Das Ringen um die Vorherrschaft im Erzbistum Magdeburg während des Dreißigjährigen Krieges, in: Puhle, Matthias (Hg.): »… gantz verheeret!« Magdeburg und der Dreißigjährige Krieg. Beiträge zur Stadtgeschichte und Katalog zur Ausstellung des Kulturhistorischen Museums Magdeburg im Kunstmuseum Kloster Unser Lieben Frauen, 2. Oktober 1998 bis 31. Jänner 1999. Halle 1998, S. 35–44.

Miggelbrink, Ralf: Der zornige Gott. Die Bedeutung einer anstößigen biblischen Tradition, Darmstadt 2002.

Milger, Peter: Gegen Land und Leute. Der Dreißigjährige Krieg, München 1998.

Mitteis, Heinrich/Lieberich, Heinz: Deutsche Rechtsgeschichte, Berlin 1965.

Mittelstraß, Jürgen: Der Philosoph und die Königin – Leibniz und Sophie Charlotte, in: Hans Poser/Albert Heinekamp (Hg.): Leibniz in Berlin. Symposium der Leibniz-Gesellschaft und des Instituts für Philosophie, Wissenschaftstheorie, Wissenschafts- und Technikgeschichte der Technischen Universität Berlin im Schloß Charlottenburg, Berlin 10. bis 12. Juni 1987, Stuttgart 1990, S. 9–27.

Mittelstraß, Jürgen: Die Kosmologie der Griechen, in: Jürgen Audretsch/Klaus Mainzer (Hg.): Vom Anfang der Welt. Wissenschaft, Philosophie, Religion, Mythos. München 1990, S. 40–65.

Mittelstraß, Jürgen: Kopernikanische oder Keplersche Wende? – Keplers Kosmologie, Philosophie und Methodologie, in: Vierteljahresschrift der Naturforschenden Gesellschaft in Zürich 134/3 (1989), S. 197–215.

Mittelstraß, Jürgen: Neuzeit und Aufklärung. Studien zur Entstehung der neuzeitlichen Wissenschaft und Philosophie, Berlin/New York 1970.

Mittenzwei, Ingrid: Brandenburg-Preußen 1648–1789. Das Zeitalter des Absolutismus in Text und Bild, Berlin 1990.

Mitterauer, Michael: Von Stadtstaaten zu Kolonialreichen. Die italienischen Seerepubliken in ihrer Bedeutung für den Frühkolonialismus, in: Bericht über den 24. Österreichischen Historikertag in Innsbruck, Innsbruck 2006, S. 578–587.

Mitterauer, Michael: Warum Europa? Mittelalterliche Grundlagen eines Sonderwegs, München 2003.

Moeller, Bernd: Geschichte des Christentums in Grundzügen, Göttingen 1979.

Molière: Le Bourgeois gentilhomme/Der Bürger als Edelmann, Hg. Hanspeter Plocher, Stuttgart 1993.

Mörke, Olaf: Die Reformation. Voraussetzung und Durchsetzung, München 2005.

Morsel, Joseph: L'aristocratie médiévale. La domination sociale en occident (Ve–XIVe siècle), Paris 2004.

Müller, Gerhard: Art. »Antisemitismus VI«, in: Theologische Realenzyklopädie, Bd. III, Berlin/New York 1978, S. 143–155.

Müller, Gerhard: Art. »Tridentinum«, in: Theologische Realenzyklopädie, Bd. XXXIV, Berlin/New York 2002, S. 62–74.

Münch, Paul: Lebensformen der frühen Neuzeit 1500 bis 1800, 2. Aufl. Frankfurt/M 1996.

Mungello, David E.: Die Quellen für das Chinabild Leibnizens, in: Studia Leibnitiana, Bd. 14 (1982), S. 233–243.

Mungello, David: Curious Land. Jesuit Accomodation and the Origins of Sinology, Wiesbaden 1985.

Mungello, David: Leibniz and Confucianism. The Search for Accord, Honolulu 1977.

Musäus, Johannes: Ableinung Der ausgesprengten abscheulichen Verleumbdung/ Ob wäre In der Fürstl. Sächsischen Residentz und gesambten Universität Jena eine neue Secte der so genanten Gewissener entstanden [...], Jena 1675.

Nagel, Tilman: »Der erste Muslim«. Abraham in Mekka, in: Reinhard G. Kratz/ Tilman Nagel (Hg.): »Abraham, unser Vater«. Die gemeinsamen Wurzeln von Judentum, Christentum und Islam, Göttingen 2003, S. 133–164.

Nagel, Tilman: Der Koran. Einführung. Texte. Erläuterungen, München 1983.

Nagel, Tilman: Die Islamische Welt bis 1500, München 1998.

Nagel, Tilman: Timur der Eroberer und die islamische Welt des späten Mittelalters, München 1993.

Nahl, Rudolf van: Zauberglaube und Hexenwahn im Gebiet von Rhein und Maas. Spätmittelalterlicher Volksglaube im Werk Johann Weyers (1515–1588), Bonn 1983.

Needham, Joseph: Science and Civilization in China. Vol 3: Mathematics and the Science of the Heavens and the Earth, Cambridge University Press, 1959.

Neumann, Markus: »...diese arme Stadt und Bürgerschafft so viel immer meglich in Gnaden verschonen ...«. Konflikte um Festungsbau und Militarisierung in der zweiten Hälfte des 17. Jahrhunderts, in: Puhle, Matthias (Hg.): »... gantz verheeret!« Magdeburg und der Dreißigjährige Krieg. Beiträge zur Stadtgeschichte und Katalog zur Ausstellung des Kulturhistorischen Museums Magdeburg im Kunstmuseum Kloster Unser Lieben Frauen, 2. Oktober 1998 bis 31. Jänner 1999, Halle 1998, S. 92–99.

Neuwirth, Angelika: Die Korangenese zwischen Mythos und Geschichte, in: Hans-Joachim Sinn (Hg.): Die Religionen der Welt. Ein Almanach zur Eröffnung des Verlags der Weltreligionen, Frankfurt/M 2007.

Newton, Isaac: Mathematische Grundlagen der Naturphilosophie, Hg. Ed Dellian, Sankt Augustin 2007.

Newton, Isaac: Mathematische Grundlagen der Naturphilosophie, Hg. Ed Dellian, Hamburg 1988.

Newton, Isaac: Optik oder Abhandlung über Spiegelungen, Brechungen, Beugungen und Farben des Lichts, Hg. William Abendroth, eingeleitet und erläutert von Markus Fierz, Braunschweig/Wiesbaden 1983.

Nijenhuis, Willem: Art. »Calvin«, in: Theologische Realenzyklopädie, Bd. VII, S. 568–592.

Oestreich, Gerhard: Calvinismus, Neustoizismus und Preußentum, in: Otto Büsch/Wolfgang Neugebauer (Hg.): Moderne Preußische Geschichte 1648–1947, Bd. 3, Berlin/New York 1981, S. 1268–1293.

Oorschot, Theo G. M. von: Ihrer Zeit voraus. Das Ende der Hexenverfolgung in der Cautio Criminalis, in: Sönke Lorenz (Hg.): Das Ende der Hexenverfolgung, Stuttgart 1995 (Hexenforschung. Hg. Dieter R. Bauer/Wolfgang Behringer u. a. Bd. 1), S. 1–17.

Opitz, Claudia: Höfische Gesellschaft und Zivilisationsprozess. Norbert Elias' Werk in kulturwissenschaftlicher Perspektive, Köln/Weimar/Wien 2005.

Oppenheimer, J. Robert: Wissenschaft und allgemeines Denken, Hamburg 1955.

Osterhammel, Jürgen/Petersson, Niels P.: Geschichte der Globalisierung. Dimensionen, Prozesse, Epochen, München 2003.

Osterhammel, Jürgen: Die Entzauberung Asiens. Europa und die asiatischen Reiche im 18. Jahrhundert, München 1998.

Panofsky, Erwin: Die Renaissancen der europäischen Kunst, Frankfurt/M 1996.

Parker, Geoffrey: Der Aufstand der Niederlande. Von der Herrschaft der Spanier zur Gründung der Niederländischen Republik 1549–1609, München 1979.

Perrault, Charles: Parallèle des Anciens et des Modernes en ce qui regarde les Arts et les Sciences. Mit einem einleitenden Vorwort von Hans-Robert Jauß (Hrsg.), München 1964.

Pesch, Otto Hermann/Peters, Albrecht: Einführung in die Lehre von Gnade und Rechtfertigung, Darmstadt 1981.

Peters, Jan (Hg.): Ein Söldnerleben aus dem Dreißigjährigen Krieg. Eine Quelle zur Sozialgeschichte, Berlin 1993.

Peters, Jan: Die alten Schweden. Über Wikingerkrieger, Bauernrebellen und Heldenkönige, Berlin 1986.

Petersen, Johann Wilhelm: Mysterion Apokatastaseos Panton: Das ist: Das Geheimniß der Widerbringung aller Dinge, Panphilia (= Offenbach) 1700–1710, Bd. III.

Pettegree, Andrew u. a. (Hg.): Calvinism in Europe. 1540–1620, Cambridge 1994.

Peuckert, Will-Erich (Hg.): Der Alchymist und sein Weib. Gauner- und Ehescheidungsprozesse des Alchymisten Thurneysser, Stuttgart 1956.

Pfister, Christian: Weeping in the Snow. The Second Period of Little Ice Age-type
Crises, 1570 to 1630, in: Behringer, Wolfgang/Lehmann, Hartmut/Pfister,
Christian (Hg.): Kulturelle Konsequenzen der »Kleinen Eiszeit«. Cultural
Consequences of the »Little Ice Age«, Göttingen 2005, S. 31–85.

Pfoh, Werner: Matthias Knutzen. Ein deutscher Atheist und revolutionärer Demokrat des 17. Jahrhunderts, Berlin 1965.

Pickering Walker, Daniel: The Decline of Hell. Seventeenth-century discussions
of eternal torment, Chicago 1964.

Pomeranz, Kenneth: The Great Divergence. China, Europe, and the making of the
modern world economy, Princeton und Oxford, 2000.

Prigogine, Ilya/Stengers, Isabelle: Dialog mit der Natur. Neue Wege naturwissenschaftlichen Denkens, Frankfurt/M 1986.

Procacci, Giuliano: Geschichte Italiens und der Italiener, München 1983.

Rabb, Theodore K.: The Struggle for Stability in Early Modern Europe, New York
1975.

Ranke, Leopold von: Über die Epochen der Neueren Geschichte. Vorträge dem
Könige Maximilian II. von Bayern gehalten, Darmstadt 1965.

Raumer, Kurt von: Ewiger Friede. Friedensrufe und Friedenspläne seit der Renaissance, Freiburg/München 1953.

Reichmuth, Stefan: Art. »Hadith« in: Ralf Elger (Hg.): Kleines Islam-Lexikon.
Geschichte. Alltag. Kultur, München 2001, S. 111–113.

Reichmuth, Stefan: Art. »Sunna«, in: Ralf Elger (Hg.): Kleines Islam-Lexikon.
Geschichte. Alltag. Kultur, München 2001, S. 290–292.

Repgen, Konrad: Der Dreißigjährige Krieg, in: Theologische Realenzyklopädie,
Bd. 9, Berlin/New York 1982.

Repgen, Konrad: Seit wann gibt es den Begriff »Dreißigjähriger Krieg«? in: Festschrift Hans Gollwitzer, Münster 1982, S. 59–70.

Repgen, Konrad: Über die Geschichtsschreibung des Dreißigjährigen Krieges: Begriff und Konzeption, in: ders. (Hg.): Krieg und Politik 1618–1648. Europäische
Probleme und Perspektiven, München 1988, S. 1–84.

Repgow, Eike von: Der Sachsenspiegel, Hg. Clausdieter Schott, Zürich 1984.

Reynolds, Terry S.: Stronger then a Hundred Men. A History of the Vertical Water Mill, Baltimore 1983.

Rhode, Gotthold: Kleine Geschichte Polens, Darmstadt 1965.

Ricœur, Paul: Zeit und Erzählung, Bd. III. Die erzählte Zeit, München 1991.

Robinson, Fancis: Der Islam, Augsburg 1998.

Robishaux, Thomas: Rural Society and the Search for Order in Early Modern
Germany, Cambridge 1989.

Ross, George M.: Leibniz and the Nuremberg Alchemical Society, in: Studia
Leibnitiana, Wiesbaden 6 (1974), S. 222–248.

Rothermund, Dietmar: Globalgeschichte als Interaktionsgeschichte: Von der

Außereuropäischen Geschichte zur Globalgeschichte, in: Birgit Schäbler (Hg.): Area Studies und die Welt. Weltregionen und neue Globalgeschichte, Wien 2007, S. 194–216.

Rotterdam, Erasmus von: Ausgewählte Schriften, Hg. Werner Welzig, Bd. 4, Darmstadt 1969.

Rousseau, Jean-Jacques: Auszug aus dem Plane des Ewigen Friedens des Herrn Abbé de Saint-Pierre 1756/1761, in: Kurt von Raumer: Ewiger Friede. Friedensrufe und Friedenspläne seit der Renaissance, Freiburg/München 1953, S. 343–378.

Runciman, Steven: Die Eroberung von Konstantinopel 1453, München 2005.

Ruthven, Malise: Der Islam. Eine kurze Einführung, Stuttgart 2001.

Sambursky, Shmuel: Der Weg der Physik. 2500 Jahre physikalisches Denken, München 1978.

Scharfe, Martin: Die Religion des Volkes. Kleine Kultur- und Sozialgeschichte des Pietismus, Gütersloh 1980.

Schechner, Sara J.: Comets, Popular Culture, and the Birth of Modern Cosmology, Princeton University Press, 1997.

Scheel, Otto: Art. »Abendmahl II«, in: RGG, 1. Aufl. Bd. I, Sp. 71.

Scheel, Otto: Art. »Transsubstantiation«, in: Religion in Geschichte und Gegenwart (RGG), 1. Aufl. Tübingen 1913, Bd. 5, Sp. 1316.

Schild, Wolfgang: Alte Gerichtsbarkeit. Vom Gottesurteil bis zum Beginn der modernen Rechtsprechung, München 1985.

Schiller, Friedrich: Sämtliche Werke, Bd. IV: Historische Schriften, hg. von Peter-André Alt, München 2004.

Schilling, Heinz: Aufbruch und Krise. Deutschland 1517–1648, Berlin 1988.

Schilling, Heinz: Der Westfälische Friede und das neuzeitliche Profil Europas, in: Heinz Duchardt (Hg.): Der Westfälische Friede. Diplomatie – politische Zäsur – kulturelles Umfeld – Rezeptionsgeschichte (Historische Zeitschrift, Beiheft 26 NF), München 1998, S. 1–32.

Schilling, Heinz: Höfe und Allianzen. Deutschland 1648–1763, Berlin 1989.

Schilling, Michael: Der Untergang Magdeburgs 1631 in der zeitgenössischen Literatur und Publizistik, in: Tagung des Vereins für Kirchengeschichte der Kirchenprovinz Sachsen (Hg.): Konfession, Krieg und Katastrophe. Magdeburgs Geschick im Dreißigjährigen Krieg, Magdeburg 2006, S. 89–108.

Schlobach, Jochen: Zyklentheorie und Epochenmetaphorik. Studien zur bildlichen Sprache der Geschichtsreflexion in Frankreich von der Renaissance bis zur Frühaufklärung, München 1980.

Schmale-Ott, Irene: Die fünfzehn Zeichen vor dem Weltuntergang, in: Zeitschrift für Altertum und deutsche Literatur 85 (1954), S. 229–234.

Schmidt, Georg: Der Dreißigjährige Krieg, München 1995.

Schmidt, Heinrich Richard: Konfessionalisierung im 16. Jahrhundert, München 1992.

Schmidt-Biggemann, Wilhelm: Theodizee und Tatsachen, Frankfurt/M 1988.

Schmidt-Glintzer, Helwig: China. Vielvölkerreich und Einheitsstaat. München 1997.

Schmitt, Carl: Das Zeitalter der Neutralisierungen und Entpolitisierungen, in: ders.: Der Begriff des Politischen, Berlin 1963.

Schneider, Hans: Der radikale Pietismus im 17. Jahrhundert, in: Martin Brecht (Hg.): Der Pietismus vom siebzehnten bis zum frühen achtzehnten Jahrhundert, (= Geschichte des Pietismus, Bd. 1), Göttingen 1993, S. 391–437.

Schneider, Martin: Das Weltbild des 17. Jahrhunderts. Philosophisches Denken zwischen Reformation und Aufklärung, Darmstadt 2004.

Schoeler, Gregor: Charakter und Authentie der muslimischen Überlieferung über das Leben Mohammeds, Berlin/New York 1996.

Schoeps, Hans-Joachim: Preußen. Geschichte eines Staates, Frankfurt/Main/Berlin 1975.

Scholder, Klaus: Ursprünge und Probleme der Bibelkritik im 17. Jahrhundert, München 1966.

Schönstädt, Hans Jürgen: Antichrist, Weltheilsgeschehen und Gottes Werkzeug. Römische Kirche, Reformation und Luther im Spiegel des Reformationsjubiläums 1617, Wiesbaden 1978.

Schormann, Gerhard: Dreißigjähriger Krieg 1618–1648, Stuttgart 2001.

Schormann, Gerhard: Hexenprozesse in Deutschland, Göttingen 1981.

Schröder, Winfried: Ursprünge des Atheismus. Untersuchungen zur Metaphysik- und Religionskritik des 17. und 18. Jahrhunderts, Stuttgart/Bad Cannstatt 1998.

Schryver, Reginald de: Das dynastische Prinzip: Max Emanuels Ambitionen auf das spanische Erbe, Gebietserweiterung und Königskrone, in: Johannes Erichsen/Katharina Heinemann (Hg.): Die Schlacht von Höchstädt. The Battle of Blenheim. Brennpunkt Europas 1704. (Begleitbuch zur Ausstellung in Schloss Höchstädt an der Donau, 1. Juli – 7. November 2004) Ostfildern 2004, S. 12–25.

Schülerduden Physik. Das Fachlexikon von A bis Z, Mannheim 2007.

Schultz, Helga: Handwerker, Kaufleute, Bankiers. Wirtschaftsgeschichte Europas 1500–1800, Frankfurt/M 1997.

Schulze, Winfried: Deutsche Geschichte im 16. Jahrhundert, Frankfurt/M 1987.

Schüssler, Rudolf: Rules of Conscience and the Case of Galileo, in: Harald E. Braun u. a. (Hg.): Contexts of Conscience in Early Modern Europe 1500–1700, Basingstoke u. a. 2004, S. 100–115.

Schwerhoff, Gerd: Rationalität im Wahn. Zum gelehrten Diskurs über die Hexen in der frühen Neuzeit, Saeculum XXXVII, H. 1 (1986), S. 45–82.

Schwerhoff, Gerd: Vom Alltagsverdacht zur Massenverfolgung. Neuere deutsche Forschungen zum frühneuzeitlichen Hexenwesen, in: GWU (Geschichte in Wissenschaft und Unterricht), Jg. 45 (1995), S. 359–80.

Selig, Robert A.: Der Spanische Erbfolgekrieg in Übersee, in: Johannes Erichsen/Katharina Heinemann (Hg.): Die Schlacht von Höchstädt. The Battle of Blenheim. Brennpunkt Europas 1704. (Begleitbuch zur Ausstellung in Schloss Höchstädt an der Donau, 1. Juli – 7. November 2004.) Ostfildern 2004, S. 90–95.

Sellert, Wolfgang: Benedict Carpzov – Ein fanatischer Strafjurist und Hexenverfolger?, in: Hartmut Lehmann/Otto Ulbricht (Hg.): Vom Unfug des Hexen-Processes. Gegner der Hexenverfolgung von Johann Weyer bis Friedrich Spee, Wiesbaden 1992 (Wolfenbütteler Forschungen Bd. 55), S. 325–340.

Sheehan, M.: The Development of British Theory and Practice of the Balance of Power before 1714, in: History 237 (1988), S. 24–37.

Shirley, Rodney W.: The Mapping of the World. Early Printed World Maps 1472–1700, London 1984.

Siebert, Harald: Die große kosmologische Kontroverse. Rekonstruktionsversuche anhand des Itinerarium exstaticum von Athanasius Kircher SJ (1602–1680), Stuttgart 2006.

Sieferle, Rolf Peter: Der Europäische Sonderweg. Ursachen und Faktoren, Stuttgart 2000.

Sodmann, Timothy: Die Kalenderschriften Grimmelshausens, in: Westfälisches Landesmuseum (Hg.): Simplicius Simplicissimus, Münster 1976 (Katalog), S. 129–131.

Sonderausstellung des Museums Viadrina: Frankfurt (Oder) im Dreißigjährigen Krieg. Katalog, Jacobsdorf 1998.

Spee, Friedrich von: Cautio Criminalis oder Rechtliche Bedenken wegen der Hexenprozesse, Hg. Joachim-Friedrich Ritter, München 1982.

Spener, Philipp Jacob: Pia desideria, Hg. Kurt Aland, 3., durchgesehene Auflage, Berlin 1964.

Spengler, Oswald: Der Untergang des Abendlandes, München 1922, Bd. II.

Spinoza, Baruch de: Theologisch-politischer Traktat, Hg. Günter Gawlick, Hamburg 1976.

Sprat, Thomas: Die Gründung der Royal Society, in: Sambursky, Shmuel: Der Weg der Physik. 2500 Jahre physikalisches Denken, München 1978, S. 360–361.

Steiger, Heinhard: Der Westfälische Frieden – Grundgesetz für Europa?, in: Heinz Duchardt (Hg.): Der Westfälische Friede. Diplomatie – politische Zäsur – kulturelles Umfeld – Rezeptionsgeschichte, München 1998, S. 33–80.

Stephenson, F. Richard/Walker, Christopher B. F. (Hg.): Halley's Comet in History, London 1985.

Stolleis, Michael: Staat und Staatsräson in der frühen Neuzeit, Frankfurt/M 1990.

Stürner, Wolfgang: Dreizehntes Jahrhundert. 1198–1273, Stuttgart 2007.

Tanner, Jakob: Historische Anthropologie zur Einführung, Frankfurt/M 2004.

Taubes, Jacob: Die Politische Theologie des Paulus, München 1993.

Teichmann, Jürgen: Wandel des Weltbildes. Astronomie, Physik und Messtechnik in der Kulturgeschichte, Stuttgart/Leipzig/Zürich 1996.

Thomasius, Christian: Vom Laster der Zauberei. Über die Hexenprozesse, Hg. Rolf Lieberwirth, München 1968.

Thorau, Peter: Die Kreuzzüge, München 2004.

Thornton, John: Africa and Africans in the Making of the Atlantic World 1400–1680, Cambridge University Press 1998.

Thurneysser zum Thurn, Leonhardt: Ein Durch Nothgedrungens Außschreiben/ Mein: Leonhardt Thurneyssen zum Thurn/ Der Herbrottischen Blutschandsverkeufferey/ Falschs vnd Betrugs: Auch der Mir vnd meinen Kindern/ zu Basel beschehenen Injurien/ Gewaldthat/ Spolirung vnd Rechtsversagung halber, Basel 1584, S. L.

Toland, John: Briefe an Serena, Hg. Erwin Pracht, Berlin 1959.

Tomas, Keith: Religion and the Decline of Magic. Studies in popular beliefs in Sixteenth- and Seventeenth-Century England, Harmondsworth 1973.

Toulmin, Stephen/Goodfield, June: Modelle des Kosmos, München 1970.

Trost, Ernst: Prinz Eugen, Wien/München 1985.

Truc, Gonzague: Zur Rezeptionsgeschichte der Memoiren von Saint-Simon, in: Sigrid von Massenbach (Hg.): Die Memoiren des Herzogs von Saint-Simon, Frankfurt/M/Berlin/Wien 1977, Bd. 4, S. 262–290.

Trunz, Erich: Späthumanismus und Manierismus im Kreise Kaiser Rudolfs II., in: Prag um 1600. Kunst und Kultur am Hofe Rudolfs II., Freren 1988, S. 57–60.

Uhlitzsch, Joachim: Der Soldat in der bildenden Kunst. 15.–20. Jahrhundert, Berlin 1987.

Varnhagen von Ense, Robert: Leben der Königin von Preußen Sophie Charlotte, Berlin 1837.

Vasold, Manfred: Pest, Not und schwere Plagen. Seuchen und Epidemien vom Mittelalter bis heute, München 1991.

Vercruysse SJ, Jos E.: Art. »Jesuiten«, in Theologische Realenzyklopädie, Bd. XVI, Berlin/New York 1987, S. 660–670.

Vollmuth, Eike H.: Quellen und Zeitgenossen, in: Westfälisches Landesmuseum (Hg.): Simplicius Simplicissimus, Münster 1976 (Katalog), S. 163–165.

Vries, Jan de/van de Woude, Ad: The First Modern Economy. Success, Failure, and Perseverance of the Dutch Economy, 1500–1815, Cambridge University Press, 1997.

Wallenborn, Hiltrud: Religiöse Toleranz und Wirtschaftspolitik im 17. und 18. Jahrhundert, in: Willi Jasper/Joachim H. Knoll (Hg.): Preußens Himmel breitet seine Sterne … Beiträge zur Kultur-, Politik- und Geistesgeschichte der Neuzeit, 2 Bde., Hildesheim/Zürich/New York 2002, Bd. 1, S. 183–202.

Wallerstein, Immanuel: Das moderne Weltsystem, Bd. I: Kapitalistische Landwirtschaft und die Entstehung der europäischen Weltwirtschaft im 16. Jahrhundert, Frankfurt/M 1986.

Wallerstein, Immanuel: Das moderne Weltsystem, Bd. II: Der Merkantilismus. Europa zwischen 1600 und 1750, Wien 1998.

Walz, Rainer: Kinder in Hexenprozessen. Die Grafschaft Lippe 1654–1663, in: Wilbertz, Gisela/Schwerhoff Gerd/Scheffler, Jürgen (Hg.): Hexenverfolgung und Regionalgeschichte. Die Grafschaft Lippe im Vergleich, Bielefeld 1994, S. 211–231.

Weber, Max: Die protestantische Ethik. Eine Aufsatzsammlung, Hg. Johannes Winckelmann, Gütersloh 1981, Bd. I.

Weber, Max: Soziologie, Weltgeschichtliche Analysen, Politik, Stuttgart 1964.

Wendland, Andreas: Der Nutzen der Pässe und die Gefährdung der Seelen. Spanien, Mailand und der Kampf ums Veltlin 1620–1641, Zürich 1995.

Wendt, Reinhard: Vom Kolonialismus zur Globalisierung. Europa und die Welt seit 1500, Paderborn/München/Wien, 2007.

Weyer, Johann: De Praestigiis Daemonum. Von Teuffelsgespenst, Zauberern und Gifftbereitern, Frankfurt/M 1586. Nachdruck Darmstadt 1970.

Wickham, Chris: Making Europe, in: New Left Review 208 (1994), S. 133–143.

Widmaier, Rita: Leibniz korrespondiert mit China. Der Briefwechsel mit den Jesuitenmissionaren (1689–1714), Frankfurt/M 1990.

Wiedeburg, Paul: »Je ne vous dis rien sur les projets d'une Guerre Sainte, mais vous sçaurez qu'elles ont cessé d'estre à la mode depuis Saint Louis.« Ein Beitrag zur Wertung des Consilium Aegypticarum Leibnizens, in: Akten des internationalen Leibniz-Kongresses Hannover 1966. Studia Leibnitiana. Supplemente. Volumen IV, Wiesbaden 1969, S. 207–224.

Wilbertz, Gisela/Schwerhoff, Gerd/Scheffler, Jürgen (Hg.): Hexenverfolgung und Regionalgeschichte. Die Grafschaft Lippe im Vergleich, Bielefeld 1994.

Windelband, Wilhelm: Lehrbuch der Geschichte der Philosophie, Tübingen 1907.

Wolfschmidt, Gudrun: Die Eroberung des Himmels, in: Richard van Dülmen/Sina Rauschenbach (Hg.): Macht des Wissens. Die Entstehung der modernen Wissensgesellschaft, Köln/Weimar/Wien 2004, S. 187–212.

Wolfschmidt, Gudrun (Hg.): Nicolaus Copernicus (1473–1543). Revolutionär wider Willen, Stuttgart 1994.

Wollgast, Siegfried: Philosophie in Deutschland zwischen Reformation und Aufklärung 1550–1650, Berlin 1988.

Wollgast, Siegfried/Marx, Siegfried: Johannes Kepler, Leipzig/Jena/Berlin 1976.

Yates, Frances A.: Giordano Bruno in der englischen Renaissance, Berlin 1989.

Yates, Frances A.: The Rosicrucian Enlightenment, Frogmore 1975.

Ye'or, Bat: Der Niedergang des orientalischen Christentums unter dem Islam. 17.–20. Jahrhundert. Zwischen Dschihad und Dhimmitude, Gräfelfing 2005.

Zedler, Johann Heinrich: Grosses vollständiges Universal-Lexikon, 64 Bde., Halle/Leipzig 1732 ff.

Zeilinga de Boer, Jelle/Saunders, Donald Theodore: Das Jahr ohne Sommer, Essen 2004.

Zernack, Klaus: Schweden als europäische Großmacht der Frühen Neuzeit, in: ders.: Nordosteuropa. Skizzen und Beiträge zu einer Geschichte der Ostseeländer, Lüneburg 1993, S. 203–227.

Zillhardt, Gerd: Der Dreißigjährige Krieg in zeitgenössischer Darstellung. Hans Heberles ›Zeytregister‹ (1618–1672). Aufzeichnungen aus dem Ulmer Territorium, Stuttgart 1975.

Zimmermann, Harald: Art. »Kaisertum und Papsttum«, in: Theologische Realenzyklopädie, Bd. XVII, Berlin/New York 1988, S. 525–535.

Zirker, Hans: Der Koran. Zugänge und Lesarten, Darmstadt 1999.

Zirker, Hans: Interdependente Interpretation biblisch-koranischer Motive, in:
Hans-Martin Barth/Christoph Elsas (Hg.): Hermeneutik in Islam und Christentum, Hamburg 1997, S. 113–126.

Quellen der Abbildungen

S. 43, Abb. 1: Weltkarte im Doppeladler. Aus: Christian Heitzmann: Europas Weltbild in alten Karten. Globalisierung im Zeitalter der Entdeckungen, Herzog-August-Bibliothek, Wolfenbüttel 2006, S. 91.

S. 49, Abb. 2: Prager Fenstersturz 1618 von Matthäus Merian. Theatrum Europaeum Bd. 1. Aus: Georg Hirth: Kulturgeschichtliches Bilderbuch aus drei Jahrhunderten, 6 Bde., München 1882 ff., Bd. 3, Abb. 1604.

S. 50, Abb. 3: Die Rettung der aus dem Fenster geworfenen Katholiken durch die Mutter Gottes. Schloss Telč. Aus: Heinz Schilling: Aufbruch und Krise. Deutschland 1517–1648, Berlin 1988, S. 415.

S. 52, Abb. 4: Plündernder Söldner mit Frau. Dresden, Königl. Bibliothek. Aus: Georg Liebe: Der Soldat in der deutschen Vergangenheit (Die deutschen Stände in Einzeldarstellungen, Bd. 1: Der Soldat), 2. Aufl. Jena 1924, Abb. 99.

S. 58, Abb. 5: Belagerung der Stadt Frankfurt (Oder) durch die Schweden 1631. Besitz des Autors.

S. 60, Abb. 6: Die Eroberung Magdeburgs 1631. Kulturhistorisches Museum, Magdeburg. Aus: »… gantz verheeret!«. Magdeburg und der Dreißigjährige Krieg, Beiträge zur Stadtgeschichte und Katalog zur Ausstellung des Kulturhistorischen Museums Magdeburg im Kunstmuseum Kloster Unser Lieben Frauen 2. Oktober 1998 bis 31. Januar 1999, Hg. Matthias Puhle, Magdeburg 1998, Abb. 240.

S. 62, Abb. 7: Die Magdeburger Jungfrauen von Eduard Steinbrück. Staatliche Museen zu Berlin – Preußischer Kulturbesitz. Alte Nationalgalerie. Aus: »… gantz verheeret!« Magdeburg und der Dreißigjährige Krieg, Beiträge zur Stadtgeschichte und Katalog zur Ausstellung des Kulturhistorischen Museums Magdeburg im Kunstmuseum Kloster Unser Lieben Frauen 2. Oktober 1998 bis 31. Januar 1999, Hg. Matthias Puhle, Magdeburg 1998, Abb. 277.

S. 66, Abb. 8: Caspar David Friedrich: Die Lebensstufen (Bildausschnitt). Museum der bildenden Künste, Leipzig. Aus: Thomas Kellein: Caspar David Friedrich. Der künstlerische Weg, München/New York 1998, Abb. 137.

S. 76, Abb. 9: Der Mars ist nun im Ars. Germanisches Nationalmuseum, Nürnberg. Aus: Heinz Schilling: Aufbruch und Krise. Deutschland 1517–1648, Berlin 1988, S. 459.

S. 80, Abb. 10: Titelkupfer zum »Simplicissimus Teutsch«. Aus: Simplicius Simplicissimus. Grimmelshausen und seine Zeit, Ausstellung und Katalog, Hg. Westfälisches Landesmuseum, Münster 1976, Abb. 200.

S. 83, Abb. 11: Zwei Wegelagerer überfallen einen Reiter. Aus: Georg Hirth: Kulturgeschichtliches Bilderbuch aus drei Jahrhunderten, 6 Bde., München 1882ff., Bd. 4, Abb. 2247.

S. 84, 85, Abb.en 12, 13: Wegelagerer mit Knüppel überfällt einen Reiter/Kampf zwischen Wegelagerern und Reitern. Aus: Simplicius Simplicissimus. Grimmelshausen und seine Zeit, Ausstellung und Katalog, Hg. Westfälisches Landesmuseum, Münster 1976, Abb. 122s und 122t.

S. 86–88, Abb.en 14, 15, 16: Die Plünderung auf einem Bauernhof/Die Gehenkten/Die Rache der Bauern. Aus: Uhlitzsch, Joachim: Der Soldat in der bildenden Kunst. 15.–20. Jahrhundert, Berlin 1987, Abb. 86, 89 und 92.

S. 94, Abb. 17: Velázquez: Mars. Museo del Prado, Madrid, Inv. 1208. Aus: Velázquez. Catalogue Raisonné. Werkverzeichnis, Hg. José López-Rey, Bd. II, Köln 1996, Abb. 94.

S. 98, Abb. 18: Frieden verkündender Postreiter. Hessische Landes- und Hochschulbibliothek, Darmstadt. Aus: Johannes Burkhardt: Auf dem Wege zu einer Bildkultur, in: Heinz Duchardt (Hg.): Der Westfälische Friede. Diplomatie – politische Zäsur – kulturelles Umfeld – Rezeptionsgeschichte, München 1998, S. 81–114, Abb. 1.

S. 104, Abb. 19: Die Papsteselin. Aus: Ulinka Rublack: Die Reformation in Europa, Frankfurt/M 2003, S. 10.

S. 105, Abb. 20: Flugblatt anlässlich der Jubelfeier von 1617. Aus: Illustrierte Flugblätter aus den Jahrhunderten der Reformation und der Glaubenskämpfe, Hg. Wolfgang Harms, Coburg 1983, S. 89.

S. 135, Abb. 21: Darstellung des Capitano Spavento. Aus: Andreas Gryphius: Horribilicribifax Teutsch. Scherzspiel, Hg. Gerhard Dünnhaupt, Stuttgart 2002, S. 132.

S. 145, Abb. 22: Eisbarrieren an der Nordseeküste blockieren einen Hafen. Historisches Museum, Rotterdam. Aus: Heinz Schilling: Aufbruch und Krise. Deutschland 1517–1648, Berlin 1988, S. 375.

S. 159, Abb. 23: Hexen beim Wetterzauber. Deutsches Historisches Museum, Berlin. Aus: Hexenwahn. Ängste der Neuzeit. Begleitband zur gleichnamigen Ausstellung des Deutschen Historischen Museums Berlin, Kronprinzenpalais, 3. Mai bis 6. August 2002, im Auftrag des Deutschen Historischen Museums hg. von Rosmarie Beier-de Haan u. a., Wolfratshausen 2002, Abb. 7/25 (S. 264).

S. 183, Abb. 24: Mondzeichnungen Galileis. Aus: Galileo Galilei: Sidereus Nuncius. Nachricht von neuen Sternen. Dialog über die Weltsysteme (Auswahl). Vermessung zur Hölle Dantes. Marginalien zu Tasso, hg. u. eingel. von Hans Blumenberg, Frankfurt/M 1965, S. 90.

S. 186, Abb. 25: Schleifenbahn des Mars im Winter 1992/93. Nach Felix Schmeidler: 450 Jahre heliozentrische Lehre des Nicolaus Copernicus, in: Gudrun Wolfschmidt (Hg.): Nicolaus Copernicus (1473–1543). Revolutionär wider Willen, Stuttgart 1994, S. 116.

S. *187, Abb. 26:* Epizyklentheorie. Nach: Stephen, Toulmin und June Goodfield: Modelle des Kosmos, München 1970, S. 127.

S. *188, 191, 192, Abb.en 27, 28, 29:* Mittelalterliches Weltbild/Heliozentrisches Weltbild des Copernicus/Venusbewegung nach Copernicus: Aus: Gudrun Wolfschmidt (Hg.): Nicolaus Copernicus (1473–1543). Revolutionär wider Willen, Stuttgart 1994, S. 20, 286, 291.

S. *198, Abb. 30:* Ausmaße der Planetensphären. Aus: Johannes Kepler: Was die Welt im Innersten zusammenhält. Antworten aus Keplers Schriften, Hg. Fritz Krafft, Wiesbaden 2005, S. 37.

S. *206, Abb. 31:* Der Komet von 1680 über Nürnberg. Aus: Illustrierte Flugblätter aus den Jahrhunderten der Reformation und der Glaubenskämpfe, Hg. Wolfgang Harms, Coburg 1983, S. 279.

S. *209, Abb. 32:* Der große Komet von 1744 über Augsburg. Aus: Markus Griesser: Die Kometen im Spiegel der Zeiten. Eine Dokumentation, Bern 1985, S. 153.

S. *215, Abb. 33:* Die Bahnen eines mit verschiedenen Anfangsgeschwindigkeiten von der Erde aus abgeschossenen Körpers. Aus: Shmuel Sambursky: Der Weg der Physik. 2500 Jahre physikalisches Denken, München 1978, S. 401.

S. *235, Abb. 34:* Johann Wilhelm und Johanna Eleonora Petersen. Aus: Hans Schneider: Der radikale Pietismus im 17. Jahrhundert, in: Martin Brecht (Hg.): Der Pietismus vom siebzehnten bis zum frühen achtzehnten Jahrhundert, = Geschichte des Pietismus, Bd. 1, Göttingen 1993, S. 403.

S. *240–244, Abb.en 35, 36, 37, 38, 39:* Darstellung der Höllenqualen von Schottelius. Staats- und Stadtbibliothek, Augsburg. Aus: Johann Georg Schottelius: Grausame Beschreibung und Vorstellung Der Hölle Und der Höllischen Qwal/ Oder Des andern und ewigen Todes. In teutscher Sprache nachdenklich/ und also vor die Augen gelegt/ daß einem gottlosen Menschen gleichsam die höllischen Funken annoch in dieser Welt ins Gewissen stieben vnd Rükk-Gedanken zur Ewigkeit erwekken können. Mit etzlichen Schrekkniß-vollen Kupferstükken zugleich vorgebildet. Wolfenbüttel/ In Verlegung CONRADI BUNONIS seel. Erben im Jahr 1676, Titelkupfer und S. 94, 97, 100, 104. © Fotos: Staats- und Stadtbibliothek Augsburg (Sign. Th Pr 2375).

S. *264, Abb. 40:* Sophie Charlotte und Leibniz im Gespräch. Aus: 100 Holzschnitte zu den Werken Friedrichs des Großen von Adolph Menzel, Hg. Ortwin Rave, Berlin 1955, S. 1.

S. *277, Abb. 41:* Darstellung der Lackarbeit und anderer Gewerbe. Staatsbibliothek, Berlin. Aus: Simon de Vries, Curieuse aenmerckingen der bysonderste Oost- en West-Indische verwonderens-waerdige dingen: nevens die van China, Africa, en andere gewesten des werelds, Bd. 1, Utrecht 1682, in: Europa und die Kaiser von China 1240–1816, Ausstellungskatalog, Hg. Berliner Festspiele, Frankfurt/M 1985, S. 104.

S. *315, Abb. 42:* Jan Sobieski in der Schlacht von Wien. Aus: Ingrid Mittenzwei:

Brandenburg-Preußen 1648–1789. Das Zeitalter des Absolutismus in Text und Bild, Berlin 1990, S. 129.

S. 326, 327, Abb.en 43, 44: Die Schlacht bei Höchstädt aus britischer Perspektive/ Ausschnitt aus dem Schlachtplan. Bayerisches Armeemuseum, Ingolstadt. Aus: Johannes Erichsen/Katharina Heinemann (Hg.): Die Schlacht von Höchstädt. The Battle of Blenheim. Brennpunkt Europas 1704. (Begleitbuch zur Ausstellung in Schloss Höchstädt an der Donau, 1. Juli – 7. November 2004) Ostfildern 2004, S. 60 und 199.

S. 340, Abb. 45: Ludwig als Ballettfigurine. Cabinet des Estampes. Bibliothèque Nationale, Paris. Aus: Peter Burke: Ludwig XIV. Die Inszenierung des Sonnenkönigs, Berlin 2005, S. 63.

S. 341, Abb. 46: Bronzestatuette Alexanders des Großen. Louvre, Paris. Aus: Ernst Kantorowicz: Götter in Uniform. Studien zur Entwicklung des abendländischen Königtums, Stuttgart 1998, Abb. 13.

S. 344, Abb. 47: Versailles. Bibliothèque Nationale de France. Department des Estampes et de la Photographie, Paris. Aus: Natalie Coural, Les Patel. Pierre Patel (1605–1676) et ses fils. Le paysage de ruines à Paris au XVIIe siècle, Paris 2001, Fig. 67 (S. 102).

S. 351, Abb. 48: Pierre Mignard: Der siegreiche Ludwig. Pinakothek, Turin. Aus: Peter Burke: Ludwig XIV. Die Inszenierung des Sonnenkönigs, Berlin 2005, S. 103.

S. 352, Abb. 49: Mélac, der Mordbrenner. Aus: Georg Hirth: Kulturgeschichtliches Bilderbuch aus drei Jahrhunderten, 6 Bde., München 1882ff., Bd. V, Abb. 2790.

S. 354, Abb. 50: Antoine Watteau: Firmenschild des Kunsthändlers Gersaint (Ausschnitt). Schloss Charlottenburg, Berlin. Aus: Helmut Börsch-Supan, Antoine Watteau. 1684–1721, Köln 2000, 14.

Register der Personen

Register der Länder und Orte

444